新时代高校巡察实践、理论与制度创新

——西南财经大学党风廉政建设与巡视巡察研究成果集

主　编　赵德武　孙殿明
副主编　郭寿良

西南财经大学出版社
中国·成都

图书在版编目(CIP)数据

新时代高校巡察实践、理论与制度创新:西南财经大学党风廉政建设与巡视巡察研究成果集/赵德武,孙殿明主编;郭寿良副主编.--成都:西南财经大学出版社,2024.9.--ISBN 978-7-5504-6397-4

Ⅰ.D267.6-53

中国国家版本馆 CIP 数据核字第 2024FY6743 号

新时代高校巡察实践、理论与制度创新
——西南财经大学党风廉政建设与巡视巡察研究成果集

XINSHIDAI GAOXIAO XUNCHA SHIJIAN、LILUN YU ZHIDU CHUANGXIN
——XINANCAIJINGDAXUE DANGFENG LIANZHENG JIANSHE YU XUNSHI XUNCHA YANJIU CHENGGUO JI

主　编　赵德武　孙殿明
副主编　郭寿良

责任编辑:王　利
责任校对:植　苗
封面设计:墨创文化
责任印制:朱曼丽

出版发行	西南财经大学出版社(四川省成都市光华村街 55 号)
网　　址	http://cbs.swufe.edu.cn
电子邮件	bookcj@swufe.edu.cn
邮政编码	610074
电　　话	028-87353785
照　　排	四川胜翔数码印务设计有限公司
印　　刷	四川五洲彩印有限责任公司
成品尺寸	170 mm×240 mm
印　　张	20
字　　数	367 千字
版　　次	2024 年 9 月第 1 版
印　　次	2024 年 9 月第 1 次印刷
书　　号	ISBN 978-7-5504-6397-4
定　　价	98.00 元

前　言

巡视巡察是党章赋予的重要职责，是推进党的自我革命、全面从严治党的战略性制度安排，是以监督内在要素推进治理体系和治理能力现代化的有力抓手。党的十八大以来，巡视巡察工作不断深化拓展，形成上下联动整体格局，巡视巡察理论创新、实践创新、制度创新不断推进。纵观我们党巡视巡察工作发展的实践历程，边实践、边总结、边研究、边提高，是一条重要的经验，并逐步将实践成果凝结成为理论成果、制度成果。“十三个坚持”在习近平总书记关于党的建设重要思想中具有重要地位。“十三个坚持”是一个全新范畴和重大命题，是党在实践基础上的重大理论创新，从整体视角提出了自我革命战略思想、一体推进“三不”、政治监督“三化”等重大理论和实践问题，对深入推进巡视巡察工作具有重大意义。

2022 年 1 月，十九届中国共产党中央纪律检查委员会（以下简称“中央纪委”）六次全会明确提出，“推进纪检监察学科设置和建设工作，深化纪检监察基础理论研究，推动完善国家监察法治体系”。2022 年 9 月，国务院学位委员会在《博士、硕士学位授予和培养研究生的学科专业目录》中首次增设纪检监察学一级学科并明确 4 个二级学科。2022 年 10 月，十九届中央纪委向党的二十大所作工作报告明确指出，“逐步健全课程体系，推动纪检监察学科建设”。习近平总书记在二十届中央纪委二次全会上强调，要深化纪检监察基础理论研究。积极推动纪检监察学科体系、学术体系、话语体系建设，既是纪检监察工作发展的现实需要，也是深入推进党的自我革命的重大举措。作为构建全面从严治党体系的重要主体，巡视巡察工作理应成为关注的重点。

多年来，西南财经大学党委组织实施“基层党建创新项目”，瞄准“贴近党员思想的实际问题、亟待解决的突出问题、长效机制的建设问题”组织立项，通过研究不断探索基层党建工作新途径，使之成为学校党委抓党建创新的重要抓手。同时，每年出版的西南财经大学党风廉政建设研究成果集，把理论研究与实践探索相结合，也是推动学校党风廉政建设的重要抓手。为在实践中总结、在探索中深化，把巡视巡察工作中发现的普遍问题找出来，把巡视巡察的真实情况“摸上来”，把巡视巡察的实践经验总结好，努力把握新形势下巡视巡察工作的特点和规律，增强工作的预见性、科学性和主动性，西南财经大学党委组织开展巡视巡察相关理论和实践问题研究，针对当前全面从严治党面临形势的阶段性特征，按照重大工作部署的阶段性要求，着力选取当前最迫切需要解决的突出问题，面向全校教师和行政人员进行公开征集，通过两轮深入研究，产出了一批有分量的理论成果、实践成果和制度创新成果。

这些成果主要围绕高校巡视巡察理论成果学理性分析、实践成果规律性探究、制度成果操作性转化、工作成果模板化提升等重要问题开展研究，大致可以分为以下类型：第一类围绕注意力配置理论、国家治理效能、多源流理论等展开研究；第二类围绕巡视巡察监督立体格局、“大监督”工作机制、巡察工作质量标准等展开研究；第三类围绕廉政思想挖掘、“熟人社会”监督难题、政治文化建设等展开研究；第四类围绕巡察队伍建设、巡察观测指标体系构建、巡察整改评估机制等展开研究。这些成果的研究内容涵盖巡察“为什么干”“干什么”“怎么干”“由谁来干”“和谁干”“干得怎样”“会不会干”等重点难点问题，是对高校巡视巡察工作理论研究和实践经验总结的一次有益尝试，通过坚持问题导向、目标导向，提出具有科学性的理论创见、规律性的思想认识、指导性的对策举措，为具体实务工作提供有实用价值的决策参考，可供巡视巡察战线同仁参考借鉴。

由于时间紧迫，加之编者水平有限，书中难免有疏漏之处，恳请广大读者和各位专家批评指正。

编　者

2024 年 8 月 28 日

目 录

中央纪委对巡视工作的注意力配置与态度分析
…………………………………………… 宋世俊　王崇鑫　钟　慧／ 1
对新时代全面从严治党根本保障问题的研究 ………………… 任志江／ 18
新时代党内巡视制度的建设及发展的历史经验 ……………… 吴　潇／ 29
推动全面从严治党成效转化为国家治理效能的内在逻辑和实现路径研究
……………………………………………………… 刘世强　周　杰／ 46
党内监督在推进大学治理体系与治理能力现代化中的理论意义及实现路径
……………………………………………………… 李　雪　孙晓东／ 56
廉政治理现代化视野下高校巡察保障机制研究 ……………… 牟方志／ 61
全面从严治党背景下对高校学生党支部书记主体责任的思考
…………………………………………… 刘伟亮　邬　岩　张　贝／ 67
高校政治监督体系构建的逻辑理路与优化进路 ……………… 王　说／ 74
新媒体视域下提升高校巡察舆论宣传思想政治工作路径研究
……………………………………………………… 尹诗白　时奕伟／ 83
以巡视巡察推动习近平经济思想在财经高校落地生根研究 … 朱一强／ 94
中国共产党巡视巡察历史传统与经验研究 ………………… 王耀荣／ 101
治理效能背景下的高校巡察经验研究 ……………………… 黄　文／ 109
巡视巡察监督立体格局构建研究 …………………………… 卢　博／ 118
构建新时代高校"大监督"巡察工作机制研究 ……………… 于一多／ 126
新时代高校巡察工作系统化集成化路径探析 ……………… 罗　杰／ 137
政治监督定位下的巡察工作质量标准研究 ………… 钟芸莹　浦　玲／ 146

聚焦“四个维度”提升高校巡察工作策略探析……………… 曹先希／ 157
高校二级学院党组织巡察观测指标体系研究 ……………… 杨奇才／ 165
新时代高校巡察观测指标体系构建 ……………………… 郭　满／ 175
新时代高校校内巡察观测指标设置研究 ………………… 周立成／ 188
破解“熟人社会”监督难题等重难点问题研究…………… 段江波／ 193
“熟人社会”视域下的高校校内巡察路径优化 ………… 魏　华／ 204
政治巡察在高校基层党组织建设中的作用机制研究
……………………………………………… 谢奉君　张正军／ 213
高校巡察工作道德风险生成机制与规避路径 …………… 李　利／ 222
多源流理论视角下加强巡视整改和成果运用的政策议程研究
……………………………………………………… 宋世俊／ 229
基于实效督查的巡视巡察整改评估机制研究 …………… 钟芸莹／ 239
高校巡察整改实效督查量化体系研究 ………… 王　说　郭寿良／ 244
巡察整改督查与成果运用研究 ………………………… 魏　望／ 251
以手册、清单为抓手，推进高校巡察工作“三化”建设研究
……………………………………………………… 廖富宗／ 257
高校内部巡察干部队伍建设研究 ……………………… 张太富／ 264
廉洁文化在高校课程思政建设中的应用研究 …………… 冉茂瑜／ 274
党内巡视制度的传统政治文化基础探源 ……… 雷栋良　宋婧琳／ 278
新时代高校廉政文化建设背景下学生廉政教育路径探究…… 余　庆／ 285
新时代党内政治文化建设的四个着力点 ……… 骆　岭　马丹丹／ 291
陈豹隐廉政思想的理论内涵与政治实践 ………………… 张红霞／ 299

中央纪委对巡视工作的注意力配置与态度分析

宋世俊（西南财经大学科研处）
王崇鑫（西南财经大学党委办公室）
钟　慧（西南财经大学公共管理学院）

摘要： 为了厘清中央纪律检查委员会（简称“中央纪委”）对巡视工作的注意力配置情况和政策意图，本文选取中央纪委1998—2020年发布的工作报告作为分析对象，基于注意力理论及情感分析方法，探讨中央纪委在巡视工作方面的注意力配置和态度变化。与此同时，本研究利用中国科学院文献情报中心发布的政策情感强度分类词典，进一步分析中央纪委工作报告中的态度变化，以此揭示中央纪委对巡视工作的政策态度随时间变化的趋势。研究结果表明：首先，中央纪委对于巡视工作的注意力呈逐年上升趋势，其间存在显著的阶段性波动，这些波动受到特定情境结构的影响。其次，在不同的历史阶段，中央纪委对巡视工作不同领域的关注度变化与党的主要政策导向和战略部署密切相关。最后，中央纪委对巡视工作的态度趋向更加积极。

关键词： 注意力配置；情感分析；中央纪委；巡视工作；中央纪委工作报告

巡视工作是党的监督利器，承载着党章赋予的重要职责，是中国共产党中央纪律检查委员会履行监督职责的关键举措。党的十八大以来，党中央对巡视工作高度重视，习近平总书记明确指出了巡视工作的重要性。党的十九大报告进一步强调“深化政治巡视，坚持发现问题、形成震慑不动摇，建立巡视巡察上下联动的监督网”。从注意力配置的角度审视，巡视工作与中央纪委的决策紧密相连。在决策过程中，党的纪律检查机关需对重要与不重要信息进行筛选，关注与决策环境相关的问题，这对于政策议程设置具有决定性意义。美国华盛顿大学政治学教授布赖恩·琼斯认为，注意力作为一种选择机制，将特征的突出性引入决策制定结构。可见，在巡视工作中，党的纪律检查机关注意力的合理配置显得尤为关键。这不仅关系到政策制定的精准性，更是党的监督职能有效发挥作用的重要保障。因此，进一步探讨巡视工作中的注意力配置问题，对于提升党的监督效能具有重要的理论意义和实践价值。

从我们对已有文献的梳理来看，近年来学术界涌现出大量关于巡视工作的相关研究，内容涉及多个方面，其中包括对中国古代不同朝代巡视制度的探讨，如秦汉时期、元代、明代和清代的巡视制度，以及对中国古代巡视制度发展历程及其史鉴价值的研究。随着研究的深入，中国共产党巡视工作在不同时期的发展历程也受到了越来越多的关注。学者们不仅重点剖析了土地革命时期、苏区时期、民主革命时期、新中国成立以来、改革开放以来以及党的十八大以来和新时代中国共产党巡视制度的演进脉络，还对建党以来中国共产党巡视制度的演变进行了深入透彻的分析，并将其划分为萌芽、徘徊、重启、确立与成熟等不同阶段。研究者在通过阶段划分对巡视制度进行高度概括的基础上，进一步分析了党的十八大后党内巡视制度为适应新时代新形势所呈现出的一系列新特征，并探讨了巡视整改成果的巩固问题。近年来，随着党中央作出全面从严治党的重大战略部署，党的十八大以来，中国共产党巡视工作研究已成为学术界的热点话题。在此背景下，构建巡视巡察上下联动机制的研究也随着全面从严治党的实践而逐渐引起学者们的重视。

纵观已有文献，巡视工作研究主要侧重于我国古代巡视制度的发展历程、不同时期中国共产党巡视制度的演进脉络，以及构建巡视巡察上下联动机制等方面。然而，现有研究仍存在以下不足：一方面，鲜有文献从注意力视角剖析巡视工作中中央纪委的作用，缺乏从党的纪律检查机关主观角度探究巡视工作中政策注意力配置的问题。这意味着现有研究未能充分揭示中央纪委在巡视工作中的决策行为及注意力配置。作为巡视工作的主要执行者，中央纪委注意力配置直接关系到巡视工作的效率与效果，但这一重要议题并未得到研究者的足够关注。另一方面，对巡视工作政策文本态度的研究，关键在于如何准确地从文本中提取情绪信息。大多数研究采用情感词典法来计算政策文本态度，认为政策文本态度是由文本中出现的情感词决定的。因此，对情感词的选择在政策文本态度研究中可谓至关重要。然而，已有研究中鲜见基于情感分析视角剖析中央纪委对巡视工作的态度，导致难以全面理解中央纪委在巡视工作中的情感倾向及其变化趋势。鉴于此，为弥补以往研究中存在的不足，本文将注意力和情感分析视角引入巡视工作相关政策领域，采用内容分析法探析巡视工作中中央纪委的决策行为。通过这种方法，本文将为国家和地方纪律检查机关进一步修正、补充和完善相关巡视工作政策提供参考和依据，从而更好地推动巡视工作的科学化、规范化和高效化。

一、理论基础

“注意力”是一个心理学的概念，最早由当代心理学奠基者之一、美国哈佛大学心理学教授威廉·詹姆斯（William James）提出。他认为注意力是“进入意识的一个过程”，是获取信息的起点。此后，学者们不断挖掘其价值，并将其延伸至管理学领域。在管理理论的发展过程中，诺贝尔经济学奖得主之一、卡内基梅隆大学经济学教授赫伯特·西蒙（Herbert A. Simon）在其著作《行政行为》中引入了“注意力”这一概念，并在此基础上提出了有限理性决策理论。西蒙指出，鉴于管理者的“有限理性”，他们需要将有限的注意力配置到关键议题上。这一思路将“注意力”与“决策”两个概念相结合，使注意力配置对个体决策行为的影响成为组织管理决策领域的重要研究主题。

相较于在心理学和管理学中的应用，“注意力”被引入政治学领域的研究相对较晚。将“注意力”引入政治学研究领域的学者包括美国华盛顿大学政治学教授布赖恩·琼斯（Bryan Jones）和美国宾夕法尼亚州立大学政治学教授弗兰克·鲍姆加特纳（Frank Baumgartner）。他们的研究基于西蒙对注意力的研究，探讨了民主政治及其治理，并提出了“注意力驱动的政策选择模型”。布赖恩·琼斯将政策的环境变量作为外生变量加以分析，认为政策问题之所以进入政策议程，其关键在于政策制定者的意图。

二、研究设计

（一）研究方法

一方面，本研究采用内容分析法对巡视工作的政策注意力进行定量与定性相结合的分析。作为一种“非直接介入的分析工具”，内容分析法能够帮助研究人员以客观中立的态度剖析客观事实，因此也被称为“从公开资料中萃取秘密”的“黑箱”技术。该方法最初主要被应用于图书情报学、信息管理和传播学领域，但其具有独特的研究效度与信度优势，逐渐被政治学、管理学等社会科学研究广泛采纳。对正式文件中特定文字或句子表述的频次与比重等进行分析，并结合其背景，可以在一定程度上反映组织决策者在不同情境下对某一公共事务的重视程度与认知变化。中央纪委工作报告中的巡视政策文本集中体现了纪律检查机关在巡视工作中的注意力配置情况。因此，采用内容分析法研究巡视政策文本具有重要的理论意义与实践价值。内容分析法在公共政策研究中已被广泛应用于解释决策者注意力配置与政府决策之间的关系。实际上，内容分析法当前已成为测量决策者注意力的新方法。通过这种方法，本文将揭示中央纪委在巡视工作中的注意力配置特点，并为政策制定和实施提供科学依据。

另一方面，本文拟利用词典法获取中央纪委对巡视工作的态度。态度实质上表现为文本信息中的情感表达，词典法是当前应用较为广泛的情感分析技术之一。考虑到本文分析的基础语料是针对政策议题的表达，因此本文引入了针对政策情感强度的专业词典——中国科学院文献情报中心政策情感强度分级词典（以下简称“LAS 政策情感强度分级词典”）。该词典汇集了多位专家的解读意见，包括科技部原副部长李萌、中国工程院院士刘培德、科技部战略规划司原司长许倞、国务院发展研究中心技术经济研究部原部长吕薇和清华大学薛澜教授等。LAS 政策情感强度分级词典通过对政策文本中的情感词汇进行分类和量化，能够有效测度政府部门注意力配置情况。该词典涵盖了“高”“中”“微”三个等级的情感强度分级词汇，这使得对政府工作报告中的情感表达进行精确分析成为可能。通过应用这一词典，本文能够系统地评估中央纪委在巡视工作中的态度变化，进而揭示其注意力配置的趋势和特点。此外，LAS 政策情感强度分级词典的应用还有助于识别和理解中央纪委在不同阶段对巡视工作的情感倾向及其背后的原因。这对于深入分析巡视工作政策的有效性及其实施效果具有重要意义。量化情感词汇的使用频率及强度有助于我们更加科学地评估中央纪委在巡视工作中的关注度及其变化趋势，为后续的政策调整提供实证支持。

（二）数据来源

本文选取 1998—2020 年中央纪委工作报告作为研究数据，分析纪律检查机关对巡视工作的政策注意力配置。中央纪委工作报告是对本部门特定年度内党的路线、方针、政策执行情况的总结和对未来工作的展望。这些报告集中反映了纪律检查机关决策者在特定制度环境下的注意力配置情况。它们不仅是纪律检查机关将思想和精力投入巡视工作中的指南，从某种意义上讲，也是向公众宣告“政府将重视什么、将向哪些领域投入资源”的重要途径。

根据注意力理论，注意力的一个基本特征是其指向性，这意味着政府的注意力在某一阶段内是一种稀缺资源。对中央纪委工作报告关键词进行文献计量分析，可以展示中央纪委在巡视工作领域的注意力配置强度，从而预测中央纪委施政方向。中央纪委工作报告是其政策注意力配置的集中体现，能够较为准确地反映纪律检查机关对巡视工作的注意力配置情况。本文的分析内容来源于历年中央纪委工作报告中有关巡视工作的部分，以此作为评估纪律检查机关对巡视工作注意力的数据来源，具有较强的科学性。

（三）变量度量

1. 注意力配置水平

对我国政府注意力的相关研究作为热点议题受到学者们的高度关注。学者们以政府注意力作为中介变量，探究了政府行为和官员决策中的变动机制。对注意力变动机制的经验研究离不开恰当的测量方法。需要注意的是，作为一个抽象概念，注意力难以被直接测量，加之决策过程的复杂性和客观因素的影响，对政府注意力的测度成为政策文本量化研究的难点之一。目前，学者们主要通过对政府行为进行文本分析来测量政府注意力，在文本数据选取方面主要基于政府工作报告、领导人批示等进行内容分析。

为了准确描述中央纪委对巡视工作的注意力配置水平，本研究对1998—2020年中央纪委工作报告中的相关文字表述进行了系统性的数据提取与分析。具体如下：

首先，本文通过计算公式得出每年中央纪委工作报告中涉及巡视工作的相关表述占该年度工作报告总字数的比例，以此来衡量中央纪委对巡视工作的注意力配置水平。其计算公式为：

$$注意力配置水平=\frac{涉及巡视工作的字数}{年度工作报告总字数}\times 100\%$$

其次，进行文本内容的提取。如果一个句子完全属于巡视工作的范畴，则整句提取；如果一个句子既包含巡视工作又包含非巡视工作的内容，则对该句子进行截取，仅保留与巡视工作相关的部分，保持其原始的主谓宾结构，并删除非巡视工作的文本数据后进行统计。通过上述方法，本文可以精确地量化中央纪委历年工作报告对巡视工作的重视程度，进而为理解巡视工作的演变趋势及其在国家治理中的作用提供实证依据。

2. 政府态度

本研究运用LAS政策情感强度分级词典，对中央纪委工作报告中涉及巡视工作的每一句话都进行了情感倾向分析。该词典以动词和形容词为主要构成，包含364个程度词汇，并通过概率主题模型（PMI算法）实现了词汇扩展，同时借助TextRank算法进行了实验验证，以确保政策情感强度评估的准确性。依据该词典，情感倾向被划分为“高”“中”“微”三个等级。本文的主要目标在于统计并分析每年中央纪委工作报告中关于巡视工作部分的情感倾向分布情况，进而量化中央纪委在不同年份（记作年份 t ）对巡视工作所持有的态度倾向。通过这种方法，本文可以更直观地反映巡视工作在不同时间段内的政策关注度和支持力度的变化趋势。

三、中央纪委对巡视工作注意力的总体配置水平

在测量与分析中央纪委对巡视工作注意力的总体配置水平之前，明确“巡视工作”的定义至关重要。作为一个多维度的概念，巡视工作内容广泛，且随政策的变迁和监督需求的配置而呈现出动态性。为了确保样本提取的科学性和可操作性，本文依据中共中央发布的巡视工作相关政策文件来界定巡视工作的具体内容。从图1可见，1998—2020年中央纪委对巡视工作的注意力配置具有如下特征：

（一）中央纪委对巡视工作的注意力配置整体呈现出波动上升态势

中央纪委对巡视工作的注意力配置整体呈现出波动上升态势，反映了中央纪委对巡视工作在加强党内监督中日益增长的重要性的认识。依据注意力理论，情境因素在影响政策注意力方面扮演着关键角色。自改革开放以来，我国在经济领域取得了显著成就，然而巡视制度的重构并未与改革开放同步发展。在世情、国情、党情发生深刻变化的背景下，如何优化和完善巡视制度，实现理论、实践与制度的三重创新，成为党中央面临的重要课题。这种情境结构对中央纪委的巡视工作注意力配置产生了显著影响。同时，治理理念的创新也是影响政策注意力配置的重要因素。根据历史制度主义的内生理论，理念的创新能够调整和改变行动者的偏好，进而影响其行为选择并推动制度配置。在改革开放初期，党内出现了一些以寻租为目的的经济犯罪和贪污腐败现象，这促使党风廉政建设成为党的建设的关键任务。自党的十八大以来，巡视制度作为“全面从严治党”的重要组成部分，其在力度、广度、深度和效度上均取得了突破性进展。这一进展在巡视工作的政策注意力水平上得到了明显体现。党中央将巡视制度视为推进“全面从严治党”的重要工具，相继修订了《中国共产党巡视工作条例》，并将“全面从严治党”纳入“四个全面”战略布局，写入“新时代坚持和发展中国特色社会主义的基本方略”。

此外，中央纪委对巡视工作的注意力配置还显现出明显的阶段性特征。具体而言，2014年是中央纪委巡视工作的一个分水岭。1998—2013年，中央纪委对巡视工作的注意力平均比重低于2%，间断性是这一阶段的主要特点。在这16年中，有3年的工作报告涉及巡视工作的注意力比重不足1%，表明中央纪委在此阶段对巡视工作的注意力持续性较弱。事实上，这种短期内“选择倒转”的现象反映了决策者注意力的特性。布赖恩·琼斯指出，决策者的注

意力往往是“插话式”而非“渐进式”的，并且经常会出现“连续转换”和“急剧变化”的现象。究其原因，可能是改革开放后，党的巡视制度正处于逐步恢复与重建的过程中，此时党中央更多地将注意力集中在经济建设上。1990年3月12日，中共中央十三届六中全会通过了《中共中央关于加强党同人民群众联系的决定》，提出了“巡视工作小组”制度，这标志着党的巡视制度恢复与重建的开端。在这一阶段，巡视工作在探索中不断前行，《中国共产党巡视工作条例（试行）》等一系列规章制度正式颁布，初步形成了巡视工作的制度体系。2014年以后，每年的中央纪委工作报告均大量涉及巡视工作的内容，中央纪委对巡视工作的注意力水平显著上升。这一变化得益于党的十八大之后，在“四个全面”战略布局下，巡视工作逐步实现了规范化、程序化、制度化和常态化发展，有力地推动了“全面从严治党”向纵深推进，促进了巡视工作的健康有序开展。

（二）中央纪委对巡视工作的关注呈现出明显的间断式特征

图1中注意力比重曲线显示，2015年和2017年出现了注意力“峰值”。那么，为什么在这些特定年份中，中央纪委对巡视工作给予了特别的关注？2015年，《十八届中央纪委第五次全会工作报告》明确提出“系统总结十八大以来巡视工作的探索实践，修订《中国共产党巡视工作条例（试行）》，制定实施细则”。党的十八大之后，巡视工作作为“国之利器、党之利器”，成为“全面从严治党”的重要支撑。同年8月，中共中央颁布了《中国共产党巡视工作条例》，在制度层面细化了巡视工作的相关规定，在巡视对象、范围、内容、工作方式和权限等方面作出了更新和细化的规定，进一步创新了巡视工作的方式和方法。2017年，《十八届中央纪委第七次全会工作报告》要求“实现一届任期巡视全覆盖”。为进一步落实党的十八届六中全会精神，2017年7月，党中央在系统总结党的十八大以来巡视实践成果的基础上，对《中国共产党巡视工作条例》进行了整合修订，正式将“政治巡视”要求写入条例，并明确规定“一届任期内巡视全覆盖”。这是继2015年后的第二次修订，标志着巡视工作步入了成熟的发展阶段。由此可见，中央纪委积极响应党中央的部署，除了履行党章规定的监督、执纪、问责三大职责外，还在重要政策和事件节点对相关工作作出必要安排与汇报。当年的中央纪委工作报告，不仅展示了党中央的巡视决心，还通过巡视结果向民众“交答卷”。在这个过程中，工作报告无疑成为中央纪委述职的最重要窗口。正如学者布赖恩·琼斯所指出的，政策制定者的偏好在一段时间内具有相对稳定性，但其注意力可能会在短期内呈现“插话式”的转移，这种转移与政策议程设置密切相关。具体到巡视工

作上，中央纪委短期内对巡视工作的注意力波动体现了上述“插话式”波动特征。

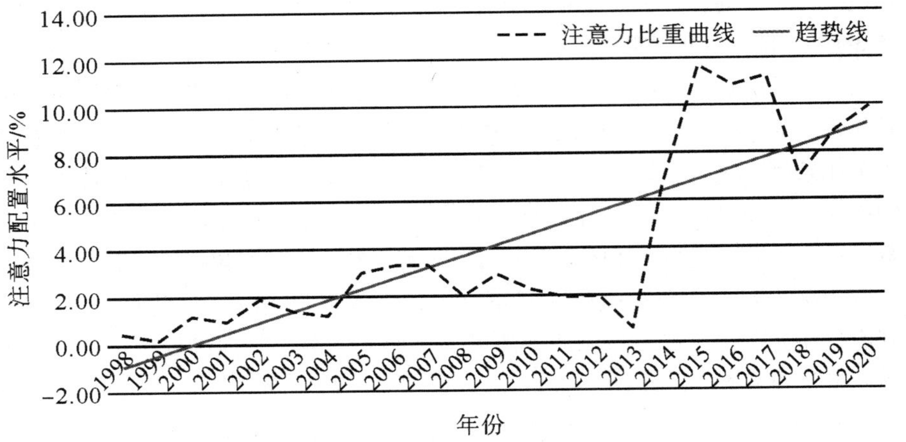

图1　1998—2020年中央纪委对巡视工作的注意力配置水平

四、中央纪委对巡视工作各领域的注意力配置

前文对巡视工作注意力配置水平进行了整体考察，但这种测量与分析方法存在一定的局限性，即未能充分考虑巡视工作各领域的差异性。巡视工作是一个广泛的政治范畴，在不同时间阶段，中央纪委所关注的具体领域可能存在显著差异。此外，注意力本身具有易变性，即使在某一时期内中央纪委对巡视工作给予了持续关注，其焦点也可能有所不同。因此，本文有必要进一步对巡视工作进行细分，从微观角度测量中央纪委在特定时期内对哪些具体的巡视工作领域分配了何种程度的注意力。只有通过这种细致的分析，才能更准确地揭示中央纪委注意力配置的特点及其背后的逻辑。

为了确保归类的科学性和准确性，在进行信度检验的基础上，本文从中央纪委历年工作报告涉及巡视工作的政策文本中提取关键词并进行编码归纳，以识别巡视工作各领域的具体表述。对于意思相近的表述，本文也进行了归纳合并。基于巡视工作的重要政策、事件及相关文献，并借鉴学者彭前生对巡视工作发展阶段的划分，本文将我国巡视工作的发展历程划分为以下几个阶段：巡视工作的恢复与初步发展阶段（1998—2001年）、巡视制度的完善与深化阶段（2002—2011年）、巡视工作的规范化与创新阶段（2012—2016年）、巡视工作的全面深化与制度化阶段（2017—2020年）。本文根据这一时间框架建立了相应的分析框架。每个阶段中央纪委关注的巡视工作领域有所不同，因此需要结合各阶段巡视工作的具体配置情况，分析中央纪委对巡视工作各具体领域注意力的变化轨迹（见表1）。通过这种方式，本文不仅能更准确地把握中央纪委对巡视工作的注意力配置，还能深入理解巡视工作在不同阶段的发展特点及其政策导向。对这种方法的使用使得本文的研究更具有针对性和科学性，有助于揭示巡视工作在不同历史时期的演进规律及其背后的动因。

表1　中央纪委历年工作报告中对巡视工作各领域的表述

年份	中央纪委对巡视工作各领域的表述
1998—2001年	巡视制度（1998年、2000年、2002年、2003年）；巡视组（2000年、2001年、2002年）
2002—2011年	党内监督（2002年、2003年、2004年、2005年、2006年、2007年、2009年、2011年）；主要负责同志（2002年、2005年、2006年、2007年、2009年）；大型国有企业（2006年、2007年、2008年、2009年、2010年、2011年）；金融机构（2005年、2006年、2007年、2009年、2010年、2011年）；县（市、区）（2006年、2007年、2008年、2009年、2010年、2011年）；巡视制度（2005年、2006年、2007年）
2012—2016年	巡视成果运用（2012年、2013年、2014年、2015年、2016年）；巡视整改（2014年、2015年、2016年）；巡视全覆盖（2014年、2015年、2016年）；专项巡视（2014年、2015年、2016年）；移交问题线索（2014年、2016年）；巡视纪律与责任（2014年、2015年、2016年）；巡视制度（2014年、2015年、2016年）
2017—2020年	政治巡视（2017年、2018年、2019年、2020年）；市县党委建立巡察制度（2017年、2018年、2019年、2020年）；巡视巡察上下联动（2018年、2019年、2020年）；回头看（2017年、2018年、2020年）；形式主义、官僚主义问题（2017年、2018年、2020年）；一届任期巡视全覆盖（2017年、2018年）

注：本表由笔者根据中央纪委历年工作报告整理编制。

（1）巡视工作的恢复与初步发展阶段（1998—2001年）。在这一阶段，中央纪委对巡视工作的注意力分配主要集中于巡视制度和巡视组两个方面。具体表现为：在巡视制度方面，1998年、2000年、2002年和2003年的工作报告中均有较多涉及；在巡视组方面，2000年、2001年和2002年的工作报告中也有较多关注。1996年1月，十四届中央纪委第六次全会通过了关于重申和建立巡视制度的决定。此后，在1998年8月至2002年10月期间，中央纪委先后派出9个巡视组，对24个省份和中央国家机关进行了常规巡视，并派出1个专项巡视组对“三讲”教育活动进行了专项检查。这一阶段标志着巡视制度的初步恢复、建立和完善，中央纪委通过派遣巡视组开展巡视工作，为巡视制度的后续深化发展奠定了基础。

（2）巡视制度的完善与深化阶段（2002—2011 年）。在这一阶段，“党内监督”获得了持续性的关注，具体体现在中央纪委 2002—2011 年的工作报告中多次提及（2002 年、2003 年、2004 年、2005 年、2006 年、2007 年、2009 年、2011 年）。2002 年，党的十六大报告正式提出“改革和完善党的纪律检查体制，建立和完善巡视制度”，这一提法为巡视工作的深化提供了明确的方向。同时，作为“党内监督”的重要组成部分，“主要负责同志”“大型国有企业”“金融机构”以及“县（市、区）”等相关方面的监督也获得了中央纪委的持续关注。具体而言，在“主要负责同志”方面，2002 年、2005 年、2006 年、2007 年和 2009 年的工作报告中有所涉及；在“大型国有企业”方面，2006—2011 年的工作报告中多次提及；在“金融机构”方面：2005 年、2006 年、2007 年、2009 年、2010 年和 2011 年的工作报告中有所涉及；在“县（市、区）”方面，2006—2011 年的工作报告中多次提及。这主要是基于党的十六届四中全会提出了加强和改进对领导班子特别是主要领导干部监督的要求。2006 年 1 月，中央纪委启动了对金融机构、大型国有企业和县（市、区）的巡视，以此治理和解决领导干部廉洁自律方面存在的问题。除此之外，巡视制度等传统领域虽然在一些年份中也被提及，但持续性不强。值得注意的是，中央纪委工作报告连续三年（2008 年、2009 年和 2010 年）均提到了《中国共产党巡视工作条例（试行）》。这是为了落实党的十七大通过的党章修正案，将“巡视”这一重大举措以根本大法的形式确定下来，从而初步形成了巡视制度体系。2005 年的十六届中央纪委第五次全会工作报告中提及了《关于中共中央纪委、中共中央组织部巡视工作的暂行规定》等巡视制度的相关内容，但这次提及只是简单的说明，持续性不强。

（3）巡视工作的规范化与创新阶段（2012—2016 年）。这一阶段的最大特征是中央纪委开始着力强调巡视成果的运用问题。党的十八大以来，巡视工作连出大招，成效显著，全面从严治党取得重大成果。下一阶段的重点是抓好巡视成果运用这一关键环节。在这一阶段的特定年份，中央纪委也开始关注巡视工作的新领域，如巡视全覆盖等，但对这些领域的持续性关注并不明显。值得关注的是，巡视制度建设在不同年份得到了一定程度的关注。从 2014 年开始，连续三年将《中国共产党巡视工作条例（试行）》的修订工作写入中央纪委工作报告，不断在实践中总结经验，旨在为巡视监督提供基本遵循和制度保障。

（4）巡视工作的全面深化与制度化阶段（2017—2020 年）。这一阶段中央纪委的巡视工作注意力分配与全面从严治党的重大战略紧密相连。实施全面从严治党战略后，政治巡视获得了持续性的关注。党的十八大以后，中央巡视首次提出“政治巡视而非业务巡视”，通过面向党组织和党员干部的“政治巡视”，促使党员坚守党纪底线，充分发挥“政治巡视”的“显微镜”和“探照灯”作用，推动巡视工作向纵深发展。2017 年，党中央对《中国共产党巡视工作条例》进行了第二次修订，并再次强调了“市县党委建立巡察制度”“巡视巡察上下联动”“一届任期巡视全覆盖”等相关政策要求。此外，在这一阶段，中央纪委还将整治形式主义、官僚主义纳入了巡视工作。

综合分析这四个发展阶段的主要内容，可以发现，在 20 多年的巡视工作发展历程中，中央纪委对巡视工作的注意力分配呈现出两个基本的变化趋势：首先，随着时间的推移，中央纪委所关注的巡视工作领域不断扩展。这一现象不仅表明中央纪委对巡视工作重要性的认识在不断深化，也显示出中央纪委对巡视工作的管理仍然有很大的发展空间，一些新的工作领域正在逐步扩展。例如，巡视工作的范围从最初的制度建设和派遣巡视组，逐渐扩展到对机关主要负责同志、大型国有企业、金融机构及县（市、区）等具体领域的监督。其次，中央纪委对巡视工作的注意力分配重点由分散的、零星的个别事务领域转变为更具全局性、系统性的全方位布局。最典型的例子是在 2017—2020 年期间，“市县党委建立巡察制度”“巡视巡察上下联动”以及“一届任期巡视全覆盖”等一系列政策要求的提出。这在很大程度上意味着“管党治党”实现了从“宽松软”到“严紧硬”的根本性转变。这些变化不仅反映了中央纪委对巡视工作的重视程度日益提高，也体现了巡视工作在全面从严治党战略中的核心地位，以及巡视工作在推动党和国家治理体系和治理能力现代化方面的重要作用。

五、中央纪委对巡视工作的态度分析

为了观察中央纪委对巡视工作的态度变化情况，本文利用 LAS 政策情感强度分级词典对每年的中央纪委工作报告涉及的巡视工作态度进行了统计，并从时间维度和主题维度两个方面来进行分析。

从时间维度上看，1998—2020 年中央纪委对巡视工作的“高”“中”“微”三个级别的态度逐年上升（见图 2）。

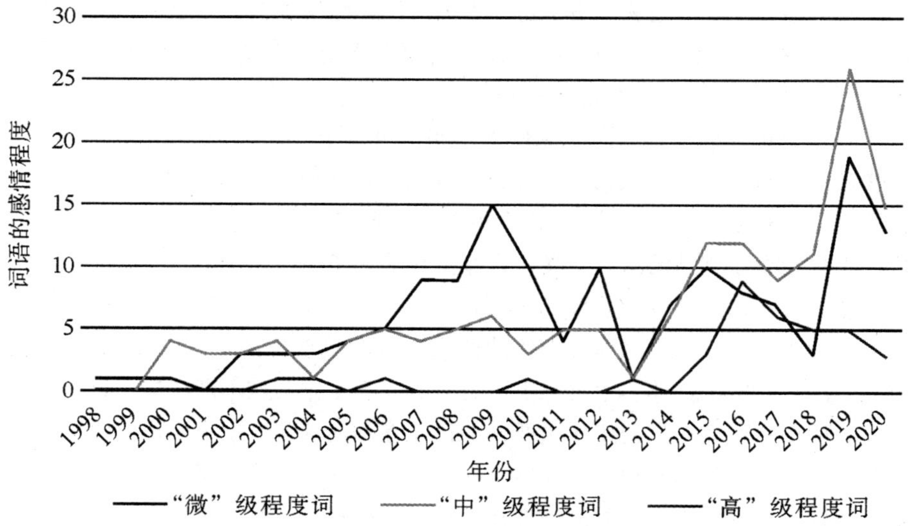

图 2　1998—2020 年中央纪委对巡视工作的态度（“高”“中”“微”级程度词）

从主题维度上看，本文通过梳理中央纪委对巡视工作的“高”级程度词，可以发现，随着时间的推移，中央纪委对巡视工作的态度有较大差异。“高”级程度词所在语句见表 2。

表 2　中央纪委历年工作报告中巡视工作“高”级程度词所在语句

年份	巡视工作“高”级程度词所在语句
1998—2001 年	无
2002—2011 年	加快实现巡视工作的制度化、规范化和经常化（2003 年）、实现巡视工作的制度化和规范化（2004 年）、要把贯彻落实科学发展观的情况作为巡视工作的重要内容（2006 年）、认真贯彻《中国共产党巡视工作条例（试行）》（2010 年）
2012—2016 年	突出巡视工作重点（2013 年）、实现巡视全覆盖（2015 年）、实现对中央直管国有重要骨干企业巡视全覆盖（2015 年）、省（自治区、直辖市）党委要不折不扣贯彻中央巡视工作方针（2015 年）、深化对巡视监督定位的认识（2016 年）、中央巡视工作领导小组和省（自治区、直辖市）党委深入贯彻中央巡视工作方针（2016 年）、对巡视定位的认识更加深化（2016 年）、努力实现一届任期内巡视全覆盖（2016 年）、深化巡视监督（2016 年）、实现巡视全覆盖（2016 年）、巡视内容必须更加聚焦（2016 年）、要坚决贯彻中央巡视工作方针（2016 年）、深化专项巡视（2016 年）

表2(续)

年份	巡视工作"高"级程度词所在语句
2017—2020 年	深化政治巡视（2017 年）、中央巡视组深化再巡视（2017 年）、要求被巡视党组织主动认领责任（2017 年）、各省（自治区、直辖市）党委贯彻巡视工作条例（2017 年）、16 个省（自治区、直辖市）已经实现巡视全覆盖（2017 年）、实现一届任期巡视全覆盖的目标任务（2017 年）、深化政治巡视（2018 年）、要贯彻巡视工作条例（2018 年）、以政治建设为统领深化政治巡视（2018 年）、实现一届任期内党的中央和省、自治区、直辖市委员会对所管理的地方、部门、企事业单位党组织巡视全覆盖（2018 年）、深化专项巡视（2018 年）、巩固深化巡视巡察工作（2019 年）、坚定不移深化政治巡视（2019 年）、持续深化政治巡视（2019 年）、贯彻党章和巡视工作条例（2019 年）、按照"六围绕一加强"和"五个持续"要求深化政治巡视（2019 年）、深化政治巡视和巡视整改（2020 年）、全面贯彻中央巡视工作方针（2020 年）、突出抓好巡视巡察整改落实（2020 年）

注：本表由笔者根据中央纪委历年工作报告编制。

综合这两个维度，中央纪委对巡视工作的态度日益强硬，不仅体现出中央纪委结合全面从严治党新形势新任务，立足巡视实践发展的需要而提出新的要求，还体现出中央纪委对巡视工作的轻重缓急的态度不断明朗。尤其是 2015 年中央纪委会同中央组织部发布《中国共产党巡视工作条例》以后，中央纪委对巡视工作的态度变得更加强硬。

六、结语

本文将注意力与情感分析相关理论作为研究基础，选取 1998—2020 年的中央纪委工作报告，对中央纪委巡视工作的注意力配置及态度变化情况进行分析。

首先，通过将注意力视角引入巡视工作相关政策领域，打开巡视工作政策文本解读的新思路，并从政策配置的新视角考察中央纪委巡视工作。本文通过对 1998—2020 年中央纪委工作报告的内容进行分析，发现中央纪委在其工作报告中对巡视工作的重视程度呈现出总体上升的趋势，这反映了巡视工作在党风廉政建设和反腐败斗争中的重要性不断提升。这一发现与宫玉涛和王志瑶、孙亮和张正光的观点相一致。但该趋势并非线性发展的，在特定的历史时期存在一定的波动，这些波动通常与国家重大事件或政策转变相关联。例如，在某些阶段，随着党和国家领导人对反腐败工作的高度重视以及一系列重要的制度性改革措施的出台，中央纪委对巡视工作的注意力明显增强；而在另一些阶段，由于国内外环境的变化或其他内部因素的影响，中央纪委对巡视工作的注意力可能会有所调整，但整体来看，这种波动并未改变巡视工作重要性逐步提升的大方向。

其次，通过应用中国科学院文献情报中心的政策情感强度分级词典构建中央纪委巡视工作政策文本重要内容识别与分析框架，以深化中央纪委政策文本语义挖掘以及政策研究实践。本文研究发现，中央纪委对于巡视工作的描述在情感倾向上逐渐变得更加积极，显示出中央纪委对巡视成效的认可和支持力度加大。

最后，中央纪委巡视工作在其不同历史阶段中侧重点的变化，与党和国家在各个发展阶段的主要政策导向及战略部署紧密相关，体现了巡视工作与国家整体治理能力现代化的高度契合。巡视工作不仅是反腐败斗争的重要手段，也是推进全面从严治党和实施依法治国方略的关键机制之一。高质量推进巡视工作很大程度上取决于巡视工作在中央纪委处理的所有事务中的优先级，这一优先级在某种程度上决定了巡视工作的最终效果。巡视工作成为决策者优先关注事项是一个渐进的过程，若中央纪委能够保持对巡视工作的持续关注，则有利于巡视工作逐渐成为优先事项。根据注意力理论，优先事项具有相对稳定性。虽然增加巡视工作的关注度不一定能立即改变其优先级，但是优先级的调整通常伴随着关注度的不断提升，二者之间存在内在联系。因此，为了强化巡视工作的地位，可以在中央纪委的工作报告和其他信息公开场合将其尽量提前，并强调“把党的政治建设摆在首位”。

参考文献：

[1] 习近平. 决胜全面建成小康社会 夺取新时代中国特色社会主义伟大胜利：在中国共产党第十九次全国代表大会上的报告 [M]. 北京：人民出版社，2017.

[2] 布赖恩·琼斯. 再思民主政治中的决策制定：注意力，选择和公共政策 [M]. 李丹阳，译. 北京：北京大学出版社，2010.

[3] 刘太祥. 试论秦汉行政巡视制度 [J]. 郑州大学学报（哲学社会科学版），2004（5）：15-18.

[4] 贾秀云. 元代廉访制度对我国现行巡视制度的启示 [J]. 中国行政管理，2013（8）：122-124.

[5] 修晓波. 明代巡视监察制度若干问题探讨 [J]. 历史研究，2018（4）：178-187.

[6] 余同怀，柏桦. 明代专差专使巡视考察制度［J］. 西南大学学报（社会科学版），2019，45（5）：171-179.

[7] 王瑞平. 清代钦差大臣巡视治河工程原因探析［J］. 中州学刊，2019（2）：132-134.

[8] 宝音朝克图. 清朝边防中的三种巡视制度解析："卡兵巡查""巡查卡伦""察边"之区别与联系［J］. 清史研究，2003（4）：67-73.

[9] 范建伟，王斌通. 中国古代巡视监察立法理念、特点及史鉴价值综论［J］. 广西社会科学，2018（11）：118-122.

[10] 王仰文. 中国古代巡视制度的现代观察［J］. 兰州学刊，2010（2）：124-127.

[11] 胡云生. 土地革命时期中共安徽党内巡视制度探略［J］. 史学月刊，2011（8）：132-135.

[12] 张宏卿. 苏区时期的党内巡视制度［J］. 湖湘论坛，2017，30（6）：83-90.

[13] 张宏卿，肖文燕. 苏维埃时期江西党内巡视制度的历史考察与现实启示［J］. 江西财经大学学报，2014（6）：91-97.

[14] 张玮. 民主革命时期中国共产党的巡视制度建设［J］. 郑州大学学报（哲学社会科学版），2014，47（5）：162-167.

[15] 段妍. 民主革命时期党内巡视的实践探索及现实启示［J］. 马克思主义理论学科研究，2020，6（2）：113-120.

[16] 李敏昌，杜哲焱. 改革开放以来中国共产党巡视制度的创新研究［J］. 甘肃社会科学，2014（1）：120-122，138.

[17] 胡云生. 1949—2019：中国共产党巡视制度述略［J］. 中州学刊，2019（7）：126-133.

[18] 李伯超，田良富. 新中国成立以来党内巡视制度的历史嬗变与启示［J］. 湘潭大学学报（哲学社会科学版），2019，43（2）：170-175.

[19] 邢浩. 党的十八大以来巡视制度改革初探［J］. 党的文献，2019（1）：48-53.

[20] 孙亮，张正光. 十八大以来党内巡视制度创新探究［J］. 中国特色社会主义研究，2015（6）：106-109.

[21] 宋伟. 新时代中国共产党巡视工作的理论创新与实践成果［J］. 党建，2020（4）：49-50.

[22] 任祥，杨春华. 中国共产党巡视制度的理论逻辑、历史演变与框架

体系［J］. 云南社会科学，2020（4）：42-47.

［23］宫玉涛，王志瑶. 党的十八大以来党内巡视制度的新发展与新特点［J］. 理论与改革，2016（5）：85-88.

［24］李小中，王明生. 新时代党内巡视制度的功能及完善路径［J］. 南京社会科学，2019（6）：80-85.

［25］董世明. 十八大以来党对巡视制度的探索［J］. 江汉论坛，2016（1）：81-84.

［27］孙亮. 巡视巡察联动体制：意涵、逻辑与构建路径［J］. 中州学刊，2019（1）：12-16.

［28］万银锋. 构建巡视巡察上下联动的体制机制［J］. 中州学刊，2019（11）：22-27.

［29］刘景江，王文星. 管理者注意力研究：一个最新综述［J］. 浙江大学学报（人文社会科学版），2014，44（2）：78-87.

［30］李文军，朱稳根. 注意力转换、媒体宣传与公共服务型政府建设：基于《人民日报》社论的分析［J］. 社会科学家，2012（8）：68-71.

［31］BRYAN D JONES，FRANK R BAUMGARTNER. A Model of Choice for Public Policy［J］. Journal of Public Administration Research and Theory，2005，15（3）：325-351.

［32］王洛忠，陈宇，都梦蝶. 中央政府对信息化的注意力研究：基于1997—2019年国务院政府工作报告内容分析［J］. 理论探讨，2019（5）：177-182.

［33］解佳龙，李雯，雷殷. 国家自主创新示范区科技人才政策文本计量研究：以京汉沪三大自创区为例（2009—2018年）［J］. 中国软科学，2019（4）：88-97.

［34］王印红，李萌竹. 地方政府生态环境治理注意力研究：基于30个省市政府工作报告（2006—2015）文本分析［J］. 中国人口·资源与环境，2017，27（2）：28-35.

［35］吴宾，唐薇. 中国政府推进老龄事业发展的注意力配置研究：基于中央政府工作报告（1978—2018）的内容分析［J］. 中州学刊，2019（5）：65-71.

［36］郑新曼，董瑜. 基于程度词典优化的中文科技规划文本分析［J］. 现代情报，2023，43（9）：74-84.

［37］郑新曼，董瑜. 基于科技政策文本的程度词典构建研究［J］. 数据分析与知识发现，2021，5（10）：81-94.

［38］林西，董瑜，郑新曼. 情感分析视角下政府注意力配置量化研究：

以国务院政府工作报告为例［J］．图书情报工作，2024，68（11）：136-147.

［39］王希鹏．十八大以来党风廉政建设和反腐败斗争工作的创新［J］．中国特色社会主义研究，2014（4）：90-95.

［40］王楚君，许治，陈朝月．科技体制改革进程中政府对基础研究注意力配置：基于中央政府工作报告（1985—2018年）的话语分析［J］．科学学与科学技术管理，2018，39（12）：54-66.

［41］陈思丞，孟庆国．领导人注意力变动机制探究：基于毛泽东年谱中2 614段批示的研究［J］．公共行政评论，2016，9（3）：148-176，189-190.

［42］代凯．注意力分配：研究政府行为的新视角［J］．理论月刊，2017（3）：107-112.

［43］文宏．中国政府推进基本公共服务的注意力测量：基于中央政府工作报告（1954—2013）的文本分析［J］．吉林大学社会科学学报，2014，54（2）：20-26，171.

［45］陶鹏，初春．府际结构下领导注意力的议题分配与优先：基于公开批示的分析［J］．公共行政评论，2020，13（1）：63-78，197.

［46］朱德米．理念与制度：新制度主义政治学的最新进展［J］．国外社会科学，2007（4）：29-33.

［47］彭前生．改革开放以来巡视制度重构的阶段、特征及理论逻辑［J］．深圳大学学报（人文社会科学版），2019，36（4）：21-30.

对新时代全面从严治党根本保障问题的研究

——以制度治党为视角

任志江（西南财经大学马克思主义学院）

摘要：“制度治党”是中国共产党的制度建设发展演进到现代治理阶段的产物，是对过去“制度管党”理念的重大改良和升级，既顺应了一般现代治理规律的要求，又具有立足于国情、党情的显著特征。它不仅是新时代全面从严治党的根本保障，也是确保国家长治久安的可靠保证，从根本上决定着“五位一体”和“四个全面”两大战略布局建设的成败。其实践路径可从思想基础、前提条件、有力支撑、核心要素、关键环节、长久保障等几个方面来统筹安排。

关键词：全面从严治党；制度治党；重大意义；科学内涵；实践路径

“党和人民事业发展到什么阶段”，“党的建设就要推进到什么阶段”，“这是加强党的建设必须把握的基本规律”①。进入新时代以来，面对世情、国情、党情的深刻变化，以习近平同志为核心的党中央以“办好中国的事情，关键在党”② 的理论自觉与实践自觉，提出了全面从严治党的重大战略。虽然党的十八大以来这一战略取得了举世瞩目的成就，但一方面“全面从严治党永远在路上”，另一方面“制度问题更带有根本性、全局性、稳定性和长期性”③，所以只有实现制度治党才能为全面从严治党提供根本保障，才能为实现国家治理现代化和中华民族伟大复兴创造最重要的前提和基础。

---

① 习近平. 在庆祝中国共产党成立 95 周年大会上的讲话［N］. 人民日报，2016-07-02（1）.

② 习近平. 在庆祝中国共产党成立 95 周年大会上的讲话［M］. 北京：人民出版社，2016：22.

③ 习近平. 习近平谈治国理政［M］. 北京：外文出版社，2014：391.

一、新时代制度治党的重大意义

制度治党是现代法治思维和治理理论融入党的建设实践的具体体现，其所强调的把制度建设贯穿于党的建设全过程与各方面，是新时代实现管党治党规范化、科学化的逻辑前提。事实上，“用什么治”的问题关注的是管党治党所采用的手段和方式，而“为什么治”的问题则是从理论与现实缘起的角度说明了制度治党的价值意义，更具有全局性与根本性。

（一）制度治党是在世界和中国步入深度调整与纵深发展的新形势下，对执政党建设理论与治理模式的重大创新和发展

进入新世纪尤其是新时代以来，虽然和平与发展仍是世界的主题，但随着不少国家的民族主义、保守主义、民粹主义势力抬头，世界经济和政治的发展充满了不确定性。始于2018年的中美贸易摩擦最终演变为中美贸易战和2020年初爆发并持续近三年的新型冠状病毒感染疫情（以下简称“疫情”），极大地强化了这一特点。作为中国特色社会主义的领导核心和在世界格局中具有重大影响国家的执政党，中国共产党更加需要“建设成为始终走在时代前列、人民衷心拥护、勇于自我革命、经得起各种风浪考验、朝气蓬勃的马克思主义执政党”①。制度治党就是在马克思主义党建原理和现代治理理论的指导下，试图运用制度的功能与作用来规范党内活动、调节党内关系、化解党内问题，从而健康科学地推进党的建设、管理和运行。其实质是遵循人类政治文明发展的一般特点和执政党建设的客观规律，将上述理论时代化、中国化、具体化，从而实现科学管党治党。因此，这一决策部署是在世界和中国步入深度调整与纵深发展的新形势下，对执政党建设理论与治理模式的重大创新和发展。

（二）历史和现实一再证明制度治党是提高党建科学化水平的制胜法宝，是实现全面从严治党的治本之策，是确保党和国家长治久安的可靠保证

针对因长期管党不力、治党不严而衍生出的诸多矛盾和问题，党的十八大以来，党中央以壮士断腕的决心进行了全面从严治党并取得了举世瞩目的成就，但制度的根本性作用仍使得不少矛盾和问题无法解决，只有实行制度治党才是提高党建科学化水平的关键之举，才是实现全面从严治党的治本之策，才是确保党和国家长治久安的可靠保证。事实上，这也是人类社会发展的一般规律，已被古今中外的众多经验和教训反复证明。对此，习近平总书记强调指

---

① 习近平. 在党的群众路线教育实践活动总结大会上的讲话［N］. 人民日报，2014-10-09（1）.

出："综观世界近现代史"，那些"凡是顺利实现现代化的国家"中，"没有一个不是较好解决了法治和人治问题的"①；而不少国家"陷入这样或那样的'陷阱'"，都是因为"很大程度上与法治不彰有关"。正是基于这一思考，习近平总书记在提出思想建党和制度治党相结合的同时，也明确指出应主要靠"制度治党、管权、治吏"。

（三）制度治党从根本上决定着"五位一体"和"四个全面"两大战略布局建设的成败

"五位一体"总体布局是中国共产党对我国现代化建设的总体部署，"四个全面"战略布局则是新时代以习近平同志为核心的党中央进行治国理政和推进民族复兴的总体框架。两者都植根于中国特色社会主义实践，其实质是以社会主义初级阶段基本国情为依据，在对社会主义建设规律进一步把握的基础上，通过将整体规划与重点推进协调统一，实现中国共产党历史使命的总体安排与战略部署。进入新时代以来，习近平总书记不仅将全面从严治党纳入"四个全面"战略布局，而且把党的建设这一新的伟大工程作为统揽"四个全面"的关键。"五位一体"总体布局作为中国特色社会主义建设的内容细化，是国家存在和发展的框架支撑，而"党是领导一切的"，加之"办好中国的事情关键在党"，所以这"两大布局"的成败自然取决于党的执政能力和领导水平的高低。制度治党是提高党建科学化水平的制胜法宝，制度治党从根本上决定着"五位一体"与"四个全面"两大战略布局建设的成败。

二、新时代制度治党的科学内涵

制度治党是党内法规制度借"治理"这一动态机制，充分发挥其在规范党内活动、调节党内关系、化解党内问题等方面的重要作用，推进党的建设健康有序进行。制度治党作为新时代管党治党的新理念与新方案，是党中央对自身角色定位、发展规律、治理阶段、目标向度与政党发展一般规律等进行深刻认知的结果。

（一）制度治党是对中国共产党执政规律、社会主义建设规律的深刻把握

中国共产党执政规律是处于执政地位的中国共产党进行执政活动的固有规律。社会主义建设规律，则是社会主义制度下社会经济发展的一般特点和要求。科学认识上述规律，是党自觉能动地开展活动和进行社会主义建设的依

① 习近平. 在中共十八届四中全会第二次全体会议上的讲话［N］. 人民日报，2014-10-23（1）.

据，是党保持先进性、完成历史使命和实现社会主义现代化的不竭源泉与必备前提。因此，中国共产党人必须在执政实践中深入研究、正确认识、科学把握这些规律。事实上，这一规律包含了诸多具体规律，理论创新和从严治党即是其中两条重要的规律。一方面，制度治党理论是在借鉴中国传统文化中关于制度管理的思想和现代西方治理理论的基础上，对马克思主义党的建设理论和中国共产党党的建设理论的深度挖掘与当代创新；另一方面，“党内法规制度建设是全面从严治党的内驱力”①，党内法规制度作为党的建设的关键一环，是对党的建设的先进经验与良好做法的总结和升华，其所体现的现实指导和行动指南的功能性属性与制度本身所具有的根本性与全局性的鲜明性特征，能够普遍约束和强制规范党内的权、事、吏，切实将“从严”落实到党的建设的相关方面。不难看出，制度治党其实是理论创新和从严治党两大规律时代化的产物，是共产党执政规律在新时代的具体体现。

（二）制度治党是党的制度建设发展到现代治理阶段的产物

长期以来，中国共产党对制度建设方面的认识始终在于制度供给层面，往往忽略了制度文化、制度权威、制度监督等深层次问题，从而造成诸多制度成为摆设、法治不如人治等问题。正因为如此，随着20世纪90年代现代治理理论的兴起和新时代全面从严治党的需要，“制度治党”一词才得以提出并被明确为管党治党的重大创新成果。不难理解，除需解决制度短缺、制度错位等问题外，制度治党更关注如何在树立制度意识与制度文化的基础上，通过制度监督等措施来确立制度权威，进而有效增强制度执行力等现代治理层面的问题。也就是说，随着制度体系的建立健全，中央试图通过制度治党将制度建设的重心从建章立制转向制度化治理，以此来解决制度意识、制度文化、制度权威、制度执行、制度监督等依靠现代治理手段才能解决的难题。正如从“法制”到“法治”是一种飞跃一样，建章立制只是制度治党的前提基础和党的制度建设的低级阶段，“治”才是制度治党的核心与关键。所以，制度治党命题的提出，不仅使党的制度建设进入高级阶段，也成为新时代党的制度建设的核心和目标。

（三）制度治党是对传统的制度管党理念的重大改良和升级

制度治党与传统的制度管党之间的关系，其实就是治理与统治、管理之间的关系。具体来说，统治是指国家专政部门通过暴力机关来管控社会以实现政

---

① 陈松友，卢亮亮. 党内法规制度建设：全面从严治党的内驱力［J］. 当代世界与社会主义，2019（6）：171-176.

治稳定和长治久安；管理是指对组织所拥有的各种资源进行控制、使用、安排，以高效地达到既定目标的过程。两者强调的都是由上而下的指令和服从，具有分明的辖属理念与行政色彩，它们较多地注重效率，主体构成较为单一和固化。与之不同的是，治理是多元化参与主体以一定的价值目标为原则，通过法治、合作的行为模式共同参与到社会公共事务的管理中来，以维持良好的社会公共秩序，实现政党、政府、社会、市场、公民之间的良性互动。由此不难看出，制度管党是党内各级领导运用制度对党组织进行有效整合，以实现政党执政或参政的政治活动；而制度治党则是通过将现代治理理论和方法融入党建活动的各方面，使全党树立起制度文化、制度权威，从而在增强制度意识和制度执行力的基础上实现党的各项任务目标的动态过程。不难看出，制度治党在权威主体、运行向度、实现方式等方面，都与传统的制度管党存在着重大差别，前者是对后者的重大改良和升级。

（四）我国的制度治党既顺应了一般现代治理规律的要求，又具有立足于国情、党情的显著特征

一般来说，现代治理具有主体多元化、规则法制化、运行公开化、效益最优化等特征，任何政党和国家在推进治理现代化过程中都需遵循规律，顺势而为。值得强调的是，虽然人类社会各领域的发展都遵循着一些普遍规律，但这些规律的呈现方式会因时因地而有差异。如在治理主体上，我国制度治党的主体已多元化，所不同的只是中国共产党的各级组织是所有主体中起决定性作用的主体。又如，在治理方式上，我国制度治党同样建立在民主的基础上，只是相较于西方的选举民主，我国制度治党更注重协商民主等形式。不难看出，我国的制度治党既顺应了一般现代治理规律的要求，又具有立足于国情、党情的显著特征。因此，我们要积极探索一般现代治理规律在我国制度治党中的具体实现形式，为早日通过“以党领政”的各项改革建立现代国家治理体系和提高治理能力现代化水平创造根本条件。

三、新时代制度治党的鲜明特征

制度与党的建设相结合由来已久，从马克思时期的发端萌芽，到列宁时期的初步实践，再到每一时期中国共产党领导集体的探索发展，以及到新时代制度治党的正式提出，不仅说明制度在党的建设中的地位不断提高，作用不断显化，而且也内在地说明不同时代制度与党的建设的结合是各有特色且不尽相同的。具体来说，新时代中国共产党制度治党的主要特征有如下四个方面：

（一）在发展中更新和在继承中完善党内法规制度

制度治党是通过党章、准则、条例、规则、规定、细则、办法等一系列党

内法规制度来管理与规范各级党组织和全体党员干部思想和行为的现代化、法治化、科学化的方法。这就需要一方面在确立制定党内法规制度原则与方法的基础上，增强制度建设的程序性和规范性，从而使制度治党走向正规化、科学化；另一方面，通过清理党内已有法规制度，扎紧以党章为中心的党内法规制度体系的“笼子”。为此，2013 年，党中央颁布实行了《中国共产党党内法规制定条例》和《中国共产党党内法规和规范性文件备案规定》，明确了党内法规制度制定的原则与方法，从而使党的制度建设从此有据可依、有规可循。几乎与此同时，党中央用两年多时间（2012 年 7 月到 2014 年 12 月）对新中国成立以来到党的十八大前出台的党内法规制度进行了集中清理。其结果是 322 件被废止、369 件失效，两者合计占比 58.7%①。在此基础上，党的十八大以来，陆续颁布了如巡视工作条例、廉洁自律准则、纪律处分条例等一系列法规制度，逐渐形成了以“1+4”为基本结构框架的党内法规制度体系。2019 年 4 月，党中央对党内法规制度体系再次进行逻辑梳理与集中清理。从 2018 年 11 月到 2019 年 4 月纳入清理范围的中央党内法规和规范性文件，宣布废止 54 件、失效 56 件、修改 8 件，对涉及党和国家机构改革的中央党内法规也做出了一揽子修改②，同时提出“今后一般每 5 年对党内法规和规范性文件开展一次集中清理”，更是从战略规划层面为党内法规制度体系的建设与完善提供了现实指引。

（二）更加强调树立党内法规制度的权威性

多年来，一些地方党的制度建设中存在着一种让人头疼的问题，即一方面，党内法规制度越来越多，但很多制度往往只是“写在纸上、挂在墙上、说在嘴上”；另一方面，潜规则却在党内大行其道，制度虚设问题不断加重，致使党内阳奉阴违、弄虚作假、贪污腐化现象日渐加重，政治生态持续恶化。对此，习近平总书记多次指出，“我们的制度不少，可以说基本形成”，“但是法规条例如果在执行实施的过程中被视为空文，加之没有相应的监督和制约，使违法乱纪现象无法得到及时有效的惩罚和禁止，就会导致破窗效应，使党内违规行为越演越烈，进而污染整个政治生态”③。这实际上就指出了制度权威的问题。因此，党的十八大以来，中国共产党在推进制度治党的过程中，把制

---

① 中央党内法规和规范性文件集中清理工作全部完成 [N]. 人民日报，2014-11-18 (4).

② 中共中央完成党内法规和规范性文件第二次集中清理工作 [N]. 人民日报，2019-04-12 (01).

③ 中共中央纪律检查委员会，中共中央文献研究室. 习近平关于党风廉政建设和反腐败斗争论述摘编 [M]. 北京：中央文献出版社，中国方正出版社，2015：128.

度权威的树立摆在十分重要的位置上。为此，党中央一方面通过提高制度设计的民主性来增强党员对制度的认同；另一方面通过零容忍惩治腐败，强化党内法规制度的执行力和刚性约束，使制度成为不可触碰的“高压线”，从而使广大党员干部遵规守纪的自觉性显著提高，强化了制度权威的形成。

（三）制度建设贯穿于党的建设的各个方面

党的十九大提出的新时代党的建设的总体布局指出，要将制度建设贯穿于党的建设的各个方面。事实的确如此，党的各个方面建设都包含着制度建设的内容，各个方面工作的开展也都需要用制度予以规范和保障。如在党的政治建设方面，政治纪律、政治规矩等本身就具有制度属性，政治建设的持续推进显然需要这些制度为其保驾护航；在党的思想建设方面，思想教育的内容、方式及其长效机制的形成都需要用制度来规定；在党的组织建设方面，民主集中制是中国共产党的根本组织制度和领导制度，这就使党的组织工作都具有显著的制度属性；在党的作风建设方面，很多关于作风的规定与要求都是用制度来安排落实的；在纪律建设方面，纪律规定本身就是制度规定，并且纪律的遵守与执行也需要用制度来保障。① 因此，将制度建设贯穿于党的建设的各个方面与全过程，实现党的建设的规范化、程序化与制度化，是中国共产党管党治党在新时代的经验总结，也是全面从严治党取得巨大成效的重要原因。

（四）内部监督与外部监督协调统一

制度治党作为一个动态治理过程，其作用效能体现为破除党务、权力、党员中存在的问题，维护党的先进性与纯洁性。党内监督主要协调党组织与党员活动以及党内各项行为规范之间的关系，是解决和预防党内存在不良现象和行为的必要手段②。对比二者的定义不难发现，党内监督所指向的监督客体和目标向度与制度治党的治理主体与治理目标是同构相通且高度一致的。正是从这个意义上讲，制度治党本身实则包含着政党的自我监督，即政党内部对政党自身的监督。然而制度治党的自我监督毕竟是政党内部的运作机制，缺乏相应的检验标准与外力约束，不可避免地会出现片面和狭隘等问题，因此需要外部力量加以补充和完善。制度治党的最终落脚点是提高党的治国理政能力，进而不断满足人民对美好生活的向往，可以说其治理效能如何，衡量标准不在政党自身而在人民。因此，为了保证制度治党的有效性，提高人民对党的工作的满意度，人民群众所发挥的外部监督作用就被引入到党的治理过程中来，通过与内

---

① 邹焕梅. 习近平关于制度治党重要论述探析［J］. 山东社会科学，2019（3）：171-175.

② 李雪. 新时代制度治党的内涵辨析、逻辑架构与鲜明特征［J］. 深圳社会科学，2019（6）：13-20.

部监督的协调配合，实现党员行为的科学与规范、权力运行的有度与有效。

四、新时代制度治党的实践路径

如前文所述，“为什么治”的问题为我们科学理解制度治党提供了新的维度与视角：“党要管党，才能管好党；从严治党，才能治好党。”① 事实上，“为什么治”背后所衍生的“怎么治”的问题更带有针对性和现实性，即制度治党“何以落地生根”，转化为全面从严治党的最终效能，就需要整体把握和动态考量。具体来讲，可以从以下几个方面着手：

（一）推进制度治党的思想基础：坚定初心使命

一般来说，制度可分为正式和非正式两种形态。相对于前者，非正式制度是指在长期的社会生活中形成并得到普遍认可的思想认识、价值观念、风俗习惯等，其中包括意识形态、理想信念等初心使命层面的要求和内容。虽然非正式制度不能像正式制度那样具有强制约束性，却能对社会成员产生潜移默化的深远影响，其作用不仅稳定持久，也在相当程度上影响着正式制度的运行效果，进而对整个制度体系产生着重大影响。所以，有效地通过非正式制度建设使全党树立正确的方向道路和规则意识，是真正实现制度治党的思想基础。初心使命作为中国共产党人的政治灵魂，是立党之本、强党之要。因此，要通过坚定初心使命使党员干部端正思想认识，以思想自觉来引导具体行为。

（二）推进制度治党的前提条件：加快完善党内制度体系建设

制度治党的有效推进要以完善的党内法规制度体系为前提，离开了健全完善的制度体系，制度治党就会成为无源之水、无本之木。党的十九届四中全会提出要推进治理体系和治理能力现代化，这其中就包含并明确了制度供给与制度执行的重要性与必要性、完善全面从严治党的制度体系的迫切性与现实性。以此为现实导向，就需要以“于法周延、于事有效”为基本原则，加快构建横向到边、纵向到底的覆盖党的领导和党的建设各方面的党内法规制度体系，为有效推进制度治党创造前提条件。“于法周延”强调的是各项制度之间的相互衔接、彼此呼应、成龙配套，其所关注的整体性与逻辑性实则内含着制度治党运行的逻辑与边界；“于事有效”强调的是制度的可行性和科学性，即制度要明确、具体、实在、管用，可以切实防范和解决问题。这一原则所强调的完整性与科学性，有效确保了制度治党所需的前提条件。

---

① 中共中央文献研究室．十八大以来重要文献选编（上）［M］．北京：中央文献出版社，2014：349-350.

（三）推进制度治党的有力支撑：强化党的政治建设

政治属性是政党第一位的属性，这就自然会要求党的建设要以“政治建设为统领”，将“政治建设摆在首位”，以此来为党的建设扎根铸魂。在新时代党的建设总体布局理论和实践中，作为“根基”和“灵魂”的政治建设，对党的其他建设具有纲举目张的作用。这就不仅要将“四个意识”和“两个维护”作为新时代加强政治建设的首要任务，还要将抓好领导干部这个“关键少数”作为加强政治建设的关键。此外，应科学界定政治建设的内涵，避免将意识形态、上层建筑、生产关系方面的盲目变革，错当成政治建设的内容，从而确保党的建设和制度治党的正确方向。

（四）推进制度治党的核心要素：增强制度执行力

马克思指出：“一步实际行动比一打纲领更重要。”[①] 制度的生命力在于执行，只有被有效贯彻和有力执行，制度才能释放出其优势从而达到科学治党的效果。制度治党不是简单的制度建设，而是在制度建设的基础上完善和优化制度体系，并通过“治理”这一动力机制将制度内含的价值落实外化到党的建设的具体实践中，因此可以说，治理的过程也是制度执行的过程。在影响制度执行力的众多因素中，最重要的是制度权威。这就需要一方面始终坚持民主集中制原则，确保制度的科学公正；另一方面要通过破除党内潜规则来维护制度权威和增强制度执行力。因此，广大党员干部特别是主要领导干部要坚定制度自信、加强组织领导、带头执行制度、加强监督反馈，通过着力提高制度意识和制度权威来有效增强制度执行力。

（五）推进制度治党的关键环节：强化权力监督制约

制度体系的规范合理与制度运行的顺畅有效与制度本身的科学性紧密相关，还与辅助性的监管测评机制相互影响。虽然中国共产党拥有党章和宪法所赋予的巨大权威与非凡权力，但如果这些权力得不到有效的监督和制约，仍会不可避免地陷入“历史周期律”的漩涡，最终走向亡党亡国的悲剧。而制度治党的一个突出特点就是将民主化、法治化、公开化等要求引入党的制度建设中，即通过对权力进行有效的监督和制约来实现执政党建设的现代化和科学化。为此，一方面要通过进一步深化党的领导体制改革，着重加强对党的各级“一把手”权力的制约；另一方面要确保各项党内党外多种监督方式得到有效落实。这其中尤为迫切的是要积极研究科学有效的社会监督、媒体监督、群众监督等外部监督的方法和途径，努力形成高效健全的权力运行和监督体系。

---

① 马克思，恩格斯. 马克思恩格斯选集：第 3 卷 [M]. 北京：人民出版社，2012：355.

（六）推进制度治党的长久保障：建立党内法治文化

一方面，党内制度执行文化作为一种先进的法治存在方式，对人们的思想观念和行为取向有着十分重要的规范和引导作用，其“以提高执行力为基础，力图通过影响执行者的意识心态，把党内法规制度刚性约束变成执行者的自觉行动”①；另一方面，要确保新时代制度治党的有效实现、平稳运行、长期稳定，就需要在加强党员干部思想建设的基础上，把建立党内法治文化的任务摆在突出位置，使党员干部将制度治党的各项要求真正做到内化于心、外化于行。这就不仅需要坚持思想建党与制度治党的紧密结合，而且还要广泛开展党内法治宣传教育活动，创新党内法治宣传教育活动方式，以“软渗透”的方式营造党员干部学法用法氛围。

（七）推进制度治党的必要之需：制度反馈

制度反馈是指通过对制度执行效果的分析评估，评价制度是否合理、合法、有效、科学，是对制度本身问题的说明与总结，是保证制度治党有序推进的不可或缺的重要环节。制度反馈环节的设置可以将制度运行过程中出现的问题转化为经验导向，反向推动制度的优化与完善。如果缺乏这一环节，那么制度的设计是否合理、执行是否有力、运行是否顺畅、效果是否科学等都将无从把握，而这样的结果必然无法达到制度治党的初衷和目的。因此，为了避免出现“制度无效”或“制度暴政”，就要通过制度反馈来评估制度成效，及时弥补制度的不足，实现制度优化，为制度治党的有序推进提供坚实的制度依托。

参考文献：

[1] 习近平. 在党的群众路线教育实践活动总结大会上的讲话 [M]. 北京：人民出版社，2014.

[2] 中共中央宣传部. 习近平总书记系列重要讲话读本 [M]. 北京：学习出版社，人民出版社，2014.

[3] 李雪. 新中国成立70年制度之大观的历史沿革与经验启示 [J]. 理论导刊，2020 (8)：21-27.

[4] 孔庚，洪向华. 改革开放以来制度治党的历史演进及未来展望 [J]. 党政研究，2020 (4)：53-59.

---

① 刘先春，叶茂泉. 构建和培育党内法规制度执行文化的对策研究 [J]. 中南民族大学学报（人文社会科学版），2015，35 (4)：85-89.

［5］刘启春．制度治党的提出背景、实现途径和基本思路：基于习近平有关论述的分析［J］．党的文献，2016（2）：15-19，89．

［6］陈金龙．新时代制度治党的科学指南［J］．理论学刊，2019（1）：2，26-31．

［7］陈家刚．新时代党内法规制度体系建设的路径［J］．学习论坛，2019（9）：33-38．

［8］祝捷，王萌．新时代推进党内法规制度建设创新路径探析［J］．兰州学刊，2020（6）：50-60．

新时代党内巡视制度的建设及发展的历史经验

吴　潇（西南财经大学党委办公室）

摘要：作为执政党，中国共产党对于党的权力执行、使用、监察、督促和管理，深刻影响着国家的安定和社会的进步。中国共产党的巡视监督制度体系是一项具有重大意义的政治制度，同时也是党的自我监察监督的重要手段和举措。本文以新时代以来中国共产党内部巡视监督制度体系的建设及发展的历史经验作为切入点，着力从新时代以来中国共产党的巡视监督制度的基本理论、历史发展、党的十八大以来巡视制度的运行实践和完善路径四个方面展开论述。中国共产党的巡视监督制度一方面凝结了马克思主义理论中的累累硕果，另一方面继承了中华文化中的优良传统。从1921年中国共产党成立开始，中国共产党就一直把完善党的自身建设视为一项举足轻重的战略工作。在新时代尤其是党的十八大以来，巡视监督制度获得了创造性的发展，党内巡视制度建设成效显著。但在巡视制度运行中仍然出现了有待规范、需要加强、尚不完善的问题。

关键词：中国共产党；巡视制度；新时代；创新发展

加强巡视制度建设，一方面是权力监督监察制度体系的重要构成，另一方面也是强化和完善中国共产党内部监察检视督促的重大战略举措。党的十八大以来，中共中央先后出台了多个巡视工作文件，既有从制度体系的高度对党章的相关规定进行细化的文件，也有微观操作层面的工作条例、中央部委和国家机关部门党组（党委）开展巡视工作的指导意见等。拥有执政党地位并承担执政党责任的中国共产党的权力执行、使用以及有效的监督、管理、监察，对领导干部、机构等具有非常重要的纪律监察作用，关乎国家和政权稳定、民生和社会发展。围绕新的历史时期中国共产党巡视监督制度的基础理论、历史发展、党的十八大以来巡视制度的运行实践和完善路径等方面，对巡视制度进行梳理和研究，能更好地为新时代党内巡视制度的建设提供一定的理论基础。

一、中国共产党党内巡视制度的理论基础

（一）中国古代巡视制度的影响与借鉴

中国古代巡视制度伴随着我国数千年封建政权的发展，从最初的萌芽、形成到完善，都在前一阶段的基础上不断更新发展。巡视制度作为监督制度的重要部分，与中国历史的时代变迁高度同步，可以给新时代党内巡视制度发展提供一些有益的参考。封建王朝的巡视工作形式较为丰富，包括了中央监察机关、帝王的不定期或者定期的巡视、明查和暗访等，以确保中央统治阶层的政策得到贯彻执行，也在反腐反贪、纠偏纠错、惩处违法乱纪等方面发挥了较大的作用。

1. 萌芽与形成

先秦以前没有形成独立的巡视职能机构，也没有专门的人员开展巡视监督工作，国君专门上阵监察也属于非经常性的项目，且内容比较简单。进入秦、汉以后，帝王亲自巡幸，制定和推行郡县制，设立御史台为领导层的监察机构，且从中央派出监察使将中央与地方连接起来，初步搭建起比较完善的监察管理体系。但是，真正开始从制度层面试图完善巡视制度，是从汉朝开始的，包括新增较多详细的制度措施。一方面，汉武帝实行分区制，将全国界定为数个区域并派遣刺史作为专职巡视员；另一方面，制定了巡视监管条例，将权力分配明确，系统地对刺史巡视的基本要素加以明确规定，并建立起较为健全的配套规定。此外，又设有掌巡所辖各县且作为郡太守属官的督邮，监察吏治民情和地方长官。没有上下级隶属关系、相互独立且都有巡视监察权力的刺史和督邮，共同构成了汉朝时期的巡视制度体系。

2. 成熟与完备

巡视体系在隋、唐趋于成熟，形式变得更为多样，职能分工、责任明晰，规章条例齐备，贯彻执行坚决。隋朝在前朝各代的巡视制度基础上，又设置了固定人数的刺史掌巡各郡，与各郡固定人数的刺史辅佐，严格约定和执行年度出巡和回朝复命时间，建立起更为庞大的巡视队伍。唐代更加明确所有的巡视对象都由中央规定监管，通过设定三院共司监察一职，包括御史台、台院、殿院等，各院职能划分明细确切、互相有紧密合作又各有侧重。唐朝又创建了十道巡按制度，即将全国划分为十个监察区，按使在两年一任期内定期巡视所负责区域。宋代将全国分为十五路（监察区）并设立各地方的监司，通过监司出巡制度强化中央集权。元代将全国划分成 24 道监察区，在巡视制度要素中对时期、内容、官员选任考核及其职能做了进一步的明确规定。

3. 强化发展

明朝正式确定巡视制度，先后颁布了多个法律，对职权分配、巡视标准更加细化。明成祖废除御史台，设立都察院管辖十三道御史巡按，御史巡按直接对皇帝负责。巡按体系设计约定了御史巡按的人选和差遣基础达标的要求、巡视监察的工作内容、时间规定、遵守的律令、工作业绩的考察等。各省设立提刑按察司负责地区巡视。清朝末年，更是推出了比较成熟的制度文献《钦定台规》。

在特定的历史大背景和具体环境中，阐述分析中国古代巡视监督制度体系的演变历程，一方面能找到它在历史进程中的特别贡献，包括有利于政清吏明、政权稳定和净化官员队伍等，也可以看到其局限性，包括独立性欠缺、部分巡视办法违背初衷、巡视人员职权不清等。中国古代巡视监督制度体系的历史经验和教训，为中国共产党党内巡视制度的完备提供了多方面的重要参考。我们应立足于现实和时代情况，逐步构建更为科学有效的党内巡视制度体系。

（二）马克思、恩格斯、列宁的党内监督思想

中国共产党党内巡视制度在理论上继承了马克思主义党内监督思想，并结合中国实际，在中国土壤上发展出新的活力。

1. 马克思主义党内监督思想

马克思在共产主义理论中对于无产阶级监督的表述尚未在当时历史时期接受实践的锤炼，但从理论的角度为中国共产党的内部巡视监督体系的发展和完备建立了坚实的基础。

（1）推行民主，加强党内监督，确立党内监督的执行主体

马克思在《共产党同盟章程》中阐述了选举权在民、干部通过选举上任并执行任期制度、约定更换时间等。所有会员都拥有选举的权利[①]。同时选举规范是一人一票制度。这些阐述都从侧面反映出民主选举就是监管党内各项工作。马克思看重无产阶级的政治党派思想、做派风气的建造，也认为无产阶级的团体应具备“民主”和“平等”的特质，即包括组织上的团结并且集中，通过多种方式保障民主的政治权利。

（2）规范监管部门，确立代表大会制度

恩格斯等着力阐释了无产阶级的代表大会制度要求，在《共产党同盟章程》的论断里面特别提出了对于无产阶级的政治团体，其法律制定的主体责任应该由代表大会来承担，同时党的内部重大关键事项应当由承担前述责任的

---

① 马克思，恩格斯．马克思恩格斯全集：第 17 卷［M］．北京：人民出版社，1963：478.

代表大会来审查核实并作出决断定论。有一定时间规律地举办党内的代表大会确保对政党执政的有效监督①。1869 年，德国社会主义民主工党筹建并设立了历史性的崭新的党的监督委员会，这成为无产阶级政治团体内部检视监察的首个专职机构。

（3）借助集体领导制度监督

1866 年，马克思对第一国际委员会提议撤消管辖覆盖全体领导层的主席职务，并在《共产党同盟章程》中明确要求，领导机构由班子集体构成；各委员会阶段性、周期性汇报工作，并受到监督管理与调用等。通过集体领导制度监督确保最高领导的权力得到合理的约束。

（4）强调民主讨论的重要性

无产阶级政党内平等互助，不能容许存在个人崇拜的思想，也强调批评对于无产阶级政党成长并保持活力的重要意义。马克思表示不能接受执政党内部的个人崇拜与迷信，要抛开与个人迷信相关的事物②。他们也认为要使得无产阶级的政党更快地成长发展起来，在政党内部开展意见的交流探讨是非常关键和必要的方法。保持和发挥工人阶级运动改善和革新的活力的重要方面就是进行批评。马克思等也考虑到，对国家机器进行大刀阔斧地改造，建立无产阶级的政治权力，才是防范和杜绝贪污腐化的根本路径。社会对于国家政权进行再次的划分安排，将其中强制压力转变成社会成长向上的活力，这也是公社存在的主要工作任务。同样，无产阶级通过这样的方式来解放社会，可以说，这样的方式从侧面反映出无产阶级反抗统治阶级的信念和力量③。马克思在《共产党同盟章程》第 7、13、22、25、26 条中还指出，全部的代表均可以成为被选举人从而参加选举，代表大会的选拔推举实施的就是一个人一张票的制度安排，确保选举的公平和公正。巴黎公社成立后又提出公开政务，让机关和工作人员定期接受群众的有效监察。马克思、恩格斯的著作对于无产阶级执政政党的党内监督只做了大致阐述，并未搭建起完整深入的体系。我国坚持中国共产党的领导，就要坚持党的宗旨始终是全心全意为人民服务，持续地夯实党的自身体系建造和内部的巡视监督，预先防范和制止贪腐败坏的行为。

2. 列宁主义的党内检查督察思想

在苏联，列宁将马克思主义的无产阶级党内监督思想结合本国实际发展情况，形成了比较成熟的检查督察思想。

---

① 马克思，恩格斯. 马克思恩格斯全集：第 38 卷［M］. 北京：人民出版社，1972：474.
② 马克思，恩格斯. 马克思恩格斯全集：第 34 卷［M］. 北京：人民出版社，1972：289.
③ 马克思，恩格斯. 马克思恩格斯选集：第 2 卷［M］. 北京：人民出版社，1995：377.

（1）确立无产阶级政党代表大会的监督地位

列宁提出加大并保持对代表大会的监督力度，通过在较长时间中，每年召开党员代表大会，树立党的公信力和确立代表大会制度的重要地位。特别是从政党党员构成层面反映出强劲的监督力度，提高党员准入门槛，形成规范和严格的党组织纪律准则。列宁认为要借助党员代表大会的选拔推举生成监察委员会，把全会逐渐发展为党的最高代表会议。①

（2）深化党内监督及民主建设

高度重视集中制，建立自上而下的监察机制，加大对党员多项权力的约束，扩大党员大会所覆盖的内容，包括周期性提供汇报和分析总结，落实党内工作的透明和公开，开展范围内的自我批评和党内批评，调整任命制度。列宁明确全党实行自下而上的民主选举，提出所有党员拥有平等参与党内事务等权利。

（3）加强监督机关和监察工作流程建设

设立专门岗位的监察部门，在党章中阐述组建监察委员会等内容，列宁提议探讨创建监察委员会，加强了监督机关和监察工作流程建设。列宁反复强调要把马克思的思想理论作为科学“基础”，更要将马克思思想灵活运用到实践当中。列宁的理论与实践，启示中国共产党及时贯彻落实重大决策、及时纠正不良风气。

二、建党以来党内巡视制度的历史发展

中国共产党在每个不同的历史时期都非常看重巡视监督工作，在不同历史阶段都有传承和创新。党内巡视监督制度从建党初期开始，延续历史经验，总结历史教训，结合时代特征，经过不同时期的发展，对于监督体系的完善、路线方针政策的贯彻执行、党的建设和治理等各方面都提供了很多可以借鉴的地方。党内巡视制度经过了萌芽探索、日趋发展、逐步完善等阶段。

（一）党内巡视监督制度的萌芽探索

1. 接受共产国际的指导

中国共产党在中共二大召开后申请加入了共产国际。共产国际要求党组织接受其指示和统一领导，并且向党组织派遣专业人才、提供革命经验、多次要求建立巡视制度。中共二大明确了中央执行委员会需定期或不定期派专门人员到各个地方号召聚集召开各种形式的临时会议。在这些临时会议中，中央特派

① 列宁. 列宁选集［M］. 北京：人民出版社，1995：377.

员就是主席[①]。在这样的情况下，被中央派出的专门人员所从事的就是最初的巡视工作。共产国际执委第七次扩大会议于1926年11月特别强调中央与区委要有经常的特派巡行员[②]。在共产国际的推动之下，中国共产党发展成一个有自己章程、纪律、组织体系、地方武装力量的无产阶级政党，领导工农运动、参与北伐战争，与帝国主义、军阀、国民党右派和党内错误思潮展开艰苦斗争。共产国际也对早期中国共产党巡视工作进行指导，覆盖各个方面，对中国共产党建立巡视制度产生了重大影响，设置了监察委员和中央巡视员等。后者代表中央，是自上而下的巡视方式，到各领域、各地方开展工作，直接对中央委员会负责。共产国际于1930年8月告知中共中央，将会安排代表或者巡视员奔赴中国进行实地考察，巩固地方和中央之间的联系，同时明确要求将巡视监督制度作为达成党的统一领导，争取吸纳全部可革命的力量并使其去斗争，帮助指导地方党部的重大安排。

2. 形成“特派员”的管控体系和巡视员引领工作

特派员管控体系是党的内部巡视监督体系的最初尝试。“特派员”是在1922年被写入《中国共产党章程》的，其中明确提出特派员担任主席[③]。特派员由中共中央进行直接任命和管理，专门奔赴各地区开展监察、管控工作，被赋予了较大的权力。中共三大明确作出了关于中央执行委员会应当包含九人的决定。九个人中，有四个人专门负责处理地方的事务，有五个人专门负责对接上级。专门负责处理地方事务的四个人的主要工作内容是与当地负责人一同监督管理，且每个星期都要向其上级汇报有关情况[④]。通过《中央执行委员会组织法》后，中央向各地党组织大量派遣“特派员”，安排巡视工作。同时，中国共产党积极安排巡视员到各地指导工作，加强对革命及地方党组织的领导。

3. 党内巡视制度的形成

为了强化中央和地方党组织之间的工作联系，在五四运动之后，特派巡行指导员制度被建立起来。“巡行”就是将中共中央的指挥命令传达至各个基层的下级党组织中。1925年，第4届中央执行委员会发布了《组织问题议决

---

① 中国革命博物馆. 中国共产党党章汇编［M］. 北京：人民出版社，1995：15.

② 孙武霞，许俊基. 共产国际与中国革命资料选辑（1925—1927）［M］. 北京：人民出版社，1985：155.

③ 中国革命博物馆. 中国共产党党章汇编［M］. 北京：人民出版社，1979：12.

④ 中共中央组织部，等. 中国共产党组织史资料：第8卷（上）［M］. 北京：中央党史出版社，2000：20.

案》，要求增加中央委员会专门指导的教员数量，区和地方委员会要派遣人员巡视所属地区党的日常工作。党的内部巡视监督体系在土地革命中正式开始运转。在形势恶化的国内革命战争、爆发多起反革命事件、党处于恶劣环境的1927年，中央要求在全党开展巡视并且推进巡视制度的正规化。党的六大以后，巡视工作走向制度化。1928年修订的巡视条例，规定巡视工作包括任职、职能、时间等，尤其强调各级党委建立专门的巡视机构，设立巡视员。中国共产党历史上的首个巡视文件正式确定，同年正式成立中央审查委员会，这些都充分说明中国共产党已经将党内巡视制度上升为规范的层面。在机构部署这一事项上，1927年设立了北方局、南方局和长江局来提升中央对于不同地区党组织的领导从而"更好地执行党的特殊任务①"。在体系架构方面，1927年《最近组织问题的重要任务议决案》明确规定，原则上只有工人或贫农能担任中央和地方各级党组织中的巡视指导员，且提出了各级党组织都要建立起巡视监督制度。巡视监督工作在这个阶段逐步进行，包括巡视员到地方传达指示或开展工作、中央下达对各省份工作的指示要求、地方向巡视员反馈问题、地方在区域中开展巡视实践。

（二）党内巡视监督制度的日趋发展

1. 全面确立党内巡视制度

中共中央于1931年5月启动了《中央巡视条例》的再次修订工作，修订后的条例明确了更多具体的规定和要求，包括巡视员是中央考核地方党支部的全权代表，拥有绝对权威，巡视员要深入实际，尽可能地了解各地区的基本情况。巡视制度逐渐法治化、正规化。巡视监督工作的有力展开，在推进革命运动方面发挥了重要作用。中共中央频繁安排巡视员前往地方各级党组织传达党的政策和方针，给予下级组织工作上的支持和指导意见，积极参加武装斗争、群众运动，发展革命力量，为争取革命胜利奠定了群众基础。总结历史经验，将中央、地方、基层的党组织密切联系起来，加强了党组织的建设；在革命年代关键时期，及时有效地提供第一手资料，为上级决策提供重要参考。1931年出台了《中央关于干部问题的决议》，将干部问题作为各级巡视工作人员的重要工作之一，对干部进行长期且有针对性的教育②。这一时期的巡视工作经验也启示我们在巡视地区对各部门形成威慑和监督合力；推进巡视全过程各项制度、管理、流程等的规范，提高巡视工作质量，实现全覆盖；合理配置工作

---

① 《中共中央北方局》资料丛书编审委员会. 中共中央北方局（土地革命战争时期卷）[M]. 北京：中共党史出版社，2000.

② 中央档案馆. 中共中央文件选集（七）[M]. 北京：中央党校出版社，1983.

人员，提升巡视队伍的各项能力建设。

2. 逐渐完善党内巡视制度

抗日战争时期，党内巡视制度越发凸显其重要作用，组织队伍的规范化管理、巡视工作者的职责与任务规定、指挥军事斗争、开展宣传工作、执行各项政策尤其是土地政策都需要巡视制度发挥重要作用。中共中央六届六中全会提出，上级党委需要安排巡视人员去往下级党委，一方面是传达上级党委的方针政策，同时也可以指导和考察地方各级党组织的各项工作情况，并向上级党组织报告①。在战争时期，巡视监督体系的有效运转确保了党内部各级组织之间信息的畅通。

新中国成立之后，党组织在全国各地逐步扩大，新的时代对党的纪检监察各项职能提出了新的要求，需要对纪检监察职能作出更新的规定，以更好地满足新的形势需要。1950 年，党中央要求：上级纪检委员会指导下级纪检委员会的工作；处理意见与下级出现矛盾时，要通过多方面调查后才能给出决议②。《成立党的中央以及地方监察委员会决议（草案）》于 1955 年审议通过并公布。在党的八大召开后，监察委员会的领导方式也发生了改变，成为党委领导下的职能部门，即由垂直领导转变为双重领导。中共中央八届十中全会颁布的《强化党的监察机关决议》，确定了通过何种方式增强不同地区的监察委员会。

3. 党内巡视制度的发展

改革开放后，党内巡视制度从曲折中前进转向正轨发展。中国在实行社会主义市场经济以来快速发展，邓小平认为改革开放某种程度上也会滋生党内腐败，需要严格监督，建设廉政思想③。

（1）开始研究巡视制度

邓小平指出，制度是国家其他工作的基础，制度关系到社会工作的稳定，占据国家治理的重要组成部分。党的十二大期间修订的党章新增选举制度的规范，恢复“设立党的纪律检查机关”，规定了各级纪检委员会产生办法、职权等。中共中央提出，巡视制度发展中出现的问题，主要是一些单位或个人将国家法律法规抛于脑后，一心追求私利，这些问题严重影响到了党内的廉洁奉公风气。《关于加强党内监督的相关规范》于 1987 年制定并实施，其中明确指

---

① 中央档案馆. 中共中央文件选集［M］. 北京：中共中央党校出版社，1983：769.

② 中共中央组织部，中共中央党史研究室，中央档案馆. 中国共产党组织史资料：第 8 卷［M］. 北京：中国方正出版社，2001：47.

③ 中共中央文献编辑委员会. 邓小平文选：第 3 卷［M］. 北京：人民出版社，1993：379.

出，中央和地方各级纪委应当做好监督巡视工作。这规定了各级纪委在党内监督中所起的关键作用，同时也进一步促进了党内巡视制度的完善。

（2）恢复党内巡视制度的作用

1990年，党的十三届六中全会制定并发布了《中共中央关于加强党同人民群众联系的决定》，其中明确指出在当前改革开放、商品经济充分发展的条件下，各级各地的党组织应当旗帜鲜明地与贪污腐败划清界限，应该更加自发地坚持清廉正直、洁身自好。如果对贪污腐败行为不加以约束，党就有可能造成自我毁灭的结果①。为了实现有效巡视监督和管控各个省份或地区党委机关的目标，中共中央派出的巡视监督小组在完成巡视监督工作任务后，就直接向授权机关报告，反馈有关问题。该决定特别强调了党内巡视监督的重要原则。党的十三届六中全会强调更新组织机构和工作流程、修改巡视制度管理权限，对巡视工作作出以下几方面的调整：重新重视巡视工作的意义，规定工作事项和方式。工作范围在原来检查是否有贪污腐败行为和是否严格执行上级工作任务及党风党纪的基础上，检查是否落实民主集中制。扩大巡视范围，加强巡视权力。巡视范围扩大到项目负责人，增加领导人对负责项目的督查要求；加强地方巡视工作，发挥巡视的监督作用，包括是否廉洁执政及监督正在进行的项目。党章明确规定中央纪委要把真实具体的工作情形作为判断根据，对中共中央或是上一级别的单位作出人员方面的支持和协调。巡视地区的各个领导的会议可以让巡视监督的组长加入其中②。根据查询到的结果，1996—1998年，中央派出7个巡视组到18个省（自治区、直辖市）和各部委开展工作。从1997年起，历次中央纪委会议都把巡视工作作为重要议题，巡视组数量大幅增加，这意味着党内巡视制度得到充分重视，也有助于巡视工作的开展。2001年，党的十五届六中全会制定并发布了《中共中央关于加强和改进党的作风建设的决定》，该决定明确了中央及地方各级党委机关需要采取一系列举措强化巡视监督，而监督的主要内容就是党委的主要领导。中央纪委从2001年起就严格按照中共中央的要求，牵头强化了党内巡视工作，加强监督检查省级党委负责人。

（三）党内巡视监督制度的逐步完善

1. 党的十六大到十八大之间的党内巡视制度演变的特点

首先，巡视监督体系安排已经演变成为一项基础的制度安排。党的十六大

---

① 中共中央纪律检查委员会办公厅. 中国共产党党风廉政建设文献选编：第3卷［M］. 北京：中国方正出版社，2001：468.

② 《中国共产党历次党章汇编》编委会. 中国共产党历次党章汇编（1921—2002）［M］. 北京：中共党史出版社，2000：380.

报告、十七大报告分别强调要继续强化党内监督，大力推进纪检工作，并努力把巡视工作建设为党内的基础制度。将巡视监督制度放进党章已经说明党内巡视监督成为一项基本的制度安排。其次，着力扩大巡视工作的范围，将范围扩展到军队、金融机构或受政府监管的公司等。最后，加大巡视工作的力度，同时增加工作次数与缩短间隔时间，加大巡视工作人员投入，提升工作效率。党的十六大报告指出，“对党的纪律规范进行有效性改革，并设定相互配套的监督体系”，其后开始的中央纪委工作会议规范了巡视组的巡视工作，提升了巡视工作质量。

2. 党的十六大到十八大之间党内巡视制度的发展概况

《关于加强和改进巡视工作的意见》于 2003 年制定并发布，意见明确要求将党的内部巡视监督纳入年度工作安排。同时，为实现巡视监督工作常态化目标，巡视咨询办公室在各地设立起来，并制定了联席会议制度及其他配套条例和守则等。2003 年，中共中央制定并发布《中国共产党党内监督条例（试行）》，这是党中央首次从制度层面，以党内法规的形式对党内巡视制度作出规定。《中国共产党党内监督条例（试行）》对党内巡视的方法、巡视的内容及巡视的任务等作出了细致规定。自此，巡视监督制度成为党内监督制度的重要内容之一。2004 年，中共中央制定《关于巡视工作的暂行规定》，进一步对巡视的范围进行了扩大，涵盖了全国所有省份和生产建设兵团的党委，121 个巡视机构在全国各地建立起来。党的十七大在《中国共产党章程》中增加了“组织制度”方面的补充，同时提出了对中央到各级地方党委机关贯彻监督巡视工作方面的要求。2009 年发布的《中国共产党巡视工作条例》中设立了中央巡视工作领导小组，这从制度层面明确了党内巡视制度在反腐败斗争中的重要作用，中央组织部巡视组和中央纪委巡视组合并组成中央巡视组，而之前的巡视办公室则由中央巡视工作领导小组办公室取而代之。同时，巡视工作的制度体系日趋完善，中央巡视工作领导小组及其办公室的工作细则和要求逐渐明确。中央巡视工作领导小组的成立，标志着巡视制度逐步走向成熟。

3. 党的十六大到十八大之间党内巡视制度发挥的作用

党内巡视制度从党成立开始就在革命和建设事业中发挥着非常重要的作用。党内巡视制度的历史经验与教训是继续推进党内巡视制度深化的重要指南。党的内部巡视监督体系对于维护党中央集中统一领导、推进大政方针落地具有重要作用；党内巡视制度深化发展，也需党中央集中统一领导和高度重视。党内巡视制度能够发现和清除贪腐问题，提高党的执政能力。党内巡视制度在各个方面实现了在发展中进步和创新。这个阶段的巡视制度，在宏观上，

《中国共产党章程》使党内巡视制度成为党内法规；微观上，出台《中国共产党巡视工作条例》，对巡视机构人员、内容、权限、程序及纪律等方面加以明确，强调巡视工作的主要任务是加强党员干部监督。

三、新时代党内巡视监督制度创新发展的主要内容

在新时代，中国共产党领导全国各族人民继续推进社会主义现代化建设，特别强调推进新时代党的建设，新时代党内巡视制度正是党的建设的重要途径。从党的十八大开始，与贪污腐败的斗争形势日趋复杂，党风廉洁从政建设也越来越重要，党中央以防治腐败为根本出发点，坚定不移地坚持党要管党、从严治党，将党内巡视制度提升到全面从严治党的新高度，党中央发布了对于巡视制度的新要求。党的十八大以后，党中央在理论、实践各方面不断创新和深化党内巡视制度。新时代中国共产党巡视制度实现了更加常态化和制度化，尤其反映在专项巡视和巡视“回头看”上。

（一）新时代党内巡视制度的创造性发展的几个阶段

新时代党内巡视制度的创造性发展经历了形成、制度架构和确立几个阶段。首先是探索阶段。党的内部巡视监督制度体系在党的十八大之后已经成为一项党内监督的基本制度。其次是架构阶段。2017 年，颁布《巡视条例修正指示》，是修改范围最广泛的一次修订，是新时代党内巡视思想的创新性发展。最后是确立阶段。一方面将习近平总书记的重要指示精神作为巡视工作实践的理论基础；另一方面是将新时代党内巡视制度相关的思想作为习近平新时代中国特色社会主义思想的重要补充，在党的十九大之后写入《中国共产党章程》。

（二）新时代党内巡视制度的运行职能

新时代党内巡视制度对于推进全面从严治党作用重大。2013 年和 2017 年，中央分别发布巡视工作规划，确定每一时期巡视工作的任务和重心，说明巡视工作实现常规化。党内巡视制度成为反腐利剑，查处了不少干部、地区团伙腐败重大案件。《中央巡视工作规划（2018—2022 年）》指出，巡视工作要聚焦全面从严治党，着力解决人民群众切身体会的腐败问题，时刻关注人民群众，工作的重心围绕人民群众，坚决杜绝脱贫过程中的消极行为，依法取缔隐藏在黑恶势力中的腐败，处理落实惠民过程中的腐败，着力解决人民群众最关心的问题。搭建形成全方位监督机制，新时代党内巡视制度以发现干部违法乱纪为核心，全方位监督，杜绝损害党、国家和人民群众利益的行为，支撑起新时代中国特色社会主义事业。在中国特色社会主义事业发展过程中，党员干部占据

主体地位，增强党的自身建设，严格执行党的纪律，意义重大。

（三）新时代党内巡视制度的创造性发展和现实审视

1. 提高巡视工作政治站位，巩固党的执政地位

在新时代，党中央不断完善巡视制度。首先，坚决维护党中央的集中统一领导。在巡视监督任务安排中，特别需要看被巡视的党组织及其干部是否具有政治意识，坚决维护党中央集中统一领导；是否增进干部的“四个意识”，全心全意为人民服务；党组织及其干部是否具有政治敏锐性和警觉性。特别注意基层党组织落实党的方针、政策的情况，与党中央时刻保持一致，增强党的权威性。其次，强调从严治党和制度建党，严格遵循政治纪律和政治规矩的要求。习近平总书记提出巡视监督来源于《中国共产党章程》，其目的是巩固党的内部力量，提升党的工作影响力，同时也确保党内的纪律严正明晰，提高党内纪律执行力。坚持党的路线方针政策，落实中央决策部署。党内巡视是政治巡视，巡视必须站在政治性与全局性的高度，围绕“四个意识”巡视。通过查问题，调查是否存在不遵守纪律的行为，将问题反馈给中央，督促全面整改，从而达到从上到下都能按要求贯彻落实决策部署的效果。推进党的干部廉政建设。进入新时代以来，中国共产党面临着“四大危险”和“四大考验”，巡视制度仍需在反腐败高压中运行。因此，巡视监督的重要内容之一就是巡察领导干部是否廉洁勤政，在其任职范围内是否落实反腐倡廉工作，是否督促干部切实履责，是否正确处理权利与个人利益之间的关系，是否违规参与市场经济行为，并谋取不正当的利益，是否存在违规提拔。加强干部监督和管理。新时代党内巡视工作的重要内容之一就是找出人事选用、管理、干部提拔方面存在的问题。

2. 创新制度和优化巡视顶层设计

党的十八大以后，中央两次修订巡视条例，党的十九大单列明确巡视巡察规定。对多轮巡视实践经验提取、概括后，从基本原则、机构的设置、工作人员的配备、范围和内容的确定、工作方式和纪律责任等方面作出具体的规定。纪委的工作职责是监督责任。党委在加强党风廉政建设和反对贪污腐败斗争工作中承担第一主体责任。在《中国共产党巡视工作条例》中，中央巡视工作领导小组的巡视工作由“巡视指导”更改为“巡视领导”，表明党中央肩负起反腐败的第一责任，中央和地方巡视组更是直接的领导关系。在党的十八大以前，同级机关权力不足，不能做到有效监督管理；党的十八届三中全会后，调整增强了上级纪委的监察力量，加强了同级之间的互相监督。

3. 形成更多的巡视主客体

巡视工作领导小组、办公室、巡视组构成了巡视的主体。《中国共产党巡视工作条例》明确规定，中央及各省、自治区、直辖市成立巡视工作领导小组。党的十八大以后，巡视工作领导小组的组长由同级的纪委书记担任，组织部部长担任副组长。巡视工作领导小组办公室是下设的日常办事机构，其主要工作是执行上级的决策命令，落实有关决策部署。2013 年制定并发布的《关于进一步加强和改进巡视工作的意见》提出，要建立巡视组长库，“一次一授权”“三个不固定”，这使巡视组更超脱于人情因素。一方面，在选拔、组建体系上创新，工作流程上规范。党的十八大以后，每次都重新选拔组长，每次选取时随机选择，既在某种程度上给予工作人员鼓励和积极性，又在一定程度上切断了巡视与被巡视双方可能的联系，减少人情干扰，确保公平性与权威性，也提高了巡视质量和实效性。另一方面，创新激励和惩罚机制。党的十八大以后，中央纪委不断召开会议，通过奖罚分明提升巡视工作人员的积极性。巡视客体主要指被巡视的对象及范围。巡视客体方面的创新主要是被巡视的对象无禁区、巡视对象全覆盖，包括中央领导部门、各级政府组织、国有事业单位和军事机关在内的单位都可被巡视。

4. 创新巡视方式方法

党的十九大召开后，中央更加重视巡视监督工作的开展，通过创新工作方式和方法，有效地发挥出巡视的作用。首先是任务创新，回归纪检监察的主业，减少不相关检查。其次是方法创新。一是为了防止利益关系影响公正和保护巡视人员，中央巡视组实行“三个不固定”，即巡视组长、巡视对象、巡视组长与巡视对象之间的关系不固定，根据实际情况进行变动。二是增加巡视监督“回头看”的环节。2013 年，习近平总书记首次提出巡视“回头看”设想。回访就是巡视“回头看”、再巡视。2014 年，习近平总书记强调，要在巡视工作中充分发挥“回头看”的作用，对被巡视对象随机进行“回头看”，充分发挥巡视监督工作的震慑力。三是结合常规与专项巡视，结合明查和暗访，系统全面与重点突破相结合。四是进行“机动式”巡视，即随机巡视、出其不意，让被巡视对象措手不及，不能给被巡视对象准备的时间。直接带着问题去巡视，在规定纪律基础上，通过略去细节抓主要的方法，提升巡视的效率和效果，扮演“流动哨”的角色，挖掘出“灯下黑”。五是探索“一拖 N”的巡视方式。“一拖 N”是一个巡视工作小组对应多个巡视对象的措施，缩短时间间隔，有效利用资源，提升巡视效率。

四、新时代巡视制度的完善路径与建议

（一）新时代巡视制度存在的问题

1. 巡视工作方法不规范

巡视工作要坚持严肃、公正、客观的原则。在新时代，巡视范围更广、力度更大，取得了良好成效，但也存在一些需要完善的地方。首先，针对性不足，问题线索要进一步细化。巡视实践中存在对部分错综复杂的问题敷衍了事，梳理不细致，助长了被巡视对象和其他党员干部的侥幸心理。调查问卷等设计的问题过于程式化，走访调查常常只有好话没有批评，导致巡视工作成效不够好。其次，超越权限巡察，混淆查问题和审查执行的界限。这种现象导致被巡视对象的生活与工作受到影响。再次，灵活性和适应性不足。职责定位不够明确和巡视内容过于宽泛，不具有灵活性。贪腐分子在作案方法上日趋更新和智能，过多依赖传统、单一和老式的做法，不能适应环境的快速变化。最后，科学性不足，工作方法运用不恰当。部分巡视员了解线索期间泄密，暴露了调查意图，影响了巡视效果。巡视结果的汇总反馈链条阻塞，结果反馈不及时。

2. 巡视成果运用不足

应用巡视成果包括成果的反馈、处理、落实以及巩固等一系列的连贯步骤。巡视意见既有整体组织和局部人员的问题，也有长远和可以立马解决的问题，存在着许多亟待解决的巡视整改落实不到位、对责任主体缺少追究的情况。例如，不进行整改并消极对待，部分组织施压给下一级力图转移责任，对巡视组查处本地区违法乱纪指示要求不落实到位，导致巡视报告已经出具，但没有取得明显整改效果。不真正整改，大搞“面子工程”和形式主义。目前尚无关于巡视整改的制度要求，客观上影响了巡视问题整改。缺少有力的巡视整改的监督约束措施。

3. 巡视制度进基层不够

基层贪腐直接涉及人民群众的根本利益，但目前缺少对基层巡视制度的顶层设计。党的十八大以后，中央明确要求，努力形成“上下联动、全国一盘棋”的巡视工作网络格局。基层在开展巡视工作时，大都直接套用巡视工作条例，缺少结合地方实际的规划。由于基层现实情况更可能出现本地人、熟人互相监督的情况，且缺少专业人员，导致基层巡视力度不足，因此要提高基层巡视的领导力度及重视程度；部分地区在问题发现、工作力度方面非常不足，因此要大力拓展基层巡察监督的覆盖面。

4. 巡视制度建设不完善

当前党内巡视规章制度尚待完善，精细程度仍需加强。一是制度建设不完善。《中国共产党巡视工作条例》的实践操作性不够，即针对性、具体性不强，既增加了实践操作难度，又存在了很大的弹性空间。二是配套体制不够完善。党内巡视制度尚无实施细则和具体实施办法，现有配套法规约束性不强等导致了强制力较弱，不利于具体开展和有效开展巡视工作。具体反映在：其一，奖励与保障机制缺乏。对于检举揭发的知情者没有实施很好的保护，使得个人访谈时不能获得准确和完整的信息；也缺少激励措施来促进揭发严重违纪行为的积极性；巡视工作人员会出现酬劳与权责不匹配的情况。其二，惩罚机制缺乏。当前我国巡视工作条例没有规定惩罚程序和具体实施内容，需要完善相关机制，做到有错必受罚、有权必担责。其三，沟通协调机制缺乏。在巡视过程中，良好的沟通机制有利于不同部门工作人员及时沟通。这需要健全信息通报制度，明确加强各部门与巡视领导小组的协调机制，建立高效高质的资源共享网络。

（二）完善新时代党内巡视制度的建议

1. 将党内巡视制度与党的其他内部监督制度协同

巡视制度是党的内部监督制度体系中的一种。在党的内部监督体系中，其他监督制度如“信访处理”“询问”“质询”等，都能和巡视制度进行协同，共同发挥作用。应尽可能将党的其他内部监督制度与巡视制度配合使用，以便更好地发挥出巡视工作的作用。

2. 发挥从下到上监督的重要优势

巡视制度是一种从上到下的监督，即由上级党组织成立专门的巡视监督机构和团队对下级党组织及成员进行巡察监督。自上而下的监督体系有其局限性，如在人力资源、时间长短、地理位置等因素的作用下，自上而下监督所了解到的情况并不一定全面、真实、可靠。因此，应发挥从下到上监督的重要优势，拓展获取信息的渠道，同时发动人民群众的监督积极性，在下级党组织和群众中获取有价值的线索。同时，从下到上的监督有助于深入基层，走进群众，更好地聆听基层心声。

3. 提升巡视监督工作公信力

对于被巡视对象来说，巡视监督是一种有压力的震慑。充分发挥巡视监督工作的作用，需要广大人民群众的支持和参与。然而，在具体的工作中，存在被巡视对象和人民群众轻视巡视工作的现象，从而造成巡视工作人员、被巡视对象及人民群众之间配合不佳，被巡视对象和人民群众对巡视工作刻意敷衍的结果。因此，为了充分发挥巡视工作的重要作用，应着重提升巡视监督工作的公信力，这样才能让被巡视对象和人民群众重视巡视工作，支持和配合巡视工作的开展。在这方面，应充分利用新闻媒体的影响和作用。在互联网发展迅速的今天，媒体监督展现出了其传播快、效率高的特点，从而被称为“第四权力”。充分利用媒体的力量，可以更好地发挥党内巡视监督的作用。

参考文献：

[1] 马克思，恩格斯．马克思恩格斯全集：第17卷［M］．北京：人民出版社，1963：478.

[2] 马克思，恩格斯．马克思恩格斯全集：第38卷［M］．北京：人民出版社，1972：474.

[3] 马克思，恩格斯．马克思恩格斯全集：第34卷［M］．北京：人民出版社，1972：289.

[4] 马克思，恩格斯．马克思恩格斯选集：第2卷［M］．北京：人民出版社，1995：377.

[5] 列宁．列宁选集［M］．北京：人民出版社，1995：377.

[6] 中国革命博物馆．中国共产党党章汇编［M］．北京：人民出版社，1995：15.

[7] 中共中央党校党史教研室．中共党史参考资料：第4册［M］．北京：人民出版社，1979.

[8] 中国革命博物馆．中国共产党党章汇编［M］．北京：人民出版社，1979，12.

[9] 中共中央组织部，等．中国共产党组织史资料：第8卷（上）［M］．北京：中央党史出版社，2000：20.

[10] 中央档案馆．中共中央文件选集（七）［M］．北京：中央党校出版社，1983.

[11] 中共中央文献编辑委员会．邓小平文选：第3卷［M］．北京：人民出版社，1993：379.

[12] 中共中央纪律检查委员会办公厅．中国共产党党风廉政建设文献选编：第3卷［M］．北京：中国方正出版社，2001：468.

[13] 中共中央文献研究室．十四大以来重要文献选编（上）［M］．北京：人民出版社，1996：42.

［14］《中国共产党历次党章汇编》编委会. 中国共产党历次党章汇编（1921—2002）［M］. 北京：中共党史出版社，2000：380.

［15］中共中央文献研究室. 十七大以来重要文献选编（中）［M］. 北京：中央文献出版社，2011：890.

［16］中共中央纪律检查委员会，中共中央文献研究室. 习近平关于党风廉政建设和反腐败论述摘编［M］. 北京：中央文献出版社，2015：107.

［17］中共中央文献研究室. 十八大以来重要文献选编：上册［M］. 北京：中央文献出版社，2014：729.

［18］张书林. 论建立和完善党内巡视制度［J］. 学习论坛，2007（11）：19-23.

［19］卢智增，林翠芳. 改进完善党内巡视制度问题研究［J］. 理论导刊，2015（7）：51-54.

［20］张世洲，宋斌. 全面从严治党背景下完善党内巡视制度的对策研究［J］. 理论探讨，2015（5）：127-130.

［21］何益忠. 民主革命时期党内巡视制度的回顾与反思［J］. 理论学刊，2010（3）：29-33.

［22］雷凡毫，郑钧蔚. 浅析党内巡视制度及其对加强党风廉政建设的意义［C］//中国武汉决策信息研究开发中心，《决策与信息》杂志社，北京大学经济管理学院. 学术视域下的 2015 全国两会热点解读：决策论坛论文集（上）. 成都：四川省社会科学院，2015：1.

［23］孙月霞. 我国党内巡视制度的理论与实践研究［D］. 南京：南京农业大学，2008.

［24］唐勤. 关于完善党内巡视制度的若干思考［J］. 中州学刊，2014（1）：29-34.

［25］王仰文. 党内巡视制度民意表达问题研究［J］. 河南师范大学学报（哲学社会科学版），2010（3）：46-48.

［26］滕婕. 试论党内巡视制度的运行及其完善［J］. 许昌学院学报，2008，27（6）：11-13.

推动全面从严治党成效转化为国家治理效能的内在逻辑和实现路径研究

刘世强　周　杰（西南财经大学马克思主义学院）

摘要： 推进全面从严治党是新时代中国共产党推进国家治理现代化的题中之义和重要内容。党的十八大以来，全面从严治党取得巨大成就，为国家治理全面、有序、稳妥地推进提供了重要的政治保障。本文重点考察了全面从严治党与国家治理效能之间的内在逻辑，将党的建设和国家治理研究结合起来，通过党建和政治学的交叉融合拓展各自学科的研究议程，并立足新时代全面从严治党的经验和成效，系统研究如何将全面从严治党的成效转化为国家治理的实际效能，推动构建具有中国特色的国家治理话语体系。

关键词： 全面从严治党；国家治理现代化；治理效能；内在逻辑

“办好中国的事情，关键在中国共产党。”① 作为全面深化改革的总目标，国家治理现代化与全面从严治党始终交织在一起。在我国实现第一个百年奋斗目标之际，探索推动全面从严治党成效转化为国家治理效能的基础理论，不仅对构建具有中国特色的国家治理话语体系具有重要的理论价值，而且对于在新的历史条件下把党的领导落实到国家治理的各领域各环节各方面也具有重要的实践意义。

一、全面从严治党是推动国家治理现代化的历史遵循和现实需求

推动全面从严治党成效转化为国家治理效能是在中国共产党长期执政实践基础上提出的，党不断通过自我革命完善国家治理，是对新中国成立以来我国治国理政规律的历史遵循。在新的历史条件下，世界正经历百年未有之大变局，部分西方国家陷入国家治理困境，为我国国家治理提出了现实警示；同时，我国正处在实现中华民族伟大复兴的关键时期，国家治理现代化仍面临着

① 习近平. 在学习《胡锦涛文选》报告会上的讲话［M］. 北京：人民出版社，2016：15.

一些体制机制弊端，迫切需要全面从严治党为国家治理现代化提供新动能。

（一）“党建国家”是我国国家治理现代化的逻辑起点

没有共产党，就没有新中国。“党建国家”是近代中国的政治发展逻辑，中国共产党领导全国各族人民完成了民族独立、人民解放的历史任务，开启了国家治理现代化的征程，构成了我国国家治理现代化的逻辑起点。首先，中国属于后发型现代化国家，特殊的国情决定了实现现代化必须建立起现代政党领导的主权国家。现代化是近代以来世界各国发展的必由之路。自鸦片战争以来，如何突破帝国主义侵略和封建主义统治造成的现代化治理障碍，结束国家分裂局面，推动封建专制向现代治理转型，始终是实现现代化国家治理的第一诉求。“要改造国家，非有很大力量的政党是做不成功的。”① 实践证明，要完成这一历史任务，就必须要有现代政党的领导，缺乏强大政治力量的领导，现代化治理就无法开启。其次，在探索救亡图存的历史过程中，中国共产党成功扮演了国家体制的创建者角色，开创了国家治理新模式。“党建国家”并不是任何政党都能完成的。早在民主革命时期，孙中山就提出了由国民党领导的“军政、训政、宪政”的建国治国路径，最终却发展成了国民党一党专政的独裁统治，未能完成“党建国家”的历史任务。而中国共产党通过28年的革命实践，成功建立起了人民民主专政的社会主义国家，设计了一整套崭新的社会主义制度体系，为实现国家治理现代化指明了方向。

（二）党的自我革命是推动国家治理现代化的政治前提

虽然党在十八大以后才正式提出这两个重大战略，但国家治理现代化实践和党的自我革命却是两个相互交织的历史性命题，必须放在我国社会变革的历史过程中加以考量。首先，中国共产党是推动国家治理现代化的主导者，不断推进党的自我革命使中国共产党能够在各个时期都肩负起领导国家治理现代化的任务。“治国必先治党，治党务必从严”，中国的国家治理具有特殊的发展规律，经历了艰难曲折的过程，决定了国家治理现代化从开始、推进直至最终实现都需要党的坚强领导。中国共产党在领导国家治理的历程中，始终坚持以马克思主义为科学理论指导，通过持续的自我革命提高自身治理水平，为不断提高国家治理水平提供了坚强的政治核心。其次，党的自我革命是推动国家管理向国家治理转型的政治前提。如何建立一种符合我国实际的现代化国家治理模式是我们党始终面临的执政问题。党的十八大以来，中国共产党积极探索从善管到善治的转变，党内民主、制度治党、依规治党等实践推动党的自我治理

① 王业兴. 孙中山与中国近代化研究［M］. 北京：人民出版社，2005：146.

进入一个新的高度。在此基础上，党中央提出了国家治理现代化的目标和具体要求，进一步推动着我国经济、政治、文化等方面的体制机制改革，顺利开启了从国家管理向国家治理的转型。

（三）以全面从严治党推动国家治理现代化面临诸多挑战

首先，全面从严治党推动国家治理现代化面临着复杂的国内外环境。在国际层面，当今世界正经历百年未有之大变局，全球治理体系变革迫在眉睫，世界需要更多更优质的公共产品，需要更多完善全球治理体系的方案，成为推动全面从严治党成效转化的国际挑战。在国内层面，我国正处于“两个一百年”奋斗目标的历史交汇点，各方面风险积累进入集中显露期，人民群众对国家治理、社会治理具有新的期待和要求。在党内层面，“全面从严治党永远在路上”，全党面临的“四大危险”和“四大考验”依然存在，今后一个时期全面从严治党面临的权力监督、反腐败斗争等重点工作依然严峻。其次，通过全面从严治党推动国家治理现代化的理论建构问题。不同于西方自由主义国家治理，全面从严治党推动国家治理现代化是中国共产党独特的政治智慧，是新型的国家治理模式，需要从马克思主义理论的层面做出回答。理念是行动的先导，要增强全面从严治党推动国家治理现代化的科学性与合理性，亟须加强从理论上探索全面从严治党和国家治理现代化的内在逻辑和具体实现路径，将我国国家治理的成功实践上升为马克思主义中国化的理论成果，拓展马克思主义国家治理理论空间。

（四）西方国家政党博弈导致大变局下的国家治理困境

近年来，西方治理失序与“中国之治”的成功形成鲜明对比，从侧面证明了我国必须坚持和发展中国特色社会主义的国家治理模式。首先，西方国家政党博弈导致国家治理再次陷入困境。政党博弈是西方国家政党政治的常态，两党或多党之间博弈有利于对执政党的国家治理进行监督，被西方标榜为民主的真谛，因此西方国家在过去不断向发展中国家推销自身的政党制度。但是，政党博弈的基本结构限定了各政党的策略空间，每个政党都只能在自己的策略空间中选择、制定和实施符合自身利益的策略，最终都有可能陷入治理困境。因此，西方国家政党博弈导致的国家治理困境有其历史必然性。以“英国脱欧”和特朗普当选总统为标志，西方国家治理乱象频现，主要表现为政治极化、社会分裂、民粹主义盛行、代议制民主模式危机等，为科学有序推进国家治理带来严重阻碍。其次，西方国家治理困境，彰显了我国在现代政党治理中的中国智慧。面对西方国家的治理失序，中国共产党领导下的“中国之治”显得格外耀眼。全面从严治党不断推动党的自我治理常态化、制度化、法治化和专业化，为国家治理提供了持续有力的政党领导，有效避免了西方国家政党博弈导致的治理困境，为现代政党治理提供了全新选择。

二、全面从严治党与国家治理现代化的内在逻辑

探析全面从严治党与国家治理现代化在目标、利益追求、内容、价值与实践指向等方面的逻辑关系，构成了正确理解中国特色社会主义国家治理模式的重要维度，有利于为推动全面从严治党成效转化为国家治理效能提供理论前提。

（一）目标一致性：致力于实现国家的现代化和民族的伟大复兴

“四个全面”是中国特色社会主义事业的战略布局，决定了全面从严治党和国家治理现代化都以现代化建设和民族复兴为奋斗目标。一方面，现代化既是党的历史使命，也是当前全面从严治党的现实追求。中国共产党是马克思主义指导下的使命型政党，自成立起就担负着国家富强的历史使命。打铁还需自身硬，中国共产党始终将党的建设作为一项伟大工程来推进。从革命时期和新中国成立初期的各项整风运动到改革开放后的“从严治党”，再到党的十八大以来的“全面从严治党”等战略，确保了党在各个时期都保持旺盛生命力和强大战斗力。因此，只有持续推进全面从严治党，才能正确面对国内外发展形势变化带来的问题与挑战，为实现伟大梦想提供强有力的政治领导。另一方面，国家治理现代化是建成现代化强国的内在要求和重要标志。新中国成立以来，我国在工业、农业、国防和科学技术等方面的现代化取得了巨大成效，现代化强国的内涵也在不断丰富，包括政治、经济、文化、社会等各个领域。国家治理现代化涵盖各个领域的内容，是“国家现代化的‘软实力’”①。因此，实现国家治理现代化既是建设现代化强国的题中应有之义，也是目前国家现代化的重中之重。

（二）利益契合性：我国国家利益与中国共产党的利益高度重合

我国国家利益与中国共产党的利益具有高度契合性，决定了全面从严治党和国家治理现代化都以国家的根本利益为出发点和落脚点。首先，治理现代化构成了现代国家政治的演进方向，是中国共产党治国理政水平的具体体现，符合党和国家的共同利益追求。政党是现代国家治理的主要力量。与西方国家政党围绕特定利益集团而进行的国家治理不同，中国共产党领导下的中国特色社

① 邵景均. 以全面从严治党新成效推进国家治理体系和治理能力现代化[J].红旗文稿,2020(9):14-17.

会主义国家治理模式强调国家的整体利益和长远利益。在新时代推进国家治理现代化，就是要不断增强中国共产党的治理能力，健全党领导下的政府、社会、公民等多元主体协同参与的科学治理结构，最大限度实现国家治理功能。其次，全面从严治党有利于巩固党对国家治理的领导权，推动社会主义事业持续稳定发展，符合党和国家的共同利益追求。相较于西方两党制或多党制国家轮流执政，党的领导是“经法定程序嵌入了国家体制”①。中国共产党在我国革命、建设和改革过程中确立起的长期执政地位，决定了党不仅是我国国家治理体系的创建者，也是新时代国家治理体系和治理能力变革的领导者和内在主体。因此，持续推进党的自我革命，不但关乎党的组织肌体是否健康，影响党在国家治理中的权威与合法性基础，而且也在较大程度上决定了国家治理的发展方向和现实水平，影响国家利益的实现。

（三）内容嵌入性：全面从严治党与国家治理现代化的内容耦合

治国必先治党，治党旨在治国。推动全面从严治党成效转化为国家治理效能是治党与治国有机统一的现实表现，二者在内容上互为表里、相互嵌入。首先，全面从严治党是国家治理现代化的题中应有之义。一方面，完善党的领导制度体系既是推进国家治理体系变革的组成部分，也是全面从严治党的重要内容。全面从严治党不仅有利于加强和巩固党的领导，落实党的制度建设的目标和任务，也有利于把党的领导贯彻到国家治理的全过程。另一方面，全面从严治党包括政治、思想、组织等多方面内容，其中党内制度建设、政治生态建设、党风廉政建设、依法依规治党等内容有效推动了制度现代化、国家监察体制改革、反腐败斗争、公共权力管理等国家治理任务，为国家治理现代化的有效推进提供了直接指引。其次，国家治理现代化是全面从严治党的重要任务。国家治理现代化的本质即完善制度执行能力，核心就是提高党运用国家制度管理各方面事务的能力。而在新时代，坚定不移推进全面从严治党，任务之一就是要解决党长期面临的改革开放考验和执政考验，全面增强党在科学发展、改革创新、依法执政等领域的执政本领，不断提高党的执政能力和国家治理水平。

（四）价值共通性：坚持以人民为中心是二者共同的价值立足点

人民群众是历史的创造者，是推动社会变革的决定力量，决定了全面从严治党与国家治理现代化都将以人民为中心作为价值诉求，体现人民群众的意志

---

① 肖贵清，田桥．政党治理引领国家治理：中国共产党治国理政的逻辑理路［J］．山东社会科学，2017（7）：5-12.

和期待。首先，国家治理现代化是党不断满足人民群众日益增长的政治参与需求的必由之路。维护人民利益“是我国国家制度和国家治理体系的本质属性”①。随着时代的发展，人民群众的政治参与热情日益高涨。推进国家治理现代化，进一步完善国家民主、法治的制度体系，推动人民群众参与对社会公共事务的共同管理，是把党的群众路线贯彻到治国理政活动中的现实表现，有利于确保人民群众在国家治理层面的有序政治参与，“切实防止出现人民形式上有权、实际上无权的现象”②。其次，全面从严治党坚持以人民利益为出发点和落脚点。党的性质和宗旨决定了党必须勇于进行自我革命，永远做中国人民和中华民族的主心骨，为广大人民群众的利益持续奋斗。但随着改革开放的持续推进，出现了部分干部信仰缺失、消极腐败、“四风”问题等现象，为社会主义建设事业带来了较大损害。在新时代推进全面从严治党，推动党的自我革命实现常态化、制度化和法治化，是确保党在新时代永葆先进性和纯洁性、维护人民根本利益的根本途径。

（五）实践指向性：治理形势要求治党能力与治国能力有效衔接

当前，世情、国情、党情的深刻变化使国家发展环境变得更加复杂、更具挑战，实现治党能力和治国能力的有效衔接，是二者发展的实践要求。首先，国家治理现代化面临国内外发展环境的挑战。一方面，党的十九届四中全会审议通过的《中共中央关于坚持和完善中国特色社会主义制度、推进国家治理体系和治理能力现代化若干重大问题的决定》是当前继续推进国家治理现代化的“政治宣言书”。理念是行动的先导，如何将国家治理的纲领性文件转化为具体的治理效能，进一步将我国制度优势转化为治理优势，是接下来全党面临的重大政治挑战。另一方面，“两个大局”交织为国家治理带来更多挑战。百年未有之大变局既为中国参与全球治理体系变革带来历史性机遇，同时也使得国际环境更趋严峻，部分西方国家无端的经济打压、技术封锁、意识形态斗争等为我国国家治理带来诸多不确定性、不稳定性因素。同时，中华民族伟大复兴战略全局迫切要求国家治理现代化要满足社会主要矛盾转化、高质量发展、科技创新引领、数字时代治理等新治理要求。其次，推动治党能力与治国能力有效衔接是全面从严治党和国家治理现代化的实践指向。“政党治理对于中国共产党而

① 习近平. 习近平谈治国理政：第3卷［M］. 北京：外文出版社，2020：123.

② 习近平. 在庆祝全国人民代表大会成立60周年大会上的讲话［M］. 北京：人民出版社，2014：21.

言，涵括自我治理和治国理政两个方面。”① 党的十八大以来，全面从严治党取得新成效，党的自我治理能力得到全面提升。中国共产党作为执政党，实现治党能力和治国能力有效对接，提高党在自我治理和国家治理两个方面的能力，既是全面从严治党的内在要求，也是面对日益复杂的治理形势和任务的现实需要，有利于增强中国特色社会主义制度的执行效果。

三、全面从严治党成效转化为国家治理效能的实现路径

党的十八大以来，全面从严治党取得了巨大成就。推动全面从严治党成效转化为国家治理效能，就是要聚焦党的十八大以来全面从严治党的显著成效，从思想、政治、制度、纪律、作风等层面全面推进国家治理现代化。

（一）价值引领：以理想信念教育引领社会主义核心价值观建设

党的十八大以来，理想信念教育为中国共产党人矢志不渝地奉献于伟大事业提供了强大的精神支柱。以理想信念教育引领社会主义核心价值观建设，有利于为国家治理现代化提供科学的价值引领和强大的社会共识。“所谓国家治理现代化……还指规范公民个人行为的社会主义核心价值观。”② 不同于依托中国特色社会主义制度来规范国家治理的“硬治理”，发展和巩固社会主义核心价值观在国家治理体系中的作用是对国家治理形式的有益补充，可以为国家、社会、个人等治理主体之间的良性互动提供价值导向，潜移默化地塑造人民群众对社会主义民主、法治等国家治理现代化内核的情感认同。首先，加强马克思主义理论教育。马克思主义从理论上彻底回答了党的理想信念的科学性，是理想信念教育的重要内容。同时它也是社会主义核心价值观的理论来源，为其提供了理论支撑。要不断推进马克思主义大众化，特别是推进习近平新时代中国特色社会主义思想深入人心，为社会主义核心价值观建设凝聚社会共识。其次，以理想信念教育丰富社会主义核心价值观建设内容。将理想信念教育中有关精神、道德的内容融入社会主义核心价值观教育中，提高人民对国家、社会、公民三个层面的理解和认同。最后，把社会主义核心价值观融入社会治理全过程。在全面从严治党过程中，理想信念教育逐步实现常态化、制度化，确保了全体党员将理想信念融入社会主义事业的建设实践中。加强社会主义核心价值观建设，要不断完善相关的法律政策体系，将其融入“国民教育、

---

① 肖贵清，田桥. 政党治理引领国家治理：中国共产党治国理政的逻辑理路 [J]. 山东社会科学，2017（7）：5-12.

② 韩庆祥. 从哲学视阈理解“国家治理现代化”[J]. 马克思主义与现实，2015（3）：128-129.

精神文明创建、文化产品创作生产全过程”[①]。

（二）政治保证：以党的集中统一领导激发国家治理的制度优势

政治建设是全面从严治党的根本性建设。加强和巩固党对国家治理的集中统一领导，增强“两个维护”的政治自觉，有利于完成“把党的领导落实到国家治理各领域各方面各环节”政治任务，提高全党全国深入推进国家治理现代化的政治定力。首先，巩固党在国家治理现代化建设中的领导地位。党的领导是中国特色社会主义制度的最大优势，完善制度体系和提高治理能力都离不开党的坚强领导。要坚持和巩固党对国家治理现代化的全面领导，实现党的组织和党的工作对国家治理现代化的全覆盖，确保党中央的改革措施令行禁止。其次，提高党的领导水平。党的领导是发挥我国制度优势的根本保障，要激发国家治理的制度优势，就必须提高党的治理能力和制度执行能力，培养现代化管理干部，增强党对国家治理现代化把方向、谋大局、定政策、促改革的能力。最后，以强有力的政治监督保障制度执行。制度的生命力在于执行，要全面发挥我国制度优势，执行是关键，监督是保障。要继续发挥政治监督的作用，重点监督各项制度改革的落实情况。着力解决影响制度执行的体制机制障碍，改进监督方式，增强制度权威，倒逼制度改革。

（三）核心任务：以党内制度改革健全科学民主法治的制度体系

制度建设是全面从严治党的根本保障，贯穿全面从严治党全过程，实现了新时代管党治党常态化、制度化。完善制度体系是国家治理现代化的重中之重，全面从严治党中的制度建设为完善国家制度体系提供了有效示范，以党内制度改革健全科学民主法治的制度体系，实现制度现代化，构成了我国国家治理的政治逻辑与核心任务。首先，完善党的领导制度体系。党的领导制度体系是我国制度的首要优势，要严格按照党的十九届四中全会的战略部署完善党的领导制度，进一步完善党对国家治理的集中统一领导体制、重大决策落实机制、请示报告制度、组织制度等具体制度，为加强和巩固党对国家治理的领导提供制度遵循。其次，加强经验转化，不断完善国家制度体系。当今世界并没有完美的制度。虽然中国特色社会主义制度已具有多方面优势，但要实现国家治理现代化目标，仍然需要不断优化和完善制度。要将中国共产党百年来积累的制度建设经验，如“深化顶层设计、强化政治保障、筑牢群众基础、维护制度权威、强化制度执行”等，积极运用到国家制度改革中，加强党的制度

---

① 中共中央关于坚持和完善中国特色社会主义制度 推进国家治理体系和治理能力现代化若干重大问题的决定［M］. 北京：人民出版社，2019：23.

改革与国家制度建设的联动，推动经济、政治、文化等各领域制度建设取得新成效，健全科学民主法治的制度体系。

（四）关键环节：以党内纪律建设强化对党治理权力的制约和监督

党的十九大将纪律建设纳入党的建设总布局，坚持用铁的纪律管党治党，成为全面从严治党的治本之策，有效地巩固了全党的行动一致和团结统一局面。而以党纪优化国法，充分发挥“两条底线”在国家治理中的警示和惩罚作用，实现对国家公权力的有效约束和监督，有利于为深入推进国家治理现代化提供法治保障。首先，推动党纪国法有机衔接。实行全面从严治党，政治纪律、组织纪律等党的纪律建设取得重大突破，为推动党纪建设成效转化为国法效能提供了前提。要坚持国法高于党纪、党纪严于国法的原则，建立起二者的立法协调机制，完善党委领导下的立法工作格局，增强立纪部门与立法部门之间的沟通与协调，注重解决制度冲突、弥补国法空白，健全国家法治体系。其次，科学管理国家治理权力。“国家治理的现代化程度则取决于对公权力的管理水平。”① 国家治理现代化不仅追求形成多元主体协同参与的治理结构，而且强调对多元主体治理权力进行科学管理，加快建立权力科学管理的“价值体系、制度体系、制约体系、监督体系和法治体系”②，推动依规治党和依法治国取得新成效。最后，统筹推进纪检监察体制改革。纪检监察工作是国家治理体系的重要组成部分，有利于把所有公权力关进制度“笼子”，应该严格按照党的十九届三中全会作出的战略部署，从党的领导、工作体制、制度建设、宣传教育等方面有序推进党的纪律检查体制和国家监察体制改革。

（五）环境保障：以党内作风建设为国家治理营造良好政治生态

作风建设是党的建设的永恒主题，始终与党的伟大事业紧紧联系在一起。实行全面从严治党，中央八项规定、“三严三实”、“两学一做”等作风建设有力地净化了党内政治生态，维护了党在人民群众中的形象。以党内作风建设推动国家治理，有利于激发制度执行力和约束力，为国家治理现代化提供良好的政治生态和环境氛围，推进国家治理规范化、民主化。首先，坚持密切联系群众，确保人民群众在国家治理中的主体地位。作风建设的核心是保持同人民群众的血肉联系，将党的群众路线贯彻落实到国家治理现代化的全过程，是以党内作风建设推进国家治理最重要最核心的内容。要持续推进落实中央八项规定

① 江必新，王瑾. 热话题与冷思考：关于全面从严治党与权力管理科学化的对话［J］. 当代世界与社会主义，2017（1）：4-11.

② 江必新，王瑾. 热话题与冷思考：关于全面从严治党与权力管理科学化的对话［J］. 当代世界与社会主义，2017（1）：4-11.

精神，大力解决国家治理过程中严重脱离人民群众的各种乱象。要坚持调查研究的优良作风，着力解决人民群众最关心最迫切的社会治理、基层治理问题，真正做到知民情、解民忧、化民怨、暖民心。要增强领导干部的群众工作本领，广泛动员群众参与国家治理的各领域各环节，构建起国家、社会、公民共同参与的治理格局。其次，推动作风建设常态化、长效化，营造良好的国家治理生态。反腐败是国家治理现代化的重要任务，要深入推进党风廉政建设，弘扬中华民族传统美德与党的优良作风，增强各级领导干部的自我约束能力，为国家治理营造风清气正的政治生态。持续推动“反四风”向纵深发展，规范国家治理中的党政关系、党群关系、政商关系等，有效推动基层治理方式转变，增强国家制度与重大战略部署的执行力和规范性。

四、结语

在“两个大局”背景下，我们党明确提出了以全面从严治党推进国家治理的战略部署，是遵循党的治国理政经验、避免陷入西方式国家治理困境的现实需要。就全面从严治党与国家治理现代化的逻辑关系而言，二者在目标、利益追求和价值立足点方面具有高度一致性，在内容与实践指向方面则表现为相互嵌入的关系。因此，将全面从严治党成效转化为国家治理效能有其深刻的理论前提。要聚焦全面从严治党在思想、政治、制度、纪律、作风等方面的显著成效，有效推动国家制度优势转化为治理效能。但是，全面从严治党成效不仅体现在以上五个方面，未来还可以从组织建设、反腐倡廉以及其他部分与国家治理的具体关系层面进行深入研究，加快构建中国特色国家治理话语体系。

党内监督在推进大学治理体系与治理能力现代化中的理论意义及实现路径

李　雪（西南财经大学发展规划处）
孙晓东（西南财经大学校长办公室）

摘要：有效的党内监督是推动治理体系和治理能力现代化的重要动因。高校党内监督在推动大学治理现代化的有效性、合法性及价值旨归等方面具有重要作用。高校党内监督应着力建立健全党委统一领导、多元主体联动、运行机制畅通的监督体系，积极拓展巡察监督与其他监督贯通融合的有效路径，切实促进监督能力提高与监督效能提升良性互动，进而以党内监督促进高校治理体系和治理能力现代化。

关键词：党内监督；大学治理现代化；治理体系；治理能力

党的十九届四中全会着眼坚持和完善中国特色社会主义制度、推进国家治理体系和治理能力现代化，对党和国家监督体系建设作出了重大战略部署，这对推进大学治理体系和治理能力现代化，加快构建中国特色现代大学制度提出了新的更高要求。党内监督是监督体系的重要组成部分，是治理现代化的重要方面，是权力有序运行的根本保证。因此，探索行之有效的党内监督制度，完善权力配置和运行制约机制，对于推进大学治理现代化具有重要的理论价值和现实意义。

一、文献综述

（一）大学治理现代化

“治理”（governance）一词源于拉丁文和古希腊语，原意为控制、引导和操纵治理[①]。我国学者俞可平教授对"治理"给出了自己的定义。他认为，治理"是一个上下互动的管理过程，通过合作、协商、伙伴关系、确立认同和共同的目标等方式实施对公共事务的管理"[②]。作为治理理论的重要分支，我国较早关于"大学治理"的公开讨论见于张维迎所著《大学的逻辑》。他认为，大学的管理目标需要通过一系列的制度安排来实现，"这些制度安排就是治理结构，就是大学的治理"[③]。刘益东、周作宇等学者则从理念、目标、结构和制度、机制、主体及文化六个层面梳理和评述了中国大学治理的主要观点，努力构建大学治理的一个整体性框架[④]。近年来，伴随着国家治理体系和治理能力现代化的讨论日盛，大学治理与大学治理现代化也日益成为人们关注的焦点。有学者认为，大学治理现代化的基本内容就是在法治框架下推进高等教育管理体制和内部治理结构的改革，不断完善科学规范的大学教育治理体系，形成高水平的大学教育治理能力[⑤]；还有学者认为，大学治理体系和治理能力现代化的内涵在于共治共享、整体联动与制度规范、权责对等[⑥]。总的来说，上述研究在一定程度上弥补了前期理论储备不足的局限，并在大学治理现代化的框架内思考现代大学制度构建问题。据此，我们认为，推进大学治理现代化应遵循大学治理的发展逻辑，要重点处理好"参与主体""治理客体""参与方式""监督方式"等关键性问题，着力推进内部治理机制的完善（包括思想、信息、资源、能量的互动交换和优化配置）以及外部治理环境的优化，从而实现大学治理体系的健全以及治理能力的提升。

（二）高校党内监督

高校党内监督是全面从严治党的重要组成部分，也是推进大学治理现代化的重要驱动。目前关于高校党内监督的研究文献还不太深入，特别是对于加强党内监督工作的具体做法以及实用性的研究比较薄弱。在现有的文献研究中，有学者认为，要从加强高校党建以促党内监督、培育高校党内监督文化、细化高校党内监督程序、增强党内专门监督和拓展高校党内监督渠道等层面进一步完善党内监督机制[⑦]；也有学者认为，在中国特色现代大学制度视阈下，要从

---

① 俞可平．治理与善治［M］．北京：社会科学文献出版社，2000：1.

② 俞可平．治理与善治［M］．北京：社会科学文献出版社，2000：6.

③ 张维迎．大学的逻辑［M］．北京：北京大学出版社，2003：4-5.

④ 刘益东，周作宇．大学治理：一个整体性框架［J］．大学教育科学，2020（3）：64-72.

⑤ 成洪波．试论地方大学治理体系现代化［J］．高等教育研究，2014（11）：12-18.

⑥ 徐蕾．系统治理：现代大学治理现代化的现实路径［J］．复旦教育论坛，2016（2）：23-29.

⑦ 陈焘，王子杰，赵冬鸣．深化高校党内监督的路径探索［J］．学校党建与思想教育，2017（8）：37-39.

健全党内监督工作机制、强化行政监督职能、提升群众监督实效、建立多维联动的监督和制约体系等方面构建高校内部权力监督体系①；还有学者认为，监督者的利益结构是影响监督体制效果的核心问题，应着力解决高校监督体制的有效性②。可以说，这些已有的研究从监督机制、监督体系、监督体制等方面，为我们进一步深化高校党内监督研究提供了良好的理论基础和重要参考。

二、党内监督在推进大学治理现代化中的价值意蕴

（一）党内监督有助于推进大学治理现代化的有效性

有效性是指政治体系为经济与社会发展创造条件的能力和水平。一般而言，有效性可以分为形式有效性和实质有效性。就大学治理体系和治理能力而言，“形式有效性的核心体现为民主参与、程序正当，实质有效性的核心体现为效率，即学校管理的主要行为者——学校党政是否高效率地履行其基本职能，保证学校改革发展目标的充分实现”③。在有效性前提下，大学治理现代化与党在大学现代化过程中的领导力和治理能力密切相关。首先，在领导方式上，围绕党委“把方向、管大局、做决策、抓班子、带队伍、保落实”的职责，通过坚持和完善党委领导下的校长责任制，不断修订相关议事决策规则，实现管党治党、办学治校、立德树人的有效协同。其次，在顶层设计上，通过各级党组织贯彻落实党的路线方针政策以及国家重大决策部署，不断将中国特色社会主义制度优势最大化地转为大学治理效能，进而提升大学治理的有效性。最后，在运行机制上，通过坚决贯彻民主集中制，不断完善相关制度机制，实现决策、管理的民主化、规范化、科学化、公开化，有效整合校内校外资源，协调高校内部各方利益诉求。

（二）党内监督有助于增强大学治理现代化的合法性

合法性是指统治的目标和手段正当、合理。合法性的确立“意味着赢得被统治者的自愿认同、支持和忠诚”④。每个国家的教育制度都植根于特定的历史传统以及文化土壤中，并且具有鲜明的政治属性。我国是中国共产党领导

---

① 左伟. 中国特色现代大学制度视阈下高校内部权力监督体系研究［J］. 东北师大学报（哲学社会科学版），2018（5）：200-204.

② 王涛，胡守强. 提升高校监督体制有效性的理论思考与实践探索［J］. 国家教育行政学院学报，2018（5）：64-71.

③ 黄清波. 政治监督推进大学治理现代化的任务聚焦与实现路径［J］. 华侨大学学报（哲学社会科学版），2020（4）：34-41.

④ 黄清波. 政治监督推进大学治理现代化的任务聚焦与实现路径［J］. 华侨大学学报（哲学社会科学版），2020（4）：34-41.

的社会主义国家，我国大学治理的合法性源于坚持党对高校的全面领导，始终把党的教育方针贯彻到学校工作各个方面。作为加强党对高校全面领导的重要方式，党内监督对于增强大学治理现代化的合法性同样十分重要。具体来讲，首先，党内监督具有预见预防的功能，即通过监督可以及时发现高校党内以及其他领域可能存在的风险，通过修订完善规章制度以及堵塞漏洞等，防止高校党组织和党员在贯彻执行党的路线方针政策或落实党和国家重大决策部署的过程中可能出现的偏差和失误。其次，党内监督具有防错纠错的功能，即通过监督严格管理标准、延伸管理链条、落实管理责任，匡正高校党组织和党员违法违纪行为或不正之风，使其回到正确的轨道上来，防止不良倾向的发生，从而避免给党的教育事业造成更大的危害。最后，党内监督具有警戒警示的功能，即通过监督对各级党组织、领导干部和党员起到警示、告诫的作用，防微杜渐、警钟长鸣，使其不断提升遵守党规党纪的自觉性和自省意识。

（三）党内监督有助于实现大学治理现代化的价值旨归

高校作为科技第一生产力、人才第一资源、创新第一动力的结合点，是国家创新体系的重要组成部分，肩负着人才培养、科学研究、社会服务、文化传承创新、国际交流与合作等重要功能。当前，我国已经进入了建设社会主义现代化国家的新阶段，也踏上了加快推进教育现代化、建设教育强国的新征程。大学治理现代化本身就是教育强国建设的应有之义和重要内容，而党内监督作为大学治理的重要组成部分，必然也对高校教育的高质量发展有着极为重要的作用。加强党内监督，意味着学校内部治理不断走向规范化，学校党委、各级党组织要将“为党育人、为国育才”内化到学校工作各领域，不断深化高水平人才培养体系、高质量科研与社会服务体系、高层次教师队伍建设、深度开放的对外交流合作发展格局，深入推进学生全面发展、教师潜心育人、基层治理创新的评价机制改革，实现发展质量、结构、规模、速度、效益、安全相统一，促进高校党的权力、行政权力和学术权力的协调运行。

三、党内监督推进大学治理现代化的实现路径

以党内监督推进大学治理现代化是本文研究的落脚点。要通过健全监督体系、拓展监督路径、提升监督效能等，促进高校党内监督体系融入大学现代化治理体系，推动制度优势更好地转化为办学治校优势。可以从以下几个方面着手：

（一）健全党委统一领导、多元主体联动、运行机制畅通的监督体系

构建高质量的监督体系是推进大学治理体系现代化的重要组成部分。一是要发挥学校党委的党内监督主导作用和党委书记的第一责任人职责，充分发挥

党委“总揽全局、协调各方”的作用，不断健全和完善党委全委会、党委常委会、校务会议事规则和决策程序，强化党委的全覆盖、全方位、全过程领导，增强监督的严肃性、协同性、有效性。二是构建学校党委统一领导、纪律检查机关专责监督、党口部门职能监督检查、党员民主监督的党内监督体系，着重规范、严肃学校纪检监察与审计的内容、程序，进一步优化党内监督运行机制。三是坚持党内监督与党外监督相结合，持续拓宽师生参与民主管理与监督渠道，不断完善工代会、教代会、学代会等党内、校内民主管理制度，加强学术委员会、教学委员会、教授委员会等学术组织建设，使党内、党外监督有机贯通、相互协调，实现多元主体有效结合、共同监督。

（二）拓展巡察监督与其他监督贯通融合的有效路径

开拓党内监督的有效路径是推进大学治理现代化的重要实现方式。一是高质量推进校内巡察工作，充分发挥学校党委主体责任，不断完善学校纪委、二级纪委和基层党支部纪检委员三级联动的监督网络，践行监督执纪“四种形态”，围绕“四个落实”突出监督重点，把监督的重点转向对“人”的监督，转向对“关键少数”的监督，转向对部门职能监督的再监督。二是全流程推进巡视巡察与其他监督贯通融合，巡察前突出信息情况沟通，通过对象共商、信息共享、队伍共建，用好已有监督成果；巡察中突出监督手段支持，通过与专责监督同频共振、与党的工作部门职能监督协同配合、与审计监督等同向发力，加强对问题的深入了解；巡察后突出整改日常监督，通过共抓主体责任压实、共抓整改日常监督、共抓共性问题整治，综合用好巡视巡察成果。三是坚持一般监督与专门监督相结合、自主监督与联合检查相结合，着重强化政治监督，加强对党的理论和路线方针政策以及重大决策部署贯彻落实情况的监督检查。

（三）构建监督能力与监督效能良性互动的治理格局

增强监督能力是提高大学治理监督效能的基础性工作，而提升监督效能是大学治理能力现代化的重要表现。一是要加强监督队伍建设，制定并实施好能力提升计划，实现全员教育、全面培训、全程管理，着力提升监督监察人员的政治能力、业务水平。二是坚持监督约束与激励保障并重，把严格管理与热情关心结合起来，发挥监督的正面导向和激励鼓舞作用，及时发现那些吃苦耐劳、实事求是、追求卓越的先进代表，作为表彰和提拔的依据。三是借助互联网、大数据等优化监督信息共享运作机制，把监督对象信息采集工作作为经常性工作抓好抓实抓细，同时不断加大信息公开力度，借助大数据技术构建党内监督平台，让“数字化监督”说出师生心声，实现监督的灵活性、广泛性，切实发挥好师生、校友以及社会各界的监督作用。

廉政治理现代化视野下高校巡察保障机制研究

牟方志［西南财经大学学生工作部（处）］

摘要：廉政治理现代化是国家治理体系和治理能力现代化的根本内容、重要前提和现实基础。高校巡察是廉政治理现代化的内在要求，为廉政治理现代化提供了坚实的制度保障和现实监督。高校巡察工作存在可借鉴经验少、部门联动难、熟人情面重、协调人员难的困境，主要由保障机制不完善、巡察方式方法创新不够、领导和管理体制不健全所引起。从健全巡察体制机制、施行巡察奖惩措施、强化巡察结果评价与转换、注重巡察队伍建设四方面着力，保障廉政治理现代化视野下高校巡察的有序推进。

关键词：治理现代化；高校巡察；保障机制

党的十九届四中全会作出了“坚持和完善中国特色社会主义制度，推进国家治理体系和治理能力现代化”的决定。廉政治理现代化是国家治理体系和治理能力现代化的根本内容、重要前提和现实基础。高校是培养社会主义建设者和接班人的主要阵地，扎实推进高校巡察工作是全面从严治党的必然要求，是党中央巡视工作的延伸和拓展，是廉政治理现代化的内在要求。把高校巡察作为切入点，探讨作为党和国家监督体系重要内容的高校巡察保障机制，进而对于推动国家廉政治理现代化发挥作用，具有十分重要的意义。

一、巡察是廉政治理现代化的必然要求

巡察是党和国家监督体系中的一种形式，是廉政治理现代化的基本形式，是有效推进廉政治理现代化的重要举措。高校巡察为廉政治理现代化提供了坚实的制度保障和有力的现实监督。

（一）巡察归属政治监督，为廉政治理现代化提供了坚实的制度保障

党的十八大以来，以习近平同志为核心的党中央多次指出，党的政治建设是解决党内矛盾的关键，要始终在政治立场、政治原则、政治方向、政治道路

上同党中央保持高度一致。政治监督是确保党的领导核心地位的重要手段，关系到“两个一百年”奋斗目标的顺利实现。发现党员干部贪污腐败、结党营私等问题是巡察的起点。党员干部政治意识、政治态度的偏差是出现一切问题的根源，是对初心的亵渎，是对责任与担当的懈怠。巡察不但是从严治党的“国之利器、党之利器”，同时也是“不敢腐”“不能腐”“不想腐”的制度保证和现实约束。巡察的检查督促，促进了党的自我净化、自我提高、自我革新、自我完善，高校巡察保证了社会主义办学方向，落实了全面从严治党，加强了党的全面领导，推进了教育治理体系和治理能力现代化，从而推进了廉政治理现代化的长远发展。

（二）巡察致力发现问题，为廉政治理现代化提供了有力的现实监督

习近平总书记强调，坚持问题导向是马克思主义的鲜明特点。问题是创新的起点，也是创新的动力源。解决问题、化解矛盾的根本前提是发现问题、提出问题，认清实质、科学决策的唯一途径是直面问题、研究问题。廉政治理现代化的基本要求就是坚持从党风廉政建设和反腐败斗争的实际出发。巡察工作的生命线是发现问题，巡察过程中通过召开民主座谈会、问卷调查、走访调研、审阅清查材料等方式深入实际，发现全面从严治党中存在的现实问题，在发现问题的基础上形成震慑，从而推动改革、促进发展，提供有力的现实监督，有利于廉政治理现代化的深入开展。

二、高校巡察工作的困境及原因探究

（一）存在的困境

1. 可借鉴经验少

高校巡察是管党治党、办学治校的关键所在。高校巡察对象主要涉及二级院系党组织、机关职能部门和党员干部。学校对院系和管理机构的设置充分体现了学校的特点和专业特色，不同级别、不同特色的学校存在差异，即使在同一学校的不同院系也面临不同的情况，

常规巡察的规定动作和方法仅仅适用于程序上的工作需要，很难从不同特点的单位中去巡察发现问题，巡察规划、巡察方案导致针对性并不强、可操作性低，巡察的总结、反馈、整改等环节很难统一。巡察制度已推行很久，但是实际上在二级组织开展的例行巡察才刚刚推进，很多都是在探索中前进，因此在谋划和设计巡察工作时出现了很多困难的局面，可供借鉴的有益经验很少。

2. 部门联动难

高校巡察主要指的是学校党委对二级机构的政治体检，作为高校监督体系的新形式，是党对意识形态工作领导权的掌握，主动寻找和发现在教学科研中意识形态工作情况存在的问题，提升高校治理水平。校内巡察不同于信访件查办和专项检查，需要校内多个职能部门统一协调和配合，涉及纪检、组织、人事、财务、审计、资产等众多部门和学院，需要各个部门提供审查资料、提出问题，梳理意见。在实际工作中，由于部门涉及的业务专业不同，统一领导机制不健全，协调多个职能部门、汇总多方面信息存在困难。

3. 熟人情面重

高校巡察专注于校内单位和党员干部制度执行的偏差，从认识、能力、作为、效果等角度精准分析，确保治理体系落实到位，与中央巡视有很大的区别。高校的特殊性决定了高校的熟人社会圈。高校工作和生活圈子相对比较封闭，呈现出师生关系、同学关系、亲属关系等现象，彼此之间存在交集。而巡察人员主要抽调校内各单位的人员临时组成巡察工作小组。这种“熟人”因素，使巡察组担心得罪相关人员，工作时产生顾虑，考虑到利益涉及范围广，即使发现问题，碍于情面，也往往轻描淡写地解释问题，巡察工作没有办法深入。

4. 协调人员难

巡察组人员通常由校内专职、兼职人员相结合组成，以兼职为主。组建专兼结合的临时巡察工作组，有利于减轻校内巡察组织机构人员编制不足的负担，充分整合校内资源，但也给人员管理和配备使用带来了一些问题。被抽调参与巡察的兼职人员，主要从事党建、学生管理和专任教师工作，多数是第一次接触巡察工作，属于现学现用，对巡察工作的制度了解不够全面，对巡察的重难点把握不精准，对巡察的方式方法了解不够到位。巡察组对抽调人员的业务能力和特点了解不够深入，很难保证“人尽其才”。巡察组成员之间工作性质也各有差异，相互了解不够，在短时间内很难达成默契，配合协调成本较高，难度较大。

（二）存在困境的主要原因

1. 领导与管理体制不健全

高校巡察是一次政治检验，需要多个部门协力合作。虽然各高校成立了巡察办公室，但普遍成立时间较晚，人员配备不充分，在巡察机构领导主体和管理体制的认识上还没有统一，科学、高效的领导管理体制还没有形成。很多高校对巡察工作认识不够全面，认为自己只是参与者，在党委领导下做好自己分内工作即可，能够应付巡察就是工作落实到位，因此往往工作力度不足、热情不高，出现疲于应付的现象，造成管理不明确、责任不明晰、决策不顺畅，导致巡察工作质量降低，难以形成合力。

2. 巡察方式方法创新不够

高校巡察的工作方式较为单一，查阅资料、谈话、问卷调查、召开座谈会等是目前巡察的主要形式。这些方式方法主观性较强，客观性不够，很难全面真实地反映巡察效果。比如在会议厅召开巡察单位动员会，在比较公开的地方找个人谈话，被访谈的人员和巡察工作人员比较熟悉，被访谈的人员在表述问题的时候不愿意直言，巡察组很难得到巡察的情况和结果。巡察组的工作往往会提前通知，被巡察单位有足够的时间充分准备来应对巡察，所以巡察组很难真实地了解情况。

3. 保障机制不完善

巡察工作需要巡察干部政治敏锐性高、政治忠诚度高、政治洞察力强，同时也需要巡察干部抗压力强、能力水平高。与此同时，激励、保护和服务保障机制不健全，严重阻碍了巡察工作的开展。巡察干部的激励机制缺乏，巡察出现工作积极性不高、应付了事等现象，导致发现的问题质量不高、深度不够。对巡察干部的保护机制缺乏，导致其在巡察工作中产生压力和顾虑，无法放开手脚，大胆工作。人员配置、设备、技术、场地等方面的保障不到位，也会影响巡察组的工作进度，进而影响整个巡察工作效率。

三、高校巡察保障机制的着力点

巡察监督作为党内监督的重要组成部分，是党和国家监督体系总体框架中重要一环，是中央巡视向基层的延伸，是全面从严治党的纵深推进。高校巡察是管党治党、办学治校的高度统一，是廉政治理现代化的全方位发展、高水平推进不可缺少的部分。在新时代廉政治理现代化视野下，把握高校巡察保障机制的着力点至关重要。

（一）健全巡察体制机制

健全完善的体制机制是有效开展工作的基本保证。一是完善管理和领导体制。坚持高校党委统一领导的主体地位，学校党委组建工作巡察领导小组，由党委书记、校长任组长，纪检、组织、人事、审计、财务等部门作为领导小组成员单位，协作分工，密切配合。学校党委成立巡察办公室，作为巡察工作领导小组的日常办事机构，合理科学设置岗位，充分配备编制人员，统筹协调巡察工作。组建党委巡察工作组，巡察校内二级机构和党员干部，定期向领导小组负责并报告工作。根据被巡察单位实际情况，合理设置成员、副组长及组长人数，组长、副组长由学校党委选任，灵活授权，根据工作情况在全校择优选派相结合形成巡察组成员名单。二是建立有效的巡察保护机制。宜采取直接管理方式，由学校党委授权，由巡察办公室专门机构负责管理巡察组工作人员和物资，确保巡察工作独立于普通日常工作，有力有序进行。由于巡视工作的特殊性，巡察组成员面临一定的压力，应建立一定的规章制度为巡察组成员提供强有力的后盾，解除其后顾之忧。三是推行交叉巡察。为避免高校校内“熟人”因素影响，应通过辖区政府纪检部门和教育行政机构统一组织协调巡察，不同档次、不同类别的高校之间推行交叉巡察。在同属辖区的不同高校尝试巡察组组长及成员交叉选任，各高校互察互认、互察互学，降低熟人利益共同体的影响，提升巡察质效。

（二）施行巡察奖惩措施

健全并完善巡视工作责任制度与激励制度是巡察工作高效推进的重要保障。奖惩机制中要充分设置完备的绩效指标，标准要科学实际，考核方式采用量化工作的方式进行，一方面有助于明确和精准定位巡察人员工作职责和职能，另一方面也能激发巡察工作人员的工作积极性与活力，推动巡察工作顺利开展。一是巡察组成员要树立团队意识与民主意识。决策科学性与合理性的基本前提就是决策民主化，在启动巡察工作之前，巡察组坚持民主化的原则，通过协商讨论出巡察的计划、方式、内容，促进巡察工作高效能地实现和有序推进。二是对巡察组人员尤其是干部的工作业绩进行全面考核，并向学校党委和其所在单位通报考核结果，使其在干部选拔、评先评优、职称职务晋升方面成为一项重要参考条件，以充分发挥巡察干部的工作主动性和积极性。三是提升职业认同感。社会各界、巡视干部及其家属要充分认同这份工作，提升使命感，强化责任担当，以便巡察组成员安心投身于巡察工作。

（三）强化巡察结果评价与转换

巡察目标的实现与巡察效果的体现，主要通过巡察成果评价与转化来体现。巡察组在巡察过程中发现问题后，应及时形成结论，提出针对性的整改意见，提交给领导小组，第一时间向被巡察单位反馈，使其整改得到实时落实落地。被巡察对象在巡察组督促下，根据实际情况与整改意见逐条对照、限期整改。同时，巡察组要协调其他部门，强化协同作用，形成整改监管合力，推动被巡察对象整改工作。第一，建立档案制度。针对在巡察中遇到的问题，汇编成档案资料，由档案管理部门或组织部专人专管，在考核、选用和提拔干部时将其作为重要的参考条件。通过建立档案制度形成震慑，负向激励被巡察对象，从而提高政治巡察效果及质量。第二，健全巡察成果责任转化制度。巡察是包括发现问题、解决问题、巡察成果转化等的系统工程，涉及多个行为主体，即巡察工作领导小组、纪检监察机构、组织部、被巡察对象等。各行为主体在巡察中承担的任务不同，在成果转化过程中承担的责任也不一样，加强各部门之间的工作衔接是确保巡察成果顺利转化的关键，也能为日后其他类似问题的处理提供借鉴。

（四）注重巡察队伍建设

高效的队伍是高效开展工作的基础。为克服高校巡察队伍存在专业性弱、经验不足、人员配备不充分、临时组建配合不协调的现象，应着力解决以下问题：一是注重巡察队伍的素质。巡察干部的能力素质、道德水平、党性修养是影响巡察成效的重要因素。巡察干部应具有公道正派、敢于担当、思维敏捷、意志坚定的素质。巡察机构应该统一发布巡察干部的任职标准，依据标准选拔巡察干部，组建强有力的巡察队伍。二是注重巡察干部的培训。巡察工作需要巡察具有高度的政治自觉，较强的发现问题、分析问题、解决问题的能力，同时还需要旺盛的精力、坚韧不拔的精神。随着巡察工作的不断深入，查找和发现的问题更加复杂和隐蔽，对巡察干部的业务知识、心理素质、政治品格要求更高更全，为此，对巡察干部进行全方位、系统完整的培训非常重要。三是改变观念。应改变将干部的无私奉献和获得实际奖励对立起来的倾向。应该明确化、具体化机制，而不是笼统地“作为干部考核提拔的重要依据”。只有这样，巡察干部才能够抛开顾虑，从理性人的角度，全身心地投入巡察工作中，实现个人利益与公共利益的统一。

参考文献：

［1］陈宝生．把握精神实质 推动全面从严治党向纵深发展［J］．中国纪检监察，2017（10）：38-40.

［2］陈永杰，黄恬恬．基于治理理论的国家廉政治理体系现代化［J］．湖北社会科学，2015（10）：27-32.

［3］徐德莉．党风廉政建设与国家治理体系现代化［N］．光明日报，2014-10-23（D13）.

全面从严治党背景下对高校学生党支部书记主体责任的思考

刘伟亮　邬　岩　张　贝（西南财经大学马克思主义学院）

摘要：高校学生党支部书记是高校基层党组织的核心人物，做好高校学生党建工作，关键在于严格落实学生党支部书记主体责任。针对当前部分高校学生党支部书记存在的主体责任意识薄弱、责任分配不合理、主体责任监督无力、主体责任落实下行艰难、弱化主体责任追究等问题，本文提出增强主体责任意识、合理分配主体责任、健全主体责任监督机制、加强队伍建设、强化责任追究等对策。

关键词：学生党支部书记；主体责任

一、落实高校学生党支部书记主体责任的必要性

高校学生党支部是中国共产党在高校的基层组织，是党在高校开展工作的基本单元，是对高校大学生进行思想政治教育的坚强战斗堡垒，是高校班团组织建设的重要引领者。作为学生基层党支部"火车头"和"领头雁"的学生党支部书记承担着直接教育学生党员、管理学生党员、监督学生党员、服务学生党员的职能，落实高校学生党支部书记主体责任对高校学生党支部建设意义重大。

（一）落实学生党支部书记主体责任有利于引导高校大学生的健康成长

当前，部分大学生面对学业压力、就业形势、家庭关系、恋爱关系等困扰，心理状态与学习状态不佳，心理疾病多发。高校学生党支部书记有教育学生党员、服务群众的职能。学生党支部书记由大学生担任，他们能站在同龄人的角度去想问题，进一步拉近和学生的距离，从而在进行沟通、交流的时候，代沟和隔阂相对较少。因此，学生党支部书记能更好地了解大学生的心理状态，及时察觉学生心理变化。只有心理状况健康，大学生才能健康快乐地成长，度过美好的大学时光。

（二）落实学生党支部书记主体责任有利于更好地发挥青年学生党员的先锋模范带头作用，促进高校学生党支部的健康发展，更好地发挥党支部的坚强堡垒作用

作为学生党支部的核心，学生党支部书记的一举一动都会影响整个学生党支部。高校学生党支部书记有着多重身份，既是大学生，又是学生党员，但又不同于普通的大学生和学生党员。学生党支部书记是党组织在青年学生中的代言人，是能引领当代大学生、学生党员前进的一面旗帜。

（三）落实学生党支部书记主体责任有利于促进教育事业的蓬勃发展

高校学生党支部书记在大学生群体中具有强大的号召力，作为专业学习能力优秀的学生能在学习上起到一个良好的带头示范作用，从而在学生群体中形成热爱学习、努力学习、认真学习的浓烈学习氛围，有利于改善当下一些高校学生忽视学习重要性的情况。高校作为教育事业发展的重要阵地，学习氛围的改善能在一定程度上促进教育事业的蓬勃发展。

二、高校学生党支部书记落实主体责任存在的主要问题

《中国共产党支部工作条例（试行）》中规定了党支部的基本任务，为高校学生党支部书记落实主体责任提供了基本依据。当前个别高校学生党支部书记在落实主体责任方面主要存在以下问题：

（一）主体责任意识薄弱

一是当前个别高校学生党支部书记尚未意识到自己身份的转变。一方面，他们不清楚高校学生和高校学生党支部书记的区别，把自己置于普通学生干部的行列里，没有意识到自己所肩负的责任和所处的位置，很难发挥党员的先锋模范带头作用。另一方面，他们不清楚高校学生党支部书记和高校教师的关系，将个人身份固定为学生，各种工作的安排和展开都依赖教师帮忙，自己独立思考、处理问题的能力较弱。

二是当前个别高校学生党支部书记不清楚作为一名合格的学生党支部书记应担负什么责任，责任意识模糊，表现出对党务知识不熟悉，“三会一课”不规范，与同学的沟通交流较少等。和教师党支部书记对比，一些高校学生党支部书记责任心较弱，政治素养较低，对政治理论学习没有兴趣，只是为应付工作而敷衍学习，学习态度不端正、不积极、不主动，甚至表现出消极懈怠的态度。

（二）主体责任分配不合理

一是任务分配不明确。一些上级领导在分配任务时，总是笼统而言。一方

面表现为分配任务模糊，没有强调任务重点；另一方面表现为分配不均衡，各学生党支部书记的工作量差异较大。因此，工作任务分配不精细，会导致部分学生党支部书记在工作时陷入一头雾水的情况，从而可能出现责任推诿和责任真空现象。

二是任务分配不科学。一些上级领导在分配任务时，没有根据各个学院的专业和特色分配相应的任务，没有考虑到学院的人数和各种特殊情况，而只是照搬上级文件分配任务给下级。这种以普遍代替一般的做法，没有做到具体问题具体分析，不利于学生党支部书记顺利开展工作。

（三）主体责任监督无力

一是同级监督缺失。不少高校基层党组织形成模式固化，学生党支部普遍按照学生所在班级、年级为单位设立党支部，各党支部之间联系较少，主要呈现出“垂直化”管理模式，致使同级监督一直是高校党建工作的“空白点”。

二是群众监督缺失。目前不少高校开展的党内活动形式单一，吸引力不强，党员参与兴趣不高，甚至产生厌倦情绪，不少学生党员对于开展党内活动抱以可有可无的态度，因而对于学生党支部书记的工作是否到位并没有很强烈的监督意识。这也就造成了高校党建工作的群众监督缺失。综上所述，对学生党支部书记主体责任的监督还存在很大问题，落实主体责任的目标仍然道阻且长。

（四）主体责任落实下行艰难

学生党支部是高校党组织的“最后一级”。在责任压力从学校党委传到各学院党支部的过程中，压力层层递减，主体责任落实经常在学生党支部出现打折扣的现象，有时与校党委传达的任务相差甚远。加之部分学生党支部书记缺乏使命感和责任感，认为党建工作是虚的，只是走走形式就行，便抱着应付工作的心态，常年不开展工作或者敷衍开展工作，导致党支部软弱涣散，形同虚设，党建工作无法取得实质性的成果。

（五）弱化主体责任追究

当前个别学生党支部书记在落实主体责任时，只强调完成任务而不强调完成任务的质量。其原因是：一方面在工作中对学生党支部书记监督不力；另一方面在工作结束后，对不严格落实主体责任的学生党支部书记追究不力。这主要表现在以下方面：

一是责任追究随意化。当前对学生党支部书记主体责任落实不力的情况处理得较随意，并没有严格的制度来进行约束，可能因为人情而“睁一只眼，闭一只眼”。

二是责任追究表面化。在追究责任的过程中，往往只注重抓学生党支部书记当下犯的错，而没有深入分析其背后的原因。

三是责任追究力度小。对没有严格落实主体责任的学生党支部书记，往往追究力度不大，导致警示作用不强。

三、落实高校学生党支部书记主体责任的有效措施

（一）增强主体责任意识

导致学生党支部书记主体责任意识薄弱的原因主要还是学生党支部书记对高校学生党支部的基本任务不清楚，对学生党支部书记的责任不明了，对学生党支部书记主体责任意识理解不到位，从而难以落实高校学生党支部书记的主体责任。因此，我们可以通过理论和实践两种方式来增强学生党支部书记主体责任意识。

1. 理论方式

学生党支部书记要加强政治理论学习，提高自身学习能力和综合素质，在学习中增强主体责任意识，落实学生党支部书记主体责任。学生党支部书记主要学习以下三个内容：

一是学习党务知识。学生党支部书记主体责任意识薄弱，很大一方面原因是对党务知识不清楚。学生党支部书记要对要求入党积极分子进行教育和培训，要做好发展党员的工作，对这些基本党务知识必须搞清弄懂。党务知识扎实了，才能更好地贯彻执行党的路线、方针、政策，才能更好地履行学生党支部书记的职责。

二是学习本专业知识。学生党支部书记作为学生党员中的“火车头”和“领头雁”，不仅要对党务知识有充分的了解和把握，而且要认真钻研所学的专业知识，提升专业技能，更要在专业知识上领先于班级其他同学。只有这样，在教育、管理学生党员的时候，学生党支部书记才会更有说服力和威信，才能更好地促进学生党支部各项工作的开展。

三是学习相关知识。学生党支部书记承担着教育党员、管理党员、监督党员、服务群众、凝聚群众、组织群众、宣传群众的责任，因此学生党支部书记在掌握了党务知识和扎实的专业知识后，还要学习相关知识，比如心理学、社会学等相关方面的知识。

2. 实践方式

学生党支部书记在具备了一定的理论知识后，还要将理论知识和实践活动相结合，将理论运用于实践，才能更好地发挥理论的作用，学生党支部书记也

才能在实践中发现自己的不足。

一是将书本中所学的党务知识运用于现实情况中，比如入党积极分子的确定和培养教育、党员发展对象的确定和考察、预备党员的接收等。只有把党务理论知识运用于党建工作中，学生党支部书记才会清楚个人在党务知识方面的短板，经过长期的锻炼，才能更熟练地掌握党务知识，提升自己的业务水平。

二是在学习心理学和社会学方面的相关知识后，学生党支部书记能掌握一定的沟通技巧，从而能更好地与同学、教师交流，深入学生中去，了解学生思想动态，更好地做好服务、宣传、教育、管理工作。例如，了解心理学的相关知识，有利于学生党支部书记更好地观察学生的心理状况，及时掌握学生的心理动态；了解社会学的相关知识，有利于学生党支部书记和谐地处理人际关系，更好地与学生进行有效沟通。

（二）合理分配主体责任

一是任务精细化。上级在分配任务时，应将任务明确细化，具体表现为哪个任务由谁负责、负责具体的哪一部分。只有主体责任清晰明了，学生党支部书记才知道自己所担负的责任，从而相应地提高工作的积极性和主动性，减少责任推诿和责任真空的情况，学生党支部的工作才能顺利开展，取得良好的效果。

二是任务科学化。上级在分配任务时，应做到科学合理。根据每项任务的情况和每个学生党支部的实际情况科学分配，做到具体问题具体分析，而不是照搬命令。

（三）健全主体责任监督机制

习近平总书记强调，要落实监督责任，敢于碰硬，真正做到早发现、早报告，促进问题的解决，遏制腐败现象蔓延的势头。建立完善的学生党支部书记监督制度是落实学生党支部书记主体责任的有效制度保障。因此，为贯彻全面从严治党的要求，高校应积极构建全方位、多层次的监督体系。

一是完善各院系学生党支部共同监督制度。长期以来，各院系学生党支部之间的活动大多是独立开展的，各支部之间的联系较少。各院系学生党支部应在校党委的统一领导下，加强各院系支部之间的交流和沟通，形成各支部之间互相学习、互相监督的良好局面。同时，还可设立各支部之间的奖惩制度，建立合理的奖励、惩罚制度。对于工作开展得好的支部给予一定的奖励，对于工作开展得相对较差的支部给予相应的惩罚。通过评选优秀党支部、优秀党支部书记的方式，实现党支部书记个人与各党支部之间的共同成长和进步。

二是健全上下联动的监督制度。学生党支部书记主体责任落实要取得重大进展，还需要建立校党委、普通学生党员之间上下联动的监督机制。学生党支部书记的工作，一方面要接受校党委的直接监督，另一方面也要接受普通学生党员的监督。要解决长期以来的普通学生党员在党建工作中“失语”的问题，校党委可设立专门的监督机构，如果学生党员对于该党支部书记工作不满意，可直接向校党委举报。

（四）加强队伍建设，避免责任落实打折

学生党支部书记主体责任落实下行艰难，很大程度上源于学生党支部书记的个人素养不够。加强学生党支部书记队伍的建设，培育出一支优秀的党支部书记队伍，是解决这一问题的有效途径。

一是提高学生党支部书记准入门槛。高校在进行学生党支部书记选拔的过程中，应该在严格遵循《中国共产党章程》的前提下，根据自身学校的特色，从学业、政治觉悟、个人思想品德、业务能力等多方面维度，选拔出更好、更优、更强的学生党支部书记。进一步完善学生党支部书记选拔机制，拓宽多渠道选拔，打破年级、专业、年龄、资历的束缚，按个人综合素质，择优录取。

二是完善学生党支部书记考核机制。全面统筹推进学生党支部书记的考核工作，要建立动态化的考核机制，对学生党支部书记的工作进行全面考核。既要考核学生党支部书记的理论水平，又要考查学生党支部书记的实践能力，通过系统化的考核标准，反映学生党支部书记工作的真实情况。

（五）强化责任追究

强化责任追究也是增强主体责任意识的一种方式。只有严肃处理主体责任弱化或犯错的现象，将忽视主体责任后果的严重性展现出来，才能让学生党支部书记知道自己的责任有多重大，自己的角色有多重要，才能更好地履行自己的主体责任。可通过以下方式强化责任追究：

一是责任追究制度化。当前高校对学生党支部书记主体责任缺失现象的处理大多停留在表面，只是让学生党支部书记写检讨、做报告、自我批评，而没有一套严格规范的制度来处理这种现象。因此，学校或学院的相关部门应完善相应的主体责任追究制度，用制度予以约束。

二是责任追究源头化。在追究学生党支部书记主体责任的过程中，要注意追根溯源。不能仅仅局限于追究学生党支部书记犯错这件事，还应搞清楚犯错的动因也就是为什么犯错、犯错的时间源头也就是从什么时候开始犯错，等等。只有清楚地了解学生党支部书记犯错的源头，深入现象内部寻找本质原因，才算是责任追究真正完成。

三是责任追究力度化。在追究学生党支部书记主体责任的过程中，还应注

意追究的力度。追究力度的强弱会影响学生党支部书记落实主体责任的好坏。追究力度越强越大，学生党支部书记在工作中就会更积极主动地落实主体责任；追究力度越弱越小，学生党支部书记在工作中就会消极敷衍落实主体责任。

高校政治监督体系构建的逻辑理路与优化进路

王　说（西南财经大学党委巡察办公室）

摘要：习近平总书记高度重视政治监督，在党的十九大以来的历次重要会议中多次作出关于政治监督的系列重要论述，为开展政治监督提供了根本遵循和行动指南。政治监督的提出源于管党治党和治国理政实践，是新时代党和国家监督体系建设完善中形成的新表述。与此同时，对政治监督的认识偏差和实践困境在学界和实践部门不同程度地出现。本文基于高校视角，聚焦高校政治监督体系构建的健全完善，对党和国家监督体系建设视域下政治监督理论概念进行总结阐释，提出理解和把握高校政治监督的相关阐释，总结概括高校政治监督的特点，进一步理清高校政治监督体系构建的逻辑理路，分析高校政治监督体系构建面临的挑战，提出高校政治监督体系构建、完善、优化的思路和实践路径。

关键词：高校；政治监督；体系构建；实践路径

习近平总书记在十九届中央纪委六次全会上发表的重要讲话中指出，要强化政治监督，确保完整、准确、全面贯彻新发展理念。习近平总书记高度重视政治监督，在党的十九大以来的历次重要会议中多次提到政治监督并作出了系列重要论述，为开展政治监督具体实践提供了根本遵循和行动指南。政治监督的提出源于管党治党和治国理政实践，是新时代党和国家监督体系建设完善中形成的新表述。本文基于高校视角，聚焦高校政治监督体系构建的健全完善，从高校政治监督体系构建的系统维度探索高校强化政治监督的优化路径。

一、党和国家监督体系建设视域下政治监督的理论概念阐释

政治监督的提出源于管党治党和治国理政实践，是新时代党和国家监督体系建设完善中形成的新表述。与此同时，对政治监督的认识偏差和实践困境在学界和实践部门不同程度地出现。在党和国家监督体系建设视域下，政治监督

在党内监督中居于根本和统领地位，对政治监督的理论概念进行阐释有助于指导政治监督实践。

（一）政治监督的主客体

1. 政治监督的主体

政治监督由谁来监督？政治监督的主体范围很宽，涉及较广，要通过不同的视角加以理解。一是从政治监督的主体责任承担来看，各级党组织委员会是政治监督的责任主体，其主要负责同志是第一责任人。二是从以政治监督为主要职责的实践部门主体视角来看，结合高校实际，承担政治监督职责的实践部门，有纪检监察机构、派驻监督机构和巡视巡察监督机构，职能上分别承担纪律监督、监察监督、派驻监督、巡视巡察监督“四个全覆盖”的职能职责。《中央巡视工作规划（2018—2022 年）》明确强调：“巡视是上级党组织对下级党组织的政治监督”，各级巡视巡察机构承担巡视巡察任务，巡视巡察机构的主要职责是政治监督。三是从承担政治监督职责但非主要职责的相关主体来看，政治监督主体责任在于各级党组织委员会，因此党的各个工作部门、各级党组织包括基层组织、党的领导干部以及全体党员都有履行政治监督职责的相应责任，《中国共产党问责条例》《中国共产党纪律处分条例》等制度也为职责的履行提供了保障。

2. 政治监督的客体

政治监督监督谁？从广义党内监督维度来说，党内监督没有禁区、没有例外，政治监督对象对应为中共党员、领导干部、所有行使公权力的公职人员等，这是全覆盖和“不例外”的客观要求；从监督重点来说，重点对象是党的领导机关和领导干部特别是主要领导干部。政治监督聚焦“关键少数”是抓住政治监督的主要矛盾，是重点解决突出问题的客观要求，也是政治监督在党内监督中的统领地位而同党内监督把党的主要领导干部作为重点监督对象保持一致的现实要求。

（二）政治监督的内容

政治监督监督什么？“监督什么”对应政治监督的内容，是政治监督的具体化，蕴含目标任务、内容内涵和工作着力点。从目标任务上看，新时代强化政治监督的根本任务是确保做到“两个维护”。从内容上看，政治监督要立足“两个大局”，胸怀“国之大者”，从党中央关心强调、党和国家最重要的利益需要和政治立场所在，明确政治监督内容。从政治监督内容的重点上看，习近平总书记强调的“四个着力点”必须牢牢把握，坚持中国特色社会主义制度，学习贯彻党中央重大决策部署，深刻理解“两个确立”，自觉做到“两个维护”，推动落实全面从严治党主体责任，督促公正用权、依法用权、廉洁用权。可以看出，政治监督不是一般的业务检查、工作检查，是聚焦政治立场、方向、原则、道路等的政治体检。

（三）怎样开展政治监督

一看政治纪律。开展政治监督先看政治纪律是重要方法，对照“四个意识”“四个自信”“两个维护”标尺，透过业务现象看政治本质，检查是否存在政治纪律和政治规矩方面的偏差，以政治监督捍卫政治纪律，把维护政治纪律放在首位。

二要突出重点。把研判政治生态作为重要抓手，聚焦“关键少数”看政治生态风向标情况。“关键少数”有可能根本性地影响党内政治生活，把政治监督落实到具体的关键人和关键事上，着重看党委领导集体作用发挥情况和党政“一把手”，才能使政治监督“破题”有力，切中要害。

三要具有斗争精神。政治监督的对象和监督的主要内容决定了必须要敢于斗争、善于斗争，同时要敢于从严，在工作优先级上首要处置涉及政治纪律政治规矩的问题线索，聚焦“七个有之”，严肃查处政治上离心离德、思想上蜕化变质、组织上拉帮结派、行动上阳奉阴违等问题；严肃查处政治问题和经济问题交织的腐败案件，坚决查处党员干部违反政治纪律、破坏政治生态的问题，既要敏锐地发现苗头，也要深挖隐藏在背后的腐败问题。

四要推动改革促进发展。把政治监督与促进发展统一起来，深化建章立制和标本兼治，做实“一案一整改”，深刻反思剖析，深挖背后的问题根源，对症下药、靶向治疗，建章立制、堵塞漏洞，更好地将政治监督成效转化为标本兼治的长效机制。

（四）政治监督的特性

（1）监督结果主要靠定性分析来判定。从目前的政治监督实践来看，政治监督有特定的政治目标，目的是实现一定的政治功能，推动政治建设目标、政治理想、政治使命的实现。政治监督往往需要运用丰富的政治经验，根据相关事实材料研判分析形成定性判断，过程中可能会运用定量分析的手段，政治监督的结果或是评价最终以定性的形式呈现。这就对政治监督各个主体的政治能力、政治鉴别力、素质能力提出了较高的要求。

（2）监督手段具有柔性和弹性。政治监督依据党纪法规、制度文件等规定，结合明确的规范性文件和实践形成的政治规矩，从政治视角进行监督检查，因而存在一定的不确定性。在政治监督手段方法上，以查阅资料、座谈函询、个别谈话、听取汇报、走访调查等为主要手段，存在一定主观性因素。对政治监督所发现问题的处理，较多运用批评、警告、降级、撤职、解聘等纪律处分、组织处理等比较温和的柔性的措施。

（3）监督内容全面广泛。相对于侧重合规判断的具体业务检查、党建检查而言，政治监督内容更为广泛且涉及各个领域，是对在所涉及的政治业务活动中体现政治性的监督，集中反映出政治方向、政治立场、政治领导、政治能力，体现在事业发展、内部治理体制机制、选人用人导向、意识形态安全、安全稳定、风险防控等各个方面的具体工作中，较一般业务检查要求更高。

（4）立体式监督模式。我国党内监督体系，纪检监督、监察监督、巡视监督、派驻监督分工配合，各有侧重，基本实现对公权力的全覆盖，同时注重发挥人民民主监督、群众监督、舆论监督的作用，推动党的自我革命，从一定程度上克服了西方政治监督的分权弊端和独立性弱势，形成了科学有效的党和国家监督体系，长期实践产出了很好的政治与社会效果。

二、对高校政治监督的理解

结合政治监督的科学内涵，政治监督在高校工作中呈现出三个特点：

一是全面性、全局性。一方面，从高校政治监督客体不同类型来看，党员干部中包括授课教师、行政教师，单位主体包括后勤保障、校办企业等，业务类型还包括学校思想政治理论、自然科学等学科的课堂以及社会实践、宣传工作、文化活动等，因此高校政治监督本身具有全面性特点；另一方面，高校纪检监察机构开展政治监督离不开组织生活等形式，与师生、群众的社会舆论监督结合度较高，可以说，在一定程度上，高校政治监督是集政治监督、民主监督、社会监督、舆论监督等于一身的有机统一，具有全局性特点。

二是明确的方向性。高等教育作为教育、科技、人才三位一体的结合点，肩负着重要的责任与使命，高校的政治监督落脚点要从“立德树人”根本任务和培育社会主义建设者和接班人的育人成效出发，因此，“育人”是高校政治监督的整体落脚点，具有明确的方向性。

三是时代性。在教育强国建设中，高等教育发挥着龙头作用，是服务和支撑国家战略实施的教育主阵地，承担着艰巨而光荣的使命，必须起模范带头作用。高校政治监督与党中央决策部署紧密相连，一脉相承，高校必须第一时间理解并执行，具有鲜明的时代性。此外，高校政治监督还承载着时代所赋予的使命。

三、高校政治监督体系构建的逻辑理路

（一）政治逻辑：完善政治监督体系是高校推进全面从严治党的内在要求

党内监督是党的组织生活正常开展的保障，也是深入推进全面从严治党、坚持不懈把全面从严治党向纵深推进的应有之义。高校承担着立德树人的根本任务，坚持党的领导，加强和改进高校党建工作，是办好社会主义大学的根本保障。高校并非净土，也长期面临着腐败的风险考验，近年来高校相关案例揭示出基建后勤、招标采购、财务管理、非学历教育等重点领域及关键环节的廉洁风险不可忽视，高校深入推进全面从严治党有客观的现实必要性。从一些高校政治监督的实际来看，存在监督缺位问题，不愿监督、不敢监督、不会监督等现象不同程度存在并形成了现实危害。

监督作用的彰显依赖于监督整体效能的发挥。一方面，各监督主体要能进行自我监督；另一方面，各个监督主体的监督贯通形成综合效应，共同决定着监督整体效能。从高校现行监督主体来看，学校党委的主体监督和纪检监察监督、巡视巡察监督、职能监督及非职能监督等多个监督主体并存，具有多元性。不同监督的优势和局限性天然并存，只有通过深化监督协同联动，才能推动健全监督体系，发挥效能。高等学校领导制度明确规定学校党委承担管党治党、办学治校主体责任，决定了党委监督的中心和基础位置，党委监督的有力有效是其他监督作用发挥的基础。各监督主体担负的职责不同，扮演的监督角色也不完全一样，但监督目标一致，应整体谋划、协同推进，监督才能更加有力、精准和高效，才能啃下“突破利益固化的藩篱”这块硬骨头。这符合协同论的内在要义，符合高校协同监督的特征和内在诉求。

（二）制度逻辑：完善政治监督体系是高校治理能力现代化的关键环节

政治监督是一种政治主体之间监视、控制和制衡的权力关系，是实现政治分权和权力整合的协调机制。政治监督同公共权力运行监督和治国理政之间有着密切的联系，天然地同治理、管理紧密相关。监督是对权力的有效制约和监护，具有两重性：一方面，权力必须要有监督，是确保民主的重要机制；另一方面，监督保障政治统治和组织领导，保障决策执行，推动治理实现。监督体系作为治理体系的重要组成部分，监督体系效能是现代社会治理体系发展成熟的重要标志。

党和国家监督体系制度在实践中形成、发展、完善，有力地促进了社会治理。在加快建设教育强国背景下，高校治理能力和治理体系现代化决定着高等教育高质量发展实践进程，治理能力水平、管理体系架构同现行转型发展、矛

盾交织、诉求多元等现状适配，现实还存在重点难点、堵点痛点。从制度逻辑来看，高校指令中向管理寻求效能，客观决定了完善监督体系成为不可忽视的关键环节，推动管理监督更加有机融合，实现监督效能向治理效能的转化，实现监督高质量和发展高质量的统一。

（三）实践逻辑：完善政治监督体系是发挥党委巡视巡察监督牵引作用的实践需要

党的二十大对新征程上坚定不移全面从严治党、深入推进新时代党的建设新的伟大工程作出全面部署，首次提出“健全全面从严治党体系”的重大举措。在全面从严治党战略下，巡视监督作为党内监督制度，承接党内监督的功能属性，并通过巡察监督向各地方、基层纵向延伸和发展，巡视和巡察内核政治要求体现一致性。这种一致性体现在高校的巡视巡察工作中，高校党委承担巡视巡察工作主体责任，开展政治监督，本质上是确保党的教育方针和立德树人根本任务落实，确保党的路线方针政策和党中央重大决策部署落实，确保全面从严治党战略部署和“两个责任”落实，确保新时代党的组织路线落实，确保巡视巡察整改和成果运用落实，推动学校党委决策部署落地落实落细。

在政治监督体系框架下，党委巡视巡察发挥着重要统领作用，是自上而下的上级党组织对下级党组织的政治监督，同时注重发挥联系群众纽带作用，把自下而上的群众监督、民主监督结合起来，是高校党委管党治党、办学治校的利器。党委巡视巡察监督以集中工作形式，深入下沉二级党组织工作一线调查了解相关情况，对二级党组织进行全面的政治体检，是党委全面掌握基层实际情况的直接渠道。在部分高校完成首轮巡视巡察全覆盖任务目标的背景下，经过第一轮的巡视巡察实践探索，进一步提高巡视巡察监督的质效要从完善政治监督体系这个点去破题。结合党中央新部署新要求，谋划新一轮巡视巡察五年规划，总结高校巡视巡察规律和发展方向，站在完善健全高校监督体系的视角做好巡视巡察工作，是发挥党委巡视巡察监督牵引作用的实践需要。要从内部巡视巡察工作机制、方法的完善，逐步迁移到监督协同综合效能发挥，推动构建协同监督机制，以监督机制作用的发挥进一步促进巡视巡察监督作用的发挥。

四、高校政治监督体系构建面临的挑战

（一）各监督主体内在驱动力不足

协同监督本质属性是系统有序。从高校目前实际看，不少监督主体之间监督联系不强，流程衔接不畅，协同监督效能不够，与系统有序的状态还有距

离，本质上是各监督主体职能职责条块分割天然导致的内在驱动力不足，也就是对协同监督的支持和主动参与力度不够。一方面，对监督“发现问题”存在认识偏差问题，形成了惯性思维和惰性心理，不主动、不积极等不同程度存在；另一方面，在协同责任机制中，平行的各监督主体部门，各自对上负责对应“党委全面监督”，通盘考虑推动的责任驱动不足。在协同工作机制中，协同的程度和边界不清晰，监督主体之间监督内容交叉、任务重叠、多头监督等情况一定程度上存在，掣肘了监督工作的开展，导致协同监督工作融合度不够深入。

（二）协同监督发挥作用的负面因素较多

监督与被监督具有博弈对抗性，决定了监督的程序严格性和执行困难度，也从客观上制约着监督协同。各类监督各自程序上的严格流程，造成横向交叉、互相切入的难度，增加了协同壁垒；各类监督职责协同职责边界划分、协同内容、协同方式各异，造成了横向上的条块分割，在协同执行上困难度高，这也客观造成了协同监督工作脱节。从主观层面来看，也存在对协同监督工作推动力度不够的问题。横向上缺乏系统思维和整体调控，主动整合不够，工作抓手不多，各类监督有机融合、相互衔接机制不畅，监督对象缺乏接受监督的自觉性，同向而行的外部监督环境尚未真正构建；纵向上二级纪委监督能力不足，缺乏监督角色意识，监督责任履行不够到位，学校层面对二级纪委考核工作缺乏具体的量化标准，弱化了其开展协同监督工作的积极性和主动性。此外，高校是典型的“熟人社会”，师生关系、裙带关系等各种关系纵横交织，外部环境相对封闭，监督环境有其特殊性，加剧了“一把手”监督难、同级监督难、协同监督难的问题。

（三）协同监督的信息联动度不够

协同监督的联动度是指各监督主体之间相互关联的程度和需求度，这取决于各个监督系统彼此之间的依赖关系、调用关系以及数据传递关系。2022 年教育部启动教育数字化战略行动，从目前的高校实际看，数据的整合、协同、集约和共享缺乏专门的载体和运行管理部门。监督协同更加受制于工作职责、监督范围及监督重点的异同，监督的信息关联性不够、监督数据多头管理、信息不对称等困境客观存在，信息反馈系统未建立健全。一方面，监督的对接传达沟通单向传达更为通畅，而监督信息双向或多向传达交流处于横向阻塞的状态；另一方面，纵向信息缺乏对接融合，上下联动过程中信息不对称情况也客观存在，上下如何完成信息接入和共享是一大难题。目前，高校受限于技术运用能力，普遍尚未建立统一的协同监督数据平台，校内数据平台融合对接程度不高，存在数据鸿沟壁垒和调用分析难题，对监督数据缺乏深入调查研究、分析比对能力，也弱化了监督整体功效。

五、高校政治监督体系构建、完善、优化的对策和建议

（一）构建思路

党委巡视巡察是高校党委履行管党治校主体责任的重要抓手，具有以上看下的权威性、全面了解的深入性和综合监督的融合性等特点，有助于发挥高校党内监督主导作用，有助于同其他监督协同发挥综合作用，在实践中体现出组带优势和综合平台作用。应着力打通纵向联动、横向协同渠道，着力构建和完善党委巡视巡察与教育部党组巡视和校内专责监督、职能监督、民主监督等各类监督系统集成、相互促进、协同高效的监督体系，为全面贯彻党的教育方针、落实立德树人根本任务、建设风清气正的校园政治生态和育人环境提供坚强监督保证。

（二）实践路径

1. 更加凝聚“同题共答”思想共识，构建协同基础

在各类监督主体层面，发挥巡视巡察领导小组成员单位作用，多层面多方式加强对党中央、教育部党组关于巡视巡察和协同监督新部署新要求的宣传贯彻，强化“一盘棋”思想。通过全面从严治党工作会议、中层干部会等会议及时传达学习，将监督协同专题纳入年度干部学习计划，提高各类监督主体“同题共答”的思想共识，增强系统思维和协同意识，深刻领会贯通融合不是“谁帮谁”的事而是对各类监督的整合提升，是在“四个落实”层面上全面推动学校工作的同向发力，是对各自监督职能职责的共同促进。对各类监督进行广泛的政策宣讲、案例解读，提高校院两级党组织和广大干部群众对“为什么监督”“监督什么”“谁来监督”“监督谁”“怎么监督”等重要问题的思想认识，营造主动接受监督、积极参与监督、广泛支持监督的“同题共答”良好氛围。

2. 更加强化“两个责任”一体落实，明确协同责任

坚持“党委集中统一领导、领导小组具体研究部署、巡视巡察办公室统筹协调、领导小组成员单位支持配合、巡察组具体承担”的巡视巡察工作领导体制，发挥巡视巡察政治监督主体责任、监督责任“一体两面”的载体作用，以强化“两个责任”一体落实为重点推动监督协同。坚持巡视巡察同其他各类监督一体谋划、一体推进，共同制定落实全面从严治党主体责任、监督责任“清单”，巡视巡察监督为其他各类监督提供问题供给和积极支撑，纪检

监察做好专责监督，严肃跟进查处问题线索，促进巡察整改问题落实。强化巡察、督查、执纪统筹联动，从工作职责上进行梳理细化，巡视巡察机构聚焦全面政治监督，着重发现问题、推动改革；党委督查机构着力进度跟踪、督查督办，推动重要工作落实落地；纪检机构落实监督执纪，在日常监督中强化执纪调查、追责问责，进一步完善监督闭环。从问题整改责任体系上进一步明晰责任要求，压实巡视巡察工作领导小组、分管（联系）校领导、巡察办公室、纪检监察部门、组织部门、巡视巡察组等各主体、各层面的一体落实、良性互动的责任链条。

3. 构建和完善“协同作战”工作制度，固化协同机制

明确各类监督协同贯通机制，以构建和完善工作机制为基础，各类监督主体要从其监督职责区分、监督内容侧重、监督流程协调等各个方面同其他各类监督进行融合交叉嵌入，探索监督力量整合、程序契合、机制衔接的各项机制。把各类监督整合为问题发现的重要途径，把问题整改作为提高学校治理效能的重要路径，把发现问题、研究问题、解决问题联系起来，把落脚点放在规范制约权力运行上，放在预警风险、倒逼改革、促进发展上，放在系统施治、综合治理上，更好发挥监督协同贯通在推进学校治理体系和治理能力现代化中的重要作用。健全纪检监察办公室、党委巡察办公室、组织人事部、审计处、财会部门等各类监督联席会议制度，学习传达上级相关文件精神、部署要求，通报监督发现的普遍问题和整改情况，研究解决监督贯通协同工作中的重要事项，加强相互交流；依纪依法相互提供所掌握的被监督单位或人员党风廉政建设情况、信访举报情况、干部师生受处理处分情况、巡察发现问题情况、审计情况、财会监督检查情况、相关问题整改情况，做好信息通报；同时加强对监督结果的共享与运用，提高监督效能，事前应了解其他监督反映的相关情况并作为重要参考，事中应对问题整改落实情况予以重点关注，推动问题整改到位，事后应把重要问题整改落实情况写入相关工作报告，对典型性、普遍性问题重点关注并配合处置；进一步优化问题线索移送机制，分别建立台账对移送的问题线索进行管理，问题线索办结后及时向移送单位反馈办理结果；探索联合监督检查协同机制，充分发挥审计各类监督专业力量作用，夯实组织保障，发挥党委巡视巡察工作独特组织优势，调动全校资源，整合监督力量，根据工作需要和实际，结合巡视巡察联合组织专项监督检查，发挥多重监督效能。

新媒体视域下提升高校巡察舆论宣传思想政治工作路径研究

尹诗白　时奕伟（西南财经大学计算机与人工智能学院）

摘要： 高校巡察舆论宣传思想政治工作的目标是通过有效的信息传播，加强对高校师生的思想政治教育，提高他们的政治觉悟和道德水平。传统媒体的局限性使得高校巡察舆论宣传思想政治工作面临着信息传播不及时、覆盖面不广和受众反馈不及时等问题。新媒体的出现改变了传统媒体的格局，它具有即时性、互动性、个性化和传播范围广泛等特点，为高校巡察舆论宣传思想政治工作带来了巨大的机遇。通过新媒体平台，高校可以更广泛地传播巡察工作的成果和信息，加强与师生的互动交流，推动高校思想政治工作深入开展。本文探讨了新媒体视域下提升高校巡察舆论宣传思想政治工作的路径，以创新工作机制和方法，从而提升高校巡察舆论宣传思想政治工作的水平和质量。

关键词： 新媒体；高校巡察；舆论宣传；思想政治工作

一、引言

随着信息技术的快速发展和互联网的普及，新媒体已经成为社会信息传播的主要渠道之一。在这个数字化时代，高校巡察舆论宣传思想政治工作作为加强和提升高校思想政治工作的重要手段，亦面临着新的挑战与机遇。在传统媒体时代，高校巡察舆论宣传思想政治工作主要通过报纸、广播和电视等渠道进行，信息传播的范围和效果受到一定的限制。然而，新媒体的出现和快速发展，为高校巡察舆论宣传思想政治工作带来了前所未有的机遇。

高校巡察舆论宣传思想政治工作的目标是通过有效的信息传播，加强对高校师生的思想政治教育，提高他们的政治觉悟和道德水平。然而，传统媒体的局限性使得高校巡察舆论宣传思想政治工作面临着信息传播不及时、覆盖面不广和受众反馈不及时等问题。新媒体的出现改变了传统媒体的格局，它具有即时性、互动性、个性化和传播范围广泛等特点，为高校巡察舆论宣传思想政治工作带来了巨大的机遇。通过新媒体平台，高校可以更广泛地传播巡察工作的成果和信息，加强与师生的互动交流，推动高校思想政治工作的深入开展。然而，新媒体也带来了信息真实性、舆论导向性和个人隐私保护等方面的问题，需要进行深入研究和探讨。

研究新媒体视域下提升高校巡察舆论宣传思想政治工作的路径，有助于深入理解新媒体对高校巡察舆论宣传思想政治工作的影响和作用。通过对新媒体在高校巡察舆论宣传思想政治工作中的应用进行探索和分析，可以更好地把握新媒体时代高校巡察舆论宣传思想政治工作的特点和趋势，为相关工作的改进和创新提供理论指导。

研究新媒体视域下提升高校巡察舆论宣传思想政治工作的路径，可以推动新媒体与高校思想政治工作的有机融合。借助新媒体平台的技术和手段，高校可以更好地与师生进行互动和沟通，提高信息传播的准确性和效果，增强高校师生对巡察工作的参与度和认同感。通过研究新媒体技术的合理运用和机制创新，可以促进高校巡察舆论宣传思想政治工作与新媒体的有机结合，为高校发展和培养合格人才提供更有效的支持。

研究新媒体视域下提升高校巡察舆论宣传思想政治工作的路径，对于加强高校巡察工作的透明度和公正性具有积极意义。对新媒体平台的使用可以提供更多的信息来源和多样化的观点，促进舆论监督和公众参与，加强高校巡察工作的公众认可度和合法性。

研究新媒体视域下提升高校巡察舆论宣传思想政治工作的路径，可以为其他领域的宣传思想政治工作提供借鉴和启示。新媒体的发展不仅对高校巡察工作具有影响，也对其他领域的宣传思想政治工作提出了新的要求和挑战。通过研究高校巡察舆论宣传思想政治工作的路径，可以为其他领域的舆论宣传工作提供借鉴和参考，促进宣传思想政治工作的创新和提升。

综上所述，研究新媒体视域下提升高校巡察舆论宣传思想政治工作的路径具有重要的理论意义和实践价值，对于加强高校思想政治教育、提升巡察工作的效果和影响力具有积极的推动作用。

二、高校巡察舆论宣传思想政治工作概述

（一）高校巡察的定义和重要性

高校巡察舆论宣传思想政治工作是高校内部思想政治教育和巡察工作的重要组成部分，旨在加强对高校师生的思想政治教育，推进高校内部的廉洁和规范运作。这一工作涉及信息传播、舆论引导、思想教育和政治监督等多个方

面，对于培养合格人才、维护高校的稳定和发展具有重要意义。

首先，高校巡察舆论宣传思想政治工作在推动高校发展方面发挥着重要作用。通过对高校巡察工作的宣传和舆论引导，可以向内部师生传递高校的发展方向和目标，增强他们的责任感和使命感，推动高校各项工作的开展。同时，舆论宣传也可以向外界展示高校的办学理念、教育质量和科研成果，提升高校的声誉和形象，为高校的招生、科研合作和社会资源的获取提供支持。

其次，高校巡察舆论宣传思想政治工作在维护社会稳定方面具有重要意义。高校作为培养青年学生的重要场所，承载着培养合格人才的重任。通过舆论宣传和思想政治工作，可以引导高校师生树立正确的世界观、人生观和价值观，培养积极向上、有社会责任感的公民意识。同时，舆论宣传也可以引导师生对社会问题和公共事务持理性、客观的态度，促进社会和谐与稳定。

最后，高校巡察舆论宣传思想政治工作对于培养合格人才具有重要意义。高校的使命之一是培养具有理论素养、实践能力和社会责任感的合格人才。通过舆论宣传和思想政治工作，可以加强对学生的思想引导和教育，帮助他们树立正确的人生观和价值观，培养良好的道德品质和社会责任感。同时，舆论宣传还可以为学生提供丰富多样的信息资源，拓宽他们的视野和知识面，帮助他们全面发展并适应快速变化的社会需求。高校巡察舆论宣传思想政治工作还可以提供学术、文化和社会实践等方面的引导和支持，帮助学生全面发展素质和能力。

因此，高校巡察舆论宣传思想政治工作在推动高校发展、维护社会稳定和培养合格人才等方面发挥着重要作用。通过宣传和舆论引导，思想政治工作能够传递高校的理念和价值观，引导师生形成正确的思想观念和行为准则。同时，它还为高校提供了与内外部的有效沟通平台，增强高校的影响力和声誉，促进高校的稳定和发展。因此，研究如何提升高校巡察舆论宣传思想政治工作的路径具有重要的理论和实践意义。

（二）工作现状和存在的问题

高校巡察舆论宣传思想政治工作的现状和存在的问题，需要我们深入研究和探讨，以进一步提升其效果和影响力。

（1）信息传播滞后，覆盖面不广。传统的巡察舆论宣传思想政治工作往往依赖传统媒体，如报纸、电视和广播等。然而，这些媒体的信息传播速度有限，往往存在信息滞后的问题。同时，传统媒体的覆盖面也难以满足高校师生的多样化需求。这导致了信息传播的不及时性和局限性，影响了巡察工作的效果。

（2）受众反馈渠道不畅，及时性不高。高校巡察舆论宣传思想政治工作需要与师生进行互动和交流，了解他们的需求、关切和反馈。然而，传统媒体往往缺乏有效的反馈机制，师生很难及时表达自己的意见和建议。这使得巡察工作难以准确把握师生的需求和反馈，影响了工作的针对性和实效性。

（3）新媒体平台存在信息真实性和舆论导向性问题。随着新媒体的兴起，高校巡察舆论宣传思想政治工作开始在微博、微信、短视频等平台上开展。然而，新媒体平台上大量信息的真实性难以确定，容易出现谣言和不实信息。此外，新媒体平台也具有舆论导向性，一些信息可能会被过度渲染或被篡改，影响了巡察工作的客观性和公正性。而且在新媒体环境下，个人隐私保护也成为难题。

（4）跨部门合作和信息共享不足。高校巡察舆论宣传思想政治工作需要与其他相关部门进行协同合作，共享信息和资源。然而，目前普遍存在部门之间合作机制不完善、信息共享不畅的问题。这导致了巡察工作中信息的不及时流转和资源的浪费，影响了巡察工作的整体效果。

可见，高校巡察舆论宣传思想政治工作面临信息传播滞后、受众反馈不畅、新媒体平台存在信息真实性和舆论导向性问题，以及跨部门合作和信息共享不足等问题。这些问题影响了高校巡察舆论宣传思想政治工作的效果。

三、新媒体对高校巡察舆论宣传思想政治工作的影响

（一）新媒体的概念

新媒体是指在数字技术的支持下，基于互联网和信息通信技术的新型传媒形态。与传统媒体相比，新媒体具有以下显著特点：

（1）可互动性。新媒体为用户提供了参与和互动的机会，打破了传统媒体的信息单向传递模式。用户可以通过社交媒体、博客、在线论坛等平台与内容创作者和其他用户进行实时交流和互动，形成多向互动的信息传播方式。

（2）多媒体性。新媒体不仅可以传递文字信息，还能够结合图像、音频、视频等多种媒体形式进行传播。这使得信息更加生动直观，更具吸引力和表现力，提供了更丰富的传播方式。

（3）即时性。新媒体的传播速度更快，信息可以在瞬间传递到全球各地。通过互联网和移动设备，用户可以随时随地获取和分享信息，实现实时交流和即时更新。

（4）可定制性。新媒体具有个性化和定制化的特点，用户可以根据自己的兴趣和需求选择感兴趣的内容和服务。通过算法推荐和个性化设置，新媒体

平台能够为用户提供更符合其偏好的信息和服务。

（5）全球性。新媒体打破了时空的限制，使得信息传播具有全球性。用户可以通过网络连接与全球各地的用户进行交流和互动，扩大了信息的传播范围和影响力。

（6）用户生成内容。新媒体强调用户的参与和创造，用户可以成为内容的创作者和分享者。用户生成内容的特点使得信息更加多样化和丰富，同时也促进了用户之间的交流和社群的形成。

新媒体以其可互动性、多媒体性、即时性、可定制性、全球性和用户生成内容等特点，为信息传播和互动提供了全新的方式和机会。它对传统媒体的传播模式和传媒产业的格局产生了深远的影响，并持续推动着社会的变革和发展。

（二）新媒体的应用和积极影响

新媒体在高校巡察舆论宣传思想政治工作中的应用具有广泛而积极的影响。

第一，新媒体在高校巡察舆论宣传思想政治工作中的应用提升了信息传播的效率和速度。我们通过高校官方网站、微博、微信公众号等新媒体平台，可以及时发布巡察工作的相关信息，包括通知、新闻、政策等内容。这使得师生能够迅速了解巡察工作的进展和成果，提高了信息的传播效率。此外，新媒体还具有多媒体性质，可以通过图文、音频、视频等形式展示巡察工作的情况，使信息更加生动、直观，增加了师生的关注度和参与度。

第二，新媒体的应用拓展了高校巡察舆论宣传思想政治工作的传播渠道。传统媒体的传播范围受限，而新媒体平台具有广泛的覆盖面，可以触达更多的师生群体。通过社交媒体平台，巡察工作可以与师生进行互动交流，让他们参与到讨论和决策过程中。此外，新媒体还具有社交化特点，师生可以通过转发、评论、点赞等方式扩散巡察工作的信息，进一步扩大了宣传的影响范围。

第三，新媒体的应用加强了高校巡察舆论宣传思想政治工作的舆论引导能力。通过精心策划和发布内容，高校可以引导舆论关注巡察工作的重要性、意义和成果，塑造正面形象。同时，新媒体平台可以开展线上互动和话题讨论，引导师生对巡察工作进行积极参与和思考。这有助于形成良好的舆论氛围，增强巡察工作的影响力和公信力。

第四，新媒体的应用促进了高校巡察舆论宣传思想政治工作的民主参与和监督。新媒体的互动性质为师生提供了表达意见、反馈问题的平台。高校可以建立巡察反馈渠道，通过在线调查、意见箱、互动讨论等方式，鼓励师生积极参与巡察工作，提供意见和建议。这种民主参与机制能够增加师生的参与感和满意度，促进他们对巡察工作的监督，进一步提升巡察工作的质量和效果。

新媒体在高校巡察舆论宣传思想政治工作中的应用对信息传播效率、传播渠道、舆论引导能力、民主参与和监督等方面产生了积极影响。借助新媒体平台，高校可以更加高效地传播巡察工作信息，拓展传播渠道，引导舆论关注，促进师生参与和监督，推动巡察工作的开展和进步。

四、新媒体视域下提升高校巡察舆论宣传思想政治工作路径

（一）新媒体技术的合理运用

新媒体技术的合理运用在高校巡察舆论宣传思想政治工作中起着关键作用。

第一，合理运用新媒体技术需要与目标受众的特点和需求相匹配。不同年龄段、不同背景的师生对新媒体的使用习惯和接受程度可能有差异。因此，在选择新媒体平台和技术时，需要考虑目标受众的特点，确保选用的平台和技术能够最大限度地覆盖和满足他们的需求。例如，针对年轻学生群体可以优先选择使用微信、微博等社交媒体平台，而对于教职工群体，可以借助高校官方网站和电子邮件等工具进行信息传达。

第二，合理运用新媒体技术需要注重内容的质量和多样性。新媒体技术的应用并不仅仅是简单地将信息转发或发布到新媒体平台上，而是要通过内容的精心策划和制作来吸引受众的注意力。内容应该具有一定的深度和价值，能够满足师生对知识、信息和思想的需求。同时，多样性的内容形式也是吸引受众的重要因素，可以通过图文、视频、音频等多种形式来呈现信息，增加受众的参与度和体验感。

第三，合理运用新媒体技术需要注意信息的准确性和真实性。在高校巡察工作中，准确传达巡察结果、政策解读和重要通知等信息对于维护工作的公正性和可信度至关重要。因此，在利用新媒体传播信息时，需要确保信息来源的可靠性，核实信息的真实性，避免虚假信息传播。同时，高校巡察工作可以通过新媒体平台提供反馈渠道，及时回应师生的疑问和意见，增加信息的互动性和透明度。

第四，合理运用新媒体技术需要注重隐私和安全保护。在使用新媒体技术进行信息传播和互动时，需要遵守相关的隐私保护法律法规，保护师生的个人隐私权益。高校需要建立健全信息安全管理体系，加强数据保护和风险防范，确保师生在新媒体平台上的个人信息和交流内容的安全性。同时，应提供相关

的隐私政策和用户协议，明确使用新媒体技术的规范和限制，保护师生的合法权益。

由此不难看出，合理运用新媒体技术在高校巡察舆论宣传思想政治工作中具有重要意义。通过与目标受众相匹配的选择、精心策划的内容、准确真实的信息传达以及对隐私和安全保护的考虑，可以充分发挥新媒体技术的优势，提升巡察工作的效果和影响力，加强高校师生的参与和监督，推动巡察工作深入开展。

（二）机制创新

高校巡察舆论宣传思想政治工作的机制创新是指在当前的新媒体时代，高校积极探索和实践适应性强、互动性高、个性化定制的工作模式和机制。这包括建立健全舆论宣传思想政治工作组织体系，加强与新媒体平台的对接和合作，推行多元化的宣传方式和策略，促进师生参与和互动，以及提供及时反馈和评估机制等。

（1）引入互动平台和在线反馈机制。创新高校巡察工作的机制，可以建立互动平台和在线反馈机制，为师生提供参与和表达意见的渠道。通过搭建巡察反馈平台，师生可以匿名或实名提供意见和建议，分享问题和反映情况。这种机制创新可以促进信息的畅通和双向沟通，让师生参与到巡察工作中，提供宝贵的意见和建议，帮助巡察工作更好地了解问题和改进工作。

（2）推行巡察报告公开制度。为增强巡察工作的透明度和公信力，创新高校巡察工作的机制，可以推行巡察报告公开制度。通过定期发布巡察报告，公开巡察工作的整体情况、发现的问题和处理结果，使师生和社会公众了解巡察工作的进展和成果。这种机制创新有助于建立起信任和监督的基础，推动高校巡察工作的规范运行和持续改进。

（3）强化信息化管理和监督。新媒体技术的应用可以在高校巡察工作中创新机制，实现信息化管理和监督。通过建立高校巡察信息化平台，实现对巡察工作的全程记录、数据分析和监测。这种机制创新可以提高工作的效率和准确性，及时发现问题和趋势，为巡察工作决策和改进提供科学依据。

（4）建立巡察工作评估机制。创新高校巡察工作机制还可以建立评估机制，对工作进行定期评估和反馈。通过开展巡察工作的评估调研，了解师生对巡察工作的满意度和改进意见，发现问题和不足，并提出相应的改进措施。这种机制创新有助于推动巡察工作不断完善和提高，增强其实效性和可持续性。

通过机制创新，可以有效提升高校巡察舆论宣传思想政治工作的效果和质量。创新机制有助于激发巡察工作的活力和创造力，增强师生参与和监督的积极性，提升工作的透明度和公信力，促进问题被及时发现和解决，推动高校巡察工作规范化、科学化和持续发展。这些机制创新将为高校巡察工作提供更强大的支持和保障，进一步提升高校舆论宣传思想政治工作的水平和影响力。

五、高校巡察舆论宣传思想政治工作案例分析

（一）案例一：某大学开展巡察工作并建立互动平台

某大学在巡察舆论宣传思想政治工作中采取了创新的做法，取得了成功。首先，它们建立了一个互动平台，通过微信公众号和在线调查等方式，鼓励师生参与巡察工作，并提供意见和建议。这个互动平台有效地促进了信息的双向传播和沟通，师生可以随时反馈问题和提出意见。同时，学校还根据巡察结果和反馈意见，及时进行回应和解决，增加了师生对巡察工作的参与感和满意度。

（二）案例二：某高校推行巡察报告公开制度

某高校推行了巡察报告公开制度，取得了成功。该校每年定期发布巡察报告，公开巡察工作的情况、发现的问题以及处理结果。这种机制创新增强了高校巡察工作的透明度和公信力，让师生和社会公众了解到巡察工作的进展和成果。公开巡察报告不仅加强了师生对巡察工作的监督，还促进了师生对校内外舆论的关注和参与，提高了高校巡察工作的影响力和认可度。

（三）案例三：某大学建立巡察工作评估机制

某大学建立了巡察工作评估机制，取得了成功。该校定期对巡察工作进行评估和反馈，了解师生对巡察工作的满意度和改进意见。通过开展评估调研，学校能够及时发现问题和不足，并提出相应的改进措施。这种机制创新有助于推动巡察工作不断完善和提高，确保工作的科学性和实效性。通过评估机制，学校可以更好地了解巡察工作的质量和效果，进一步加强师生的参与和监督，推动高校巡察工作规范化和持续发展。

（四）案例成功经验分析

这些成功的案例表明，通过创新机制，高校巡察舆论宣传思想政治工作能够取得显著的成效。建立互动平台、推行巡察报告公开制度和建立巡察工作评估机制等做法，提高了师生参与度、巡察工作透明度和工作质量，增强了巡察工作的实效性和公信力。这些案例为其他高校提供了宝贵的经验和借鉴，鼓励它们创新机制，推动高校巡察舆论宣传思想政治工作不断进步和完善，促进了高校的发展和良好舆论环境的形成。

我们发现，在这些成功的案例中存在一些关键要素和成功经验，它们对于

高校巡察舆论宣传思想政治工作的有效实施至关重要。

（1）促进师生参与。这些案例都注重了师生的参与和反馈。通过建立互动平台、开展调查和意见征集，师生得以表达自己的意见和建议。这种参与机制使得师生感到被重视和关注，增加了他们的参与意愿和积极性。高校巡察工作需要关注师生的需求和关切，激发他们参与的热情，确保工作的针对性和有效性。

（2）提升透明度和公开性。成功的案例都倡导了透明度和公开性的原则。通过推行巡察报告公开制度，将巡察工作的情况、问题和处理结果公之于众，增强了工作的公信力和可信度。这种公开机制能够建立起信任和监督的基础，让师生和社会公众能够了解到工作的实际情况，进一步推动高校巡察工作的规范和透明。

（3）重视评估和反馈。成功的案例中都涉及对巡察工作的评估和反馈机制。定期进行评估调研，了解师生对工作的满意度和改进意见。这种反馈机制能够及时发现问题和不足，并及时采取改进措施。通过评估和反馈，能够提高工作的质量和效果，满足师生的需求，不断改进和创新工作方式。

（4）运用新媒体技术。这些案例中都充分利用了新媒体技术，如互动平台、微信公众号等，实现信息的传播和交流。新媒体技术提供了快捷、便利和广泛的传播渠道，可以实现信息的双向传递和互动，加强师生之间的联系和沟通。合理运用新媒体技术，能够提高巡察工作效率和覆盖范围，增强巡察工作的影响力。

这些关键要素和成功经验的共同特点在于注重师生参与、提升透明度和公开性、重视评估和反馈、运用新媒体技术等。这些经验可以作为其他高校巡察舆论宣传思想政治工作的借鉴和参考，帮助它们构建更加开放、有效和创新的工作机制。同时，这些要素和经验也反映了高校巡察工作在与师生互动、建立信任、持续改进等方面的重要性。通过学习和应用这些成功经验，高校可以进一步加强巡察舆论宣传思想政治工作，提升工作水平，促进高校的发展和舆论环境的健康稳定。

六、结论

在新媒体视域下，提升高校巡察舆论宣传思想政治工作的路径可以总结为：①意识转变和引领思维，即高校巡察舆论宣传思想政治工作需要意识到新媒体对信息传播和舆论形成的深刻影响。②整合新媒体技术，即充分利用新媒体技术，如社交媒体、微信公众号、短视频等，建立多样化的传播渠道，扩大信息覆盖面。通过富有创意和吸引力的内容，吸引师生的关注和参与，促进巡察舆论宣传思想政治工作的有效传播。③强化师生互动和参与，即建立互动平台，鼓励师生参与讨论和互动。通过在线问卷、调查、意见征集等方式，了解师生的需求和意见，让他们参与决策和评估，形成共同的舆论和共识。④提升信息透明度和公开性，即巡察舆论宣传思想政治工作应注重信息的透明度和公开性，及时发布工作进展和成果。通过公开巡察报告、发布信息公告等方式，增加工作的透明度，增强公众的信任度和参与度。⑤加强数据分析和评估，即借助新媒体平台提供的数据分析工具，对舆情和师生反馈进行定量和定性分析，深入了解问题和需求。定期进行评估和反馈，及时调整和改进工作策略，提升工作的针对性和效果。⑥学习借鉴成功案例。积极学习借鉴其他高校在新媒体视域下成功的巡察舆论宣传思想政治工作案例，探索适合自身情况的最佳实践。了解成功案例中的关键要素和经验，并将其灵活运用于自己的工作实践中，不断推动工作创新和发展。

通过以上路径，高校可以充分利用新媒体的优势，提升巡察舆论宣传思想政治工作的影响力和效果。借助新媒体的互动性和传播效应，高校可以与师生建立更紧密的联系，促进信息的广泛传播和共享，加强舆论引导和有效推进思想政治工作。同时，不断总结经验，与时俱进地掌握新媒体技术的发展动向，不断创新工作机制和方法，以适应快速变化的舆论环境和需求，从而提升高校巡察舆论宣传思想政治工作的水平和质量。

七、研究的局限性和未来研究的建议

研究的局限性主要包括以下方面：

（1）数据收集的局限性。新媒体具有快速发展和多样化的特点，数据收集可能受到限制。一些高校可能存在信息公开度低、数据获取困难等问题，这可能影响到研究的全面性和深度性。

（2）实证研究不足。对于新媒体在高校巡察舆论宣传思想政治工作中的应用和影响，需要更多的实证研究来支持和验证。目前大部分研究还停留在理论层面和案例分析上，缺乏定量和定性的研究，因此需要更多的实证研究来了解新媒体在高校巡察舆论宣传思想政治工作中的作用。

（3）案例选择的局限性。在研究中选取成功的高校巡察舆论宣传思想政治工作案例进行分析时，可能存在个案的特殊性和局限性。这些案例的成功经验并不一定适用于所有高校，因此需要更广泛的案例选择和更深入的分析，以获得更全面和准确的结论。

在未来的研究中，我们需要注意深入研究新媒体的影响机制，进一步探讨新媒体在高校巡察舆论宣传思想政治工作中的具体作用机制，包括信息传播的路径、师生参与的模式、舆论形成的影响因素等。通过深入研究，可以更好地理解新媒体对高校舆论宣传思想政治工作的作用，为制定更有效的工作策略提供理论支持。

探索新媒体与传统媒体的融合，研究应关注如何有效地整合新媒体与传统媒体，以发挥它们各自的优势。如何在传统媒体和新媒体之间建立有效的协同机制，使信息传播更加全面、准确、及时，是值得探索的方向。

研究新媒体对高校治理的作用，除了巡察舆论宣传思想政治工作外，研究还应关注新媒体在高校舆情管控、信息公开、学生参与等方面的作用。进一步探索新媒体对高校治理的影响和路径，有助于提升高校的治理能力和公众参与度。

此外，我们还可以从新媒体技术的创新应用、高校巡察舆论宣传思想政治工作的效果评估、新媒体传播策略等方面展开研究。通过探索新的研究视角和方法，不断完善和优化高校巡察舆论宣传思想政治工作的路径，为高校舆情管理和思想政治教育提供更科学、有效的策略和指导。

参考文献：

[1] 王庆忠，杨岳. 新媒体视域下高校巡察舆论宣传思想政治工作路径研究 [J]. 河南行政学院学报，2019 (6)：59-63.

[2] 陈琳. 新媒体视域下高校巡察舆论宣传思想政治工作路径研究 [D]. 贵阳：贵州大学，2018.

[3] 王洋洋. 新媒体视域下高校巡察舆论宣传思想政治工作路径研究 [D]. 哈尔滨：哈尔滨师范大学，2017.

[4] 张文瑞. 新媒体视域下高校巡察舆论宣传思想政治工作路径研究 [J]. 河南师范大学学报（哲学社会科学版），2015 (5)：105-109.

[5] 张丽梅. 新媒体视域下高校巡察舆论宣传思想政治工作路径研究 [D]. 西安：西安工程大学，2016.

[6] 景智. 新媒体时代高校意识形态工作管理运行及提升对策研究 [D]. 大连：大连理工大学，2022.

[7] 张丹. 新媒体视域下高校思政教育工作的创新研究 [J]. 陕西教育（高教版），2023 (5)：22-24.

以巡视巡察推动习近平经济思想在财经高校落地生根研究

朱一强（西南财经大学纪检监察办公室）

摘要：习近平经济思想是习近平新时代中国特色社会主义思想的重要内容。财经高校肩负着为社会主义建设培养财经领域接班人的重要使命，必须把学习贯彻习近平经济思想和习近平关于教育的重要论述结合起来，为推动我国经济高质量发展贡献高等财经教育力量。学习贯彻习近平经济思想情况作为财经高校的重要政治任务，理应被纳入巡视巡察这一政治监督重要工作中。而当前针对财经高校的巡视巡察，也越来越强调对落实习近平经济思想的关注，但在谋划部署、人员组成、工作内容、方式方法上，还存在一些可以改进的地方。本文从推动政治监督具体化、精准化、常态化出发，将学习、宣传、研究、阐释习近平经济思想纳入巡视巡察内容，在巡视巡察组中引入经济学教育工作者，完善巡视巡察工作方式等方面，提出了以巡视巡察推动习近平经济思想在财经高校落地生根的政策建议。

关键词：习近平经济思想；财经高校；巡视巡察；政治监督

当前，全党全国都在深入学习贯彻党的二十大精神，分批开展习近平新时代中国特色社会主义思想主题教育。习近平经济思想是习近平新时代中国特色社会主义思想的重要组成部分。财经高校肩负着为社会主义建设培养财经领域接班人的重要使命，在学习贯彻习近平新时代中国特色社会主义思想中，必须体现教育特色和财经特色，把学习贯彻习近平经济思想和习近平关于教育的重要论述结合起来，为推动我国经济高质量发展贡献高等财经教育力量。

一、重要意义与理论基础

（一）用习近平新时代中国特色社会主义思想铸魂育人是社会主义高校的本质要求

从坚持和加强党对高校的全面领导来看，学习习近平新时代中国特色社会主义思想，是各级党组织学习的“第一议题”。中国高校坚持党委领导下的校长负责制，学习贯彻习近平新时代中国特色社会主义思想，是坚持和加强党对中国特色社会主义高校领导的重要要求，是拥护“两个确立”、做到“两个维护”的具体体现。

从教育“为党育人、为国育才”的初心使命来看，习近平总书记多次强调，“培养什么人，是教育的首要问题”；“培养什么人、为谁培养人是教育的根本问题”。我国是中国共产党领导的社会主义国家，决定了社会主义高校必须把培养社会主义建设者和接班人作为根本任务，必须培养“拥护中国共产党领导和社会主义制度、立志为社会主义事业奋斗终身的有用人才”。2019 年 3 月 18 日，习近平在学校思想政治理论课教师座谈会上，提出“用新时代中国特色社会主义思想铸魂育人，引导学生增强中国特色社会主义道路自信、理论自信、制度自信、文化自信”。2023 年 2 月，教育部党组提出全面实施“时代新人铸魂工程”，把用习近平新时代中国特色社会主义思想铸魂育人工作引向深入。可见，用习近平新时代中国特色社会主义思想铸魂育人，是教育系统结合教育实际，学习贯彻习近平新时代中国特色社会主义思想的神圣职责。

（二）习近平经济思想是习近平新时代中国特色社会主义思想的重要内容

2017 年 12 月，中央经济工作会议指出，我国在实践中形成了以新发展理念为主要内容的习近平新时代中国特色社会主义经济思想，后来被称为“习近平经济思想”。2022 年，经党中央批准，在国家发展改革委下面设立了“习近平经济思想研究中心”，中央宣传部印发了《习近平经济思想学习纲要》，组织开展习近平经济思想学习宣传贯彻工作。习近平经济思想强调，加强党对经济工作的全面领导是我国经济发展的根本保证、坚持以人民为中心的发展思想是我国经济发展的根本立场、进入新发展阶段是我国经济发展的历史方位、坚持新发展理念是我国经济发展的指导原则、构建新发展格局是我国经济发展的路径选择、推动高质量发展是我国经济发展的鲜明主题、坚持和完善社会主义基本经济制度是我国经济发展的制度基础、坚持问题导向部署实施重大战略是我国经济发展的战略举措、坚持创新改革开放是我国经济发展的第一动力、大力发展制造业和实体经济是我国经济发展的主要着力点、坚定不移全面扩大开放是我国经济发展的重要法宝、统筹发展与安全是我国经济发展的重要保障、坚持正确工作策略和方法是做好经济工作的方法论①。

---

① 中共中央宣传部，国家发展和改革委员会. 习近平经济思想学习纲要 [M]. 北京：人民出版社，学习出版社，2022：3.

习近平经济思想是习近平新时代中国特色社会主义思想的重要组成部分，是运用马克思主义基本原理指导我国经济发展实践形成的重大理论成果，在继承和创新中开辟了马克思主义政治经济学的新境界①。

（三）推动习近平经济思想落地生根是中国特色社会主义财经高校的重大政治责任和政治任务

贯彻落实习近平新时代中国特色社会主义思想，不仅要求高校认真学习、贯彻、落实习近平关于教育尤其是高等教育的系列重要论述精神，而且要求各高校将习近平关于社会主义建设各领域的思想、论述与高校学科建设紧密结合。习近平经济思想是习近平新时代中国特色社会主义思想在经济建设领域的集中体现，财经高校承担着培养社会主义经济建设接班人的职责使命，必须推动习近平经济思想在人才培养、学科建设、科学研究、社会服务等方面落地生根，才能培养出懂习近平经济思想、信习近平经济思想、用习近平经济思想的社会主义经济建设接班人，真正做到“两个维护”具体化、常态化。

当前我国的经济学科依然以西方经济学理论为主，中国特色自主经济学知识体系还未完全成熟。从某个角度而言，中国经济学者对经济学理论的研究与发展滞后于中国政治家对经济建设的实践发展。而以习近平同志为核心的党中央，以马克思主义为指导，以政治家的视野格局，在经济建设实践创新的基础上，对经济建设客观规律和方法论进行探索和总结，进行制度创新、理论创新，创造性地提出了习近平经济思想，建立起新时代中国特色的政治经济学。这既是我国经济实践的理论指引，又为中国特色经济学科建设提供了指导。财经高校开展学科建设，要构建中国特色社会主义经济理论、话语体系，同时，培养社会主义经济建设接班人，必须要扎根中国大地，在人才培养、科学研究、社会服务等各个方面，推动习近平经济思想在财经教育领域落地生根、入心入魂。

（四）巡视巡察是政治监督的重要方式，学习贯彻习近平经济思想情况作为财经高校的政治任务，理应被纳入巡视巡察中

巡视巡察是政治监督的综合性平台，坚持问题导向，是重要且有效的政治监督方式。对高校党委开展的巡视，以及高校党委对二级党组织开展的巡察，本身就包括党的领导、党的建设、全面从严治党等方方面面，也是推动高校深刻领悟“两个确立”的决定性意义的重要手段。高校推进习近平新时代中国特色社会主义思想“三进”（进教材进课堂进头脑），是维护党的领导的重要

① 穆虹．完整准确全面学习贯彻习近平经济思想［N］．学习时报，2022-04-11（A1）．

工作要求，是“两个确立”“两个维护”“四个意识”“四个自信”的重要体现，理应被纳入政治巡视政治巡察中，并作为政治监督的重中之重。

把学习贯彻习近平经济思想情况纳入财经高校巡视巡察中，是政治监督具体化、精准化、常态化的必然要求。推动政治监督具体化、精准化、常态化，是提升政治监督质量的工作要求。2023 年教育系统全面从严治党会议指出，没有离开业务的政治，也没有离开政治的业务，在监督方向上要以具体求深入，在监督内容上要以精准求实效，每一条都要求将党的二十大精神、党中央决策部署和本单位业务结合起来。具体到财经高校，不管对财经高校党委开展政治巡视，还是财经高校党委对二级党组织开展校内政治巡察，都必须将习近平新时代中国特色社会主义思想与财经人才培养、财经学科建设结合起来。具体而言，必须把习近平经济思想在财经高校落实落地情况作为巡视巡察的重要内容，以强有力的政治监督，推动财经高校做好习近平经济思想的学习宣传、研究阐释、贯彻落实，把学习贯彻习近平经济思想工作落实到财经人才培养、“新财经”学科建设、财经科学研究和服务社会主义经济建设等工作中来。

综上所述，推动习近平经济思想落地生根是中国特色社会主义财经高校的重大政治责任和政治任务，巡视巡察是推动习近平经济思想在财经高校落地生根的有效政治监督方式，理应把学习贯彻习近平经济思想纳入财经高校巡视巡察工作，并作为重中之重。

二、工作现状与问题分析

（一）工作现状

近年来，教育部党组高度重视学习贯彻习近平经济思想在财经高校的落实落地情况，多次将习近平经济思想融入财经人才培养中、结合财经学科实际服务国家战略等纳入巡视内容，并反馈了相关问题，提出了整改要求。如 2019 年 1 月，教育部党组第一巡视组向对外××大学党委反馈巡视情况时提出，该校学习贯彻习近平新时代中国特色社会主义思想、党的十九大精神和全国教育大会精神不及时、不深入；又如 2022 年 10 月，教育部党组第五巡视组向上海××大学党委反馈巡视情况时提出，该校围绕“国之大者”主动服务国家战略需求和区域经济与社会发展的自觉性不够、成效不明显。相关高校围绕这些问题开展整改，也必然显著提升财经高校学习贯彻习近平经济思想的质量和水平。

（二）问题与不足

从推动习近平经济思想在财经高校落地生根的角度来看，财经高校巡视巡察工作依然存在需要改进的地方。

一是在巡视巡察的谋划部署方面，没有体现财经高校自身的特点。总体而言，针对各类高校及其院系的巡视巡察，更多的体现高校及其院系的共性，在组建巡视巡察组、确定巡视巡察观测点、使用巡视巡察方式等方面，存在同质化问题，与其他非财经高校差异化不够，没有体现财经院校的财经特点，因此降低了巡视巡察这一政治监督的具体化精准化水平。

二是在巡视巡察人员组成方面，从事财经教育和财经研究的专家不多。目前在对财经院校及其院系开展巡视巡察的巡视组、巡察组中，以专职从事党务工作的干部居多，虽然也包括一些长期从事高等教育的专家，但真正从事财经研究、财经人才培养的专家还不多。

三是在巡视巡察工作内容方面，对习近平经济思想融入财经高校立德树人的关注度还不够。虽然针对财经院校及其院系的巡视巡察整体上均严格落实了党中央和教育部党组的要求，对习近平新时代中国特色社会主义思想给予了高度关注，结合财经院校实际，对财经院校服务国家战略和地方经济发展的关注度较多，但是结合财经学科建设和财经人才培养，对将习近平经济思想融入财经人才培养的关注点还不够细致，对财经高校学习宣传、研究阐释习近平经济思想的关注还不够。

四是在巡视巡察方式方法方面，深入教书育人一线对习近平经济思想融入人才培养的查、评、看相对较少。对财经高校党组织履行政治责任的关注较多，深入财经学科教学一线听课，看财经高校把习近平经济思想融入人才培养的频次不高，听取财经学科教师对习近平经济思想的认识、研究和思考的还不多。

三、以巡视巡察推动习近平经济思想在财经高校落地生根的启示和政策建议

基于推动习近平经济思想落地生根是中国特色社会主义财经高校的重大政治责任和政治任务，巡视巡察是推动习近平经济思想在财经高校落地生根的有效政治监督方式，理应把学习贯彻习近平经济思想纳入财经高校巡视巡察工作的重点内容，而当前以巡视巡察推动习近平经济思想在财经高校落地生根工作还存在一定短板，本文在此提出一些实践启示及改进的政策建议。

一是对标政治监督具体化、精准化、常态化要求，以巡视巡察推动财经高校将学习贯彻习近平经济思想的政治责任落实落地。习近平新时代中国特色社会主义思想博大精深，涵盖社会主义建设的方方面面，高校在培养社会主义建

设者和接班人的相关领域，应该在系统学习贯彻习近平新时代中国特色社会主义思想的同时，重点强调习近平新时代中国特色社会主义思想与学科建设和人才培养领域相关的内容。

相对应地，上级党组织对高校党委进行巡视时，在不折不扣严格落实党中央关于巡视工作学习共性要求的同时，要结合所巡视高校的学科建设特点，针对性突出习近平新时代中国特色社会主义思想相关领域的学习宣传、研究阐释、贯彻落实情况。而对于财经高校，应该重点突出对习近平经济思想的学习宣传、研究阐释及融入人才培养方面，把习近平经济思想落地生根情况作为财经高校巡视巡察的重要领域，并通过督促财经高校常态化抓好巡视巡察问题整改，推动财经高校“两个维护”具体化、精准化、常态化。

二是结合财经高校实际，将学习、宣传、研究、阐释习近平经济思想纳入巡视巡察内容。结合财经学科实际，着眼强化习近平经济思想在财经高校各级党组织、各单位及广大干部师生中落地生根，结合财经高校人才培养、科学研究、社会服务、文化传承与创新等基本职责情况优化指标体系，推动习近平经济思想贯彻落实到财经高校人才培养、经济科学研究、服务国家经济与社会发展战略、经济发展理念传承与创新等具体工作中。第一，把习近平经济思想融入人才培养情况作为巡视巡察指标。在学习贯彻习近平新时代中国特色社会主义思想的基础上，重点巡视巡察财经高校把习近平经济思想作为“三进”的重中之重，把社会主义建设者和接班人培养成懂社会主义经济思想，懂得新发展理念、新发展阶段、新发展格局，懂得供给侧结构性改革等系列重要论述的财经人才。第二，把财经院校对习近平经济思想的科学研究情况纳入巡视巡察指标，以此推动高等财经院校做好习近平经济思想的学理性阐释、学术性研究，把习近平经济思想融入经济学相关分支学科，构建具有中国特色的经济学“学科体系、学术体系、话语体系”，增强中国经济学的理论自信。第三，把落实习近平经济思想要求，服务国家重大经济战略情况纳入巡视巡察指标。推动财经高校树立“四个服务”导向，用好人力资本密集等优势，通过非学历教育、开展决策咨询、鼓励财经教师科研成果转化等多种方式，为国家和区域经济高质量发展服务。第四，把习近平经济思想的文化理念作为巡视巡察内容，推动财经高校教育和引导财经学子深入学习领会新发展理念、树立以人民为中心的发展思想，学会从政治上看经济建设，提升对经济建设的政治站位。

三是结合财经高校和财经学科特色，在巡视巡察中引入经济学教育工作者，完善巡视巡察工作方式。一方面，建议在对财经高校的巡视巡察中，在现有人员的基础上，增加一定比例从事财经专业教学、研究的专家人员，尤其是既是学术骨干又是党务专家的“双带头人”，在巡视巡察中体现党建与业务的高度融合，把财经高校学习贯彻落实习近平经济思想情况巡深巡透；另一方面，在巡视巡察过程中，要通过查看培养方案、查阅教案、深入一线听课等方式，了解财经高校将习近平经济思想融入教书育人具体工作的情况，多与财经教育工作者、财经研究学者交流，听取其对习近平经济思想的研究和思考，推动习近平经济思想在财经高校落地生根。

参考文献：

[1] 习近平. 在哲学社会科学工作座谈会上的讲话[EB/OL].http://www.xinhuanet.com/politics/2016-05/18/c_1118891128_4. htm.

[2] 中共中央宣传部，国家发展和改革委员会. 习近平经济思想学习纲要[M]. 北京：人民出版社，学习出版社，2022.

[3] 中共中央党史和文献研究院，中央学习贯彻习近平新时代中国特色社会主义思想主题教育领导小组办公室. 习近平新时代中国特色社会主义思想专题摘编 [M]. 北京：党建读物出版社，中央文献出版社，2023.

[4] 教育部课题组. 深入学习习近平关于教育的重要论述 [M]. 人民出版社，2019.

[5] 穆虹. 完整准确全面学习贯彻习近平经济思想 [N]. 学习时报，2022-04-11 (A1).

中国共产党巡视巡察历史传统与经验研究[①]

王耀荣（西南财经大学特拉华数据科学学院）

摘要：一种制度的形成总是有其特殊的时代背景和历史环境。中国共产党巡视巡察制度是党内监督的重要制度之一，是加强党的自身建设、密切党同人民群众血肉联系，始终保持党的先进性、纯洁性，不断发展壮大自身的有力保证。本文梳理和总结了中国共产党在不同历史时期进行巡视巡察的演进过程，深入理解巡视巡察制度的核心内涵和时代要求，从巡视巡察的生命线、巡视巡察利剑的力量源和巡视巡察工作取得实效的支撑点三个方面做了经验总结。

关键词：巡视巡察；历史进程；经验启示

习近平总书记强调，巡视是《中国共产党章程》赋予各级党组织纪检监查部门的重要职责，是加强党的建设的重要举措，是从严治党、维护党纪的重要手段，是加强党内监督的重要形式。巡视制度是党中央和各省、自治区、直辖市党委按照有关规定，建立专门机构，开展巡行视察，对下级党组织和领导干部进行监督的制度。巡察是市（地、州、盟）和县（市、区、旗）党委对所管理的党组织进行巡行视察，是巡视监督制度向基层的延伸和拓展。巡视巡察制度已成为新时代党加强自身建设不可或缺的重要组织制度保障，为永葆党的先进性、纯洁性提供了坚强的政治保障。

一、巡视巡察制度的提出及历史进程

（一）巡视制度初步建立

中国共产党的成立与俄共（布）和共产国际的帮助有关，中国共产党巡视制度的建立同样受到俄共（布）领导体制的直接影响。俄共（布）中央委

① 本文受到西南财经大学2020年“中央高校基本科研业务费专项资金”资助，项目编号：2020XSXC02。

员会有专门人员担任巡视员，中央巡视员在地方巡视时代表中央委员会，行使党中央赋予的特权，同时直接向党的中央委员会负责。1921 年 7 月 23 日中国共产党成立，建党之初党中央就派遣特派员巡行指导各地方工作，其任务主要是进行上传下达。1922 年 7 月 16 日中国共产党举行第二次全国代表大会，会上通过的《中国共产党章程》第三章第十五条规定："中央执行委员会得随时派员到各处召集各种形式的临时会议，此项会议应以中央特派员为主席。"这是党的文件中最早关于设立中央特派员制度的记录，也是党内巡视最早的法规依据。"特派员"即为巡视员的最初表达，但又不完全等同于后来的所谓"巡视员"。特派员是专门针对特定的某种情况和问题，被派遣到固定的地方，代表中央或上一级党组织指导、监督下级组织的工作，以及处理某种特定的事务，往往拥有很大的权力和威信。从 1922 年 1 月到 1923 年 2 月，中国共产党领导的工人运动形成第一次高潮，持续时间达 13 个月，在此期间爆发的罢工斗争达 100 多次，参加罢工的工人达 30 万人以上，其中大部分是党组织或党领导的工会组织直接发动的。但是自"二七大罢工"惨案发生后，中国工人运动陷入低潮，让中国共产党认识到在京汉铁路工人罢工爆发时，全路党员不足 50 人，因而不能在各个基层单位形成坚强有力的领导核心。1925 年 1 月召开的党的四大提出，"中国地域很大，中央为明了全国实际情况，随时特派巡行员，并同时做职工运动的指导员"。会议通过的《对于职工运动之议决案》明确要求，"为使总工会与各路发生密切关系，应不时派人巡行各路并随时指导其工作"。1925 年爆发的五卅运动是中国共产党直接领导的以工人阶级为主力军的中国人民反帝革命运动，中国共产党的自身力量也在运动中进一步壮大。针对"有许多地方，尤其是北方，中央的指导太少"的情况，1925 年 10 月，第四届中央执行委员会第一次扩大会议通过的《组织问题议决案》明确提出，"应当增加中央特派巡行的指导员，使事实上能对于区及地方实行指导全部工作"，并要求区及地方委员会"派人到所属各处监督日常的党的工作"。可见，从特派员到中央特派巡行指导员，中国共产党的党内巡视制度已初步建立起来了。

（二）巡视制度正式建立

1927 年，"四一二"反革命政变使中国共产党的各级组织受到严重破坏，革命形势异常险恶。在中国革命生死存亡的紧要关头，党召开了八七会议，决定在建立北方局、南方局和长江局等中央派出机关的同时，派出巡视员到各级党组织指导工作，帮助各地恢复和整顿党组织。1927 年 11 月，中共中央在上海召开临时政治局扩大会议，会议通过的《最近组织问题的重要任务议决案》

明确指出“应当开始建立各级党部的巡视指导制度”，并向各级党部派出巡视员。1928 年 7 月，中共六大通过的《中国共产党章程》又一次强调巡视指导工作，要求省委特委要有“经常的巡视员到各地工作，并注意找出新的积极的工人同志担任巡视工作，巡视员必须深入党的群众中去，极力避免巡视员的机关化与官僚化”。为使巡视工作有效执行，1928 年 10 月中共中央发布第五号通告，正式颁布党内《巡视条例》，要求各省各地参照该条例建立巡视制度，明确规定了各级党部的巡视员人数、人选的决定，巡视员的条件、职责，巡视的时间、任务等内容。这是第一次以党内法规的形式把党的巡视工作制度化，为中国共产党巡视制度的发展奠定了基础，标志着党的巡视制度正式确立。党内《巡视条例》实施以后，巡视员到达各地传达中央精神，对整顿地方组织和加强党的领导起到了一定作用，但也存在一些问题，如很多地方巡视工作缺乏、上级组织有许多架空机关。为了纠正巡视工作中的问题，坚持一些成功有益的经验，进一步规范和发展党的巡视制度，1931 年 5 月 1 日，中共中央通过了《中央巡视条例》，该条例对中央巡视员提出了六项任务，要求监督地方贯彻中央决议的情况，及时纠正地方工作出现的偏差，检查各地干部，执行教育和提拔工农干部，汇报地方党组织工作，使中央能够真正了解各地党的工作开展情况。当时革命形势复杂，各地党部常有突发事件发生，条例规定巡视中遇有当地发生的新事变，必须迅速予以解决和布置。与 1928 年的《巡视条例》相比，《中央巡视条例》对巡视制度的基本内容的规定更为规范，对巡视员的工作任务的要求更为具体，对巡视员的工作方法的运用更具有操作性。《中央巡视条例》对传达落实中央指示、恢复发展地方党组织、指导解决党内纷争、密切联系群众发挥了重要作用，标志着党的巡视制度日趋成熟。

（三）巡视制度恢复建立

新中国成立后，党的巡视制度一度中断执行，直到党的十一届三中全会后才恢复执行。在改革开放新的历史条件下，加强党内监督和反腐败斗争的需要，使得恢复和完善党内巡视制度变得极为迫切。1990 年 3 月，党的十三届六中全会制定和通过的《中共中央关于加强党同人民群众的联系的决定》提出：中央和各省、自治区、直辖市党委，可根据需要向各级、各部门派出巡视小组，授以必要的权力，对有关问题进行监督检查，直接向中央和省、自治区、直辖市党委报告情况。1996 年 1 月，中央纪委第六次全会作出“中央纪律检查委员会根据工作需要，选派部级干部到地方和部门巡视”的部署。同年 3 月，中央下发了《中共中央纪委关于建立巡视制度的试行办法》，将巡视制度作为加强党内监督的五项制度之一，开始向地方和部门派出巡视组，其主要工作任务是了解各省、自治区、直辖市和中央、国家机关部委领导班子及成员在贯彻执行党的路线方针政策以及领导干部廉洁自律等方面情况。2001 年 9 月，党的十五届六中全会通过的《中共中央关于加强和改进党的作风建设的决定》指出："中央和各省、自治区、直辖市党委要逐步建立巡视制度，把下一级领导班子特别是主要负责人的廉政勤政情况作为重要内容，进行监督检查。" 2002 年 11 月，党的十六大报告提出"改革和完善党的纪律检查体制，建立和完善巡视制度"。2003 年 12 月，中共中央正式颁发《中国共产党党内监督条例（试行）》，把党内巡视制度作为党内监督的十项重要制度之一列入其中，对党内巡视制度作出专门规定。2004 年 2 月，中央纪委、中央组织部制定了《关于巡视工作的暂行规定》。2007 年，党的十七大通过的《中国共产党章程》第二章第十三条规定："党的中央和省、自治区、直辖市委员会实行巡视制度。" 巡视制度写入了《中国共产党章程》。2009 年 7 月，《中国共产党巡视工作条例（试行）》正式颁布实施，其第二条规定："党的中央和省、自治区、直辖市委员会实行巡视制度，建立专门巡视机构，对下级党组织领导班子及其成员进行巡视监督。" 同年 12 月，"中央纪委、中央组织部巡视组" 更名为"中央巡视组"，主要负责对各省、自治区、直辖市党委、同级政府、人大常委会、政协委员会党组领导班子及其成员进行巡视，巡视对象主要是省部级领导干部。2010 年，围绕该巡视工作条例，又先后出台了《中央巡视工作领导小组工作规则》《中央巡视工作领导小组办公室工作规则》《中央巡视组工作规则（试行）》和《关于被巡视地区、单位配合中央巡视组开展巡视工作的暂行规定》四个法规性文件，进一步规范了巡视工作，巡视工作走上制度化、规范化和科学化的轨道。

（四）巡视巡察制度不断丰富和完善

党的十八大以来，以习近平同志为核心的党中央对巡视工作非常重视，强调把巡视作为党内监督的战略性制度安排，用好巡视这把反腐"利剑"，当好中央的"侦察兵"和"千里眼"，发挥巡视震慑作用和遏制作用，巡视巡察制度化水平和实际效果得到显著提升。2012 年 11 月，党的十八大报告指出："健全纪检监察体制，完善派驻机构统一管理，更好发挥巡视制度监督作用。" 2013 年 4 月 25 日，中央政治局常委会审议《关于中央巡视工作领导小组第一次会议研究部署巡视工作情况的报告》。习近平总书记在会上强调，巡视工作要明确职责定位，巡视内容不要太宽泛，要围绕党风廉政建设和反腐败斗争这个中心进行；要聚焦"四个着力"发现和反映问题；要推动巡视内容、方式方法、制度建设等方面与时俱进，完善工作机制，增强巡视工作的针对性、实效性。2013 年 11 月，党的十八届三中全会作出决定，第三十六条明确提出，“改进中央和省区市巡视制度，做到对地方、部门、企事业单位全覆盖”。2015 年 8 月，在总结党的十八大以来巡视工作有效的经验做法的基础上，党中央修订并颁布了《中国共产党巡视工作条例》，以党内法规的形式将巡视工作固定下来，使巡视这把利剑更准、更快、更灵活。该条例一是突出了问题导向，紧扣党的政治、组织、廉洁、群众、工作和生活“六大纪律”，对“四个着力”监督内容做了新的概括，对巡视内容做了较大调整，进一步实现有的放矢、精准打击，发现问题、形成震慑。二是对巡视对象做了重新界定，扩大了巡视范围，并对省一级巡视对象和范围做了相应规范。三是组长不戴“铁帽子”。该条例明确规定巡视组组长根据每次巡视任务确定并授权，巡视组组长可以向中央直接负责。这就从领导架构和组织架构上进行了强化，突出了中央的权威。四是明确将“专项巡视”写入巡视工作条例，规定“派出巡视组的党组织可以根据工作需要，针对所辖地方、部门、企事业单位的重点人、重点事、重点问题或者巡视整改情况，开展机动灵活的专项巡视”。这就把巡视从程序、时间、对象等固化模式制约中解放出来，巡视更加机动灵活。

为进一步贯彻落实党的十八届六中全会重要部署，不断推动党内巡视工作制度的科学化与系统化建设，2017 年 7 月，中央对《中国共产党巡视工作条例》进行了调整、修改与创新。一是强调巡视是政治巡视不是业务巡视，在政治高度上突出党的领导，在政治要求上抓住党的建设，在政治定位上聚焦全面从严治党。二是明确一届内巡视全覆盖，“党的中央和省、自治区、直辖市委员会实行巡视制度，建立专职巡视机构，在一届任期内对所管理的地方、部门、企事业单位党组织全面巡视”。截至 2017 年底，第十八届党中央共组织开展 12 轮巡视，派出 160 个组次，对 277 个地方、单位党组织进行了巡视，实现了一届任期内巡视全覆盖目标。三是明确中央和国家机关部委可以实行巡视制度，对所管理的党组织进行巡视监督。四是省以下市县建立巡察制度，“党的市（地、州、盟）和县（市、区、旗）委员会建立巡察制度，设立巡察机构，对所管理的党组织进行巡察监督”。巡察作为巡视的延伸和补充，填补了县级以下巡视监督的空白，积极推动全面从严治党向基层延伸。2017 年 10 月，党的十九大通过了《中国共产党章程（修正案）》，在形式上将巡视单列一条，在内容中增写实现巡视全覆盖，开展中央单位巡视、市县巡察等内容。这一修改是对巡视制度建立以来尤其是党的十八大以来巡视工作实践经验的总结和提炼，为落实党内监督的战略性制度安排，推动巡视工作向纵深发展提供了制度保障。2018 年初，党中央制定了《中央巡视工作规划（2018—2022

年）》，确定了第十九届党中央巡视工作的“路线图”“任务书”。党的十八大以来，党的巡视实践深入发展，同时对巡视的理论认识不断深化和丰富完善，促进了巡视巡察制度的健全完善，成为全面从严治党的重要支撑。

二、巡视巡察制度的经验启示

（一）问题导向和问题意识是巡视巡察工作的生命线

巡视要有威慑力，内容就不能泛化和发散，必须要聚焦。在不同历史发展时期，党的巡视工作都是以当时存在的一些突出问题作为巡视主题任务。建党初期，党中央派遣特派员到地方上传下达；大革命失败后，中央巡视员主要指导和帮助各地恢复重建党组织；新中国成立后，巡视工作的重点是检查地方党政机关贯彻执行中央方针路线情况，改革开放后巡视重点逐渐转移到党内监督上来。党的十八大以来，巡视工作步入新阶段，强调巡视职责就是去发现问题，巡视定位越来越精准，任务越来越具体。第一轮巡视聚焦作风、腐败、政治纪律和选人用人问题的“四个着力”，第三轮巡视增加对主体责任、监督责任“两个责任”和组织纪律执行情况的检查监督，第八轮巡视“把政治巡视的要求高举起来”，后面几轮坚定不移深化政治巡视，巡视监督内容不断深化拓展，有力地推动了全面从严治党向纵深发展。

（二）权力的相对独立性是巡视巡察利剑的力量源

面对“四大考验”与“四大危险”，要实现党的全面领导、长期执政，就要对权力进行有效监督，巡视巡察制度就是完善党内监督制度的重要创新。曾经存在的“上级监督太远、同级监督太软、下级监督太难、组织监督太短、纪委监督太晚”，“看得见的管不着，管得着的看不见”等问题，反映出党内监督在体制上存在一定缺陷。党的十八大以来，中央纪委立案审查的中管干部案件中，超过60%的问题线索来自巡视，就充分说明了巡视这把利剑的重要作用。巡视组之所以能够比各级地方纪委和各级派驻纪检组发挥更大的作用，就是因为巡视组是异体监督。巡视制度的权力由上级党委赋予，巡视组是“钦差大臣”，巡视一次一授权，握有“尚方宝剑”，巡视组长不固定、被巡视对象不固定、巡视组与被巡视单位的关系不固定，这些不确定性、随机性，使异体监督更能发挥作用。巡视组不受被巡视地区和单位的党委与政府领导，监督者与被监督者是分离的，所以巡视往往能够发现问题，往往敢于反映问题。

（三）到群众中去是巡视巡察工作取得实效的支撑点

巡视巡察工作的根本任务就是了解重要而又真实的情况，这恰恰是巡视巡察工作的难点所在。党员群众是最熟悉、最了解被巡视巡察单位实际情况的，也是最容易发现和掌握各类问题线索的。如果巡视巡察组听不到真话、掌握不了实情，就难以发现问题线索，发挥巡视巡察的利剑作用就会大打折扣。习近平总书记强调，巡视要坚持人民立场，人民群众痛恨什么、反对什么，就重点巡视什么、纠正什么。党的十八大以来，党的巡视工作坚持以人民为中心，坚持走群众路线，突出政治巡察、强化责任担当，把群众反映强烈的问题作为主攻方向，把损害群众利益的行为作为关注重点，推动解决人民群众反映强烈、侵蚀党的执政基础的突出问题，以实际成效不断增强人民群众的获得感、幸福感、安全感。在工作中，巡视巡察组到哪个地方都要公示有关信息，如办公地点、电话、邮箱等都要公布，群众有意见、有情况反映可以随时打电话、写信，也可以面谈反映具体情况，畅通了群众自下而上监督、反映情况的渠道。巡视巡察组得到了广大党员群众的认可和信任，群众没有了思想包袱和顾虑，敢说真话、敢讲实情，提高了巡视巡察工作实际效果，巡视巡察工作的作用得到了极大化发挥。

参考文献：

[1] 中共中央组织部党建研究所课题组. 中国共产党执政规律研究 [M]. 北京：党建读物出版社，2004：35.

[2] 文世芳. 85 年前党内就有巡视制度（党史一叶） [N]. 人民日报，2016-02-23 (18).

[3] 陆建洪，刘峰. 中国共产党巡视制度的由来与发展 [J]. 苏州大学学报（哲学社会科学版)，2010 (5)：21.

[4] 中国共产党历史：第 1 卷（1921—1949）[M]. 北京：中共党史出版社，2015：85，102.

[5] 中央档案馆. 中共中央文献选集：第 1 册 [M]. 北京：中共中央党校出版社，1989：253.

[6] 陈永红. 党内巡视制度的早期探索 [J]. 党建文汇（上半月)，2017 (10)：50.

[7] 中央档案馆. 中共中央文献选集：第 3 册 [M]. 北京：中共中央党校出版社，1989：472.

[8] 中央档案馆. 中共中央文献选集：第 4 册 [M]. 北京：中共中央党校出版社，1989：629.

[9] 陈芬. 中国共产党巡视制度的历史回顾与启示 [J]. 福建党史月刊，

2015（12）：34.
［10］中共中央关于加强党同人民群众的联系的决定［J］. 党的建设，1990（5）：4.
［11］中共中央关于加强和改进党的作风建设的决定［N］. 人民日报，2001-10-08（2）.
［12］《党的文献》刊发：习近平关于巡视工作的一组重要论述［OB/OL］. http://theory.people.com.cn/n/2015/0112/c40531-26370204. html.
［13］中共中央关于全面深化改革若干重大问题的决定［N］. 人民日报，2013-11-16（3）.
［14］新修订的《中国共产党巡视工作条例》三大看点［OB/OL］.http://www.ccdi.gov.cn/special/xstl/jj_xstl/201508/t20150814_60574. html.

治理效能背景下的高校巡察经验研究

黄　文（西南财经大学经济与管理研究院）

摘要：高校党委巡察是全面从严治党的重要抓手和政治生态的重要保障，应以聚焦监督重点、强化政治监督为原则，通过坚守政治定位、精准把脉发力、全面落实责任等途径推进实施。本文探讨了高校党委巡察工作在治理效能背景下的重要性、实施路径和发展困境，并提出了相应改进措施。目前，高校党委巡察工作的经验较少，校内多部门联动较难，人员管理协调难度较大等问题仍然存在。通过加强组织建设、提升制度保障、坚持问题导向、建立长效机制、探索推行交叉巡察等方式，可以不断改进高校党委巡察工作。

关键词：高校党委巡察；治理效能；实施路径

高校党委巡察向纵深推进是全面从严治党的战略安排，是贯彻落实党委领导下的校长负责制的关键举措，是实现治理体系和治理能力现代化的内在要求，是推进“双一流”建设的政治保障。

中国高等教育管理体制正围绕中国特色现代大学制度建设这一目标加速变革，高校内部治理结构在总体上呈现出“校”“院”两级架构，“校院两级管理”已成为激发办学活力的现代大学基本运行模式。伴随着管理重心的逐步下移，学院真正成为大学教育教学实体和具体办学活动的主体。在这一背景下，高校党委巡察成为确保学校权力放而不乱、学院正确使用权力的有效方式。通过开展巡察，确保基层治理的正确方向，增强学院治理能力，是建立良好新型校院关系，健全高校监督体系，完善高校内部治理结构，实现学校治理体系和治理能力现代化的内在要求。本文聚焦治理效能背景下的高校巡察经验总结。与传统的汇报调研不同，高校党委巡察具有团队配合、深入下沉等优势，综合文字材料、实地考察、受理信访、听取领导班子汇报和基层群众诉求呼声等各方面信息，对基层党组织进行全方位深层次的透视，因而成为掌握基层实情和发现基层突出问题的直接渠道，能在很大程度上消除对二级单位的信息不对称。通过本文的研究，总结治理效能背景下高校党委工作的价值定位和实施路径，结合校情总结西南财经大学的具体做法与好的经验，服务学校国际知名财经特色鲜明高水平研究型大学建设。

一、治理效能背景下高校党委巡察的重要意义

高等院校管理制度为党委领导下的校长负责制，保证了高校的社会主义办学方向。在校内开展政治巡察，是党委义不容辞的政治责任。

（一）高校党委巡察是聚焦全面从严治党的重要抓手

十九届中央纪委四次全会指出，要深刻把握党风廉政建设规律，一体推进不敢腐、不能腐、不想腐。当前，全面从严治党虽已取得新的重大成果，但党中央关于“反腐败斗争形势依然严峻复杂，全面从严治党依然任重道远”的科学判断没有改变，必须把“严”字长期坚持下去，持续发挥巡视巡察这把利剑的作用；重点检查执行“两个维护”情况、学习贯彻习近平新时代中国特色社会主义思想情况、思想政治工作和意识形态工作情况，落实中央八项规定及其实施细则精神、领导干部廉洁自律和惩治群众身边腐败问题等情况。

（二）高校党委巡察是聚力净化政治生态的重要保障

开展校内巡察，加强对校内二级党组织领导班子及其成员的监督，对政治立场不坚定、执行党纪不严格和作风建设不扎实的人和事进行干预和纠正；对于巡察过程中发现的问题进行及早预警，及时整改，及早消除，查揪出党员教师队伍中的害群之马，树立好受学校师生欢迎的优秀典型，维护广大群众的根本利益；组织实施巡察是高校坚持党的领导、加强党的建设、全面从严治党的政治体现，是检查政治纪律、教育成效、生活作风等工作的重要抓手，是营造风清气正政治生态、干事创业良好氛围的重要保障，是“发现问题、形成震慑，推动改革、促进发展”的有力举措。

二、治理效能背景下高校党委巡察的实施路径

无论是本科大学抑或是高职院校，都是培养中国特色社会主义事业接班人和建设者的重要载体，都要扛起新时代巡视巡察工作的责任使命，总结运用巡视巡察方面的理论、实践和制度创新成果，履行政治监督责任，让巡察制度化、整改常态化。

（一）坚守政治定位，强化政治监督

高校党委要紧扣被巡察党组织的政治责任去开展监督检查，着力推动党的路线方针政策、党中央和省委决策部署的落实落地落细。牢牢把握“两个维护”这个“纲”和“魂”，严明政治纪律和政治规矩，破除形式主义、官僚主

义以及整治群众身边的腐败和作风问题，检查干部是否以身作则、党员是否做好表率、教师是否德育为先，检查师生所在的基层党的组织政治核心作用是否发挥，政治生活是否严肃，党组织是否健全，查找党的领导弱化、党的建设缺失、党的组织边缘化、全面从严治党不力等问题。

一要切实增强管党治党的政治自觉。抓好党建是本职，不抓党建是失职，抓不好党建是渎职。要把履行巡察工作主体责任和接受政治巡察作为应尽之责，无论是实施巡察抑或是接受巡察的人员，都要自觉提高站位，不推诿、不抵触、不扯皮。

二要发挥巡察标本兼治的战略作用。通过巡察，有效发现并从体制机制层面推动解决管党治党的深层次问题。一方面，要让领导干部和广大党员感到监督常在、震慑常在，让校内师生群众感受到正风肃纪、反腐倡廉就在身边、近在眼前；另一方面，要进一步健全规范化、长效化的制度体系，提升组织和个人在政治、思想、组织、作风、纪律、反腐等方面的建设，从上而下、由表及里进行全身心的“扫灰除尘”。

三要有效补齐党内监督的短板末梢。运用巡察增强党员干部在贯彻核心发展理念和重大决策部署上的自觉性与坚定性，完善工作思路，及时校准偏差，不隐瞒、不遮掩已经存在的思想、组织、纪律等方面的问题，做到全方面接受政治体检，全方位采取补救措施，坚决消除与党员身份不符、与教师身份不符、与学生干部身份不符的人和事，重点查纠、疏解高校育人工作的盲点、难点和堵点。

（二）聚焦监督重点，精准把脉发力

结合中央和省委最新指示精神和高校实际情况，制定巡察监督重点清单，厘清巡察思路，廓清监督重点，明晰巡察的主要任务和工作部署。

一要紧扣主题教育，着力查纠违背初心使命的问题。利用新形势下主题教育的方式和手段，梳理校园内部影响党的先进性、弱化党的纯洁性的各种因素，不断完善体制机制改革，切实增强反腐倡廉的精准性、有效性，以坚忍不拔的韧劲坚决纠正党内存在的思想不纯、政治不纯、组织不纯、作风不纯等突出问题；巡察组在开展工作的过程中，要将检查主题教育理论学习和调查研究的成果融入访谈和座谈之中，将检查检视问题和整改落实的成效体现在了解被巡察党组织实际解决的师生普遍反映的烦心事和揪心事上。

二要压实整改责任，着力强化巡察监督的质效。巡察要按照“六围绕一加强”的要求，用政治统领巡察各环节、全过程，聚焦坚持党的全面领导、加强党的建设、全面从严治党“三大任务”，以“四个意识”为政治标杆，把

推动整改作为提高巡察质效的关键环节。整改要坚持双反馈、双责任、双报告、双公开制度，即：巡察组向被巡察党组织领导班子反馈巡察情况前，先向被巡察党组织主要负责人反馈；在整改落实中，被巡察党组织履行主体责任，主要负责人履行第一责任，班子成员履行“一岗双责”；被巡察党组织全面报告整改落实情况，主要负责人以个人名义报告针对性抓整改的情况；整改落实情况既要在本部门通报，还要在全校一定范围内公开。

（三）全面落实责任，确保工作实效

巡视巡察是全党上下共同的政治责任，按照发现问题、提出解决问题的意见和建议、推动问题解决三个步骤，有序推进情况通报、巡察了解，形成巡察报告，领导小组听取报告，党委听取报告，情况反馈、整改落实、巡察移交、问题处理、督促整改。巡察工作领导小组要担负起组织实施责任，健全工作规则，精心组织开展，确保巡察七大环节保质保量开展；承担巡察管理工作的部门要认真落实“统筹协调、指导督导、服务保障”职责，增强工作的前瞻性；巡察组要夯实巡前准备，多方收集信息，进驻前了解对方情况，切实增强进驻后开展巡察的针对性；被巡察的二级党组织应高度重视并配合监督检查，保证巡察顺利开展。

一要严明纪律作风，提高巡察队伍履职本领。巡察工作队伍是专司监督的队伍，承担着党长期执政条件下实现自我净化、自我完善、自我革新、自我提高的重大政治责任。打铁必须自身硬，巡察队伍应当是“硬中之硬”，在行使权力上要慎之又慎，在自我约束上要严之又严，这不仅是政治上的要求，也是能力上的要求。高校党委巡察组实行“一次一任命”“一次一授权”的组织方式，设组长、副组长、巡察员和联络员，由熟悉基层党建、纪检监察、组织人事、财务审计、项目管理以及相关政策法规等方面的专业人员组成，实行组长负责制。在开展巡察的过程中，要建立与学校其他相关职能部门之间的协调和沟通，对于专业问题及时提请协助。在开展巡察期间，原则上所有巡察组成员与原部门工作脱钩，集中精力搞巡察。紧紧依靠被巡察党组织开展工作，遵循巡察授权的范围、权限和方式，不干预被巡察单位的正常工作，不执纪、不查案，对涉及的紧急情况和重大问题不做个人表态；严守工作纪律，既要坚决避免巡察流于形式，也要严肃查处巡察干部以巡谋私、超越权限、“跑风漏气”等行为，防止“灯下黑”。

二要全力配合巡察，形成同频共振强大合力。被巡察党组织要无条件接受巡察监督，真正把巡察当成关心、考验和爱护，变成自觉行动。被巡察党组织书记要教育引导本党组织全体教职员工正确对待巡察，负责任地参与访谈与座谈，原汁原味、实事求是地准备材料，按规定向巡察组提交任期内工作专题汇报，主要领导述职述廉报告、年度工作计划和工作总结、制度建设目录、会议纪要、会议记录、民主生活会、组织生活会、主题教育相关材料，以及与发展党员、民主评议党员、部门预算执行、审计、重大项目建设、国有资产管理等相关的事项台账，坚决杜绝弄虚作假。积极做好巡察“后半篇文章”，落实整改主体责任，巡察前即知即改，巡察中立行立改，巡察后全面整改。巡察中反映和发现的苗头性、倾向性、普遍性、典型性问题，将移交至上级纪检部门、学校纪委办、组织部等相关职能部门，对照监督执纪“四种形态”优先办理，为深化学校内部改革、完善体制机制制度、后期开展干部考察等提供参考导向。在开展巡察的过程中，若发现被巡察党组织或党员在接受检查时有推三阻四、消极应对、敷衍了事、不支持、不配合、不作为等违反政治纪律、政治规矩的问题，巡察工作领导小组应依规依纪进行严肃处理，以儆效尤。

三、治理效能背景下高校党委巡察的发展困境

（一）可借鉴的巡察经验较少

高校巡察的对象是其所属的院系党组织、机关职能部门和党员干部，但每个学校都有着不同的院系设置和管理机构设置，每个院系都面临不同的情况，常规巡察的规定动作和方法只能保证工作程序，针对性并不强，不能很好地针对每个被巡察单位的不同特点去发现问题。因此，设计巡察规划、制订巡察方案、组织巡察、总结、反馈、整改等环节，可供借鉴的经验并不是很多，在谋划和设计巡察工作时可能就会面临无从下手的局面。

（二）校内多部门联动较难

开展校内巡察监督与高校的信访件查办、专项检查和常规监督监察等工作有一定区别。巡察体现的是学校党委对被巡察单位的政治体检，更多的是主动寻找和发现问题。巡察组在开展工作前或多或少会做一些准备工作，需要纪检、组织、人事、财务、审计、资产以及其他校内职能部门统一协调，将各自掌握的关于被巡察单位的一些问题或信息进行汇总梳理，为巡察组提供更多参考。实际工作中要协调多个职能部门、汇总多方面信息，缺乏统一领导，存在着一定困难。

（三）人员管理协调难度较大

组建巡察组，常见的方式是专职、兼职人员相结合。这种方式的好处是减少校内专门巡察机构的人员编制，减轻学校负担，但也不可避免地给人员管理和配备使用带来一些问题。抽调的兼职人员，多数缺乏巡察工作经验，对巡察

重难点及方式方法的了解不够到位；巡察组对抽调人员的业务能力和特点了解不够深入，很难保证“人尽其才”；巡察组成员之间不够了解，在配合协作上比较生疏。如果不能妥善处理好这些问题，将对巡察工作效果产生较大影响。

四、治理效能背景下高校党委巡察的改进措施

虽然许多高校已经开展了内部巡察，但是每个高校具有自身的实际情况，因此高校在学习借鉴上级巡视巡察方法的同时，必须在实践中探索前述对高校党委巡察价值定位的正确性，并在此基础上将上述所提出的理论应用于实际工作，努力追求学校党委巡察工作高质量开展。

（一）强化理论武装，夯实巡察的政治基础

推动新时代高校巡视巡察工作高质量发展，必须坚持政治巡视巡察定位，牢牢把握“两个维护”这一“纲”和“魂”。上级对高校的巡视是政治巡视，而校内巡察则是政治巡视工作向基层的拓展和探索。在巡视巡察过程中，高校要在政治高度上坚持党的领导，在政治要求上紧抓党的建设，在政治定位上聚焦全面从严治党。把政治纪律和政治规矩挺在前面，瞄准问题导向，注重从政治的视角看问题，从政治高度、党章高度、政治纪律高度梳理分析具体问题，透过现象看本质。通过政治巡视巡察，向各级党组织传递全面从严治党的强烈信号，唤醒党员干部和教师的党章党规党纪意识，推动党的教育路线方针政策在高校真正落地生根。推动高校管党治党从“宽松软”走向“严紧硬”，建立风清气正的教育政治生态和良好的育人环境。

（二）加强组织建设，提升巡察的制度保障

坚持和完善由党中央统一领导，教育部党组和地方党委分级负责，高校党委协调落实的领导体制。建立上级机构对高校的指导督导制度、考核评价制度、通报制度、责任追究制度。上级巡视和高校巡察工作要一体谋划、一体部署、一体推进，制定巡视巡察工作办法和巡视巡察工作规划，统筹部署巡视巡察全覆盖工作任务。上级机构和学校党委之间呈双向关系，高校巡察机构定期向上级机构报告工作，上级有关部门对高校巡察工作进行指导。上下联动不能局限于宏观层面教育部党组及地方党委对直属高校及地方高校的巡视巡察工作指导，更要贯穿整个巡视巡察工作规划的实施。高校党委要实现任期内对二级党组织巡察全覆盖，做到全覆盖上下联动；围绕党中央和教育部重大决策部署联动开展监督检查，做到上级常规巡视和高校常规巡察监督内容上下联动，专项巡视和专项巡察监督任务配合联动；将巡视反馈意见整改情况和问题线索查处情况纳入未来巡视工作重点和“回头看”的关注点，并作为高校巡察的主

要内容，做到工作内容上下联动；将巡视巡察发现问题和整改情况作为干部考察选任的重要内容，巡后干部调整成为常态，做到干部能上能下上下联动；建立巡视巡察开展、巡后反馈、整改信息发布机制，做到宣传报道和党内监督信息化建设上下联动；建立巡视巡察专门数据库和人才库，做到巡视巡察人才培养和使用互联互通、上下联动。选拔优秀干部和后备干部参加巡视巡察工作，把巡视巡察工作作为培养锻炼干部的重要平台，大胆选拔使用经过“急难险重”任务培养考验的干部，形成各尽其职、各履其责、各展其长的生动局面。

纪委和组织部牵头建立巡察整改督办制度。通过调查督导、发函督办、电话催办、现场督查、向领导小组报告等方法，推动及时整改和自查自纠，提高整改成效。要把整改落实作为干部监督的重要内容，把巡察结果和整改情况作为干部评价、选任的重要依据。对工作不在状态、作风不严不实、庸政懒政怠政、不能胜任现职的干部，要加大组织处理力度。对违反纪律、滥用权力而造成本单位或部门工作严重损失的干部，尤其是对其中明知故犯、一意孤行者，要及时采取组织措施和纪律措施。对在“急难险重”任务中表现不好、经不起考验，尤其是对整改不力、敷衍整改、拒不整改的干部，应该及时向巡察领导小组报告，督促有关部门严肃追责问责，公开曝光、通报批评，并及时进行处理。新的纪律处分条例增加了干扰巡视巡察工作或者不落实巡视巡察整改要求的处分规定。通过问责的严肃性和常态化，确保成果运用到位，形成长效机制，使巡察震慑、遏制和治本的作用得到有效发挥。

（三）坚持问题导向，建设巡察的长效机制

开展高校巡视巡察上下联动监督有利于全面推进依法治校，推动实现高等教育领域治理体系和治理能力现代化。坚持党对高校工作的全面领导，是新时代高校依法治校的本质要求。对于高校的巡视和巡察需要坚持问题导向和目标导向，把巡视巡察与净化政治生态相结合，与整治师生反映强烈的问题相结合，与解决日常监督发现的突出问题相结合，增强监督实效。通过上级巡视和校内巡察上下联动监督，针对培养目标和办学方向，聚焦重点领域和关键环节，将权力运行的关键点、风险防控的薄弱点、群众反映较多的问题点，结合党内监督的纪律点、上级规定的政策点，转化为监督检查的关注点、督促整改的着力点。如认真检查高校基层学习党章、贯彻党的二十大精神情况，执行党的六大纪律的情况，紧盯“三招三费”（招生、招聘、招投标；“三公”经费、科研经费、专项经费），早发现、早提醒、早纠正。坚持实事求是、稳中求进，发现一个问题解决一个问题，防止问题处理表面化，避免问题进一步积累和发展。通过上级巡视和校内巡察上下联动带动党委主体责任、纪委监督责任、第一责任人责任和班子成员“一岗双责”互联互动，强力推进基层党建责任制、意识形态责任制、党风廉政建设和党内监督责任落实，将全面从严治党延伸到每个院系、每个支部、每位教师党员。

（四）保持开放心态，探索推行交叉巡察

为尽可能排除高校熟人因素影响，可通过高校所在地区教育主管部门统一组织协调，在同地区的不同高校之间推行交叉巡察。先行尝试交叉选任巡察组组长，逐步推行交叉选任巡察组成员，各高校之间互察互学，减少熟人影响，提升巡察实效。

五、小结

高校党委巡察在中国特色现代大学制度视域下的价值定位是向纵深推进全面从严治党的战略安排，是贯彻落实党委领导下的校长负责制的关键举措，是实现治理体系和治理能力现代化的内在要求，是推进“双一流”建设的政治保障。高校党委巡察应站在落实立德树人根本任务的政治高度，在目标上突出“三个三”任务，在内容上坚持政治导向，在格局上构建以党委巡察监督为牵总的学校“大监督”体系，在效果上强化巡察成果运用的实践理路。高质量开展高校党委巡察工作，应在“三个坚持”上下功夫，处理好“三对关系”，以达到政治效果、纪法效果和社会效果的有机统一。

高校要不断丰富和完善巡察工作的领导体制和工作机制，不断创新工作方式和方法，推进巡察工作的规范化建设。通过持续深化政治巡察，推进完善上下联动、上下贯通的巡视巡察联动监督的战略布局。要把高校政治巡察利剑擦得更亮，加强高校政治建设，树立起鼓励担当作为、支持善作能为、问责无所作为、惩治腐败行为的鲜明导向。对巡察组来说，发现不了问题是失职，发现问题不报告是渎职；对被巡察单位来说，不抓整改是失职，整改不力是渎职，要“照单全收”“照单全改”。高校巡察要做到发现问题和督促整改同等重要，坚持条条都整改、件件有着落，深化标本兼治，形成长效机制，使高校巡察“发现问题、形成震慑，推动改革、促进发展”的作用得到有效发挥，巩固发展高等教育领域反腐败斗争压倒性胜利，为“双一流”建设、为我国教育现代化提供坚强保证。

参考文献：

［1］陈怡. 新时期高校政治巡察质量和效果提升路径研究［J］. 产业与科

技论坛，2020，19（6）：285-286.

［2］陈江华，邓叶芬，何琳.高校校内巡察制度的实践探索与发展路径研究［J］.科学理论，2019，790（4）：133-135.

［3］金晶.在高校政治巡察工作中精准发现问题［J］.领导科学论坛，2020（9）：65-68.

［4］李立.高校内部巡察有效方式研究［J］.山海经：教育前沿，2020（1）：1-2.

［5］王建国.新中国60年高校党建历程与经验研究［M］.北京：北京交通大学出版社，2009.

［6］王希，刘铭，田峰.高校内部巡察工作开展的有效途径研究［J］.才智，2019（7）：227.

［7］许建平.浅析高校校内巡察的重要意义［J］.才智，2020（2）：62.

［8］杨雯，郭枫.全面从严治党下高校巡察工作路径研究［J］.北京教育：德育，2019，847（2）：25-28.

［9］张昕宇.优化高校内部巡察工作开展的策略探析［J］.探索科学，2019（7）：250-251.

［10］杭育新.高校内部巡察工作要准确把握“五个性”［J］.中国高等教育，2020（10）：23-24.

巡视巡察监督立体格局构建研究

卢　博（西南财经大学基建处）

摘要：巡视是党内监督的战略性制度安排，是《中国共产党章程》赋予的重要职责，巡察是巡视向基层的延伸和拓展，是和巡视工作一脉相承的。巡视巡察在工作指导思想、目的目标、方式方法方面都具有显著的同向一致性，但二者的差异性也是明显的。巡视巡察立体监督格局的构建是进一步强化党内监督向纵深发展的有效途径，也是有效发挥立体监督的唯一途径。

关键词：巡视；巡察；党内监督；立体格局构建

习近平总书记多次指出，巡视是《中国共产党章程》赋予的重要职责，是加强党的建设的重要举措，是从严治党、维护党纪的重要手段，是加强党内监督的重要形式。党的十八大以来，以习近平同志为核心的党中央高度重视巡视工作，领导坚强有力，全面推进巡视实践、理论和制度创新，巡视强度、力度和效果大幅提升，成为党内监督的利剑。2017 年 7 月，“巡察”被写入《中国共产党章程》。巡察是巡视向基层的延伸和拓展，是和巡视工作一脉相承的。“夺取反腐败斗争压倒性胜利”，在十九届中央纪委三次全会上，习近平总书记再次郑重向全党、全社会宣布这一重大成果，并提出“取得全面从严治党更大战略性成果，巩固发展反腐败斗争压倒性胜利”的新要求，可以说巡视巡察工作在全面从严治党和反腐败斗争中起到了关键而且是不可或缺的作用。巡视抓“大”，巡察入“微”，切实构建起巡视巡察监督立体格局，才能从体制机制上鼓励“想干事”的劲头、营造“敢干事”的氛围、培养“能干事”的条件，给予“干成事”的机会，这是巡视巡察工作“治本”作用的集中体现。

一、巡视巡察监督合力支撑全面从严治党向纵深发展

巡视是党内监督的战略性制度安排，是《中国共产党章程》赋予的重要职责，是加强党的建设的重要举措，是从严治党、维护党纪的重要手段，是加

强党内监督的重要形式。我党从1928年制定巡视条例，探索建立巡视制度开始，党内巡视制度和巡视工作不断得到改革、创新、加强和发展，尤其是在党的十八大以后，2015年中央颁布实施修订的《中国共产党巡视工作条例》，2017年中央通过了关于修改《中国共产党巡视工作条例》的决定，2018年中央办公厅印发了《中央巡视工作规划（2018—2022年）》，巡视工作的制度化、规范化、程序化程度得到了极大提高。随着党内巡视的全面开展，巡视工作“发现问题、形成震慑，推动改革、促进发展”的作用得到了凸显，巡视在当好中央的“千里眼”，找出“老虎”和“苍蝇”的同时，剑指问题倒逼改革。切实运用好巡视成果，发挥巡视治本作用，对巡视发现的普遍性、倾向性问题，及时反馈给地方、部门、企事业单位党委（党组），督促落实主体责任，抓早抓小，堵塞制度漏洞。实践证明，巡视制度有效管用，巡视是“国之利器、党之利器”。为进一步完善巡视工作网络格局，进一步完善监督网，推动党内监督向基层延伸，“巡察”被写入《中国共产党章程》，巡视巡察监督合力的形成实现了横向到边、纵向到底，切实解决了管党治党“上面九级风浪、下面纹丝不动”“雨过地皮湿”的问题，有效地解决了问题越往下越突出、压力层层递减的问题，压实各级党组织主体责任，打通全面从严治党“最后一公里”，支撑了全面从严治党向纵深发展。

二、掌握巡视巡察工作的同向性是构建监督立体格局的基础

巡视是政治巡视，巡察是政治巡察，巡视巡察在工作指导思想、目的目标、方式方法方面都具有显著的同向一致性，两项工作宏观层面的同向性奠定了巡视巡察监督立体格局的坚实基础。

（一）巡视巡察工作指导思想一致

《中央巡视工作规划（2023—2027年）》在总体要求部分，首先明确了巡视工作的指导思想，强调要坚持以习近平新时代中国特色社会主义思想为指导，认真贯彻落实党的二十大精神，深入贯彻习近平总书记关于巡视工作的重要论述，忠诚履行党章赋予的职责，深刻领悟“两个确立”的决定性意义，增强“四个意识”，坚定“四个自信”，做到“两个维护”，全面贯彻“发现问题、形成震慑，推动改革、促进发展”的中央巡视工作方针。按照新时代党的建设总要求，以加强党的长期执政能力建设、先进性和纯洁性建设为主线，以党的政治建设为统领，贯彻中央巡视工作方针，坚定不移深化政治巡视，坚持发现问题、形成震慑不动摇，最终要达到推动全面从严治党向纵深发展，严肃党内政治生活，净化党内政治生态，夯实党执政的政治基础的效能。

而巡察工作其实是巡视工作向基层的延伸和拓展，是和巡视工作一脉相承的，是推进全面从严治党、实现监督全覆盖的重要举措。巡视和巡察虽有一字之差，但两项工作的指导思想是一致的和统一的。全面贯彻落实党的二十大精神，始终坚持以习近平新时代中国特色社会主义思想为指导，深入贯彻习近平总书记关于党的自我革命的重要思想，把党章作为根本依据，是两项工作开展的根本准则和最终落脚点。

（二）巡视巡察工作目的目标相同

巡视工作，是对党组织、党员干部的政治体检，巡视发现的问题，从表象上看都反映在具体工作上，但实质和根源，是党员领导干部的政治站位、政治意识、政治纪律问题，是党组织的政治功能发挥问题。问题表现在个别人和事上，或者表现在基层一线，根子在党组织，归结起来就是党的领导弱化、党的建设缺失、全面从严治党不力。通过巡视，有利于坚定“两个维护”，有利于增强“四个意识”，有利于深入推进全面从严治党，有利于推进被巡视单位的工作落实。巡察工作可以说是将全面从严治党直抵“神经末梢”，管党治党的责任和压力传递到基层，群众身边的不正之风和腐败问题得以精准破解。巡视巡察都要充分发挥好震慑、遏制、治本的作用，同时要充分起到推动改革、促进发展的作用，尤其是在巡视巡察整改中，结合巡视巡察中发现的影响改革发展的突出问题，从体制、机制、制度等方面寻找深层次原因，对症下药，有的放矢，力求从根本上解决问题。同时，巡视巡察可以进一步促使被巡视巡察党组织加大对不担当、不作为问题的整治力度，在改革中找路子，在创新中破难题，从体制机制上鼓励“想干事”的劲头、营造“敢干事”的氛围，培养“能干事”的条件，给予“干成事”的机会，这才是巡视巡察工作治本作用的集中体现。

（三）巡视巡察工作方式方法相近

根据新修订的《巡视工作条例》，巡视工作的开展采取“12+N”种方法发现问题线索，条例规定了巡视组开展常规巡视和专项巡视的 12 种基本方法，其中听取汇报、个别谈话、受理信访、调阅资料、开座谈会、列席会议、问卷调查、下沉走访、提请协助 9 种方法，是党的十八大前巡视实践已证明比较有效的方法。党的十八大后，适应巡视监督新要求，又新增了抽查个人事项报告、询问知情人和专项检查 3 种方法。可以说这 12 种方法对巡视组发现问题、印证判断起到了十分重要的作用。高校巡察工作的开展参照《巡视工作条例》，仍然主要采用“12+N”种方法中的基本方法。

三、把握巡视巡察工作的差异性是监督立体格局形成的关键

巡视巡察的同向性是显著的，但二者的差异性也是明显的，差异性主要体现在两项工作开展的微观和执行层面，在工作人员构成、工作方法产生的实效、工作的客观环境方面都存在着或多或少的区别。这些差异对巡察工作的开展也带来了一些难题，只有有效地加以解决，巡视巡察监督立体格局才能有效构建。

（一）巡视巡察组人员构成存在不同

巡视巡察工作的成败依赖于组成人员的工作质量，也因为巡视巡察工作具有高度政治性，在工作组组成时，各级党组织均会将理想信念坚定，对党忠诚，在思想上、政治上、行动上同党中央保持高度一致，坚持原则、敢于担当、依法办事、公道正派、清正廉洁等作为抽调巡视巡察人员的首要标准，并且对工作人员的专业能力提出了很高要求。可以说，巡视巡察组人员均是精兵强将，政治思想素质过硬，工作能力强，专业素养高。具体到高校系统，巡视组和巡察组人员构成方面还是存在不同，巡视人员由教育部党组从全国部属高校中抽调，人员抽调的基数比较大；高校巡察组的人员抽调基本都局限在自己学校内部，工作人员可抽调的范围比较有限。巡视组人员对被巡视高校的前期情况了解有限，需要巡视人员在进驻前做好充足的准备工作，但正因为这样，巡视工作的第三方独立性得到了很好的保证。巡察组人员与被巡察单位同处一个单位，日常的了解比较多也比较深入，巡察人员在工作中的主观性不可避免地就会相对多一点。另外，工作人员在参加巡视专项工作时基本可以不承担原单位的工作任务，而巡察人员很难做到这点，多为巡察工作和原岗位工作双线作战。诸如此类的不同还比较多。总体来说，巡视人员比巡察人员更具有独立性，巡视工作的效率也要更高一些。

针对巡视巡察组人员构成存在的不同，巡察组人员构成需要进行一定强化和创新，弥补短板，努力向巡视组看齐。高校应建立相对稳定的巡察人员库，巡察人员的组成可根据所需专业更多元化一些，在纪检、组织人事、审计、财务等常规构成人员的基础上还可以加进教务、科研、国资等人员，从而满足巡察工作深入“抓细”的特性，全方位审视被巡察单位。同时，巡察人员还需定期参加业务工作培训，培训中应将巡视内容和巡察内容有机地结合，因为巡察工作不是独立存在的，它本来就是巡视工作的延伸。加大创新开展巡察工作的力度，进一步探索巡察组人员构成，尝试从相邻高校借调一部分人员参加本校的巡察工作，本校人员和外校人员组成巡察“混合工作组”。这样做的好处

是，既保证了巡察组对被巡察单位的了解度，又很好地促使巡察组发挥好第三方的独立作用，巡察工作的客观性会得到进一步强化。

（二）巡视巡察工作方法的实效有别

巡视巡察工作都是采取“12+N”种方法发现问题线索，但在工作实践中，基本方法的实效还是存在着一定差距。比如个别谈话，巡察谈话范围可以做到比巡视谈话范围更广、更基层。比如巡察某个学院，谈话可以覆盖院领导班子、行政人员、教师、学生各个群体，甚至对体量小的学院可以做到谈话全覆盖，完全可以做到应谈尽谈。但在实际工作中，确实存在被谈话对象谈成绩多谈问题少的现象，对于问题和不足或者谈不出来或者不愿意谈，导致通过个别谈话收集问题线索的实效不足。再如受理信访。在巡视工作中受理信访是一个发现问题线索的重要途径，但在巡察工作中，目前了解到的情况是，在很多高校巡察工作中信访量很少，甚至不排除出现零信访的情况。这导致巡察组从信访渠道很难收集到问题线索，巡察工作聚焦的难度也大大增加。巡察工作中这些情况的出现，可能与巡视和巡察的权威性不同有关，也可能是被巡察单位人员对巡察工作的了解局限有关。原因是复杂多样的。但这些问题如不加以克服，将直接影响巡察工作的开展和最终巡察工作的质量。

在巡视巡察工作中，像个别谈话和受理信访，更多的是通过客观反馈来查找问题线索。在巡察工作中，这个方面的实效不足，就需要巡察组更多地从主观方面主动地去发现问题，主动与校内有关管理部门建立协调联动机制，主动寻求纪检监察、组织人事、财务、审计、科研等部门支持，在学校层面上形成横向联动机制，可以带着问题去开展巡察，协同作战，更加快捷、高效地发现问题、印证问题。同时，这个横向联动机制在写好巡察“后半篇文章”时，也能更有利于综合分析问题和联动运用巡察成果。巡察发现的问题，表现在被巡察单位，但问题的根源可能在学校相关管理部门，联动机制的建立能进一步推进问题的根本解决和整改。

（三）巡视巡察工作的环境存在差异

在工作环境方面，巡察和巡视相比，最大的不同就是如何破解“熟人社会”的监督难题。中国在传统上是一个“熟人社会”，人情世故是中国社会人际交往的一个核心概念，在巡察工作中这个难题尤为突出。巡察组和被巡察单位往往同处一级党组织直接领导下，二者之间可能存在千丝万缕的关系交织，尤其是在高校，单位体量小，人与人之间联系紧密，人与人之间存在着学术关系、师生关系、同事关系，甚至还有亲戚亲属关系等，就有可能在巡察工作中出现拉不下脸、沉不下身的情况，同时也可能会出现被巡察单位问题无法暴露或暴露不充分的情况，这就会使巡察工作效果打折扣。

目前，在地方政府巡察工作中，有些在尝试建立交叉巡察机制，探索交叉监督，采取人员混合编组，巡察力量相互交叉的方式，以期破解“熟人社会”羁绊，减少人情干扰，提升巡察工作质效。交叉巡察方式在地方政府巡察工作中已经被大量应用，是一种积极破解基层“熟人社会”的制度安排，也是净化基层政治生态的重要推动力量，但对于高校而言，各个学校管理相对独立，内部情况不一，若开展校际交叉巡察，还需要进一步对交叉巡察制度进行探索，有一些实际层面问题还需要有效解决，最主要的就是巡察人员抽调和构成问题。可以通过进一步探索高校交叉巡察模式，比如创建同一地域内高校巡察工作“联系单位”，同一地域的高校之间开展交叉巡察，探索构建本地域内的巡察干部库，从库中依据回避原则抽调相应人员开展巡察工作。以上措施可以进一步降低巡察人员抽调难度，进一步推进高校之间交叉巡察工作的开展，一定程度上破解“熟人社会”难题。

四、实现巡视巡察同频共振是有效发挥立体监督的唯一途径

党内监督不留死角、没有空白，没有禁区、没有例外，这是全面从严治党和维护党纪的要求。巡视巡察立体监督格局的构建是进一步强化党内监督向纵深发展的有效途径，巡视带巡察，巡察促巡视，巡视巡察同向发力，同频共振，才能促使各级党组织同步发展，同时，这也是有效发挥立体监督作用的唯一途径。

（一）巡视抓“大”结合巡察入“微”，构建监督立体格局

习近平总书记多次指出，巡视要坚持人民立场，人民群众痛恨什么、反对什么，就重点巡视什么、纠正什么，要推动巡视向纵深发展，探索市县巡察，完善巡视工作网络格局。巡视巡察工作，在工作指导思想上、目的目标上、方式方法上具有高度的一致性，这个同向性为构建巡视巡察监督立体格局奠定了坚实基础。党内巡视制度是指中央和省、自治区、直辖市党委，通过建立专门巡视机构，按照有关规定对下级党组织领导班子及其成员进行监督，并直接向派出的党组织负责的一种党内监督制度。《中国共产党章程》规定，党的市（地、州、盟）和县（市、区、旗）委员会建立巡察制度，相应地，市（地、州、盟）和县（市、区、旗）党委对所管理的党组织进行巡察的派出机构就是巡察组。就部属高校来说，教育部党组派出巡视组对所属高校开展巡视工作，所属高校党委派出巡察组对校内开展巡察工作。从加强干部监督的角度来看，巡视重点针对被巡视高校领导班子和二级单位的主要负责人，而巡察针对被巡察单位所有领导班子成员。所以，巡视往往重在宏观、重在大局，而巡察重在“察”，

即了解情况，重点是发现“最后一公里”的问题，也就是要着力发现损害群众切身利益等腐败问题和不正之风，目的是推动全面从严治党向基层延伸，密切干群党群关系，厚植党执政的政治基础。巡视抓“大”，巡察入“微”，二者有机结合，巡视巡察同时使用同一个操作规程，任务要求一致、方式方法一致、工作步调一致、完成任务时限一致，从而实现巡视巡察工作的真正同频共振。

（二）巡视反馈指引巡察方向，做到有的放矢

按照巡视工作制度，在巡视驻点工作结束后，巡视组将向被巡视高校进行巡视反馈，这就是“政治体检”的体检报告，体现了巡视的权威性和严肃性，同时进一步彰显了党中央全面从严治党的坚定决心。从中央巡视来看，巡视反馈形式在不断创新，从十八届中央巡视到十九届中央巡视，巡视反馈参加人员和工作程序都有一些变化，但不变的是巡视反馈就是聚焦问题、敲响警钟、释放信号，并对巡视整改工作提出要求，这些都是巡视整改工作的目标和方向。问题在上级，表现在下级，巡视反馈点出的问题存在于上级党组织，但问题表现在基层，很多巡视所发现问题的支撑就来源于下级党组织工作业务事例。高校内部巡察工作直抵校内的下级党组织，甚至可以深入到党的最基层组织支部，巡察工作入“微”的特性可以得到充分发挥。正是因为如此，巡察工作应该沿着巡视反馈发现的问题，并且要对巡视反馈问题做到举一反三，扩散反思和查找，不能只针对和关注点到的问题发力，需要有面上的眼光，将巡视发现的点扩散为巡察覆盖的面，追根溯源找到问题的症结，对巡视整改落实也将产生积极的推动作用，促使整改工作改得深、改得透、改得全。

（三）巡察程序全面联动巡视，确保监督成效

巡视的规定程序应该有效指导校内巡察工作开展，巡察工作程序是巡视要求的细化、具体化。但是，巡察程序全面联动巡视，并不是巡察对巡视程序照搬照套。巡视规定动作在巡察工作中一个都不能少，这是确保监督成效的根基。巡察可以基于巡视程序在方式方法上进行延伸和创新，以求工作成效的最大化。比如，在谈话环节，面上谈话和重点谈话可以根据巡察工作的需要做有效延伸。如针对学院党委，可以将谈话对象延伸到教学、科研等相关管理职能部门，从业务线上关注学院的改革和发展；针对机关党委或职能部门，可以从业务交叉的角度延伸到其他相关部门，或从管理服务的角度延伸到学院，从工作面上审视管理工作的落实和落地。总之，巡察工作要善于从不同角度审视和发现问题。同时，巡察工作程序和流程，要尽量简化、注重实效，坚决防止重复要材料，尽量避免重复谈话、过多听取汇报，尽量做到巡察工作不干扰被巡察单位的正常工作，从自身做起，力戒形式主义、官僚主义。这也是巡视的工作要求。

（四）巡察监督推进巡视整改，保证深入实效

巡视发现问题的目的是解决问题，发现问题不解决，比不巡视的效果还坏。做好巡视“后半篇文章”关键要在整改上发力。巡视整改是巡视工作的重中之重，是践行“两个维护”的具体行动，是推动党的路线方针政策贯彻落实的重要环节，是落实以人民为中心发展思想的有力举措，是落实全面从严治党战略部署的重要抓手。巡视整改工作需要上下一体、共同发力，然而，最容易出现的问题就是“上热中温下冷”，整改工作力度和决心出现层层递减情况。虽说巡视会对上次巡视中所发现问题的整改进行督查，但毕竟两次巡视工作之间的时间间隔较长，在此期间，巡视整改的监督压力可能会出现弱化，被巡视党组织也没有很好的工作抓手来深入推进整改工作。巡察工作的开展将很好地弥补这一空缺，对巡视整改情况的审视应该作为一项重要工作内容纳入巡察监督中来。巡察着眼下级党组织，可以对巡视整改工作的效果做到一线了解，改没改到位、改的效果怎么样、整改有没有长效机制等一目了然，对于整改效果差的情况可以进一步深挖问题根源，从而使上级党组织从机制体制方面进一步解决深层次矛盾，进一步夯实整改效果。所以，巡察监督是推进巡视整改的有力手段，尤其是对一些需要长期整改的问题，巡视发现问题，整改通过巡察工作打通“最后一公里”，更好地使整改工作深入产生实效。

（五）巡视利剑通过巡察扩散，形成全面震慑

党的十八大以来，以习近平同志为核心的党中央把巡视作为全面从严治党的利剑，抓住不放，持续发力，不断赋予巡视制度新的活力。巡视作为“千里眼”和“顺风耳”，在全面从严治党和反腐中起到的作用有目共睹，巡视工作也得到了广大人民群众的极大拥护。巡视这把利剑，首先发挥了震慑遏制作用，进而实现标本兼治。但是，受限于巡视工作自身的特性，不管是中央巡视还是教育部党组巡视，均有一定的重点关注对象和重点关注范围，一次巡视对一个党组织不可能做到面面俱到，尤其是在纵向上存在不到底的情况。从实际情况来看，巡视震慑的冲击力还是存在层层递减的现象，越往基层，越往一线，感受度有一定程度的减弱。而巡察就是巡视从纵向上向基层的延伸，巡察工作的开展正好弥补了巡视震慑横向不能到边、纵向不能到底的不足，巡察是对巡视震慑的有效扩散，从而真正形成了全面监督和全面震慑。习近平总书记在党的二十大报告中对巡视工作也提出了新的更高要求，“发挥政治巡视利剑作用，加强巡视整改和成果运用”。巡视巡察有机结合形成监督立体格局，充分发挥了巡视权威和巡察属地优势，妥善解决了巡视覆盖不到、巡察权威不够的问题，巡视巡察同频共振、同向发力，真正形成全面震慑。

构建新时代高校“大监督”巡察工作机制研究①

于一多（西南财经大学研究生院）

摘要：党中央和习近平总书记明确地将“发现问题、形成震慑，推动改革、促进发展”作为巡视工作方针。其中，如何精准发现问题是生命线，如何有效解决问题则是落脚点。目前，高校开展巡察工作容易遇到“熟人社会”困扰，导致工作人员不能、不愿、不会、不敢发现问题②；巡察整改落实工作普遍存在“上热中温下冷”问题，出现责任和压力传导逐级衰减现象，影响巡察监督质效。如何破解高校巡察过程中的瓶颈，真正发挥好政治“显微镜”和“探照灯”作用，以机制创新赋能巡察利剑威力？这就需要高校从巡前、巡中、巡后三个阶段共同发力，通过与其他监督力量贯通融合，构建多方参与的“大监督”巡察工作机制，推动高校落实管党治党政治责任，巩固党风廉政建设和反腐败斗争成效，营造风清气正的政治生态和育人环境。

关键词：新时代；高校；“大监督”；巡察

党的十八大以来，中国特色社会主义进入新时代，以习近平同志为核心的党中央高度重视巡视工作，强调“巡视是党内监督的战略性制度安排，要成为国之利器、党之利器”。巡察是巡视的延伸，高校开展巡察工作是深入贯彻落实习近平新时代中国特色社会主义思想和习近平总书记关于巡视工作的重要论述精神，推动全面从严治党向纵深发展、向基层延伸的重要手段，是发现并解决二级党组织在思想政治工作、意识形态工作、人才培养工作、师德师风建设等方面突出问题的有效途径，为高校培养造就堪当时代重任的社会主义建设者和接班人提供坚强的政治保障。

---

① 本文受到西南财经大学2022年“中央高校基本科研业务费专项资金”项目资助，项目编号：2022XSXC03。

② 苏茜. 高校巡察人员精准发现问题的困境与对策［J］. 南通职业大学学报，2021，35（5）：50.

一、新时代高校开展巡察工作的重要意义

新时代高校开展巡察工作是加强党的领导、推动高校深入开展全面从严治党的制度安排，是完善高校治理体系和治理能力现代化的重要方式，是落实立德树人根本任务、提高人才培养质量的重要抓手，是加快推进“双一流”建设、促进高等教育高质量发展的有力保障，具有十分重要的意义。

（一）全面从严治党向纵深推进的必然要求

高校巡察作为教育巡视的拓展和补充，是加强高校党内监督，克服党组织弱化，推动全面从严治党向纵深发展的制度安排，对于进一步强化高校基层党风廉政建设具有十分重要的现实意义。一是加强党的领导是全面从严治党的重要内容。高校巡察工作是党对高校的监督检查，可以加强党的领导作用，推动全面从严治党在高校的贯彻落实。二是监督教师思想政治工作是全面从严治党的重点。高校教师思想政治工作是治党治校的重中之重，而巡察可以检查教师思想政治工作开展情况，推动这一工作不断深入。三是发现和解决问题是推动全面从严治党向纵深发展的基础。巡察工作可以发现高校存在的治党问题，促进高校不断深入查摆问题，严肃问责，推动全面从严治党工作向纵深发展。四是构建长效机制是全面从严治党的内在需要。健全高校巡察这一内部监督机制，可以与高校外部监督机制结合，构建全面从严治党的长效机制，促进各项治党治校工作有效开展。五是提高思想认识是全面从严治党向纵深发展的前提。高校巡察工作有助于进一步统一思想，提高对全面从严治党重要性的认识，为深入推进这一工作奠定思想基础。

（二）完善治理体系和治理能力现代化的内在要求

高校开展巡察工作是对高校的全面政治体检，通过与其他监督方式的协同配合，能够准确找到高校发展的瓶颈问题，促进高校完善治理体系，提升治理能力。一是巡察工作是治理体系的重要组成部分。高校巡察作为党内监督机制，也是高校内部治理体系的重要组成部分，通过内部监督和外部监督的协同配合，可以完善高校治理体系，实现内部治理的科学化。二是加强治理能力是巡察工作的出发点和目的。巡察工作要强化对高校治理能力的监督和指导，不断提出改进意见，推动高校治理能力不断提高。三是创新治理方式方法是巡察工作的重要内容。高校巡察要注重监督高校内部治理方式方法创新，促进内部治理制度化，提高决策效率，增强工作实效性。四是解决治理体系中的问题是巡察工作的重点。巡察要注重发现高校内部治理体系中存在的问题和制约高校发展的瓶颈，积极寻求解决方案，不断优化治理体系，提升治理能力。

（三）落实立德树人根本任务的有力举措

习近平总书记强调，高校立身之本在于立德树人。落实立德树人根本任务，是我国高等教育事业不断取得新发展的关键，也是实现高质量发展、建设教育强国的必然要求。高校巡察工作以贯彻党的教育方针、落实立德树人根本任务为出发点，重点解决各二级党组织在思想政治工作、意识形态领域、师德师风建设等方面的问题，为高校培养德智体美劳全面发展的社会主义事业建设者和接班人提供有力保障。一是思想政治工作是立德树人的基础。高校巡察重点检查思想政治工作开展情况，有助于推动高校在立德树人上下功夫，不断改进和加强思想政治教育工作。二是发现人才培养的薄弱环节。巡察工作可以发现高校在人才培养中存在的问题，如培养方案设置不合理、教材选用不规范、教学态度不严谨、论文把关不严格等，促进高校及时发现问题、解决问题，为师生营造良好的成长环境，提高人才培养质量。三是强化师德师风建设监督。导师是研究生培养的第一责任人，师德师风也成为评价教师的第一标准。高校巡察注重检查教师的思想政治素质和职业道德，有助于加强师德师风建设，提高教师的社会责任感和教书育人的使命感。

（四）加快推进“双一流”建设的政治保障

统筹推进“双一流”建设，是党中央、国务院面向实现“两个百年”宏伟目标作出的重大战略决策，是我国实施科教兴国、人才强国、创新驱动发展战略的重要组成部分。开展巡察工作有助于高校党委切实履行好管党治党、办学治校主体责任，全面加强党的领导，把政治建设摆在首位，发挥好高校各级党组织在“双一流”建设中的政治引领把关作用。一是加强党的领导，确保正确方向。高校巡察的政治定位强化了党对高校的全面领导，增强了“双一流”建设的决策力、领导力，有助于高校围绕立德树人根本任务，进一步加强师德师风建设，推进基层组织建设，引领塑造大学文化，保证“双一流”建设始终沿着正确方向推进。二是有助于优化机制，提升资源使用效率。开展巡察能够检查高校“双一流”建设的有关机制是否科学合理，资源投入是否到位等，推动高校不断优化和完善机制，促进资源合理配置与有效利用。三是宣传和树立先进典型。开展巡察工作有助于高校二级党组织梳理“双一流”建设中的经验和先进典型，加以宣传能够产生示范效应，促进各级党组织学习借鉴，形成良性循环。

二、构建新时代高校“大监督”巡察工作机制的必要性

“大监督”巡察工作机制从巡前、巡中、巡后三个阶段共同发力，构建由

巡察机构（巡察工作领导小组、校内相关职能部门）、巡察对象（二级党组织领导班子及其成员，相关对象包括教职工、学生、家属）、兄弟高校、社会第三方（毕业生就业单位、产学研合作企业）广泛参与的多元化、立体化、数字化交叉巡察制度，推动形成“大监督”格局下的新时代高校巡察工作机制。

（一）监督范围更广、层次更深，更有利于发现问题

党中央和习近平总书记明确地将“发现问题、形成震慑，推动改革、促进发展”作为巡视工作方针。落实上述方针的重点在于精准发现问题并有效解决问题，因此，单纯依靠巡察工作部门和巡察组的力量是不够的①。高校构建“大监督”巡察工作机制有助于扩大监督范围、深化监督层次，从而精准发现问题。一是监督范围更广。当前高校开展巡察主要集中在对二级党组织的领导职能责任的监督，重点在教学、科研领域。“大监督”还可以对思想政治工作、队伍建设、学生管理、资源配置、后勤保障等各领域进行全面监督检查，更有助于发现问题。二是监督层次更深。“大监督”不仅检查工作成效，还深入到工作目标、内容、方法、程序等方面，检查管理体制机制是否科学合理，有无潜规则等，更有利于发现体制机制方面的缺陷和改进空间，帮助高校理解自身发展过程中的症结所在，进而准确诊断问题。三是监督方式更多样。在“大监督”巡察工作机制下，除了听取工作汇报、检查文件材料外，还可以通过深入基层调查研究、座谈交流、第三方测评等方式获得更全面准确的信息，发现更真实的问题。

（二）监督震慑力更大，更有助于整改落实、提高监督质效

目前，高校巡察工作仍普遍存在“上热中温下冷”的问题，责任和压力传导呈现逐级衰减趋势，巡察工作容易出现走形式、走过场现象。“大监督”巡察工作机制监督范围更广、监督方式更多元，容易发现更深层的问题，因此牵涉面更广，问责力度也更大，从而产生更大的压力和更强的震慑效果，促使高校二级党组织主动配合监督工作，深刻反思与全力整改。一是监督震慑力大，问题整改更主动。广泛而深入的监督检查及其形成的强大监督震慑力，促使被巡察单位采取更为积极主动的态度进行问题诊断和整改方案制订，从而认真落实整改措施，系统解决问题。二是监督力度加大，整改成效更明显。通过强化巡察主体责任，扩大巡察机构的范围，严格管控巡前、巡中、巡后三个阶段等方式，持续加大监督检查力度，使得问题查摆更充分，问题整改也更有针

---

① 姚君君，王瓅苑，刘东晓. 高校巡察与其他监督贯通融合路径研究 [J]. 国家教育行政学院学报，2022 (7)：81.

对性，制定的整改措施更加切实可行，整改成效更加显著。三是工作机制严密，及时调整优化，巡察工作更加科学。“大监督”巡察工作机制重在实现监督的系统化、科学化与发展性，通过构建问题清单、限期整改、跟踪问效“回头看”等工作机制，监督整改行动全过程。同时，其对巡察工作本身也进行监督评价，对工作中存在的问题和不足进行分析，及时调整监督内容与方式，从而不断提升巡察工作的科学性。四是形成工作闭环，提升监督质量。“大监督”巡察工作机制推动高校对问题整改情况进行督查和评估，并由第三方机构进行后续跟踪评价，形成巡察工作闭环，切实保障整改落实。

（三）监督成果运用更全面，更有利于促进改革发展

“大监督”巡察工作机制发现问题更精准全面，整改要求也更系统而有针对性，这些成果可以在高校各个层面和领域得到更加广泛深入的运用。一是监督成果更丰富，运用场景更全面。“大监督”巡察工作机制参与主体更多元，监督检查范围涵盖教学科研、资源配置、管理服务的方方面面，能够更全面深入地了解二级党组织的运行情况，从而帮助其优化发展规划，改进教学科研等环节的不足，进一步整合资源，提升队伍素质和管理服务水平。二是整改方案的制订更科学。“大监督”发现的问题更加全面系统，因此高校需要考虑问题之间的内在关联，整合各方资源与力量，制订更加全面系统与协调的整改方案，从而有利于从根源上解决问题，避免改革的片面性。三是整改与发展结合，有利于推动深化改革。“大监督”巡察工作机制不仅关注发现的问题，更关注整改后的发展变化，尤其是引入了第三方机构开展巡察工作，信息公开程度更高，社会监督范围更大，从而真正推动高校在体制机制等方面进行实质性改革与创新发展。同时，在“大监督”巡察工作机制下，高校改革的成功经验，不但可以对该校产生持续影响，也可以为其他高校改革发展提供借鉴，有利于推动整个高等教育的创新与变革。

三、构建新时代高校“大监督”巡察工作机制面临的困境

（一）各部门协同配合的工作机制尚未建立，制度建设仍不完善

首先，“大监督”巡察工作机制涉及高校各个部门，甚至还要引入兄弟高校和社会第三方机构，高校内部各部门之间在监督工作中的职责定位尚不十分明确，协同配合机制还不健全，与外部机构的协同更加困难。权责不清导致各方信息沟通不充分，监督工作的系统性与连贯性难以实现。其次，“大监督”巡察工作机制需要配套的制度体系作为保障，但高校现有制度还不能全面适应“大监督”工作开展的要求，尤其是在监督对象选择、监督方式方法、监督信

息采集、问题跟踪整改等方面的制度还不够细致完备，无法确保监督工作的科学性与权威性，仍需进一步修订完善。再次，在“大监督”机制下，高校还应建立对监督效果的跟踪反馈机制，这方面工作尚在起步阶段，机制建设还需要进一步探索与创新。最后，在“大监督”巡察工作机制下，问题暴露更充分，问责力度也更大，应当做到有责必问、问责必严，既要对事，也要对人。但现有的问责机制比较简单粗暴，甚至存在权责不对等，或者追责走过场等情形，需要进一步优化与完善，才能真正体现权责对等，维护公平公正。总之，“大监督”的目的是推动高校体制机制改革创新，但目前高校在利用监督成果深化改革、构建自我发展动力机制方面还很不足，亟待通过完善相关制度和工作机制为“大监督”巡察工作机制提供制度保障。

（二）巡察队伍组成人员多为临时抽调，思想认识和工作能力有待提升

巡察人员的能力和水平如何直接关系到巡察工作中是否能精准发现问题、实事求是反映问题。目前，高校开展巡察工作普遍采用临时抽调的方式组成巡察组，这一做法的问题主要体现在：一是思想认识不统一。建立“大监督”巡察工作机制，需要相关人员树立科学、全面的监督观，但事实上部分人员政治站位不够高，甚至没有充分认识巡察工作的重要性，没有摆正角色，难以克服“熟人社会”陷阱①，思想认识上的差异最终会导致监督行动和监督结果上的差距，影响监督工作的实效性。二是工作经验不足。临时抽调来的巡察人员对巡察工作本身不够熟悉，尽管参加了巡前培训，或者有过巡察工作经历，但没有经过长时间的工作历练，工作经验不足，对最新政策的把握、问题的表现及深层次的原因等缺乏准确的判断，甚至因为曾经做过巡察工作而出现麻痹思想，这些因素都不利于巡察监督工作开展的深入性和连续性。三是专业能力欠缺。“大监督”巡察工作机制对巡察人员的专业素质和工作能力提出了更高的要求，但目前不少高校巡察队伍在业务知识、专业技能方面还有较大差距，尤其是在运用大数据等信息化技术手段开展监督和评估工作等方面比较欠缺，难以胜任“大监督”机制下的巡察工作。因此，高校要系统加强巡察队伍建设，促进巡察人员职业化发展，提升巡察人员专业素质。

（三）对巡察对象相关人员如何开展有效调查仍需进一步探索

高校巡察对象是二级党组织领导班子及其成员，其相关人员主要包括单位教职工及其家属、学生及其家属等。开展有效调查是“大监督”巡察工作机

① 张学龙，李玉峰. 高校巡察的“熟人社会”之困：表现形式、根源探讨与破解之道 [J]. 西南交通大学学报（社会科学版），2021，22（3）：20.

制取得实效的关键环节，而对巡察对象相关人员如何开展有效调查还面临一系列难点，主要体现在：一是调查对象的选择。将巡察对象相关人员纳入巡察范围，能够更加全面了解掌握巡察对象的情况，有利于发现更真实的问题，但面对庞大的师生及其家属群体，如何选择调查对象成为第一个难题。结合巡察内容，可以考虑选择教学、科研、财务、辅导员等关键岗位人员作为调查对象，保证调查的系统性和代表性。同时，由于相关人员身份和经历不尽相同，要注意采取客观公正的态度听取被调查对象的陈述与意见，关注其情绪及感受，从而提高被调查对象的配合度，保证获取信息的真实可靠。二是调查方式的选择。巡察对象相关人员的身份复杂，传统的调查方式已经不能满足工作需要，为此要结合被调查人员身份、个人意愿、调查内容等因素选择科学高效的调查方式。除了传统的调查方式外，还可以运用互联网、大数据等现代信息技术手段，提高调查的效率、安全性和准确性，以及综合运用个人访谈、座谈交流、问卷调查、观察法等方式相互印证和对比调查结果，保证所获取信息的准确、真实、全面。三是调查内容的设计。调查内容是整个调查环节的核心要素和难点。针对不同类型人员设计不同的调查问卷或提纲，内容要具体细致，提问方式要客观无引导性，还要注意严格保密和采取匿名方式。调查不仅关注表象，更要深入到政策制度、资源配置、内部沟通、运行机制等方面，由浅入深，循序渐进，获取被调查对象真实而具有价值的信息，全面系统地了解巡察对象的实际情况。四是调查结果的研判。从不同调查对象和方式获取的信息可能存在相关信息之间矛盾或者不一致的情况，影响调查结果反馈。为此，要对各种调查方式取得的数据和信息进行系统梳理、整合分析、统筹研判，在形成调查报告前及时向相关对象反馈，听取其意见或建议，进一步完善调查报告，为综合判断被调查对象的实际情况提供可靠支撑，从而提出更加明确可行的改革方向和整改措施。此外，还可以考虑建立后续回访机制，对一些关键问题和监督重点，通过后续回访进行跟踪调查和效果评价，确保问题整改取得实效。

（四）基于大数据技术的信息化平台尚未建立，巡察数据收集和成果运用受限

“大监督”巡察工作机制的良好运行需要依托大数据技术构建信息收集、分析与应用平台，但目前这方面的建设还处于起步阶段，难以全面支撑相关工作开展。其局限性主要体现在：一是信息收集效率较低、来源单一，发现问题的能力很有限。现有数据信息收集主要还是依靠人工填报和纸质材料调查等传统方式，数据收集效率低、范围窄、时效性差，信息来源也主要依靠被巡察对象提供文件、汇报材料以及座谈交流获取信息，信息范围和深度十分有限。上

述情况都难以满足“大监督”巡察工作机制对数据信息的要求，很难做到全方位、多角度、深层次发现问题。二是数据分析手段不足，结果可靠性难以保证。在“大监督”工作格局将产生海量的调查数据，需要强大的数据分析手段，但目前仍主要依靠人工统计分析，难以实现定量与定性相结合、宏观与微观相统一，分析结果的准确性和权威性难以保证。三是巡察成果形式单一，运用范围较小，后续跟踪与评价困难。由于人工处理信息能力有限，巡察成果产出形式较为单一，现有巡察成果主要以文字报告形式存在，能够精准匹配到管理环节或提供决策支持的场景较少，成果运用范围较小，应用价值难以最大化，不利于巡察工作经验的积累与借鉴，巡察后续的跟踪反馈与效果评价工作难以开展。“大监督”巡察机制下，将产生海量成果信息，信息分类整理与精准匹配需求也会大大提升，信息技术手段升级迫在眉睫。

四、构建新时代高校“大监督”巡察工作机制的路径

可以从制度建设、思想认识、方法创新、机制保障四个方面来构建“大监督”巡察工作机制的路径。

（一）完善制度建设

“大监督”巡察工作机制要求高校各个部门之间高效协同才能发挥1+1>2的效果，这就需要高校以系统观念建立健全巡察工作体制机制，统筹协调各部门、各单位形成联动机制，创新建立系统完备、科学规范、运行有效的制度体系，构建“大监督”巡察工作机制。一是加强党委统一领导。党是我们各项事业的领导核心，要以落实全面从严治党“四责协同”机制为抓手，将党委主体责任、纪委监督责任、党委书记第一责任和班子成员“一岗双责”的横向协同与纵向压力传导相结合，切实加强党对巡察工作的领导，发挥牵头抓总、协调各方的作用，充分利用高校党委常委会、党委理论学习中心组学习（扩大）会议、巡察工作领导小组会议，传达“大监督”巡察工作要求，抓好巡察工作总体部署，推动目标任务落实，形成“大监督”格局。二是建立健全巡察工作制度体系。习近平总书记多次强调，要处理好建章立制和落地见效的关系。制度先行十分有必要。在“大监督”巡察工作机制下，巡察机构和人员的范围、巡察对象的范围都更大，监督方式方法也更加多元，巡察信息公开和结果运用的范围和方式都发生了变化，因此高校要结合“大监督”的需要对现行巡察工作实施办法、巡察干部队伍管理办法、巡察整改工作实施办法等一系列制度文件进行系统的修订和完善。三是发挥各部门优势，形成集成效应。高校应结合自身实际情况，成立符合“大监督”巡察工作要求的党委巡

察工作领导小组，领导小组成员应由关键部门主要负责人担任。根据各部门的职能分工、人员特点和资源禀赋，充分发掘各部门的优势，通过制度化方式明确其在巡察工作中的职责，打通制度障碍，特别注意部门之间的衔接，避免出现真空地带，推动各部门监督力量形成合力。

（二）提高思想认识

思想是行动的先导，只有认识到位，行动才会自觉。一是统一思想认识，树立“全员监督”的意识。通过召开各类会议及时传达巡察工作需要多部门协同配合的重要性和工作要求，强化各责任主体和相关单位树立巡察工作“一盘棋”和“同题共答”的意识，推动“大监督”思想走深走实。通过印发巡察工作宣传手册、公布巡察公告和巡察重点、开好巡察工作动员会、及时发布巡察工作动态、公开巡察反馈意见和整改成果等方式，广泛宣传动员教职工深入了解巡察、积极参与巡察、监督巡察整改，推动巡察工作深入基层，形成群众、社会、舆论全员监督合力。二是转变思维方式和工作作风。组织巡察人员认真学习习近平总书记关于巡视工作的重要论述，深刻理解巡察对促进高校改革发展的重要作用，只有通过严密有效的监督，才能真正解决高校深层次问题，推动高等教育高质量发展。培育巡察人员问题导向思维和严谨细致的工作作风，养成把握主要矛盾和发现问题的思维习惯，在监督工作中注重发现高校二级党组织改革发展的软肋和薄弱环节，认真分析原因、提出合理建议，转变“走过场”心态，确保监督的严谨性和实效性。三是系统培训，提高巡察队伍的专业性。中央巡视工作领导小组办公室组织编写的《新时代巡视巡察干部培训系列教材》现已出版，内容涵盖巡视工作概论、流程、方式方法、信息化应用等，对各级巡视巡察干部做好新时代巡视巡察工作具有重要学习参考价值。高校应尽快建立健全巡察干部培训体系，从思想认识、政策水平、业务知识、专业技能等方面对巡察干部进行系统培训，帮助巡察干部全面准确地理解和贯彻党中央关于巡视巡察工作的决策部署，准确把握新时代巡视巡察工作规律，提高做好巡察工作的政治能力和专业水平。

（三）创新工作方法

在“大监督”工作格局下，巡察对象范围更广，各主体之间关系也更复杂，传统调查方式弊端不断显现，亟待探索新的工作方法。一是运用大数据等信息技术手段开展网络日常监督。大力推进巡察信息化管理平台建设，将巡察准备、巡察业务、问题数据库、巡察预警、成果运用、巡察整改、干部管理等功能纳入系统，实现巡察工作全流程全方位管理。采取网络问卷调查、实时监督等调查方式，广泛收集一手资料，形成大数据平台，同时注重与现有各类信息系统的数据对接和对比分析，共同发挥大数据的监督作用，破解“熟人社会”的困扰。二是对于共性问题强化专项巡察。针对二级党组织普遍性问题、改革发展的重点难点问题可以开展专项巡察，各二级党组织之间可以共享监督信息，共同研判调查反馈的问题，制订切实可行的整改方案，系统推进学校整体发展战略规划，以巡促改、以巡促建、以巡促治。三是实行巡察组负责制和轮岗制。每个巡察组既有对口负责的二级党组织，组内工作人员也要定期轮岗，参与完成其他组的任务。负责制能够强化责任意识，促进工作落实，轮岗制有利于形成各部门通力配合的工作格局，有助于开阔巡察人员的工作思路，更精准有效地发现问题。四是推行校领导巡察。进一步完善巡察整改促进机制，推动建立高校主要领导定期巡察制度，通过设立校领导接待日、校领导带队开展校内调研等方式，加强校领导对二级党组织思想政治工作、教学科研活动、学科建设、人才培养、师资队伍建设等方面的直接了解，有力推动问题整改落实。

（四）强化机制保障

加强巡前、巡中、巡后三个阶段的机制保障，促进“大监督”巡察工作机制落地见效。一是强化统筹协同，做好巡前准备工作。巡前应召开巡察工作领导小组会议，各职能部门结合本部门业务工作充分沟通巡察重点、难点、风险点，指导巡察工作组找准监督检查的切入点和着力点，切实发挥各类监督主体协同作用。建立常态化长效化巡察队伍“选培管”机制，通过健全抽调机制、提升能力素质、用好激励约束，健全巡察干部选拔、培育、管理制度，锻造政治思想素质过硬的巡察队伍。二是建立健全巡中数据信息平台保障机制。加大人力和经费投入，打通“数据壁垒”，建立健全巡察大数据平台，以“巡察业务”和“巡察保障”为主线，开发巡察信息化管理平台，打造“数智巡察”应用场景，实现问题线索实时收集、自主上传、即时调取，异常信息自动抓取、一键分析、及时预警，全程实时跟踪巡察各环节工作进展。三是用好巡察成果，保障巡后整改落实。采用“平台+审核”模式，严格时间节点反馈整改措施。将巡察发现的问题及整改要求及时录入巡察信息化管理平台，要求被巡察的二级党组织对照巡察反馈意见，逐条逐项明确整改措施、责任人和完成时限，并按照时间要求规范录入平台，由巡察组进行审核。采取“督查+问责”模式，持续跟踪整改进度。抓紧抓实对被巡察二级党组织问题整改的督查，对整改不力、虚假整改、应付整改等情形提出意见，约谈责任人，倒逼责任落实。实行“回访+评价”模式，“回头看”确保整改成效。巡察组适时组织整改“回头看”和回访检查，通过收集兄弟高校、毕业生就业单位、产学研合作企业的评价反馈对整改效果进行评估，持续传导压力、跟踪问效，督促被巡察二级党组织长期保持整改成效。

参考文献：

[1] 苏茜. 高校巡察人员精准发现问题的困境与对策 [J]. 南通职业大学学报，2021，35（5）：50-53.

[2] 姚君君，王瓅苑，刘东晓. 高校巡察与其他监督贯通融合路径研究 [J]. 国家教育行政学院学报，2022（7）：81-87.

[3] 张学龙，李玉峰. 高校巡察的“熟人社会”之困：表现形式、根源探讨与破解之道 [J]. 西南交通大学学报（社会科学版），2021，22（3）：20-27.

新时代高校巡察工作系统化集成化路径探析

罗　杰（西南财经大学马克思主义学院）

摘要：巡察工作是高校党委落实全面从严治党主体责任的重要抓手，切实发挥着“探照灯”与“显微镜”的作用。随着当前高校巡察工作机构的建立，集成化系统化的工作机制也亟待完善。要充分认识巡察工作是为学校治理体系全格局纳入了新的监督力量，将高校巡察工作放在高校治理与建设的整体布局加以考虑，加强与其他职能部门的系统集成和贯通融合，筑牢贯通融合的思想基础、强化贯通融合的责任抓手、建构贯通融合的有效机制和夯实贯通融合的组织保障，切实让高校巡察工作的开展获得更加坚实的政治基础和更加全面的力量支持，不断增强巡察工作的整体效能。

关键词：新时代；高校；巡察；系统化；集成化

习近平总书记强调，要把巡视与纪检监察、组织、审计等监督贯通起来，立体聚焦、形成合力，打通党内监督和国家监督的贯通渠道，推动形成系统集成、协同高效的中国特色监督体系①。党的二十大报告指出，健全党统一领导、全面覆盖、权威高效的监督体系，完善权力监督制约机制，以党内监督为主导，促进各类监督贯通协调，让权力在阳光下运行。高校巡察是巡视向基层的延伸和拓展，要坚持运用马克思主义普遍联系和系统论的观点，构建巡察监督与其他监督的协同工作机制，实现以巡察工作部门牵头、各相关部门融合推进的系统化集成化工作体系，把巡察制度优势转化为监督效能，推动监督全覆盖并不断向纵深发展。

---

① 加强上下联动　构建战略格局　推动新时代巡视巡察工作高质量发展：中央巡视工作领导小组办公室主要负责人就《关于加强巡视巡察上下联动的意见》答记者问［J］. 中国纪检监察，2021（2）：38-40.

一、新时代高校巡察工作系统化集成化的重要意义

巡视巡察工作是抓好党的自我革命、全面推进新时代从严治党向纵深发展的应有之义和战略性制度安排，是我们党在长期政治建设和社会治理中形成并被实践验证的管党治党的有效方式，充分彰显了中国特色社会主义民主监督的制度优势。高校开展巡察工作是打通党内监督“最后一公里”的重要探索，是“巡察全覆盖”在基层落实落地的重要举措，是营造风清气正的校园环境，确保党委切实履行主体责任、落实立德树人根本任务的重要保障。当前国内各大高校深入贯彻落实党中央、教育部党组关于加强巡视巡察工作的重要会议和文件精神，对加强校内巡察工作体系建设进行了积极的探索，取得了积极成效，也彰显了新时代加强和改进高校巡察工作的重要意义。

（一）完善党和国家监督体系的必然要求

新时代进一步完善党和国家监督体系，需要着力推进巡视巡察工作上下联动并与其他监督贯通协调，从而更好地实现全面综合监督，织密党内监督工作网。党中央于2016年颁布的《中国共产党党内监督条例》明确规定了一系列具体的监督措施：一是要维护党中央的统一领导，确保党的各级组织都能够有效地履行监督职责；二是党委（党组）要全面监督党的工作，确保各项工作都能够按照党的要求进行；三是纪律检查机关要专门负责监督，确保党员的行为符合党纪规定；四是党委督查部门要负责监督各项工作的执行情况，确保工作能够顺利进行；五是党的基层组织要进行日常监督，确保党员的行为符合党的要求。同时，党员还要进行民主监督，确保党的工作能够得到广大党员的监督和支持，以此形成“一竿子插到底”的党内监督体系。我们要充分认识到高校既是立德树人的重要阵地，也是彰显新时代党的建设理论和实践成果的重要平台，深入推进高校巡察与其他监督系统集成融合，对进一步完善我们党和国家的监督体系，促进党内监督工作不断提高质量和效率有着重要的作用。

（二）提升巡察监督实效的必然要求

习近平总书记指出，巡视巡察工作要切实做到“发现问题、形成震慑，推动改革、促进发展”。要实现这一目标，就必须做到精准发现问题，并有效解决问题。要实现“精准”和“有效”，就必然要求各方力量精诚协作、加强配合，实现各相关部门人员、信息、责任等方面的系统化集成化。一是巡察工作涉及的具体项目，特别是该领域工作的重点和风险点，需要相关职能部门协助检查并提供合理的工作咨询。二是相关职能部门对二级学院和基层单位所涉及的领域工作日常情况有准确和系统的把握。一般都有该单位的相关工作考核

材料档案，可以帮助巡察组摸清底细，做到心中有数。三是相关职能部门常态化对基层单位开展专项监督，对其存在的主要问题和整改措施都有较为清晰的把握，可以协助巡察部门抓好对基层单位的督促整改工作，从而切实增强巡察监督的实效性。

（三）推动全面从严治党向纵深发展的必然要求

党的十八大以来，各大高校党委深入贯彻落实全面从严治党工作主体责任，持续深化党风廉政建设和反腐败工作并取得历史性成就，党风建设带动校风建设的成效得到充分彰显。但从各方文献查阅和实际调研的情况来看，高校全面从严治党向基层延伸、在末端落实的情况依然不甚理想。面对这样的情况，进一步发挥好巡察工作的“探照灯”作用就显得尤为必要，特别是要善于抓“关键少数”，层层传导从严治党压力和责任，通过集成整合校内各类监督体系，紧盯学院和基层单位党政班子成员，对标对表查找其履职尽责过程中存在的偏差，始终坚持高标准严要求，全方位检视被巡察单位在落实全面从严治党主体责任和改革发展任务方面存在的问题，切实防止全面从严治党效能逐级衰减的现象，真正实现从严治党在高校横向到边、纵向到底。

（四）推进治理体系和治理能力现代化的必然要求

党中央已经明确将“坚持和完善党和国家监督体系，强化对权力运行的制约和监督”作为坚持和完善中国特色社会主义制度、推进国家治理体系和治理能力现代化的重要组成部分，强调要推进纪律监督、监察监督、派驻监督、巡视监督统筹衔接，以党内监督为主导，推动各类监督有机贯通、相互协调①。巡察工作是对被巡察单位进行的全面的政治检查，巡察工作部门必须与其他部门通力配合，系统集成地建立起有效畅通的信息交流、共同研判、协同推动机制，才能准确把握深层次问题，有效促使巡察工作在基层单位取得实效，从而在后续开展专项整治、完善制度体系等过程中形成长效机制，推动学校治理能力和治理体系朝着现代化的目标稳步迈进。

（五）落实立德树人根本任务的必然要求

培养社会主义合格建设者和可靠接班人始终是党的教育方针，也是各类学校的共同使命。党的十八大以来，各大高校牢记教育初心使命，把立德树人作为根本任务抓紧落实，推动新时代高等教育事业取得了新的成就。高校巡察工作的落脚点归根到底是为高校全面落实立德树人根本任务提供坚实的政治监督保障，因此，必须提高政治站位，将巡察工作放在立德树人工作的全局，通过

---

① 李志勇. 坚持和完善党和国家监督体系［N］. 中国纪检监察报，2019-11-09（1）.

巡察工作发现并切实推动解决基层单位在推进“三全育人”综合改革、构建“十大育人体系”等过程中存在的突出问题，为高校培养合格的社会主义建设者和接班人保驾护航。

二、当前高校巡察工作系统集成情况与主要难点

习近平总书记强调，要坚持系统观念，深入推进巡视巡察上下联动，与其他监督协同配合，更好发挥巡察综合监督作用和联系群众纽带功能①。他还多次强调，要充分发挥巡视制度优势和纽带作用，打通党内监督和国家监督的贯通渠道，推动形成系统集成、协同高效的中国特色监督体系②。只有大力推动高校巡察工作系统化集成化，才能够将多方力量凝聚起来，形成巡察工作合力，保证巡察工作取得实效。

为了准确把握当前高校巡察工作系统情况，我们对 12 所四川省内外部分重点本科院校的巡察监督与其他监督系统集成情况进行了线上线下相结合的调研，并对结果进行了深入分析，梳理出当前高校巡察与其他监督系统集成的主要难点。综合调研结果，我们发现，随着党中央从严治党战略的深入推进，巡察利剑震慑作用日渐凸显，但高校依然存在巡察工作与其他部门工作协同配合、同频共振不足和信息共享水平不高问题，一定程度上影响和制约了巡察工作成效最大化。

（一）高校巡察工作与其他监督系统集成的基本情况

我们本次走访调研的 12 所高校均已经建立了巡察工作领导体制，并做到切实将巡察工作作为全面从严治党的重要任务，完善了党委集中统一领导、相关职能部门和二级学院协同联动的工作机制。在我们调研的高校中，有 48.8% 由校党委书记和校长共同担任巡察工作领导小组组长；巡察工作领导小组副组长均由分管巡察工作的校纪委书记担任。巡察工作领导小组成员单位除巡察工作部门以外，还有与党委巡察工作关系密切相关的部门，如党委办公室、党委组织部、纪检监察部门、党委宣传部、党委统战部、审计部门等。约四分之三的高校单独设置了巡察工作部门，约四分之一的高校巡察工作部门与纪检监察部门合署办公。

参与调研的全部高校巡察部门皆与纪检监察部门建立起了协同融通的工作机制。纪检监察部门成立时间较长，有成熟的工作机制和丰富的工作经验，在

---

① 福建省委巡视工作领导小组. 高质量推进新时代巡视巡察工作 [J]. 中国纪检监察，2021 (18)：22-24.

② 王彧. 发挥巡视综合监督作用和联系群众纽带功能 [J]. 中国纪检监察，2021 (7)：34-37.

工作方法上与巡察部门有诸多共通之处，能够从制度建设、问题研判和人员配备等方面为巡察工作的有序开展提供强有力的支撑，对巡察过程中发现的问题及时进行跟踪调查和严肃问责。组织部门与巡察部门的协同配合主要表现在党建工作专项督查考核、干部人才队伍建设等，受访高校均将巡察结果作为干部选拔任用及单位考核评价的重要依据，党委宣传部、党委统战部、党委教师工作部等涉及党建工作的重要职能部门均在巡察工作的各个阶段与党委巡察部门协作配合，提供有力支持，配合方式与组织部门大致相同。此外，诸如财务部门、教务部门、审计部门与巡察部门的协同配合形式主要包括向巡察组提供被巡察单位相关具体专项业务方面有关情况并提供工作资料、派人员参与对被巡察单位进行专项巡察等。

在我们采访高校的巡察工作部门相关负责人或工作人员的过程当中，当问及关于本校巡察工作与其他监督工作系统集成效能的整体情况评价方面时，有8所（66.6%）表示本单位巡察工作系统集成工作机制比较完善，有4所（33.4%）表示系统集成效能和机制一般或不好。

（二）当前高校巡察工作与其他监督系统集成主要难点

一是相关职能部门对构建巡察协同工作平台的重要性认识不足。大多数受访高校巡察工作部门负责人和工作人员认为目前阻碍巡察工作系统集成效能的难点主要在于其他相关职能部门的思想认识和工作机制方面。在思想认识上，不仅表现在巡察组与被巡察单位之间，同样还表现在相关职能部门对需要配合的专项巡察的认识方面，个别部门和部分相关工作人员对巡察工作理解不到位，有时候碍于人情，怕问题查找得过于深入而产生得罪人的风险，并未认识到巡察工作的真正目的是以巡促改，推动学校高质量发展。在工作机制方面，大多数受调研高校巡察部门属于刚成立不久的单位，工作机制还在建立或完善阶段，各相关职能部门之间常态化的系统集成和协同配合机制未完全建立，以至于产生巡察整改过程监督缺位、巡察工作成果运用不足等问题。

二是系统集成机制的效能在巡察过程各阶段存在逐级减弱的现象。从目前的情况来看，校内巡察工作系统集成和融会贯通机制运行常见方法是为巡察前的信息沟通和信息共享、调用相关档案资料、工作方案和流程制订、选派工作人员参与等，巡察中的相关线索跟踪和问题研判，巡察后的问题界定与评估。整体来看，这些在发挥巡察利剑的震慑作用方面起到了良好的效果，但以巡促改、以巡促建的成效仍然不够突出，主要表现在对巡察整改落实的过程监督和效果评估方面形成的合力不足，导致对被巡察单位的督促检查、提质增效方面的效能有待加强，系统有效的整改评估机制还需要进一步完善。

三是巡察干部的配备及其工作经验与能力有待提高。干部的素质和能力直接决定了巡察工作的效能，特别是精准发现问题、评估问题的水平。我们走访调研的高校普遍表示，当前参与巡察工作的干部，大多为抽调各单位的工作人员，八成以上的受访对象认为自身所在学校的巡察干部储备和培训不足，巡察组的巡察干部组成多为处级干部加上来自相关职能部门和学院的临时抽调人员，且不乏一些新入职不久的干部，巡察工作经验和能力不足，巡前培训往往时间较短且缺乏对政策的深入解读和对具体案例的分析，导致部分组员在巡察过程中出现政策把握不够精准、问题查找与核实不深入、沟通协调能力不强等问题。

三、高校巡察与其他监督贯通融合的路径探析

高校强化巡察与其他监督系统集成、贯通融合的实现路径可以通过夯实系统集成的思想基础、强化系统集成的责任链条、建构系统集成的有效机制和夯实系统集成的组织保障来实现。

（一）夯实系统集成的思想基础

一是提高政治站位，强化各级党组织对巡视巡察相关制度文件的学习解读，凝聚齐抓共管的思想共识。充分利用校院两级党委常委会、党政联席会、党委理论学习中心组学习、教职工党支部学习、教职工政治理论学习等形式，加强领导干部和教职工对巡视巡察相关理论和实践的学习，切实提高对巡视巡察重要性的认识，积极传导巡察工作系统集成、贯通融合的重要性以及相关具体工作要求，强化校内各责任主体和相关单位“一盘棋”的“大巡察”工作意识，最大限度地凝聚巡察工作系统集成的共识。

二是加强巡察工作宣传，营造全校支持巡察工作的氛围。以网上网下相结合的方式，积极面向师生员工发布关于巡察工作重要意义和政策法规的宣传资料；在开展具体巡察的过程中，及时公布巡察公告和群众意见反映站点，抓好干部师生群众意见采纳和反馈工作，积极开展干部师生群众代表谈话；巡察结束后，及时公开巡察反馈意见和巡察整改成果等，突出展示巡察工作带来的新变化、新成就，促使广大师生员工切身感受到巡察工作带来的实实在在的变化，从而真正支持巡察工作、积极参与巡察工作，为巡察工作取得积极成效筑牢坚实的群众基础，营造良好的巡察工作氛围。

（二）强化系统集成的责任链条

一是进一步建立健全系统集成的责任体系。高校落实好主体责任是推进巡察工作系统化、集成化、科学化的关键所在，要紧紧牵住责任制这个“牛鼻

子”，党委牵头抓总做好总体部署和推进落实，层层传导巡察工作压力，做到充分汇聚各方力量，建立健全制度化常态化的系统集成工作体系，形成“大巡察”格局。纪委则要抓好落实从严治党具体责任，进一步统筹安排、完善巡察工作系统集成的制度机制，并抓好具体落实情况过程监督。党委书记要认真落实“一线规则”，亲自调研和推动巡察部门与其他相关职能部门和二级学院形成工作巡察工作合力。校领导班子其他成员要认真履行“一岗双责”，督促推动分管单位加强与巡察部门的系统集成，积极配合巡察工作的具体开展，对发现的分管单位的问题要督促整改落实。

二是进一步发挥巡察工作领导小组的牵头作用。巡察工作领导小组作为巡察工作的实施主体，要准确把握全面从严治党要求，充分听取被巡察单位党组织、领导小组成员单位的意见和建议，注重各方力量的协调和系统集成，根据巡察工作实际探索各相关单位在巡察工作过程中整合力量的新方式方法，明确工作思路、畅通信息渠道、厘清工作链条、明晰相关责任，推动各类监督力量在共建共享共治方面形成强大合力，充分彰显巡察工作的监督效能和利剑作用。

（三）建构系统集成的有效机制

一是充分做好巡察前的各项信息沟通和力量整合工作。巡察工作领导小组和巡察工作部门牵头会同相关单位抓好巡前动员和相关背景资料收集整理，如纪委、组织部、宣传部、审计部门、财务部门、教务部门等领导小组成员单位要第一时间向巡察领导小组和巡察组提供被巡察单位和党员领导干部的相关资料档案等信息资料，结合巡察工作政策法规确定监督检查要点，确保工作开展具有针对性，同时协调做好巡察组成员的推荐工作，着力提高巡察工作队伍能力，组织各相关职能部门负责人和业务骨干为巡察组工作人员开展工作提供政策文件支持并开展业务培训。

二是强化巡察过程中各方力量协同推动工作开展。高校巡察工作涉及面广，各相关职能部门要牢固树立“一盘棋”思想，及时为巡察组提供咨询建议，协助精准发现和研判问题，并就问题定性和出具整改意见提供参考，从而充分发挥系统集成监督职能。在各类专项巡察工作中，对于巡察过程中发现的可以立整立改的问题，要第一时间立足本职工作定位，配合巡察组和巡察部门推动督促被巡察单位及时整改，同时做好面向师生的信息公开工作，为巡察组精准深入了解被巡察单位情况提供必要的支撑。

三是着力推动巡察整改成果形成长效机制。在巡察过程中发现的问题，有的是系统性、深层次问题，其形成非一朝一夕，解决问题也难以一蹴而就，这就必须发扬“咬定青山不放松”的韧劲强化监督，以健全巡察工作的长效机制持续推动巡视整改任务落实。要做好这一点，尤其需要强化巡察部门和其他监督力量系统集成，共同织密巡察整改工作的常态化监督网，从而充分发挥系统优势，科学统筹力量，聚指成拳、形成合力，最大限度地提升监督效能。紧紧盯住制约被巡察单位长远发展的难点问题持续跟踪督办，重点查看集中整改任务是否落实到位，新出台的制度规范是否管用有效，巡察整改长效机制是否健全，党员干部和师生员工攻坚克难的精气神是否提振等。巡察部门要牵头对巡察中发现的共性问题和典型问题进行深入研究，通过建章立制、开展专项治理等方式切实解决问题，切实让巡察工作成为促进学校改革发展的强大助力。

（四）夯实系统集成的组织保障

一是推动构建共建共享的系统集成工作机制。完善党委集中统一领导、党委书记牵头抓总、巡察工作领导小组指导落实、巡察工作部门牵头协调、相关职能部门齐抓共管、协同联动的工作体制机制。领导小组成员单位之间建立工作定期会商制度，构建巡察工作联席会议制度等平台载体，促进相关单位常态化交流情况、研究问题、细化责任清单，共同研判巡察中发现的普遍性或突出性问题，集思广益提出意见或建议和解决方案，形成巡察监督合力，切实通过有效的协同配合，确保巡察工作的系统集成顺利推进。

二是推动建设政治思想素质过硬、业务精湛的巡察工作队伍。首先，要严格把好巡察工作人员的“入口关”。巡察工作领导小组成员单位应当加强会商，把政治素质良好、熟悉政策法规、做事勤勉担当、了解学校情况的干部选配吸纳进入巡察工作人才资源库，建好巡察工作人才“蓄水池”。其次，要抓好巡察工作专项培训，通过组织集中专题学习、巡察工作经验交流会、邀请巡察工作专家和相关职能部门负责人专题辅导报告、发放资料个人自学等方式，面向巡察工作人才库的骨干成员全面深入开展巡察工作专题培训，同时抓好保密纪律、工作纪律教育，全面提升其巡察工作能力和素质。最后，要加强对巡察工作队伍的考核，完善激励举措。巡察结束后，组织部门和巡察部门要对巡察组及其成员的工作效果进行科学评价，评价结果存入个人档案，将干部参加巡察工作的经历和表现作为年度考核、评奖评优和干部选拔使用的重要依据，切实发挥巡察工作发现、培养、锻炼干部的抓手作用，要动态化调整工作人才库，及时吸纳优秀人才，同时及时调整不适合参加巡察工作的人员。

总之，系统观念是习近平新时代中国特色社会主义思想的重要方法论，也是推动当前高校巡察监督与其他监督系统集成，从而实现巡察工作高质量发展的行动指南。高校巡察工作应当在准确把握党中央和教育部党组相关政策文件精神的基础上，加强系统性谋划，注重整体性推进，以系统观念保障巡察工作稳中求进，取得实效，切实以高校巡察工作高质量发展推动中国高等教育的高质量发展，为党的二十大提出的“实施科教兴国战略，强化现代化建设人才支撑”提供强有力的保障①。

① 曲雁，张璐，李富家．基于系统观念的高校巡察监督体系构建与实践探索［J］．北京科技大学学报（社会科学版），2023，39（1）：21-28.

政治监督定位下的巡察工作质量标准研究[①]

钟芸莹（西南财经大学马克思主义学院）
浦　玲（河海大学）

摘要： 精准把握政治监督职能定位，以高质量监督推动实现高质量发展是巡察工作的重要命题，构建完善的巡察工作质量标准是推进巡察工作制度化、规范化、标准化的必然要求，也是巡察工作实现高质量全覆盖的重要保障。本文从巡察工作质量标准的内涵入手，分析巡察工作质量标准的重要意义与构建原则，进而从时间、内容、效用三个维度，以及定位、绩效、感知三个方面，探讨立体构建巡察工作质量标准的具体思路，力求对改进巡察工作实践、提高巡察工作质量提供有益建议。

关键词： 巡察；政治监督；质量标准

巡察是巡视向基层的延伸和拓展，是党内监督和群众监督相结合的有效形式。在高校巡察工作实践中，围绕“聚焦监督定位、形成监督合力、增强监督实效”完善巡察工作质量标准是高质量推进政治巡察的重要命题，也是促进高校各级基层党组织坚持党的全面领导，全面加强党的建设，坚持社会主义办学方向，落实立德树人根本任务，发挥政治巡察重要作用的必要前提。

一、巡察工作质量标准的内涵

（一）巡察工作质量标准的含义

标准既是衡量事物和行为的准则，也是寻求领域范围内部最佳秩序和效益的可共同和重复使用的规范性文件。在政治监督定位下，巡察工作质量标准也是对巡察工作内涵的多维度反映：一是巡察工作质量标准是巡察工作质量观的

---

① 本文系河海大学“中央高校基本科研业务费”廉政项目“高校党委巡察工作研究与实践”（项目编号：2019B31814）研究成果。

集中反映，保障和提升工作质量是巡察工作开展中的首要问题，从质量观的角度回答了“巡察是什么”的问题。二是巡察工作质量标准反映了巡察工作质量水平对巡察工作的参与者和相关者的需求，群众的期待就是剑锋所指，群众的满意就是工作目标，从需求的角度回答了“巡察为什么”的问题。三是巡察工作质量标准也是巡察作为政治监督的效能的集中检验，是衡量政治监督定位准不准、覆盖全不全、开展好不好、效果实不实的尺子，也从效度的角度回答了“巡察怎么样”的问题。

（二）巡察工作质量标准的重要意义

巡察工作质量标准是巡察工作规范化建设的前提。构建科学完善的巡察工作质量标准是巡察工作规范化建设工作的前提，让标准化、全过程的规范管理具有系统层次性和计划安排性，整体上确保巡察工作更好地契合提升工作质量的目标，整合巡察工作参与各方之间的认知差异和行为差异，减少工作开展中的随意性和不确定性，是整个巡察工作规范化建设中的重要前置环节。

巡察工作质量标准是巡察工作质量评价和监督的依据。巡察工作质量标准是巡察工作质量评价的标尺，也是加强巡察工作指导监督，督促巡察工作效能提升的依据，体现了党章党规党纪、法律法规、党中央和上级党组织对巡察工作的规定和要求，不断将最新的成果和精神吸纳到质量标准中，保障《中国共产党章程》各项要求更好地落实到全面从严治党全过程各环节。

巡察工作质量标准是巡察工作质量保障的基础。巡察工作质量标准对于巡察工作的开展具有显明的引导和规范功能，指引工作参与各方科学参与、共同推动巡察工作，也是对巡察工作进行全过程质量管理的关键。针对不同阶段、不同主体、不同特点构建科学合理的巡察工作质量标准，是巡察工作质量保障与提升的重要指南。

（三）巡察工作质量标准的构建原则

突出整体性与目的性，系统集成优化。巡察工作质量标准的构建应凸显系统集成优化思维，围绕“两个维护”的根本政治任务，加强巡察工作顶层设计，强化切实推动“四个落实”的整体性、系统性和协同性。要准确把握巡察工作的内在规律，在标准设计上突出相互配合，指引体制制度相互协同，提升政治站位，以质量为主线，加强巡察工作自身的整合与优化。

兼顾多元性与统一性，坚持客观全面。巡察是一项系统工作，参与主体多，上下联动广。巡察工作质量标准应该充分覆盖巡察工作质量利益相关方，巡察工作的参与者、巡察的对象、巡察质量所影响的广大师生群众都是巡察质量标准的主体，不同的角度、不同的需求、不同的价值判断决定了巡察工作质量标准构成上具有多元性的特点，同时又要进行调和与处理，使之统一到“推动改革、促进发展”的目标之上。这就要求在巡察工作质量标准的构成中坚持实事求是原则，尊重客观事实与资料数据，尊重差异性与特殊性，保证标准本身体现公平公正。

注重科学规范性与动态稳定性，提升工作实效。政治巡察是政治监督的重要一环，将党中央的精神贯彻到底。要用好手中的“尚方宝剑”，首先就要把党中央、教育部党组、四川省委、学校的规章制度吃透，标准和指标要有依据、有出处、有规范，并坚持科学适度的原则，适度地实现评价、判断、选择和导向的功能，同时坚持民主开放，倾听群众声音，实行动态调整，与时俱进，避免僵化。

二、构建巡察工作质量标准的三个维度

（一）时间维度

体现动态性——不断提高信息反馈的总体质量。巡察工作质量标准不是一蹴而就的，是一个动态的循环过程，将理论和实践相结合、构建和应用相结合、评价和反馈相结合，具有动态循环的特征，也是巡察工作质量提升工作闭环上的重要一环，其实质是一个循环反馈信息、提升总体质量的过程。制定质量标准是第一步，推动质量标准进入执行实施阶段并开展实施效果评价，根据评价结果对优化点进行进一步调整，及时纠正实施偏差，不断进行更新、调整和完善。

突出全程性——贯穿巡察全过程的质量管控。巡察工作质量提升要看结果，更要看过程。巡察工作质量标准是加强巡察工作全过程质量管控的依据，要结合抓细“六个环节”，突出严格规范巡察工作程序标准，进一步明确监督任务，细化巡察准备、巡察实施、巡察报告、巡察反馈、巡察移交、巡察整改全过程全环节工作，注重把握工作部署、制度规范、组织实施、成果运用、队伍建设等关键节点，让巡察工作成效在过程中凸显出来，更好地营造巡察工作开展的氛围和环境。

注重时效性——把握巡察工作的时代背景。巡察工作必须把握国家大局，立足时代背景，找准着力点，全力推动全面从严治党向纵深发展，紧盯阶段性工作特征，结合年度党建工作要点，加强全面从严治党战略部署的推动落实，并及时准确地体现在巡察工作质量标准的构建中，切实把“两个维护”具体化到“四个落实”之中。

（二）内容维度

要全面、适宜、易于认知。质量标准对巡察工作内容的全覆盖是巡察工作质量标准的基本要求，要实现“全员、全过程、全方位”的“三全”覆盖，以政治建设为首，全面贯彻习近平总书记关于巡视工作的重要论述精神，全面响应各级党组织对于巡察工作的规划和要求，全面指引巡察工作的参与各方在整个巡察工作过程中的工作开展，全面回应人民群众对于巡察工作的期望和诉求。巡察工作质量标准的根本作用在于指导工作、提升质量，故一要方便实操，要让巡察参与单位和工作人员有效对照标准进行操作，指标说明要清晰明白好懂，便于理解执行。二要易于被巡察单位理解。被巡察单位和对象是巡察工作的参与方，是巡察整改的责任方，也是巡察工作质量的关键决定因素。被巡察单位虽没有接受巡前的系统培训，但被巡察单位也要对巡察的质量标准有所认知，了解如何在质量标准的指导下加强整改。所以，巡察标准应该易于认知，让被巡察参与各方对“为什么巡察、巡察什么、怎样巡察、如何整改”要有充分的认识和准备，并全力配合提高巡察工作质量。三要做到适宜，增强标准内容及其结构的相互关联度和协调配套性，还要把握好标准的“度”，根据巡察单位在贯彻“四个落实”中的具体问题进行适度调整，切忌“大而空”和“一刀切”，反对形式主义，对于工作留痕、工作形式与内容相统一等标准问题要重点把握。

要规范、科学、具有权威。巡察工作质量标准建立在制度规范的基础上，也是巡察工作规范化建设的前提，在内容上和编排形式上必须体现规范，经过广泛调研而具有科学性，并以此树立巡察工作权威，有利于形成震慑。巡察工作标准的规范和科学，既要制度依据扎实，也要执行动作标准。在巡察工作实际中，很多时候都是通过巡察工作的“动作”来看认识、看质量，构建巡察工作质量标准，既要保证必选动作、规定动作不走样、无遗漏、有深度，也要保证结合巡察对象的自选动作规范性、实效性、围绕中心性，通过巡察质量标准构建起规范科学的“行动手册”，明确巡察工作中哪些动作必须做、应该做成什么样、达到什么效果。巡察工作的权威源于党组织所赋予的神圣职责，而巡察整改的效果和巡察成果的全面运用是让权威立得稳、立得久的关键因素，所以巡察质量标准构建中应强化过程思维和结果导向，突出抓四方面关键点：一是被巡察党组织整改任务“清账”情况，要围绕主要职能职责，全面系统梳理巡察反馈的问题所牵涉的具体工作，建立问题清单、责任清单、措施清单、目标清单和时间表，保证问题全覆盖、整改落到底，不存呆账坏账死账；二是巡察机构面上整改“总账”情况，要全面梳理巡察发现的面上共性问题，形成分析报告，供派出巡察组的党组织决策参考，推动开展其他单位“举一反三”的共性问题自查与整改；三是成员单位协同深化“结账”情况，办理巡察移交的线索和问题，按时、全面办结线索和问题，强化巡察成果共享和运用，有针对性地改进工作、优化制度，构建巡察监督与其他监督一体化的联动机制，共同彰显巡察“显微镜”“探照灯”作用；四是巡察工作公开宣传“报账”情况，坚持公平、公正原则，进行适度公开，让师生群众了解得到工作进展，感受得到工作成果，提升群众认可度，让群众进一步理解巡察、参与巡察、支持巡察。

要同向、创新、实时拓展。坚持政治监督定位，把巡察工作质量标准构建和质量提升与净化政治生态相结合、与整治群众反映强烈的问题相结合，与解决日常监督发现的突出问题相结合，落实管党治党办学治校政治责任，提升治理体系和治理能力现代化水平，与高等教育改革同向而行，助力高等教育范式全面创新。一是保持稳定统一和指向明确，既要坚持政治性，又不能只就政治言政治，要和学校绩效考核体系、干部述职评议体系等评价体系保持一致，互相融合，避免不同的指标体系造成混乱和负担，通过加强党在高校的全面领导，创新基层党建工作，推动世界一流学科建设，落实学校改革建设任务，全面推动单位发展，落实“立德树人”根本任务。二是保持民主开放和与时俱进，质量标准本身应具有适应新环境和形势的可扩展性，坚持一线规则，切合单位实际，吸收群众意见、凝聚群众智慧，跟上新的内容，适应新的要求，领悟新的精神，提高工作的预判性，保持观测指标的相对稳定，结合其他高校、其他单位在巡视巡察中发现的共性问题和新问题，对照自身的情况和进展及时进行调整，以质量标准为指引，做好巡察工作的预判和长远规划，不断加强反思和自我完善，让巡察成为一个民主和开放的过程。

（三）效用维度

增强质量评价的度量性。巡察工作质量标准要突出效用，需要基于标准设置的目的，针对评价客体的特点，结合环境因素进行综合考察，科学设计工具手段与方法模型，采用定量与定性相结合的方法，突出可视化的指标构建，可量化的指标展现，对标准体系的目标进行相应的量化测度，对巡察工作进行全面的具体的评价，探索“大数据+巡察”，并作为进一步提升质量的依据。使用整体方法，突出巡察工作重点任务，重视数据的收集和使用，为巡察工作的开展勾勒总体轮廓；使用比较方法，巡察实施前后对照、目标与实际结果比照，突出巡察工作实效评价；使用优化方法，从制度建设、工作机制、人才队伍等多个方面构建质量标准，突出巡察工作促进自我完善的作用；使用层次分析方法，从宏观、微观多层次发力，体现治理能力和治理体系现代化的要求；使用预测评价方法，延伸视野、注重长效，进一步推动巡察工作走深走实；使用数据分析方法，重视工作过程数据、群众反馈评议数据、专业测评数据等重要数据的收集和使用，进一步构建标准化综合化的评价体系。

突出工作难点的针对性。有效的质量标准的目标设置应具有解决相关问题、破解工作难点的针对性，在一定程度上体现对工作难点的预测及执行过程风险的调控管理。巡察是新时代健全和完善党内监督的重要制度创新，校内巡察工作时间短、任务重，不能干扰被巡察单位的正常工作，同时又要求掌握全、找得准，还要把问题根源搞清楚。被巡察对象很难主动暴露甚至意识不到自身的深层次问题，被巡察单位的群众对巡察工作也缺乏深层次理解，“熟人社会”监督难的问题在高校尤为突出。巡察组成员本身也可能由于知识结构、工作领域、固有经验等原因而存在认知上的局限，对于提高巡察工作质量造成了一定的影响。针对难点问题，在质量标准上要进行具有针对性的巧妙设计，从学习、培训、宣传、队伍建设等多向发力，为巡察工作难点突破打好思想认识的基础，让巡察参与各方能够正确看待问题、勇于直面问题、善于解决问题；从激励、考核、问责、成果运用等方面，形成攻坚克难的保障机制，引导巡察工作人员带着问题“访”，重视策略“谈”，综合分析“研”，聚焦政治上的关键问题；从制度、机制、协作联动方面，强化协同作战，集体攻关，汇集智慧，全面灵活地运用多种方法，全面掌握、客观判断，找准症结、定点突破。

提升巡察工作的实效性。巡察工作质量标准要求各级党组织和巡察工作队伍落实对党忠诚、全面从严治党主体责任作为主要考量，落实“两个维护”根本政治任务，突出整改落地求实效。一是围绕“四个落实”，压实政治责任。对标对表抓关键，牵住责任的“牛鼻子”，在以监督推进“四个落实”上下功夫，紧盯领导干部“关键少数”，把被巡察单位履行全面从严治党“两个责任”和党组织书记、单位行政负责人“双担责”的情况作为巡察的重要内容，把巡察整改融入日常工作、融入深化改革，与完善长效化制度机制结合起来，坚持高标准狠抓落实。二是突出“监督聚焦”，切合工作实际。坚持问题导向，既密切关注“党的领导弱化、党的建设缺失、从严治党不力”等可能存在的面上问题，也重点聚焦学校实际工作中的个性问题和被巡察单位领导班子存在的突出问题。在准确把握巡视巡察“六围绕一加强”主要任务基础上，结合工作实际增加聚焦点，聚焦深入贯彻落实学校党委重大会议精神情况、聚焦贯彻落实基层党建重点任务情况、聚焦意识形态工作和师德师风建设等制度落实情况、聚焦党组织对标争先“五个到位”“七个有力”标准落实情况、聚焦干部担当作为的情况、聚焦抓党建促脱贫攻坚，在完成重大任务中发挥作用的情况等，压实责任办实事，结合实际增强实效。三是坚持“立德树人”，推动质量提升。新时代高校巡察工作必须立足奋力实现中华民族伟大复兴的战略要求，勇担历史使命，围绕“立德树人”根本任务，自觉从党和国家大局出发，努力向服务人民细处落实。在“不忘初心、牢记使命”主题教育中巩固巡察工作成效，在推动学校治理体系和治理能力现代化中深化巡察工作成效，通过巡察整改助推二级单位形成自我规范自我约束的内部管理体制和权力制约的内部监督机制，确保党组织在单位建设中的政治核心地位，促进内部治理体系不断优化，基础治理能力不断提高。

三、巡察工作质量标准构成的三个方面

（一）定位标准：政治定位准不准

准确把握巡视巡察工作规律，全面推动巡察工作高质量规范化发展的基点是在把握定位上要做到精确，坚持政治监督定位，立足高等教育实际，认清时与势，贯通上与下，兼顾内与外，发挥政治监督在围绕中心、服务大局中的重要作用。坚持政治监督定位，评价巡察工作的质量要看四个基本面：

一看政治定位准不准。巡察是政治巡察不是业务检查，政治巡察是政治体检，要坚持问题导向，重点通过查找政治生活方面的问题监督检查党内政治生态状况，要从具体事务中看政治问题。一是聚焦巡察参与各方在政治信仰方面的问题，着重从坚持用党的科学理论武装头脑、坚定执行党的政治路线、坚决站稳政治立场三个方面看问题，看思想根基牢不牢、群众基础好不好。二是聚焦巡察参与各方坚持党的政治领导方面的问题，着重从坚持和加强党的全面领导、完善党的领导体制、改进党的领导方式三个方面看问题，是否承担起执政兴国的政治责任，是否做到“两个维护”具体化。三是聚焦巡察参与各方提高政治能力方面的问题，着重从各类组织和党员干部的政治能力、党组织的政治核心作用发挥、单位群团政治作用与政治导向三个方面看问题，看党员干部“关键少数”政治本领强不强，各级组织政治功能是否充分发挥。四是聚焦净化政治生态方面的问题，重点从严明党的政治纪律和政治规矩、严肃党内政治生活、发展积极健康的党内政治文化、突出政治标准培养选用人才四个方面看问题，看是否永葆清正廉洁的政治本色，营造风清气正的政治生态。

二看政治站位高不高。以做到“两个维护”为根本政治任务，把统筹推进“五位一体”总体布局和协调推进“四个全面”战略布局作为基本政治要

求，坚定政治方向，站稳政治立场，看是否站在加强党的领导、强化党的建设、全面从严治党高度，是否站在加快推进教育现代化、建设教育强国、办好人民满意的教育的高度，是否站在坚持立德树人根本任务、培养肩负民族复兴重任的时代新人的高度来分析发现的问题，不以单纯完成工作任务为标准，巡察参与主体要从当前依然复杂严峻的形势出发，以强烈的历史责任感和深沉的使命忧患感，把“四个落实”落到实处。

三看政治标准实不实。以“四个意识”为政治标杆，以党章党规党纪为政治尺子，看是否按照党章党规党纪的要求，以《中共中央关于加强党的政治建设的意见》为指南，以党组织的战斗性、先进性、纯洁性要求为标准，研判定性发现的问题，用好政治尺子，坚持政治标准，发现政治问题，提升政治能力。

四看政治责任明不明。盯住“关键少数”，落实监督责任，敢于碰硬，做到早发现、早报告，促进问题解决。即是否把被巡察党组织领导班子及成员作为问题的主体，聚焦关键少数，进一步推动“两个维护”具体化，同时明晰巡察工作机构和队伍的政治责任；打铁必须自身硬，是否把巡察工作的政治责任肩负起来，落实到位。科学确定责任，严肃追责问责，清晰责任清单，落实整改责任，形成从上到下一贯到底的责任链条。

（二）绩效标准：目标达成好不好

一看发现问题的准度。把发现问题作为巡察工作的生命线，牢固树立有重大问题应当发现而没有发现是失职、发现问题没有如实报告是渎职的观念。坚持从政治上分析看待问题，从业务工作中查找政治偏差，找出影响事业发展的根本性问题，找准全面提升工作质量的关键性问题，防止把政治巡察等同于一般业务检查或党务检查，防止问题表面化、业务化、零散化和浅层化。坚持实事求是，把党建工作和业务工作结合起来看，精准发现根本问题，客观分析问题根源，如实报告问题防变形，推动解决问题求实效。

二看形成震慑的力度。坚持周密组织、严密实施，严明纪律、务求实效的要求，严格程序标准，以身作则，昭示巡察工作是一项严肃的政治任务；严格质量要求，释放高质量严要求的强烈信号；严格纪律要求，要求参与主体深刻认识政治体检，客观反映重要问题；做好宣传公开，以适当方式在一定范围内公开巡察发现的突出问题、典型问题和群众关心的问题及整改情况，主动接受广大师生员工监督，营造积极参与、支持巡察工作的浓厚氛围。

三看推动改革的效度。巡察工作要取得实效，关键在于与内部改革结合、与基层治理结合、与学校改革发展目标的落实结合，形成内部变革的合力。一是做到“四个结合”，在高校巡察工作的具体实践中必须做到把巡察工作与巩固“不忘初心、牢记使命”主题教育成果结合起来；与落实学校党委决策部署和发展规划结合起来；与巡察参与单位党的建设、改革发展、科学管理结合起来；与解决师生身边的问题结合起来，以整改促改革、以改革促发展。二是推动“三个创新”，推动巡察工作自身的创新，积极探索符合高校实际的巡察方式与制度机制；推动基层党建工作创新，以巡察发现的问题为突破点形成系统化创造性解决基层党建工作难点的创新机制；推动治理体系现代化创新，打通全面从严治党“最后一公里”，以党建引领治理体系和治理能力现代化的改革实践。三是彰显改革成效，举措要实，成果要显，以政治建设引领中心工作，在巡察工作质量标准构建中，全面反映学校和巡察参与单位在人才培养、科学研究、社会服务、对外开放、文化传承、内部管理等方面取得的成就和进步，推动发挥大学的功能，勇担大学的使命，把政治监督落脚到“四个服务”的实践当中，把思想和行动统一到办好人民满意的高等教育的奋进行动当中。

四看促进发展机制健全度。“促进发展”是巡察工作的归宿和落脚点，在制定和执行巡察工作质量标准的过程中，要以形成促进发展的良性机制为目标，坚持系统思维，坚持以下看上，对巡察发现的普遍性、倾向性问题举一反三、综合分析，上下贯通全面整改，推动建立长效机制。一是健全促发展的成果共享机制，将巡察整改与上级党组织巡视、审计、主题教育整改情况贯通融合、一体整改，把巡察工作与学校教学、科研、管理、服务等紧密结合起来，并积极开展巡察工作研究项目凝练理论成果，更好地完善制度，形成合力。二是健全促发展的人才队伍培育机制。改革发展离不开人才资源的支撑，把巡察结果作为干部考核评价、选拔任用的重要依据，强化班子和干部队伍建设，增强党组织凝聚力战斗力，献智献策、群策群力突破学校和单位发展中的突出问题，形成良好的干事氛围，维护清明的政治生态。三是健全促发展的上下联动监督机制，纵向上加强巡视巡察的上下联动，努力实现与教育部巡视整改和深化巡视整改的内容延伸、措施延续和督促接力，横向上进一步建立和完善巡察与纪检、组织、财务、审计等部门的协调协作机制，探索监督信息共享、监督力量统筹、监督成果共用的有效方式

（三）感知标准：群众反响好不好

一看问题回应度。突出政治巡察要求，聚焦重点问题，与发展大事紧扣起来、与发生在群众身边的问题紧扣起来，与党的建设基本制度要求基础性问题结合起来，积极正面回应问题、解决问题。一是问题描摹真实精准，通过问题描摹达到精准的政治画像，问题和支撑统一起来，见人见事不回避，提高整体

的认知度，把问题找准找实，把政治画像画像，让被巡察的对象和师生接受，心服口服；二是问题分析一针见血，坚持联系的思维深度分析问题，强化逻辑关系定性和支撑的契合度，找出背后的逻辑归因，把政治根源找准，把问题看深看透，做到政策依据扎实，责任指向明确，问题定性适度；三是问题解决建议可行，不仅要找出“病灶”，也要给出“药方”，在巡察工作中积极回应群众解决问题的期盼，对问题解决给出可操作、可落地、可完成的建议，指导和督促被巡察单位开展整改，以问题的解决落实增强群众对巡察工作的信赖度。

二看氛围提升度。巡视巡察是“国之利器、党之利器”，要突出“严”字当头，营造巡察工作严肃氛围、形成巡察监督合力、做好宣传公开工作，切实增强权威性和实效性。一是营造风清气正的巡察工作氛围。巡察需要依靠被巡察单位党员干部师生的信任和支持，要尽早做好宣传发动，全面传达巡察工作开展的部署、计划和要求，增强被巡察单位全体成员对巡察重大意义的认识，提升群众作为监督主体对巡察工作的参与度和参与主动性，通过工作开展向外传递严格要求的信号，树立坚持原则、实事求是、敢于担当、严格保密的可靠形象，赢得群众信任，树立巡察权威。二是形成严谨求实的协作氛围，完善上下“一盘棋”的联动贯通机制，构建集中统一、权威高效的校内巡察工作体系，必须让巡察监督网由“点”向“面”延伸，由“广度”向“深度”拓展，全过程实现齐抓共管，形成联动贯通的监督合力，加强巡察参与各方的深度互动，把巡察工作的成果和经验固化成形，加强制度建设，形成长效机制，提升系统效应。三是形成广泛参与的民主氛围，主动打好宣传仗，适时宣传推广巡察工作的好成果、好典型、好经验、好做法，以适当方式在一定范围内公开巡察发现的突出问题、典型问题和群众关心的问题及整改情况，主动接受广大师生员工监督，密切党群关系和干群关系，确保基层治理体系现代化的正确方向和基层治理能力的提升，在巡察工作中培育公共参与精神，增进师生对学校、学院各类实务的参与和监督，加大治理文化氛围养成，营造风清气正、干事创业的和谐氛围。

三看群众满意度。一切来自人民、一切为了人民，坚持群众路线，以群众满意为政治巡察质量标准的基本刻度。一是坚持深入基层，加强对巡察工作“12+N”种方式的实践运用，走出驻地，深入课堂阵地、服务窗口、生活场景、工作现场等，掌握第一手资料，探索开展“网络巡察”，分析群众反映的具体人和具体事，高度关注网络舆情，加强对群众思想动态和意识形态阵地建设的把控。二是坚持服务群众，把群众满意作为终极评价标准，转变工作作风，倾听群众诉求，全力解决群众的现实困难，把为群众服务落到实处，结合专项整治对群众切身利益的突出问题督促立行立改、深入整改，不搞不解决实际困难的“形象工程”，不做不解决实际问题的“花拳绣腿”，提升师生员工幸福感、获得感。三是坚持全过程的群众意见反馈，不光看结果，更要看过程，坚持巡视监督与群众监督有机结合，畅通反映问题渠道，引导师生有序参与校内巡察监督，形成做实做细日常监督和长效监督的工作机制，共同推动巡察有形覆盖和有效覆盖的高质量完成。

巡察工作质量标准落地落实要按照依法治国、制度治党的要求，加强巡察工作的制度体系建设，以制度形式提升巡察参与主体的质量意识，规范质量标准的执行实施，消解巡察工作质量提升难点问题，压实巡察质量保障的工作责任，激发参与各方增强改革的政治自觉和行动自觉，结合实际创造性地贯彻落实巡察工作各项目标任务，坚决落实全面从严治党主体责任和监督责任，强化使命意识和政治担当，以履职尽责的实际行动做到“两个维护”。

聚焦“四个维度”提升高校巡察工作策略探析

曹先希（西南财经大学党委办公室）

摘要：服务高质量发展是高校建设教育强国的重要任务，高等教育作为教育强国的龙头发挥着举足轻重的作用，高校巡察工作是推动高校高质量发展的重要保障，也是推动全面从严治党向纵深发展的重要抓手。探索高校巡察工作提升策略，探索高校巡察规范化路径，是解决高校“二级党组织政治核心作用发挥不充分”“上热中温下冷”等问题和塑造高校发展新动能新格局的重要途径。近年来，高校在如何开展高质量巡察方面进行了不少有益的探索和实践，为新时代高校发展提质增效提供了不少经验和启示。但是在全面从严治党形势下，高校的巡察工作也面临着新的问题和挑战，以后高校要多措并举，从多维度视角探索提升巡察工作内动力策略，为高校“发现问题、形成震慑，促进发展、推动改革”作用的发挥提供坚强保证。

关键词：高校；巡察；全面从严治党

党的十八大以来，以习近平同志为核心的党中央高度重视巡视工作，巡视制度十年磨一剑，成为“国之利器、党之利器”①。在一定意义上，巡视巡察为跳出治乱兴衰历史周期率、推进党的自我革命探索了有效途径。党的二十大从完善党的自我革命制度规范体系的战略高度，对发挥政治巡视利剑作用，加强巡视整改和成果运用作出重大战略部署，提出 2035 年建成教育强国②。习近平总书记关于教育、巡视工作的重要论述，为高校提供了重要遵循。近年来，高校陆续开展了内部巡察工作，但就整体而言，全国范围的高校巡察工作还处于探索阶段。巡察作为完善高校治理体系、提升治理能力，确保党的教育

① 袁晴. 中央巡视工作领导小组办公室主要负责人就《中央巡视工作规划（2023—2027年）》答记者问[EB/OL].https://www.ccdi.gov.cn/toutiaon/202305/t20230512_263651.html.

② 怀进鹏. 以高质量巡视监督护航教育强国建设［J］. 求是，2023（14）：56-61.

方针、立德树人根本任务落实和全面从严治党战略部署在基层党组织落实落细的有效途径，既是巡视向基层党组织的延伸，是打通全面从严治党“最后一公里”的有效手段，也是“把严的基调长期坚持下去”的有效路径。

一、深刻认识新形势下开展高校巡察工作的现实意义

巡视巡察制度的创新是新时代全面从严治党取得显著成果的重要支撑，也是推进自我革命、提高管党治党水平的重要标志。党的十九大报告对巡视巡察工作作出部署，在《中国共产党章程》中将巡视巡察以制度形式确立下来，彰显了党中央全面从严治党的坚定决心。高校开展校内巡察，旨在打通党内监督“最后一公里”。为实现全面从严治党与学校“双一流”建设、落实立德树人根本任务同向发力，全国很多高校着眼巡视巡察进行了大量有益的探索。开展高校巡察工作的现实意义，总的来说体现为以下三点：

（一）提高高校内部治理能力，助力高校治理体系和治理能力现代化的有力举措

高校肩负着人才培养、科学研究、服务社会、文化传承创新和国际交流合作等重要功能。随着高校内部治理体系和治理能力现代化水平的提高以及校院两级管理体制改革的推进，管理重心和自主权也在不断下移。二级单位作为立德树人的基层责任单位，风险隐患也随之下移。学校的高质量发展必须紧紧依靠学校党委和二级单位党组织的紧密联动和协同合作，二级单位党组织作为基层战斗堡垒，是学校内部治理的一线单位。要实现管党治党、办学治校的目标，必须把责任落实到高校的各二级单位党组织和各岗位上，切实发挥好高校巡察的作用，真正回应好党和国家需要，迫切需要高校进行管党治校探索实践创新。对高校内部治理体系而言，巡视巡察制度是推进大学内部治理体系和治理能力现代化的重要“推手”，通过巡察基层党组织“四个落实”的情况，提升大学二级单位内部治理效能①。

（二）推动全面从严治党向纵深发展，涵养高校风清气正政治生态的重要手段

全面从严治党作为新时代我们党治国理政的宝贵经验，是一场自我重塑、淬火成钢的伟大自我革命。自我革命作为跳出治乱兴衰历史周期率的第二个答案，对高校来说也意义重大。开展高校校内巡察工作，是对习近平总书记提出

① 唐洪武. 高校巡察：多维动力、作用机制及优化策略［J］. 国家教育行政学院学报，2020（1）：24.

的“党组织建设到哪里，巡视巡察就要跟进到哪里”指示的具体落实，也是把管党治党、办学治校、教书育人真正落实到大学的每个基层细胞、每个组织成员的强化举措。高校开展巡察是对二级单位党组织的全面监督、主动监督，是高校净化政治生态，营造良好办学环境的治本之策。高校作为建设中国特色社会主义教育强国的龙头阵地，也是支撑引领中国式现代化、服务中华民族伟大复兴全局的排头兵，“应当成为政治标杆、办学标杆、育人标杆、队伍标杆，发挥好‘排头兵’‘领头雁’的作用”①。

（三）推动巡视巡察上下联动，实现巡察监督全覆盖的有效路径

高校开展内部巡察，是一项系统集成的复杂工程，范围广、数量多、难度深，仅靠巡视（巡察）部门单打独斗是难以完成的，要加强巡视巡察上下协同联动，做到各司其职、各尽其责，才能充分形成合力。党中央《关于加强巡视巡察上下联动的意见》提出“党中央重大决策部署到哪里，监督检查就跟进到哪里”的重要要求，习近平总书记提出“横向全覆盖、纵向全链接、全国一盘棋”要求，给高校巡察工作的开展和实现新提升提供了重要依据。要健全完善好巡察的会商、沟通、研究机制，在着力点和力量上统筹系统谋划，才能确保管党治党责任传递到边、监督力量整合到位。“通过上级巡视和校内巡察上下联动监督，针对高校培养目标和办学方向，聚焦关键环节和重点领域，将权力运行的关键点、风险防控的薄弱点、群众反映较多的问题点，结合党内监督的纪律点、上级规定的政策点，转化为监督检查的关注点、督促整改的着力点。”② 上级巡视和校内巡察上下联动带动党委主体责任、纪委监督责任、第一责任人责任和班子成员“一岗双责”的互动，强力推进基层党建责任制、意识形态责任制、党风廉政建设和党内监督责任的落实，实现监督全覆盖。

二、巡察工作面临的困难和挑战

随着巡察工作在高校的不断深入开展，巡察利剑震慑作用日渐凸显，但高校具有的巡察同体监督属性和信息化水平不高问题，一定程度上影响和制约了巡察工作成效最大化发挥，在实践中还存在一些亟待解决的问题，主要体现在以下几个方面：

---

① 白跃华，鲁显玉. 新形势下高校校内巡察工作的实践与思考［J］. 内蒙古民族大学学报（社会科学版），2021（5）：121.

② 斯阳. 教育治理现代化视域下高校巡察监督体系的构建：以沪上部分高校为例［J］. 华东师范大学学报（教育科学版），2019（5）：151.

（一）巡察规范化建设还需进一步提升

教育部虽然对教育系统开展巡视作出了一系列安排部署，并在教育部党组《中央巡视工作规划（2018—2022 年）》中明确指出，要推动直属高校党委分期分批开展对二级单位党组织的巡察工作，实现全覆盖。但高校在具体巡察实践中遇到的问题主要是：一是在制度体系上，具体指导高校开展巡察工作的制度性文件较少。巡察规范化建设不是简单的规范操作，而是一个系统工程，是把握规律、优化流程、强化管理、提升质效的过程，目前高校还处于探索阶段。二是在巡察内容上，高校巡察内容存在差异化现象，有些是重点巡察内部治理，基于政治与业务的关系确定巡察观测体系，有些是基于对标对表党中央关于深化政治巡察、强化政治监督“四个落实”等内容的理解，确定巡察观测体系。三是在工作机制建立上，有些高校成立了专门的巡察办公室，也有不少高校巡察机构与党委工作部门合署办公，没有单独的人员编制和经费保障；有的高校有完备的巡视组组长、副组长选配机制和培训机制，有的高校则是随机抽调，被抽调的工作人员在参加巡察工作的同时，还需要兼顾本职工作，时间和精力分配存在难以保证的情况。四是在实施路径及规范化建设上，不少高校的巡察不同程度存在任务宽泛、职能发散等情况，容易出现方向定位不准、尺度把握不一等问题。

（二）巡察信息化程度不高

习近平总书记多次强调，要加强巡视工作信息化建设，以信息化促进规范化。这要求我们加快推进信息技术与巡察工作有机结合，以信息化作为技术支撑，提升巡察监督实效。实践中，有些高校在巡察信息系统建设和数据综合利用方面有了初步探索，有的建立了巡视巡察工作支持管理系统，实现了巡察系统化、流程化、模块化管理；有的利用内部教学管理系统、财务系统、审计系统、人事管理系统等进行数据关系筛查，及时发现有用线索，查找线索指向和深层次问题。但是总体来看，高校的巡察信息化水平普遍不高，在信息化建设上还有很多很大的探索空间和可挖掘的空间。高校可以结合本校工作实际，规范自主建设，在探索建设有关信息系统、整合监督信息资源、建立基础数据库方面总结经验性做法，推动巡视巡察信息交互、数据共享、智能分析、综合运用，利用互联网、大数据赋能巡察监督。

（三）巡察成果运用不到位

习近平总书记强调，更好发挥巡视在党内监督中的重要作用，就是要对巡视成果多加运用。怀进鹏部长指出，把加强巡视整改和成果运用，作为今后五年教育巡视深化发展的重要着力点[①]。我们深刻认识到做好做深做实巡视巡察整改"后半篇文章"的重要性，巡察成果运用的效果直接关系到能不能切实解决一批事关学校事业发展和师生反映强烈的问题。当前高校巡察成果运用遇到的问题主要是：一是以巡促治作用发挥不够。对于一些巡视中发现的共性问题，有些院级党组织和相关职能部门重视度不够，存在整改表面化的问题，没有坚持系统施治、标本兼治，不利于高校推进治理体系和治理能力现代化建设；对一些触及领导体制和工作机制的深层次问题，有些高校顶层设计、研判分析不够，未抓好长效机制建设；对巡视发现的系统性问题，巡察联动不够，举一反三、标本兼治的能力还需加强。二是"同体监督"的困境。当前高校巡察实践仍难以破解特殊的熟人社会监督难题，囿于"校内"两个字的巡察范围，"'同体监督'具有鲜明的不足之处：一是'刀刃向内'。拿自己开刀，往往狠不下心，下不了手。二是'左右互搏'。要么用自己的左手制约右手，要么用自己的右手制约左手，这些不足决定了高校巡察存在'自我开刀'的体制之弊和'角色互易'的机制之患"[②]。

三、聚焦"四个维度"提升巡察内在动力

高校要站在厚植党的执政基础的高度，聚焦《中国共产党巡视工作条例》，对标党中央关于深化政治巡察、强化政治监督"四个落实"，从加强党的政治建设、提升内部治理能力、聚力建设"双一流"、深化巡察联动机制"四个维度"提升巡察内在动力。

（一）加强党的政治建设，建强"两个维护"坚强阵地

习近平总书记指出，党的政治建设是党的根本性建设，决定党的建设方向和效果。高校党建和事业发展深度融合，政治建设在首位，而高校巡察的本质也是政治巡察，要用政治统领巡察各环节、全过程。巡察也是高校党委落实党的二十大精神、落实中央和教育部党组关于巡视巡察工作要求的重要举措，要站在政治和全局的高度，用历史眼光和发展思维深刻理解和把握新时代巡察工作职能定位、价值取向、发展方向的规律性认识。

高校作为服务保障"国之大者"的重要阵地，要从政治高度认识巡察工作，深刻认识巡察工作是政治巡察，是《中国共产党章程》赋予的重要职责，是对学校二级党组织、党员领导干部进行的一次"政治体检"，亦是"铸魂工

---

① 怀进鹏. 以高质量巡视监督护航教育强国建设［J］. 求是，2023（14）：56-61.

② 张学龙，李玉峰. 高校巡察的"熟人社会"之困：表现形式、根源探讨与破解之道［J］. 西南交通大学学报（社会科学版），2021，5（3）：24.

程”，是对中国特色社会主义大学的政治灵魂的深刻重塑。要以巡察工作为抓手，突出政治属性，在政治高度上突出党的领导，在政治要求上抓住党的建设，在政治定位上聚焦全面从严治党。当前，要重点围绕习近平总书记和党中央关于加强教育、科技、人才“三位一体”发展的战略部署落实情况，开展好政治巡察监督，有力保障“十四五”规划和“双一流”建设的稳步推进。

（二）提升内部治理能力，服务高校立德树人使命

“当前，我国高校提升治理能力的着力点在于协调治理体系、完善治理制度和提升治理效能，科学处理高校政治权力、行政权力、学术权力的关系，厘清三者的权责界限。”① 但是有些高校二级党组织在内部治理能力上还显不足，比如没有形成有组织的科研、“三会一课”制度执行不严、议事边界不清等问题，所以巡察工作中要聚焦二级党组织的基层治理情况，看二级单位是否有合理的治理结构、科学规范的制度建设、领导班子治理能力等，最终看呈现出来的治理情况是否有序和内部运行是否高效。

高校要以完善和落实学校校院两级内控建设为抓手，深入推进校院两级内部控制体系和廉政风险防控机制建设，明确职责，完善制度，落实责任，进一步完善权力运行制度体系和工作机制，以更好回答高校“培养什么人、怎样培养人、为谁培养人”的根本问题，巡察本质上也是对学校立德树人情况进行的一次全面检查，是一次“强身工程”。要以巡察为抓手，督促各级党组织充分认识肩负的责任和使命，自觉从党和国家大局出发，紧紧围绕“培养什么人、怎样培养人、为谁培养人”这一根本问题，把治理理念贯穿教育教学全过程，更好地完成立德树人这一根本任务。

（三）聚力“双一流”建设，全面提升办学水平

教育强国需要一流大学的有力支撑，一流大学群体的水平和质量决定了高等教育体系的水平和质量，而巡察工作是推进高校“双一流”建设的必然要求和坚强保证。一方面，第二轮“双一流”建设评价指标体系拉开帷幕，党的建设、政治标准和政治要求是我们建设世界一流大学和学科的核心和关键指标；另一方面，巡察是推进学校“双一流”建设、实现更好更快发展的坚强保障。要将巡察工作与落实中央关于“双一流”建设的决策部署结合起来，通过巡察，将“双一流”工作向深处推进，推动二级单位抓规划、建平台，抓人才、出成果，抓改革、促发展，深度服务国家重大战略需求，为建设教育

---

① 唐洪武. 高校巡察：多维动力、作用机制及优化策略［J］. 国家教育行政学院学报，2020（1）：24.

强国贡献力量，切实从政治上理解把握巡察工作，更加科学精准有效地推进巡察工作。

（四）深化巡察联动机制，提升巡察工作实效

习近平总书记多次强调，推动巡视与纪检监察监督统筹衔接，与其他监督协同配合，更好发挥巡视综合监督作用和联系群众纽带功能，推动形成系统集成、协同高效的中国特色监督体系。系统集成、协同高效，绝不是各干各的，而是要形成一个有机联系的整体。高校巡察工作要主动对标中央和教育部党组巡视工作要求，及时跟进上级巡视工作节奏，及时优化调整巡察工作形式和内容，做好巡视巡察工作的横向联动和纵向对接，完善上下联动、有机互动的巡察工作机制，坚决落实“四个融入”要求，树立全校“一盘棋”的思想，强化上下联动和左右联动，坚决防止各自为战、整改措施碎片化，增强工作的系统性、整体性和协同性，形成逻辑严密、务实高效的工作闭环。

要健全巡视巡察工作沟通调度机制和巡察工作联席会议制度，持续完善监督融合机制，巡察、审计、组织人事、纪检等部门之间的一体协同，明确巡察与审计、巡视、主题教育整改情况贯通联动的工作机制，提升监督合力。要完善整改长效机制，强化跟踪问效。结合巡视巡察整改和学校实际，制定关于建立健全巡视整改督促落实及跟踪问效机制的实施办法等，通过巡视巡察上下联动强化对重点问题和长效措施落地情况的跟踪督促，延伸整改监督链条，持续巩固整改成果。通过巡视巡察上下联动，把各部门各方面职能任务串成链条，从数据共享、合作机制、资源保障、考核评价等方面，提升执行落地的能力和效果。

综上所述，巡视巡察作为深化从严管党治校的重要路径，是加强党的建设的重要内容，是对加强高校党建工作的全新探索，是做好新时代意识形态工作的有益实践，是执行党委领导下的校长负责制的重要抓手，对高校治理现代化意义重大。我们要着力提高高校巡察内在动力，充分发挥巡察监督“探照灯”“显微镜”“防火墙”作用，以更高质量的教育巡察工作护航教育强国建设。

参考文献：

［1］怀进鹏. 以高质量巡视监督护航教育强国建设［J］. 求是，2023（14）：56-61.

［2］唐洪武. 高校巡察：多维动力、作用机制及优化策略［J］. 国家教育行政学院学报，2020（1）：24.

[3] 白跃华，鲁显玉. 新形势下高校校内巡察工作的实践与思考 [J]. 内蒙古民族大学学报（社会科学版），2021（5）：121.

[4] 斯阳. 教育治理现代化视域下高校巡察监督体系的构建：以沪上部分高校为例 [J]. 华东师范大学学报（教育科学版），2019（5）：151.

[5] 张学龙，李玉峰. 高校巡察的“熟人社会”之困：表现形式、根源探讨与破解之道 [J]. 西南交通大学学报（社会科学版），2021（3）：24.

[6] 习近平. 决胜全面建成小康社会 夺取新时代中国特色社会主义伟大胜利：在中国共产党第十九次全国代表大会上的报告 [M]. 北京：人民出版社，2017.

高校二级学院党组织巡察观测指标体系研究

杨奇才（西南财经大学中国西部经济研究院）

摘要：发现问题是高校校内巡察工作的首要目标，建立有效的巡察观测指标体系是提升高校校内巡察工作效率的可行举措。本文以二级学院党组织为巡察对象，以“六围绕一加强”为一级指标，以“四个着力”“六个关注”“七大责任”为二级和三级指标，构建了高校二级学院党组织巡察观测指标体系，提出了具体观测方式建议，可供高校党委及具体工作人员开展校内巡察工作参考。

关键词：高校；巡察；二级学院；观测指标

高校校内巡察工作是新时代党中央赋予高校党委的一项重要政治任务，其主要目标是“发现问题、形成震慑，推动改革、促进发展”。在这些目标中，发现问题是巡察工作最直接的目标。校内巡察工作时间短、任务重，如何快速、精准地发现问题，是提升高校校内巡察工作效率需要解决的重要问题。本文认为，根据巡察目标和巡察重点，针对特定巡察对象建立巡察观测指标体系是解决这一问题的有效方法。本文的具体任务是理清巡察工作重点及其逻辑，针对高校二级学院党组织（含担负人才培养任务的二级科研组织）建立巡察观测指标体系。

一、以“六围绕一加强”构建一级指标体系

开展党内巡察是党中央统一作出的重要部署，是全面从严治党向基层延伸的重要举措，是巡视工作向基层的延伸，因此巡察工作必须找准政治监督定位，以巡视工作的基本要求为基本要求。

党的十八大以来，习近平总书记针对巡视工作主持召开了多次重要会议，发表了多次重要讲话。习近平总书记指出，“巡视是党章赋予的重要职责，是加强党的建设的重要举措，是从严治党、维护党纪的重要手段，是加强党内监督的重

要形式"①。习近平总书记还指出，"巡视内容不要太宽泛，要围绕党风廉政建设和反腐败斗争这个中心进行"②，"巡视工作就是要发现和反映问题"③。

根据习近平总书记重要讲话精神和深化政治巡视新部署，突出巡视巡察的政治定位，主要是"六围绕一加强"：一是围绕党的政治建设，二是围绕党的思想建设，三是围绕党的组织建设，四是围绕党的作风建设，五是围绕党的纪律建设，六是围绕夺取反腐败斗争压倒性胜利，七是加强对上届巡视巡察整改情况的监督检查。这个"六围绕一加强"应该成为高校巡察二级学院党组织的主纲，即巡察指标体系的主纲。

另外，在"六围绕一加强"中党中央和学校党委特别重视的工作，可作为一级指标开展专项巡察。

二、以"四个着力""六个关注""七大责任"构建二级和三级指标体系

"六围绕一加强"是党中央对巡视巡察工作总的要求，所有巡视巡察工作都应以此为根本遵循。针对高校二级学院党组织巡察，应在"六围绕一加强"一级指标体系下，从"四个着力""六个关注""七大责任"并结合各高校办学实际建构二级和三级指标体系。

（一）"四个着力"的具体内涵

习近平总书记指出，巡视工作重点要着力发现以下四个方面的问题，即"四个着力"。一是"着力发现是否存在形式主义、官僚主义、享乐主义和奢靡之风等违反中央八项规定的问题"；二是"着力发现领导干部是否存在权钱交易、以权谋私、贪污贿赂、腐化堕落等违纪违法问题"；三是"着力发现领导干部是否公开发表违背中央决定的言论、散布违背党的理论和路线方针政策的意见、搞'上有政策、下有对策'等违反政治纪律的问题"；四是"着力发现是否存在买官卖官、拉票贿选、突击提拔干部等选人用人上的不正之风和腐败行为"④。

"四个着力"的内涵清晰，其观测指标不需要进行细化。

对于"四个着力"来讲，可以将"第一个着力"纳入作风建设巡察内容，可以将"第二个着力"纳入腐败问题巡察内容，可以将"第三个着力"纳入政治建设巡察内容，可以将"第四个着力"纳入腐败问题巡察内容。

---

① 习近平总书记关于巡视工作的重要论述［J］. 中国纪检监察，2015（7）：4-6.
② 习近平总书记关于巡视工作的重要论述［J］. 中国纪检监察，2015（7）：4-6.
③ 习近平总书记关于巡视工作的重要论述［J］. 中国纪检监察，2015（7）：4-6.
④ 习近平总书记关于巡视工作的重要论述［J］. 中国纪检监察，2015（7）：4-6.

（二）“六个关注”的具体内涵

根据党中央对教育系统赋予的特殊使命和重要职责，教育部党组对高校巡察工作重点任务提出了“六个关注”及其具体内容：一是关注深入学习贯彻习近平新时代中国特色社会主义思想情况；二是关注贯彻党的教育方针、落实立德树人根本任务情况；三是关注落实中央重大决策部署、服务经济与社会发展情况；四是关注落实意识形态工作责任制情况；五是关注廉洁风险防控情况；六是关注基层党建工作情况。

“第一个关注”重点关注的是被巡察单位是否把学习贯彻习近平新时代中国特色社会主义思想作为首要政治任务，是否真正做到以习近平新时代中国特色社会主义思想武装头脑、指导工作、推动实践，真正把习近平新时代中国特色社会主义思想学深、悟透、落实。“第二个关注”重点关注的是被巡察单位是否深入学习贯彻全国教育大会、全国高校思想政治工作会议、学校思政课教师代表座谈会等与高等教育相关的重要会议精神，以及习近平总书记关于高等教育的重要论述、指示、批示精神，牢牢坚持社会主义办学方向，认真落实立德树人根本任务，不断推动学院教育教学改革发展。“第三个关注”重点关注的是被巡察单位是否主动服务国家重大战略，在基础研究、应用基础研究方面是否产出了一批原创性成果，突破了一批“卡脖子”关键技术；在常态化疫情防控、定点扶贫、建档立卡困难学生资助、学生就业等重大任务中是否坚决贯彻党中央决策部署，执行学校党委相关工作要求等。“第四个关注”重点关注的是被巡察单位意识形态工作制度是否健全，党组织主体责任、党支部书记第一责任人责任、领导班子“一岗双责”是否落实；是否坚持不懈培育优良学风、教风，强化师德师风建设，治理师德师风突出问题；是否加强对教材、课程、讲座、论坛、研讨会、网络等意识形态阵地的管理；是否注重研究意识形态领域热点问题，帮助师生划清是非界限、澄清模糊认识；是否注重加强师生国家安全教育，防范境内外敌对势力的意识形态渗透等问题，对攻击党和中国特色社会主义制度、曲解党史国史军史等言行，做到旗帜鲜明、坚决斗争。“第五个关注”重点关注的是针对选人用人、招生考试、财务管理、科研经费、合作办学、学术不端等重点领域廉洁风险防控机制是否建立健全，制度执行是否到位；是否存在以权谋私、权钱交易、利益输送、权色交易等违纪违法问题等。“第六个关注”重点关注的是党组织是否认真履行党建第一责任人责任，班子其他成员是否支持、推动党的建设工作；是否选优配强基层党组织负责人和党建工作队伍，是否存在软弱涣散党组织；“三会一课”制度落实及主题党日活动是否正常高质量开展；是否注意发现和推动解决基层党组织弱化、虚化、边缘化问题，基层党组织战斗堡垒作用、党员先锋模范作用是否得到有效发挥。

对于"六个关注"而言，可以将"第一个关注"纳入思想建设巡察内容；可以将"第二、三、四个关注"纳入政治建设巡察内容；可以将"第五个关注"纳入纪律建设巡察内容；可以将"第六个关注"纳入组织建设巡察内容。

（三）"七大责任"的具体内涵

为落实全面从严治党要求，进一步加强我校基层党组织建设，根据《中国共产党章程》《中国共产党普通高等学校基层组织工作条例》和《高校党建工作重点任务》等有关文件精神，切实发挥基层党组织政治核心作用，西南财经大学党委制定了《关于建立健全基层党组织党建工作责任制的实施办法》，明确了学校各二级党组织"七大责任"，明确了"把落实党建工作责任制情况作为校内巡察的重要内容"：一是贯彻执行上级和学校党委决策部署，二是加强本单位领导班子建设，三是加强和改进思想政治工作，四是加强党支部和党员队伍建设，五是做好服务师生工作，六是落实全面从严治党主体责任，七是推动民主办学。

"第一大责任"既要求贯彻落实上级党组织决策部署，又要求贯彻执行学校党委决策部署，二级党组织要保证监督上级党组织和学校党委决策部署在本单位得到贯彻落实。同时，及时向党支部和党员通报传达上级文件和会议精神；通过党组织会议和党政联席会议，讨论和决定本单位重要事项；坚持和完善请示报告制度，本单位重大问题、重要事项和突发重要情况要及时向学校党委请示报告；深入谋划部署、扎实推进围绕本单位改革发展稳定和涉及师生切身利益的重大事项。"第二大责任"要求，坚持和完善中心组和领导班子集体学习制度，不断提高领导班子谋划运作、执行落实、科学管理、推动发展的能力；坚持民主集中制，完善党政联席会议制度，认真执行"三重一大"决策制度；充分发挥党政领导班子每位成员的作用，支持行政领导班子和负责人在其职责范围内独立负责地开展工作，维护班子团结，形成整体合力；加强二级党组织领导班子建设，健全会议制度，明确责任分工，抓好工作落实；加强本单位干部队伍建设，抓好后备干部培养工作。"第三大责任"的要求除"做好安全稳定工作，维护校园和谐"外，与"六个关注"中"第四个关注"的要求大体相近，相近指标可以合并。"第四大责任"与"六个关注"中"第六个关注"的内容基本相同，"第六大责任"与"六个关注"中"第五个关注"的内容基本相近，相近指标也可合并。"第五大责任"要求二级党组织做好组织、宣传、凝聚、服务师生工作，团结凝聚、引领带动师生积极投身学院

（中心）重大改革、重要事项、重点安排；关心支持青年教师成长，做好离退休老同志工作，帮助有困难的师生员工解决实际问题；健全党内激励关怀帮扶机制，增强党组织的凝聚力和党员的归属感；重视和做好统一战线工作，加强对党外知识分子的思想引导，抓好民族、宗教等工作。“第七大责任”要求二级党组织支持本单位学术委员会、学位分委员会、教授委员会等学术组织加强自身建设、充分发挥作用；领导和支持本单位工会、共青团、学生会等群众组织和教职工代表大会开展工作；实行党务公开，推动院务公开，畅通群众参与民主管理和监督的渠道。

另外，上级党组织在一些重要文件或会议中针对高校二级党组织党的领导和党的建设提出的重要要求也是巡察的重要观测点。

三、高校二级学院党组织巡察观测指标体系及观测方式建议

根据习近平总书记和党中央对巡视巡察工作的基本定位和总体要求，结合教育部党组对巡察工作的基本要求以及高校二级学院党组织政治责任，本文就高校二级学院（含担负人才培养任务的二级科研组织）党组织巡察观测指标体系及观测方式提出如下建议。

（一）党的政治建设情况

1.“两个维护”情况

（1）领导干部是否存在公开发表违背中央决定的言论、散布违背党的理论和路线方针政策的意见、搞“上有政策、下有对策”等问题。

（2）党员、教师是否存在公开发表违背中央决定的言论、散布违背党的理论和路线方针政策的意见等问题。

观测方式：师生访谈、干部访谈。

2. 落实中央重大决策部署、服务经济与社会发展情况

（1）是否主动服务国家重大战略，在基础研究、应用基础研究方面是否产出了一批原创性成果，突破了一批“卡脖子”关键技术。

（2）在常态化疫情防控、定点扶贫、建档立卡困难学生资助、学生就业等重大任务中是否坚决贯彻了党中央决策部署，执行了学校党委相关工作要求。

观测方式：专项报告、师生访谈、干部访谈。

3. 贯彻党的教育方针、落实立德树人根本任务、加强和改进思想政治工作情况

（1）是否认真组织学习了全国教育大会、全国高校思想政治工作会议、

学校思政课教师代表座谈会等与高等教育相关的重要会议精神，以及习近平总书记关于高等教育的重要论述、指示、批示精神。

（2）是否结合本单位办学实际认真贯彻落实了全国教育大会、全国高校思想政治工作会议、学校思政课教师代表座谈会等与高等教育相关的重要会议精神，以及习近平总书记关于高等教育的重要论述、指示、批示精神，坚持了社会主义办学方向，落实了立德树人根本任务，推动了学院教育教学改革发展。

观测方式：专项报告、师生访谈、干部访谈、职能部门访谈、随堂听课、党组织会议及党政联席会议记录纪要查阅。

4. 贯彻落实学校党委决策部署、推动学院改革发展情况

（1）是否存在对学校党代会、党委下发重要文件以及党委召开的重要会议精神不学习、不传达的问题。

（2）是否结合学校党代会、党委下发重要文件以及党委召开的重要会议精神学习情况，对本单位改革发展工作进行了专题研究，并制订了相关工作方案、采取了具体工作措施。

（3）是否围绕贯彻落实学校党代会、党委下发重要文件以及党委召开的重要会议精神，在推动学院教学质量、科研质量、人才培养质量、社会服务能力、国际交流与合作水平等方面取得了实实在在的工作成效。

观测方式：专项报告、师生访谈、干部访谈、职能部门访谈、随堂听课、党组织会议及党政联席会议记录纪要查阅、改革发展文案（报告、方案）查阅、校内外新闻搜索等。

5. 二级党组织会议和党政联席会议制度执行情况

（1）二级党组织会议和党政联席会议是否正常召开，是否存在长期不召开二级党组织会议和党政联席会议情况。

（2）二级党组织会议和党政联席会议召开是否规范，是否存在应由党组织会议讨论决定的事项未经党组织会议讨论决定、该由党组织会议前置研究的事项未经党组织会议前置研究、该上党政联席会议讨论决定的事项未上党政联席会议。

观测方式：专项报告、师生访谈、干部访谈、党组织会议及党政联席会议记录纪要查阅等。

6. 本单位领导班子建设情况

（1）是否存在领导班子不团结特别是党政主要负责人之间不团结问题。

（2）是否存在领导班子改革创新精神不强、推动发展动力不足的问题。

（3）是否存在领导班子推动发展办法不多、成效不好、能力不足的问题。

（4）是否存在领导班子分工不明、责任不实的问题。

（5）是否存在中心组和领导班子集体学习制度不健全、不落实的问题。

观测方式：师生访谈、干部访谈、职能部门访谈、改革发展成效横向纵向比较。

7. 推动民主办学

（1）是否支持本单位学术委员会、学位分委员会、教授委员会等学术组织加强自身建设、充分发挥作用。

（2）是否重视对本单位工会的组织领导和工作支持，充分发挥工会在党群之间的桥梁纽带作用。

（3）教职工（代表）大会是否正常召开，教职工在本单位事务中的民主管理、民主参与、民主决策、民主监督作用是否充分发挥。

（4）是否重视对本单位共青团、学生会等群团组织的组织领导和工作指导。

（5）是否实行党务公开、院务公开，畅通师生沟通与监督渠道。

观测方式：师生访谈、工作记录查阅、网上信息查询等。

8. 思想政治与安全稳定工作

（1）是否重视师生思想政治工作，有效维护了本单位的和谐稳定。

（2）是否注重加强师生个人安全教育，帮助师生提高维护个人生命及财产安全能力。

（3）是否注重加强师生国家安全教育，防范境内外敌对势力的意识形态渗透等问题，对攻击党和中国特色社会主义制度、曲解党史国史军史等言行，做到旗帜鲜明、坚决斗争。

（4）是否注重加强本单位工作环境的安全管理，有效防范消防安全和维护本单位财产安全。

（5）是否注重加强本单位保密工作，有效保护了学校和本单位机密、秘密。

（6）是否重视和做好统一战线工作，注重加强对党外知识分子的思想引导。

（7）是否关心、支持青年教师成长，为青年教师发展营造良好环境。

（8）是否重视和做好离退休老同志工作，关心关爱老同志生活，老同志积极关心、支持本单位工作。

（9）是否重视和做好少数民族师生工作，坚决反对民族分裂，注重维护民族团结。

观测方式：师生访谈、工作记录查阅、工作现场查看等。

（二）党的思想建设情况

1. 党的创新理论武装情况

（1）是否认真组织开展习近平新时代中国特色社会主义思想学习。

（2）是否认真结合本单位工作实际，自觉用习近平新时代中国特色社会主义思想指导实践、推动工作。

观测方式：记录查阅（理论中心组学习、教职工政治理论学习、党支部组织生活会议记录）、文案查阅（本单位重要改革发展规划、方案）、干部访谈、教师访谈等。

2. 落实意识形态工作责任制情况

（1）意识形态工作制度是否健全。

（2）党组织主体责任、党支部书记第一责任人责任、领导班子“一岗双责”是否落实。

（3）是否坚持不懈培育优良学风、教风，强化师德师风建设，本单位教职工是否存在师德师风突出问题。

（4）是否加强对教材、课程、讲座、论坛、研讨会、网络等意识形态阵地的管理，有效防范了意识形态安全风险。

（5）是否注重研究意识形态领域热点问题，帮助师生划清是非界限、澄清模糊认识。

观测方式：师生访谈（注意访谈出国交流人员）、干部访谈、随堂听课、党组织会及党政联席会议记录纪要查阅、媒体搜索、文案（相关工作制度、方案、总结、报告等）查阅。

3. 落实宣传工作责任制情况

（1）宣传信息审核、发布机制是否健全并严格落实。

（2）本单位宣传平台建设是否有力。

（3）本单位宣传工作成效是否良好。

观测方式：文案（相关工作制度等）查阅、校内外媒体浏览、领导干部访谈、宣传工作人员访谈、职能部门访谈。

（三）党的组织建设情况

1. 二级党组织建设情况

（1）二级党组织书记是否认真履行党建第一责任人责任。

（2）领导班子成员对党建工作是否认真履行“一岗双责”。

（3）二级党组织议事决策制度执行是否严格，是否存在二级党组织弱化、虚化、边缘化等建设不力问题。

（4）基本组织是否健全，党建工作经费、人员、场地等保障是否到位。

观测方式：记录查阅（二级党组织会议记录纪要）、文案查阅、党员访谈、党建组织员访谈、干部访谈、实地查看。

2. 党支部建设情况

（1）“八个是否”是否到位，即支部设置是否合理、支部书记履职是否到位、支部建设思路是否清晰、支部组织制度是否完善、支部活动（“三会一课”、主题党日）开展是否正常、支部政治生活是否严格、支部作用发挥是否充分。

（2）“七个有力”是否有力，即教育党员是否有力、管理党员是否有力、监督党员是否有力、组织师生是否有力、宣传师生是否有力、凝聚师生是否有力、服务师生是否有力。

观测方式：记录查阅（党支部工作记录）、文案查阅（支部工作计划、总结）、党员访谈（党员对支部建设、支部书记评价）、师生访谈（党员在师生中的形象）、支部组织生活会议观摩、党员具体表现观察（党员先进性是否体现）。

（四）党的作风建设情况

1. 八项规定执行情况

（1）领导干部是否存在形式主义、官僚主义、享乐主义和奢靡之风“四风”问题。

（2）是否存在其他违反中央八项规定的问题。

观测方式：师生访谈、干部访谈、记录查阅（财务工作记录）等。

2. 联系服务师生工作情况

（1）领导干部是否经常深入办公室（实验室）、深入教室、深入宿舍、深入食堂等关心师生工作生活情况。

（2）领导干部对师生存在的实际困难是否了解，并尽力帮助他们解决。

观测方式：师生访谈、干部访谈、记录查阅（相关工作记录）等。

（五）党的纪律建设情况

1. 廉政及诚信教育

（1）党组织是否重视加强本单位教职工廉政教育。

（2）党组织是否重视加强本单位师生学术、学习诚信教育。

观测方式：师生访谈、干部访谈、记录查阅（相关工作记录）等。

2. 廉政风险防控情况

（1）党组织针对选人用人、招生考试、财务管理、科研经费、合作办学、学术不端等重点领域廉洁风险防控机制是否建立健全。

（2）党组织是否注重运用监督执纪“四种形态”，经常对重点岗位、关键人员进行“咬耳扯袖”，对违规违纪人员进行严肃教育及处理。

观测方式：师生访谈、干部访谈、职能部门访谈、记录查阅（相关工作记录）等。

（六）反腐败斗争情况

1. 领导干部违纪违法问题

（1）领导干部在选人用人、招生考试、财务管理、科研经费、合作办学、学术不端等方面是否存在违纪问题。

（2）领导干部在选人用人、招生考试、财务管理、科研经费、合作办学、学术不端等方面是否存在违法问题。

2. 教职工违纪违法问题

（1）本单位教职工在选人用人、招生考试、财务管理、科研经费、合作办学、学术不端等方面是否存在违纪问题。

（2）本单位教职工在选人用人、招生考试、财务管理、科研经费、合作办学、学术不端等方面是否存在违法问题。

观测方式：师生访谈、干部访谈、职能部门访谈、记录查阅（相关工作记录）等。

（七）上届巡视巡察整改情况

根据问题清单逐项列出观测指标。

当然，不同的高校有不同的办学特色，各个高校在构建自己的指标体系时可以根据自身办学特色对三级指标进行细微调整，但一级指标、二级指标应该成为共同的遵循。

新时代高校巡察观测指标体系构建

——基于层次分析法的研究

郭　满（西南财经大学校长办公室）

摘要：党的十八大以来，党内巡察工作不断向纵深发展。新时代高校开展巡察监督工作，不仅是贯彻落实党中央“巡视巡察上下联动监督”的基本要求，也是推动高校各项事业发展的重要保障。本文首先分析论述了高校巡察工作目标、定位、内容和工作方式，进而构建了巡察观测指标体系，运用层次分析法将定性指标进行量化分析，最终获得影响巡察结果评价的9个重要指标，为高校进行巡察评价提供模型参考。

关键字：高校巡察；层次分析法；观测指标

一、研究背景

巡视是全面从严治党的重大举措，是党内监督的战略性制度安排。党的十八大以来，在以习近平同志为核心的党中央坚强领导下，巡视工作理论创新、实践创新、制度创新取得丰硕成果，巡视工作的力度、广度、深度和效度大幅提升，巡视已经成为“国之利器、党之利器”，为落实党要管党、全面从严治党提供了有力的制度保障。巡察重在“察”，是巡视向基层的延伸，重点在于发现“最后一公里”的问题，对厚植党的政治基础，建立巡视巡察上下联动的监督网，推动全面从严治党向基层延伸具有重要的抓手作用。

为贯彻落实《中国共产党巡视工作条例》，2016年3月，中共教育部党组印发了《中共教育部党组贯彻〈中国共产党巡视工作条例〉实施办法》的通知，全面开启了新一轮对直属高校的巡视工作。教育部巡视是贯彻中央巡视工作精神，坚持党要管党、全面从严治党的重要体现，极大地增进了上级党委对被巡视高校情况的了解，有力地促进了被巡视高校的领导班子建设，加强了高校党内民主建设和党风廉政建设，为高校各项事业的发展打下良好的基础。

高校是培养社会主义建设者和接班人的主阵地，其政治生态和氛围直接决定立德树人的成效。如果说教育部巡视是为高校做的“政治体检”，那么高校内部巡察则是高校“刀刃向内”、主动做的“自我诊断”。近年来，高校违纪违法行为频现，师德师风问题让人痛心，所暴露的是高校部分党员同志党员意识薄弱、理想信念缺失、规则纪律意识不强等问题。校内巡察作为学校党委落实全面从严治党主体责任的重要举措，可对学校二级党组织、党员干部开展全面深入的“政治体检”，有助于学校党委将从严治党的主体责任落到实处，构建有效的党内监督平台，营造高校风清气正的政治生态和良好的育人环境。另外，高校内部不同程度地存在责任不落实、压力传导层层递减的问题，通过校内巡察，有助于发现二级党组织存在的问题，督促二级党组织加强政治理论学习、提高站位，建立健全制度，规范管理，实现全面从严治党制度向基层延伸，构建更加完善的内部治理体系。

2016 年以来，清华大学、浙江大学、复旦大学等诸多国内高校以深化巡视整改为契机，根据《中国共产党章程》《中国共产党巡视工作条例》的要求，结合学校具体情况成立了巡察部门，出台了校内巡察制度。浙江大学从 2015 年开始研究制定校内巡察实施办法，是较早开展巡察工作的高校之一。浙江大学在巡察过程中牢牢把握政治巡察的工作定位，特别强调巡察要从政治上查找问题，实践中主要从学习贯彻习近平新时代中国特色社会主义思想和党的十九大精神情况、管党治党和反腐败工作以及学校党委要求监督检查的其他事项等方面查找问题，着力发现基层党的领导弱化、党的建设缺失、全面从严治党不力，党的观念淡漠、组织涣散、纪律松弛、管党治党“宽松软”等突出问题。南京邮电大学巡察强调突出政治性、专业性和育人性。河海大学党委书记唐洪武在研究中指出，高校巡察要坚守政治巡察职能，贯彻巡视工作“十六字”方针，紧扣“四个落实”的监督重点，立足立德树人根本任务，落地于党的政治建设、内部治理体系和“双一流”建设“三个维度”。

虽然经过几年的实践探索，高校内部巡察积累了一些工作经验，然而巡察工作机制、观测指标体系、评价标准等方面尚未达成共识，尚处于探索与经验交流阶段。此外，校内巡察还面临诸多操作层面的具体问题：第一，从巡察内容来看，政治巡察的观测定量指标少，定性指标多且难以量化分析，这就导致巡察工作易流于宽泛，缺少抓手，没有针对性。第二，不同高校面临的问题情况不同，同一个高校不同二级党组织工作的侧重也不尽相同。第三，基于熟人社会的影响，内部巡察的成效难以客观评价。这都要求巡察必须结合校内单位的实际情况与特点，因地制宜、精准施策，在工作机制、观测指标、评价标准等方面开展深入研究，构建理论基础，探索实践指南，切实通过巡察全面洞察二级党组织领导班子及其业务开展全貌，给出科学合理的巡察反馈意见，指导二级单位整改完善，真正解决高校管理“最后一公里”的问题。

本文围绕高等学校内部巡察观测指标体系建立有关问题，通过调研和分析，考虑易测性、实用性、影响力等因素，构建了一套有效可行的观测指标体系，并运用层次分析法研究了各个指标对巡察结果的影响权重，希望为今后高校开展巡察工作提供一定的支撑。

二、高校内部巡察内容与方式

（一）高校内部巡察的内容

“聚焦政治建设，深化巡视监督内涵”是教育部党组巡视高校基本思路。在高校层面，政治属性是巡察工作的基本属性定位，巡察聚焦的重点内容是党的政治建设、党对教育工作的全面领导、贯彻落实习近平总书记关于教育的重要论述、坚持立德树人根本任务等主要方面。这些方面体现了高校政治建设的重要指标，也是适应高校特点的巡察重点内容，在高校二级党组织中，能够通过具体的表征呈现出来。同时，巡察的最终目标是促进高校事业发展，高校巡察也应体现“政治与业务相统一”的理念，将全面从严治党与业务发展紧密结合起来，因此高校巡察应该聚焦以下四个方面：

第一，高校巡察工作要以党章党规党纪为标尺。党的十八大以来，以习近平同志为核心的党中央身体力行，率先垂范，坚持思想建党、组织建党和制度治党紧密结合，从抓思想从严、抓管党从严、抓执纪从严、抓治吏从严、抓作风从严、抓反腐从严六个方面全面推进从严治党。党的纪律是党的各级组织和全体党员必须遵守的行为规则，是维护党的团结统一、完成党的任务的保证。各级党组织必须严格执行和维护党的纪律，共产党员必须自觉接受党的纪律的约束。无论是巡视还是巡察，对于违反党的纪律的行为都是零容忍。党的十八大以来，党中央加大了对违纪行为的查处力度，使得大的违纪行为无所遁形，小的违纪行为变得更加隐蔽化和复杂化，这正是巡察需要发现和解决的问题。

《中国共产党章程》第四十条规定了党的六大纪律，然而对于党组织和党员而言，约束行为的不只是《中国共产党章程》、党内法规、法律法规，还有社会主义道德。“一党章两准则三条例”是开展巡察监督的“准绳”，也就是说巡察应该以《中国共产党章程》《关于新形势下党内政治生活的若干准则》《中国共产党廉洁自律准则》为标准，检查二级党组织和领导班子成员理想信念是否坚定，能否坚持党的基本路线，坚决维护党中央权威，严明党的政治纪律，是否以《中国共产党纪律处分条例》《中国共产党党内监督条例》《中国共产党问责条例》为戒尺，开展警示教育与落实自我监督等。

第二，高校巡察也应督促检查二级党组织贯彻落实党的教育路线方针政策。要想办好中国特色社会主义教育事业，首先要回答学校“培养什么人、怎样培养人、为谁培养人”“办什么样的教育、怎样办教育、为谁办教育”“培养什么样的教师、怎样培养教师”等一系列问题。党的十八大以来，以习近平同志为核心的党中央高度重视教育事业在坚持和发展中国特色社会主义战略全局中的作用，提出了一系列新理念新思想新观点，系统回答了教育工作方向性、根本性、全局性、战略性问题，为高等学校做好新时代教育工作提供了根本遵循和行动指南。深入学习贯彻习近平总书记关于教育的重要论述，深刻领会其时代背景、科学体系、精神实质，深刻理解其政治意义、理论意义、实践意义是指导新时代高等教育改革发展的精神指引。习近平总书记强调，加强党的领导和党的建设，加强思想政治教育工作体系建设，是形成高水平人才培养体系的重要内容。

深入学习习近平总书记关于教育的重要论述精神，关键在于做到“四个坚持不懈”。2016 年 12 月，全国高校思想政治工作会议召开，习近平总书记发表重要讲话指出，办好中国特色社会主义大学要坚持不懈传播马克思主义科学理论，抓好马克思主义理论教育，为学生一生成长奠定科学的思想基础；要坚持不懈培育和弘扬社会主义核心价值观，引导广大师生做社会主义核心价值观的坚定信仰者、积极传播者、模范践行者；要坚持不懈促进高校和谐稳定，培育理性平和的健康心态，加强人文关怀和心理疏导，把高校建设成为安定团结的模范之地；要坚持不懈培育优良校风和学风，使高校发展做到治理有方、管理到位、风清气正。“四个坚持不懈”明确了高校思政教育的方向和重点。

深入学习习近平总书记关于教育的重要论述精神，重点在于做到“九个坚持”。2018 年 9 月，习近平总书记在全国教育大会上发表重要讲话指出，坚持党对教育事业的全面领导，坚持立德树人根本任务，坚持优先发展教育事业，坚持社会主义办学方向，坚持扎根中国大地办教育，坚持以人民中心发展教育，坚持深化教育改革创新，坚持把服务中华民族伟大复兴作为教育的重要使命，坚持把教师队伍建设作为基础工作。这“九个坚持”既有方向性的指引，又有实践层面的指导，全面地回答了办好中国特色社会主义教育的一系列重要问题。

高校校内巡察应该围绕深入学习习近平关于教育的重要论述精神，检查二级党组织是否做到“四个坚持不懈”和“九个坚持”，不折不扣贯彻落实党的方针政策；对标“五个到位”“七个有力”检查基层党组织建设情况，是否充分发挥基层党组织作用，是否坚定不移维护党中央权威和集中统一领导，自觉在政治立场、政治方向、政治原则、政治道路上同党中央保持高度一致；对照《中国共产党支部工作条例（试行）》检查支部建设及组织生活开展情况，是否真正充分发挥基层党组织的战斗力和凝聚力，使其成为教书育人的坚强战斗堡垒。

第三，高校巡察还要关注二级党组织贯彻学校党代会精神、重点工作落实情况，各项规章制度执行情况以及人才培养、师资队伍、科研等具体业务开展情况。“政治与业务相统一”是巡察的重要理念。一方面，要检查二级党组织执行学校党委和行政决策部署情况，学科建设目标是否明晰并契合学校的总体要求，人才培养方案是否科学合理，学院师资人才队伍是否与学科发展相匹配以及落实学校部署及学院重点工作方面取得的成效；另一方面，要检查二级党组织在执行“三重一大”决策制度，基层党组织建设，落实中央八项规定精神，整治“四风”问题等方面是否扎实到位；此外，要检查二级单位内部管理情况，是否构建了安全、全面、高效的内部控制制度体系。

第四，高校巡察还应关注二级单位党组织在落实深化巡视整改、开展主题教育活动、落实意识形态责任制等重点领域的执行情况。近年来，教育部党组巡视直属高校实现了全覆盖，并开展了财务大检查、校长经济责任审计等专项检查，实际上都是以问题为导向而开展的灵活、深入、有效的巡视工作。对高校而言，应将专项巡视的整改作为巡察监督的重点，赋予更大的评价权重。检查二级党组织是否真改实改，是否存在以制定文件代替整改、做表面文章的情况，是否全面整改，是否切实采取有效的措施推动问题解决。整改是否取得实效，得到干部群众认可，是否建立常态化、长效化工作机制。

（二）高校内部巡察的工作方式

目前，各高校普遍参考借鉴了上级对高校巡视的经验和做法，采用的巡察方式大同小异，总体上可以概括为“一听二测三谈四访”：听被巡察单位工作汇报；进行领导班子满意度测评和应知应会测试；进行个别谈话、针对性谈话及座谈会；受理来电来信、走访、暗访、约访。虽然巡察方式多样，但是始终存在熟人社会监督难的问题，巡察人员与被巡察单位教职工之间或多或少存在一些心理权衡，因此座谈、受理来电来信及走访等途径获得的信息往往比较有限，而个别谈话虽然能发现一些问题线索但受被谈话人主观认知影响，更进一步的证据难以锁定。

调研发现，查阅资料和问卷调查是非常有效的巡察方式。在巡察动员会上开展问卷调查，通过分析单位的参会率、优秀率、对错率、满意度等数据，可以对一个二级单位的政治生态进行一定程度的刻画。党政联席会议记录、“三会一课”记录、教职工政治理论学习记录、财务台账、年度工作计划与总结、规章制度是二级党组织及其下属党支部开展活动的客观记录，最能反映二级党组织的真实情况。综上可知，校内巡察应把查阅资料与“一听二测三谈四访”相结合，从发现线索、查找证据到问题定性，让不同的巡察方式相辅相成，相互支撑。

三、高校巡察观测指标体系构建

（一）层次分析法

层次分析法（analytic hierarchy process，AHP）是运筹学研究领域常用的一种决策分析方法，20 世纪 70 年代由美国匹兹堡大学教授 T. L. Satty 提出。层次分析法根据问题的性质和期望总目标，将问题分解为不同的组成因素，并按照因素之间的相互关联影响以及隶属关系将因素按不同层次聚集组合，最终将与决策有关的因素分解成目标层、准则层、方案层等若干层次，通过对各因素的计算和比较，得出不同因素的权重，进而为决策评价提供依据。层次分析法比较适合于具有分层交错评价指标的目标系统，而目标值又难以定量描述的决策问题。

确定各层次各因素之间的权重时，如果只是定性的结果，则常常不容易被别人接受，因而 Satty 等人提出一致矩阵法，即不把所有因素放在一起比较，而是两两相互比较，此时采用相对尺度，可以尽可能减少性质不同的诸因素相互比较的困难，以提高准确度。表 1 列出了 Satty 给出的 9 个重要性等级及其赋值。

表 1　相对重要性标度

标度	含义
1	表示两个因素相比，同样重要
3	表示两个因素相比，一个比另一个稍微重要
5	表示两个因素相比，一个比另一个明显重要
7	表示两个因素相比，一个比另一个强烈重要
9	表示两个因素相比，一个比另一个极端重要
2，4，6，8	表示影响介于上述两个相邻等级之间

按两两比较结果的原则对比各指标构成的矩阵称为判断矩阵，矩阵的元素 a_{ij} 表示指标 i 与 j 相比的重要程度。判断矩阵有如下性质：

$$a_{ij} = a_{ji}$$

因此，判断矩阵一定是正互反矩阵。在巡察工作中，很多评价指标难以量化，不同的评价指标之间的重要性程度也不同，这将大大影响巡察反馈评价。层次分析法采用专家打分模糊评价的方法，将影响巡察评价结果的各个因素进行量化分析，为科学评价奠定了基础。

（二）高校巡察观测指标

通过分析高校巡察内容和工作方式，借鉴其他高校的经验与做法，本文从践行“一党章两准则三条例”、贯彻落实党的教育路线方针政策、以党建促发展情况、其他专项工作四个方面来观测二级单位党组织从严治党成效，这四个方面又分别包含了不同数量的二级观测指标。指标体系如表 2 所示。

表 2　巡察观测指标体系

<table>
<tr><th>一级指标</th><th>二级指标</th></tr>
<tr><td rowspan="9">践行“一党章两准则三条例”情况（B1）</td><td>坚持党的基本路线（C1）</td></tr>
<tr><td>做到“两个维护”（C2）</td></tr>
<tr><td>遵守党的政治纪律和政治规矩（C3）</td></tr>
<tr><td>坚持民主集中制原则与发扬党内民主（C4）</td></tr>
<tr><td>贯彻党的群众路线（C5）</td></tr>
<tr><td>严格党的组织生活制度（C6）</td></tr>
<tr><td>开展批评与自我批评（C7）</td></tr>
<tr><td>廉洁政治建设（C8）</td></tr>
<tr><td>基层党组织“五个到位”与基层党支部“七个有力”（C9）</td></tr>
<tr><td rowspan="5">贯彻落实党的教育路线方针政策情况（B2）</td><td>坚持社会主义办学方向，传达学习习近平新时代中国特色社会主义思想（C10）</td></tr>
<tr><td>推进习近平新时代中国特色社会主义思想进学术、进学科、进课程、进培训、进读本情况（C11）</td></tr>
<tr><td>落实立德树人根本任务（C12）</td></tr>
<tr><td>思政教育与“三全”育人（C13）</td></tr>
<tr><td>教师队伍建设与师德师风长效机制（C14）</td></tr>
</table>

表2（续）

一级指标	二级指标
以党建促发展情况（B3）	贯彻落实学校党委决策部署情况（C15）
	工作规划落实情况（C16）
	人才培养成效（C17）
	科研与社会服务成效（C18）
	内控建设情况（C19）
其他专项工作（B4）	深化巡视整改落实情况（C20）
	"不忘初心、牢记使命"主题教育开展情况（C21）
	意识形态阵地管理（C22）
	落实中央八项规定精神及整治"四风"问题（C23）

由表2可知，高校巡察需观测的指标数量众多，其中践行"一党章两准则三条例"之下有9个二级观测指标，以贯彻落实党的教育路线方针政策之下有5个二级观测指标，以党建促发展情况之下有5个二级观测指标，其他专项工作之下有4个二级观测指标，每个二级指标应该赋予怎样的权重对于巡察评价结果具有重要影响。本文将用层次分析法对这些观测指标进行分析，为科学评价二级党组织履职能力提供依据。

（三）基于层次分析法的指标权重分析

在巡察工作中运用层次分析法，需要将巡察结果评价作为目标，通过前文对巡察意义、内容和方式的分析，确定影响评价结果的一级指标4个，分别为B1、B2、B3、B4，二级指标23个，二级指标分别只对对应的一级指标产生影响。按照层次分析法的思想构造的判断矩阵，在考虑一级指标对总评价的影响时，专家认为践行"一党章两准则三条例"情况相较于其他三个指标对巡察结果评价更为重要，这正是巡察政治属性的体现。然后进行一致性检验，一般认为当判断矩阵的一致性比率 $CR=\dfrac{CI}{RI}<0.1$ 时，不一致程度在容许的范围内，可用其归一化的特征向量作为权向量。用Matlab编程求得，O-B判断矩阵的一致性比率CR=0.003 9，通过一致性检验，进而运用特征值求得权重如表3所示，其中B1对巡察结果的影响权重为0.477 8，再次印证了巡察的政治属性。

表 3　O-B 判断矩阵及指标权重

（CR=0.003 9，CI=0.003 5，最大特征值 4.010 4）

O	B1	B2	B3	B4	权重
B1	1	2	4	3	0.477 8
B2	1/2	1	2	2	0.256 1
B3	1/4	1/2	1	1	0.128 1
B4	1/3	1/2	1	1	0.138 0

同理，分别考虑二级指标对 B1、B2、B3、B4 的影响，两两对比 C1～C9 对 B1 的判断矩阵，C10～C14 对 B2 的判断矩阵，C15～C19 对 B3 的判断矩阵，C20～C23 对 B4 的判断矩阵，然后进行一致性检验并运用特征值法计算指标权重。

表 4 为 C1～C9 对 B1 的判断矩阵，CR=0.096 7，满足一致性检验。指标权重显示，C3 遵守党的政治纪律和政治规矩、C6 严格组织生活制度、C8 廉洁政治建设、C9 基层党组织建设四个二级指标的权重较大，分别为 0.150 6、0.181 9、0.150 9、0.240 2，说明这四个指标对于巡察评级结果有重要影响，在开展巡察工作中应当更加关注。

表 4　B1-C 判断矩阵及指标权重

（CR=0.096 7，CI=0.141 1，最大特征值 10.128 9）

B1	C1	C2	C3	C4	C5	C6	C7	C8	C9	权重
C1	1	1	1/3	2	3	1/4	2	1/5	1/5	0.063 1
C2	1	1	1/3	3	4	1/5	3	1/5	1/5	0.075 8
C3	3	3	1	2	3	2	3	1	1/3	0.150 6
C4	1/2	1/3	1/2	1	1	1/3	2	1/3	1/3	0.049 1
C5	1/3	1/4	1/3	1	1	1/3	3	1/2	1/3	0.051 2
C6	4	5	1/2	3	3	1	3	2	1	0.181 9
C7	1/2	1/3	1/3	1/2	3	1/3	1	1/3	1/3	0.037 2
C8	5	5	1	3	2	1/2	3	1	1/3	0.150 9
C9	5	5	3	3	3	1	3	3	1	0.240 2

表 5 为 C10～C13 对 B2 的判断矩阵，CR=0.015 4，满足一致性检验。指标权重显示，C11 推进习近平新时代中国特色社会主义思想“五进”、C13 思政教育与“三全育人”、C14 师德师风建设 3 个二级指标的权重较大，分别为

0. 226 6、0. 238 7、0. 324 8。这三个指标充分体现了党的教育路线方针政策的贯彻落实情况，尤其是近几年思政工作会议精神和全国教育大会精神的落实情况。

表5　B2-C 判断矩阵及指标权重

（CR＝0. 015 4，CI＝0. 017 2，最大特征值 5. 068 8）

B2	C10	C11	C12	C13	C14	权重
C10	1	1/3	1	1/2	1/3	0. 101 2
C11	3	1	2	1	1/2	0. 226 6
C12	1	1/2	1	1/2	1/33	0. 108 7
C13	2	1	2	1	1	0. 238 7
C14	3	2	3	1	1	0. 324 8

表6为C15～C19对B3的判断矩阵，CR＝0. 037 4，满足一致性检验。从判断矩阵可以看出，贯彻学校党委决策部署和工作计划完成情况是专家关注的重点内容，这与高校开展内部巡察的目标与意义是完全契合的。高校巡察是推动全面从严治党纵深发展的有力措施，最终目标是层层压实责任，保证党和国家教育政策的贯彻落实，推动高校事业发展。另外，内控建设对于决策部署的贯彻落实具有重要作用，必须加以关注。专家对于人才培养、科学研究与社会服务没有给予较高的权重，可能是因为这两项工作都包含在贯彻落实学校党委决策部署与落实工作规划里面。

表6　B3-C 判断矩阵及指标权重

（CR＝0. 037 4，CI＝0. 041 9，最大特征值 5. 167 5）

B3	C15	C16	C17	C18	C19	权重
C15	1	3	5	5	2	0. 441 4
C16	1/3	1	3	3	3	0. 254 3
C17	1/5	1/3	1	1	1/2	0. 078 0
C18	1/5	1/3	1	1	1/2	0. 078 0
C19	1/2	1/3	2	2	1	0. 148 2

表7为C20～C23对B3的判断矩阵，该指标维度主要体现巡察中对专项工作的关注程度，在近几年的高校内部巡察过程中，落实教育部巡视整改情况和“不忘初心、牢记使命”主题教育活动开展情况是需要重点关注的内容。随着

专项工作的推进，今后的巡察可以不断拓展指标维度，进而更加全面深入地反映二级党组织全面从严治党的成效。

表 7　B4-C 判断矩阵及指标权重

（CR=0.030 4，CI=0.027 1，最大特征值 4.081 3）

B4	C20	C21	C22	C23	权重
C20	1	1/2	3	2	0.295 2
C21	2	1	3	2	0.418 9
C22	1/3	1/3	1	1	0.128 4
C23	1/2	1/2	1	1	0.157 5

由于本文所建立的模型为不完全层次结构，即每个层次的指标因素只对上一个层次的一个指标因素产生影响，因此进行层次总排序可得 C 层对 A 层的总排序权重，如表 8 所示。

表 8　C 层指标的层次总排序权重

C 层指标	层次总排序权重	C 层指标	层次总排序权重	C 层指标	层次总排序权重
C1	0.030 1	C9	0.114 8	C17	0.010 0
C2	0.036 2	C10	0.025 9	C18	0.010 0
C3	0.072 0	C11	0.058 0	C19	0.019 0
C4	0.023 5	C12	0.027 8	C20	0.040 7
C5	0.024 5	C13	0.061 1	C21	0.057 8
C6	0.086 9	C14	0.083 2	C22	0.017 7
C7	0.017 8	C15	0.056 5	C23	0.021 7
C8	0.072 1	C16	0.032 6		

指标权重超过 0.05 的有 C3 遵守党的政治纪律与政治规矩、C6 严格组织生活制度、C8 廉洁政治建设、C9 基层党组织建设、C11 推进习近平新时代中国特色社会主义思想“五进”、C13 思政教育与“三全育人”、C14 贯彻学校党委决策部署、C15 落实工作规划、C21“不忘初心、牢记使命”主题教育开展 9 个指标，对总目标的影响达到 66.24%。其中，指标权重最大的是基层党组织建设。基层党组织是党的基层的中坚力量，更是党在基层各个政策的宣传者与执行者和坚强的战斗堡垒。

最后，还需要进行层次总排序权重的一致性检验。假设 C 层指标对 B1、B2、B3、B4 的层次单序一致性指标为 CI_j，随机一致性指标为 RI_j，B 层指标的权重为 b_j，$j = 1, \cdots, 4$ 则层次总排序的一致性比率为：

$$CR = \frac{CI_1 * b_1 + CI_2 * b_2 + CI_3 * b_3 + CI_4 * b_4}{RI_1 * b_1 + RI_2 * b_2 + RI_3 * b_3 + RI_4 * b_4}$$

根据表 3 至表 7 的数据求得层次总排序的一致性比率为 0.064 7，小于 0.1，满足一致性检验。

综上可知，基于层次分析法的思想和步骤，本文构建了具有三个层次的巡察结果评价模型且所有判断矩阵均通过一致性检验，说明该模型能够较好地刻画不同指标对于巡察评价结果的影响力。

四、结论

巡视是全面从严治党的重大举措，是党内监督的战略性制度安排。巡察推动全面从严治党向基层延伸，厚植党的政治基础，建立巡视巡察上下联动的监督网，是推动全面从严治党向纵深发展的重要抓手。作为培养社会主义建设者和接班人的主阵地，高校的政治生态和氛围直接决定立德树人的成效。本文通过分析当前高校巡察工作的重点内容和巡察工作的一般方式，完成了以下工作：

（1）构建巡察量化评价模型。本文从践行“一党章两准则三条例”，贯彻落实党的教育路线方针政策，以党建促发展和其他专项工作 4 个方面构建了 23 个指标的观测指标体系来衡量二级单位党组织全面从严治党的成效和落实立德树人根本任务的情况，并运用层次分析法获得各个指标对评价结果的影响权重，为高校量化评价巡察结果提供了一定的模型支持。

（2）明确了巡察工作的侧重点。本文基于所构建的指标体系，运用特征值法求得了指标权重，结果表明遵守党的政治纪律和政治规矩、严格组织生活制度、廉洁政治建设、基层党组织建设、推进习近平新时代中国特色社会主义思想“五进”、思政教育与“三全育人”、贯彻学校党委决策部署、落实工作规划、“不忘初心、牢记使命”主题教育开展 9 个指标，对总目标的影响达到 66.24%。当前高校内部巡察应当重点关注以上 9 个方面，对照制度、标准、要求检查二级党组织是否存在相关问题。

虽然本文为量化评价二级党组织全面从严治党成效提供了一种思路，但是仍有以下问题需改进：

（1）观测指标体系方面。高校巡察的观测指标并非一成不变或放之四海而皆准的，不同时间、不同高校，甚至同一高校内的不同二级单位党组织的巡察侧重点可能都会不同，因此观测指标体系可能需要根据巡察的目标和被巡察主体的特点适当调整，才能得到更加科学合理的巡察评价结果。

（2）研究方法方面。本文采用层次分析法进行指标权重的计算，判断矩阵中两类指标之前的重要性对比采用了9个等级来划分，虽然解决了定性指标定量化研究的问题，但是由于重要性等级由专家打分确定，其中一定包含专家个人的主观因素，这对评价结果的客观性也有一定影响。

希望其他研究者能在本文基础上提出更加合理完善的观测指标体系构建方法，不断优化量化分析方法，为科学评价巡察结果提供依据。

参考文献：

[1] 马春波，张栋梁. 新形势下高校开展巡察强化政治监督的实践与思考[J]. 中国纪检监察，2019（6）：42-43.

[2] 杨瑞. 高质量开展高校巡察工作的探索与实践 [J]. 长江丛刊，2020（6）：117-118.

[3] 唐洪武. 高校巡察：多维动力、作用机制及优化策略 [J]. 国家教育行政学院学报，2020（1）：23-29.

[4] 中共中央文献研究室. 习近平关于全面从严治党论述摘编 [M]. 北京：中央文献出版社，2016.

[5] 教育部课题组. 深入学习习近平关于教育的重要论述 [M]. 北京：人民出版社，2019.

[6] 习近平. 在北京大学师生座谈会上的讲话 [N]. 人民日报，2018-05-03.

[7] 习近平在全国高校思想政治工作会议上强调 把思想政治教育贯穿教育教学全过程 开创我国高等教育事业发展新局面 [N]. 人民日报，2016-12-09.

[8] 习近平在全国教育大会上强调 坚持中国特色社会主义教育发展道路 培养德智体美劳全面发展的社会主义建设者和接班人 [N]. 人民日报，2018-09-11.

[9] 宋伟. 新形势下高校巡察监督：逻辑理路与优化进路 [J]. 中国高等教育，2020（6）：54-56.

[10] 斯阳. 教育治理现代化视域下高校巡察监督体系的构建：以沪上部分高校为例 [J]. 华东师范大学学报（教育科学版），2019（5）：144-152.

[11] 虞晓芬，傅玳. 多指标综合评价方法综述 [J]. 统计与决策，2004（11）：119-121.

新时代高校校内巡察观测指标设置研究

周立成（西南财经大学党委教师工作部）

摘要： 巡视巡察是《中国共产党章程》赋予的重要职责，是全面从严治党的重大举措，是中国共产党党内监督的战略性制度安排。党的十八大以来，在教育部党组的指导下，各高校党委探索开展对二级单位党组织的巡察监督，部分高校结合学校实际建立了巡察制度制定了巡察工作办法，对二级单位党组织开展巡察落实党内监督职责，推动全面从严治党向基层延伸。作为社会主义大学，遵循相应的价值取向，依据一定原则维度，设置一套科学立体的巡察观测指标，可以为巡察监督工作组提供准确的研判依据，同时提升工作效率，推动巡察工作实现高点起步，高开高走，从而真正实现“发现问题、形成震慑，推动改革、促进发展”十六字方针。

关键词： 高校；校内巡察；观测指标设置

党的十八大以来，以习近平同志为核心的党中央，从党和国家事业发展的全局，站在统揽推进伟大斗争、伟大工程、伟大事业、伟大梦想的战略高度，紧密结合新的历史条件和实践要求，吹响了全面从严治党的号角，并向全党发出了全面从严治党的动员令。2015 年，中国共产党根据《中国共产党章程》，制定出台《中国共产党巡视工作条例》（2017 年修订），落实全面从严治党要求，严肃党内政治生活，净化党内政治生态，加强党内监督，规范巡视工作。2016 年，教育部党组制定出台《中共教育部党组贯彻〈中国共产党巡视工作条例〉实施办法》，拉开了高等教育领域全面从严治党纵深发展的大幕，各高校亦依据此办法纷纷制定出台自己的校内巡察工作办法，开展校内巡察工作，开启了打通高等教育领域全面从严治党“最后一公里”探索之路。作为社会主义大学，遵循相应的价值取向，依据一定原则维度，设置一套科学立体的巡察观测指标，对顺利开展校内巡察工作，实现巡察工作目标意义重大。

一、设置高校校内巡察观测指标的重要意义

（1）持续加强高校党的全面领导的必然要求。中国特色社会主义最本质的特征是中国共产党领导，中国特色社会主义制度的最大优势是中国共产党领导。习近平总书记指出：党政军民学，东西南北中，党是领导一切的，是最高政治领导力量①。因此，党的领导在高校内必须全面落实到位，体现在党领导高校各项事业发展的各方面各环节。开展校内巡察工作，设置巡察观测指标，是高校党委落实党的领导，履行全面从严治党主体责任和监督责任的应有之义，是落实全面从严治党的必然要求。

（2）全面从严治党向纵深发展的内在需要。全面从严治党永远在路上。一个政党，一个政权，其前途命运取决于人心向背。人民群众反对什么、痛恨什么，我们就要坚决防范和纠正什么②。作为中国共产党党内监督的重要制度安排，巡察工作离老百姓最近，是建立巡视巡察监督体系全国“一盘棋”，打通全面从严治党“最后一公里”重要举措，是管党治党横向到边、纵向到底的重要手段。开展校内巡察，设置校内巡察观测指标，就是要弄清楚师生关心什么、反对什么、痛恨什么，以问题为导向，突出工作重点，不断推动全面从严治党向基层延伸，向纵深发展。

（3）确保校内巡察工作高度统一的基本保障。充分发挥巡视巡察“探照灯”和“显微镜”作用，前提是要“发现问题”。高校校内巡察就是要对校内所有二级单位领导班子及成员开展巡察全覆盖，坚持一个标准，一把尺子量到底，发现基层党组织管党治党方面的各种问题。设置校内巡察观测指标，就可以为校内巡察监督提供准确的研判依据，确保巡察工作高度统一，同时提升工作效率，推动巡察工作实现高点起步，高开高走，从而真正实现“发现问题、形成震慑，推动改革、促进发展”十六字方针目标。

二、设置高校校内巡察观测指标的价值取向

高校校内巡察观测指标作为一个标准、一把尺子，是从政治的高度来衡量二级单位领导班子及成员各项工作开展及完成情况。因此，该指标设置必须遵循相应的价值取向，以期实现“发现问题、形成震慑，推动改革、促进发展”

---

① 中共中央宣传部. 习近平新时代中国特色社会主义思想学习纲要［M］. 北京：学习出版社，人民出版社，2019：68.

② 习近平. 决胜全面建成小康社会 夺取新时代中国特色社会主义伟大胜利：在中国共产党第十九次全国代表大会上的报告［N］. 人民日报，2017-10-28（05）.

的目的。否则，该指标指导效果就会打折扣，就无法完全体现党的全面领导，推动全面从严治党在基层见到实效，厚植党执政的政治基础。

（1）基础价值取向：办人民满意的高等教育。在党的十九大报告中，保障和改善民生的第一条就是优先发展教育事业，建设教育强国是中华民族伟大复兴的基础工程，必须把教育事业放在优先位置，深化教育改革，加快教育现代化，办好人民满意的教育①。毋庸置疑，高等教育作为我国教育事业的重要组成部分，始终是人民最关心最直接最现实的利益问题，事关中国共产党执政民意基础，事关教育强国和现代化强国目标的实现，事关不断满足人民日益增长的美好生活需要。所以，办人民满意的高等教育应该是设置高校校内巡察观测指标的基础价值取向，高校各二级单位在这个问题上认识不到位，工作做得不够，必然无法让人民满意，也无法厚植党执政的政治基础。

（2）核心价值取向：坚定社会主义办学方向。习近平总书记在全国高校思想政治工作会议上强调："我们的高校是党领导下的高校，是中国特色社会主义高校"，"我国高等教育肩负着培养德智体美劳全面发展的社会主义事业建设者和接班人的重大任务，必须坚持正确政治方向"②。坚持社会主义办学方向，也是习近平总书记在全国教育大会上总结的我国教育改革实践规律性认识"九个坚持"之一。坚定社会主义办学方向，坚持马克思主义在学校意识形态领域的指导地位，事关高校举什么旗帜、走什么道路、担负什么历史使命，事关立德树人根本任务的实现，事关高校阵地的政治安全。所以，坚定社会主义办学方向应该是设置高校校内巡察观测指标的核心价值取向，高校各二级单位，作为人才培养的桥头堡，如果偏离了社会主义办学方向，就是道路错误、阵地失守，要坚决纠正。

（3）根本价值取向：坚持立德树人根本任务。高校立身之本在于立德树人。然而，培养什么人、怎样培养人、为谁培养人？新时代的社会主义大学，答案是显而易见的：必须践行"四个服务"，努力把初心和使命落实到为党育人、为国育才上来，为中国特色社会主义事业培养德智体美劳全面发展的合格建设者和可靠接班人，将立德树人的成效作为检验学校一切工作的根本标准。坚持立德树人根本任务应该是设置高校校内巡察观测指标的根本价值取向，高校各二级单位应将积极围绕落实立德树人根本任务、人才培养成效作为检验工

---

① 习近平：决胜全面建成小康社会 夺取新时代中国特色社会主义伟大胜利：在中国共产党第十九次全国代表大会上的报告［N］. 人民日报，2017-10-28（05）.

② 习近平在全国高校思想政治工作会议上强调：把思想政治工作贯穿教育教学全过程 开创我国高等教育事业发展新局面［N］. 人民日报，2016-12-09（01）.

作的根本标准和唯一标准。

（4）目标价值取向：促进高质量内涵式发展。党的十八大以来开展的巡视工作，其工作方针是“发现问题、形成震慑，推动改革、促进发展”，最终目标是推动改革、促进发展。顾名思义，促进发展一定是促进高质量内涵式发展，一定是新发展理念指引下的高质量发展。在高等教育领域，高质量内涵式发展道路是各高校应对国际国内经济与社会深刻变革带来的挑战的客观要求，是抓住国家深化教育体制改革建设高质量教育体系机遇的主观诉求，最终目标是实现教育现代化、建设教育强国。新推出的“双一流”建设方案，就是新时代我国高等教育高质量内涵式发展的重大战略决策。高质量内涵式发展应该是设置高校校内巡察观测指标的目标价值取向，高校各二级单位应将落实“加快一流大学和一流学科建设，实现高等教育内涵式发展”作为所有工作的出发点。

对一所社会主义大学来说，四类价值取向缺一不可。巡察观测指标设置也须紧扣四类价值取向，力求科学性和可操作性，分类分块，条目结构清晰。在此指标的指引下，巡察工作组才能真发现问题、发现真问题，从而为被巡察单位后续整改、促进高质量发展提供保障。

三、设置高校校内巡察观测指标的基本原则

（1）政治规定性。巡察是中国共产党全面从严治党、管党治党的一种制度安排，高校巡察必然要遵照党中央及教育部党组统一决策部署，一以贯之落实落细。高校巡察观测指标设置理应在深入查找党的领导弱化、党的建设缺失、全面从严治党不力等方面问题上与上级精神保持一致，特别是要查找《中国共产党巡视工作条例》第十五条规定问题在基层党组织内部的具体表现，才能确保巡察工作政治监督功能充分彰显，确保全面从严治党实效。这是高校校内巡察及其观测指标设置必须要遵循的政治规定性。

（2）导向统领性。巡察是中国共产党政治监督向基层的延伸，高校巡察必须坚决贯彻把党的政治建设摆在首位。高校巡察观测指标设置理应牢牢把握党的政治建设是根本性建设，对党的各项建设的统领作用，特别是在坚定政治信仰、强化政治领导、提高政治能力、净化政治生态内容方面要着重加强。高校巡察观测指标只有体现把政治标准和政治要求贯穿基层党组织建设的各项工作，才能实现牵住“政治建设”牛鼻子，推动全面从严治党向纵深发展的目标。

（3）高度统一性。高校巡察工作是党委领导下党的建设工作，同样也应

避免就党建抓党建，党建与业务“两张皮”现象。没有脱离政治的业务，也没有脱离业务的政治，高校巡察观测指标设置需要将政治和业务高度结合，高度统一起来。针对不同类别的二级单位，指标要在分类分块上做到统分结合，在逻辑结构上做到严谨流畅，在业务内容上做到全面覆盖，不留死角，以便于最终透过业务现象总结分析归类，发现治党管党方面的问题。“发现问题是巡视工作的生命线”，科学系统有效的巡察观测指标就是高校巡察工作取得实效的基准线。

（4）实际针对性。“推动解决问题是巡视工作的落脚点”，推动解决制约高校基层党组织发展的各类问题，促进学校全面高质量发展也是高校巡察工作的落脚点。各高校开展巡察工作、设置巡察观测指标，理应结合高等教育自身规律和特点，结合本校工作实际，特别是针对学校党委的决策部署及相关制度文件的落实，系统设计相关指标。巡察工作组根据指标，对标对表查找相关问题，形成震慑，最终解决相关问题，促进高质量发展。

四、基于价值取向及基本原则的指标维度探索

基于上述设置高校巡察观测指标的价值取向和基本原则，高校巡察观测指标应聚焦党的领导、党的建设、全面从严治党三大领域，主要围绕巡察二级单位党政领导班子及成员学习贯彻中央指示精神情况、落实党的教育方针政策情况、基层党组织建设情况、党风廉政建设情况、内部治理长效机制建设情况、完成学校各项决策部署情况、其他监督内容 7 个方面一级指标展开。

高校党委落实全面领导，承担管党治党、办学治校主体责任，把好方向盘、服务大局、科学决策、狠抓落实，是高校巡察工作取得实效的政治保障。高校党委职责细分于各个职能部门，要做好高校巡察工作，需要众多职能部门通力配合，设置高校巡察观测指标更是需要职能部门贡献集体智慧、献计出力。

破解“熟人社会”监督难题等重难点问题研究

段江波（西南财经大学马克思主义学院）

摘要：熟人社会的腐败具有隐蔽性、群体性和持续性的特点，这与熟人社会的人情关系结构及其运行机制密不可分。破除熟人社会监督难题须破解熟人社会的关系结构，形成一套巡视监督、群众监督和日常管理监督等监督形式密切配合的监督机制，实现监督目的。

关键词：熟人社会；监督；权力

中国传统社会有着比较典型的熟人社会特点，这一特点随着中国现代化进程尤其是市场经济的发达、城市的发展、现代生活方式的出现而有着显著的改变。也就是说，在相当程度上，“熟人社会”作为乡土中国的一种典型社会形态，已向着现代市场经济为基础的“陌生人社会”形态转型。但值得注意的是，作为文化特点的“熟人社会”并未随之退却，相反“熟人社会”的运行机制和文化特点在现代中国仍有巨大的生存空间。尤其是当“熟人社会”与党员领导干部的权力结合在一起时，人情、关系和权力隐秘地勾连在一起，出现各种带有中国“熟人社会”文化特点的腐败形式。随着中国近年来腐败斗争取得压倒性胜利，惩治腐败的高压态势更多地转向防治腐败，防治腐败最重要的措施就是加强对党政干部的权力监督，把权力关进制度的笼子里。但现实中，中国的“熟人社会”的运行机制无时无刻不在给权力监督和防治腐败造成极大的阻碍，如何破除“熟人社会”的监督难题就成为执政者必须面对的困难。本文主要围绕此问题展开探讨，首先集中讨论“熟人社会”的社会运行机制及其当代表现。其次探讨“熟人社会”的腐败逻辑及监督困境。最后集中探讨在“熟人社会”进行权力监督的有效路径。

一、熟人社会的社会结构及其运行逻辑

“熟人社会”概念最初由中国社会学家费孝通先生提出，他在《乡土中

国》一书中指出，相对于“陌生人社会”而言，“熟人社会”这种社会形态与中国小农经济生产生活方式密切联系，农村居民聚族而居，安土重迁，日出而作，日入而息，面朝黄土背朝天。由于靠天吃饭，居民大多有着强烈的宿命感；因为经营农耕，缺少流动，聚族而居，居民多多少少有些血缘、亲缘联系，长期生活使得他们之间非常熟悉，熟悉到对彼此家庭情况了如指掌，并做到“出入相友，守望相助，疾病相扶持”①。可以说，乡土中国这种“熟人社会”是有着高度同质性以及高信任度的农村社区。

传统中国的社会基础是建基于以家庭为单元的农业耕作生产方式上的。小农经济加上家庭组织，农业耕作是其生活来源，家族聚居是其生活方式，这种生产和生活方式天然地就带有所谓“集体主义”（家族主义）的特征。因为是一家或一族散居于广袤的乡土，因此在家庭或家族内部有一种友爱和信任的亲密关系，这种信任感是血缘联系带来的。除了家庭和家族之外，传统中国人对于亲人之外的人则有着相当的警惕，对于陌生人的防范和恐惧是乡野村民的本能。因此，费孝通先生称这种以“己”为中心，向外逐渐推移，与“己”亲近关系的远近而基于信任的递减社会结构，如同“水中波纹的扩散”，他称之为“差序格局”，并且以“伦”之字义“伦也，水文相次有伦理也”来说明这一点。黄光国等将中国人的人际关系概括为三种类型：情感型关系、工具型关系和混合型关系。“情感型关系”足以满足个体在“关爱、温情、安全感、归属感等情感方面的需要”。这种与“己”联系最为紧密的关系，其奉行的原则是需要原则，也就是个体对家庭成员是“各尽所能，各取所需”。“工具型关系”指的是“个人与家庭外的人建立的一种工具型关系”，主要用于获得他所希冀的物质目标。在与陌生人交往时，中国人能奉行童叟无欺的公平原则。越是陌生人的社会交易，中国人越是能遵守公平原则。至于“混合型关系”指的是“以人情和面子来影响他人的人际关系范畴，这种关系大多包括亲戚、邻居、师生、同事、同乡等不同的角色关系”。它是介于家庭亲人关系与陌生人关系之间的那一类关系，这种关系既具有情感型交往的特征，但同时又具有工具型交往的目的②。

我们可以说，传统中国的“熟人社会”包括两个类型的关系，一种是基于血缘和姻缘而形成的亲密的情感型关系，这可以说是传统中国“五伦”中“父子、夫妇、兄弟”最核心的家庭关系，其贯彻了“父慈子孝、兄友弟恭、

---

① 朱熹. 四书章句集注［M］. 北京：中华书局，1983：56.

② 黄光国，胡先缙，等. 面子：中国人的权力游戏［M］. 北京：中国人民大学出版社，2004：6-11.

夫义妇顺”的伦理道德要求，“家和万事兴”的家庭和谐理想。这种情感型关系是最稳定、信任度最高的，并注重家庭成员奉献牺牲精神的家族主义价值观。另一种则是基于学缘、业缘和地缘等形成的非亲密的熟人关系，这种“熟人关系”介于工具型和情感型关系之间，同时又兼具二者的特点，所以黄光国等称之为所谓的“混合型关系”。但这种人际关系是可以转化的。“朋友”的古典释义是“同学为朋，同志为友”，是基于共同学习以及共同志向而进行交往所形成的关系，这种交往在一定程度上其亲密度可达致兄弟的情感。中国人往往将同年龄朋友称为“兄弟”，这种非血缘的兄弟就形成一种类血缘关系，奉行的伦理准则是“义”，所谓“哥儿们义气”，“为朋友两肋插刀”，则是这种情感型关系信任度的最高体现。这种“异姓兄弟”往往以情感型关系为纽带，但其希求达到工具型关系的目的。如梁山兄弟结义，以及三国时期的刘备、张飞、关羽的桃园结义，他们的“兄弟结义”与其说是基于情感，不如说是有着共同志向，且这种志向是典型的工具型关系，是指向权力的，这种“兄弟结义”的方式确实最容易形成一种排他性的圈子和小团体。因此，在中国社会中，基于同学情、战友情和同乡情而形成了各种不同兼具情感和利益的小圈子。

无论是基于血缘的家庭情感的亲人关系还是基于学缘、业缘和地缘等纽带的熟人关系，这两种关系都有着相对稳定和稳固的信任结构，这种信任是基于共同生活、共同经历，是从“熟悉得到信任”。所以说，“熟人社会”的内部关系有着高强度的信任感，这种信任感在正面上讲，有利于内部团结，在面对外部压力时能够相互扶持、互相帮助、同舟共济，共同御外，同仇敌忾。个体为了整体甚至可以牺牲自己的生命和利益，所谓“舍己为人”在一定程度上也说明了此类型关系的高信任度。但在消极面上说，在共同体内部或圈子内则可以不讲原则，不讲社会规则，只讲情感，讲人情和关系，将小群体利益独立于或凌驾于大社会之上，社会和他人成为服务小群体利益的工具。这就是费孝通讲的中国乡土社会“公私混淆”的表现。他说：“为自己可以牺牲家，为家可以牺牲族……这是一个事实上的公式。在这种公式里，你如果说他私吗，他是不能承认的，因为当他牺牲族时，他可以为了家，家在他看来是公的；当他牺牲国家为他小团体谋利益、争权利时，他也是为公，为了小团体的公。在差序格局里，公和私是相对而言的，站在任何一圈里，向内看也可以说是公的。”①

① 费孝通. 乡土中国：生育制度［M］. 北京：北京大学出版社，1998：30.

根据上述分析，我们可以概括熟人社会的运行机制：熟人社会是基于人际关系远近而进行社会利益配置的，“报”是其内在原则。在亲密的家庭关系内部，主要以“恩报”为原则，“孝道”的核心是“报答父母的生育和养育之恩”。《诗经》所谓“父兮生我，母兮鞠我。抚我畜我，长我育我，顾我复我，出入腹我。欲报之德，昊天罔极！”① 表达了对父母养育之德非报不可。在家庭关系之外的非亲密的熟人关系，则奉行“回报”原则，“礼尚往来”，“来而不往非礼也，往而不来亦非礼也”，强调“人情”尚往来，需要以情感型关系和工具型目的（利益性）相结合。“人情”是一个含义丰富的词，黄光国等认为“人情”在中国人这里至少有三种含义，一是人情是人的不同情绪反应，也就是说“人情”就是人的情感集合；二是人情是人与人之间的社会交易，是“用来馈赠对方的一种资源”，其实质是人际交易中的“资源”；三是人情是人与人相处的社会规范。人情的社会规范包含两类社会行为，即平常的人际互动，包括馈赠礼物、互相问候、拜会访问等方式来维持关系网内的良好人际关系②以及在非常时期（关系网内某一个人处于困境）对其给予帮助、同情、体谅，“做人情”给他。通过“人情”来维系社会关系网，并进一步开发更广的关系网。这种“人情”兼具情感性和利益性，甚至是以利益来维系情感，既温情脉脉，又具有实用目的。但“人情”往往寄寓了一种“未来的期待”即回报，这种“回报”并非主动要求的，而是通过“做人情”的方式提醒对方，在适当的时候以适当的方式进行回报。而“人情”的“回报”往往会以对方“实力”“势力”和“权力”而带来不同的额度③。吴思先生发明了“潜规则”一词来概括这种基于关系亲疏而进行交往的中国特有的社会规则，就因为中国社会实际交往运行规则往往与社会显性层面（字面）上所建立的社会规则颇有差距。事实上，潜在的以关系、人情进行运行的社会交易规则的效用要远远胜于字面上所立的社会规范（无论党纪国法）。更有甚者，堂而皇之地以党纪国法之名为其谋一己之私、小团体之利。

二、熟人社会的腐败逻辑及腐败特征

国际货币基金组织对腐败的界定是：“腐败是滥用公共权力以谋取私人的

---

① 蒋见元，程俊英.《诗经》注析：下册［M］. 北京：中华书局，1991：27.

② 黄光国，胡先缙，等. 人情与面子：中国人的权力游戏［M］. 北京：中国人民大学出版社，2004：11-12.

③ 黄光国，胡先缙，等. 人情与面子：中国人的权力游戏［M］. 北京：中国人民大学出版社，2004：11-13.

利益。”而透明国际组织（一个非政府国际性民间组织）最近对腐败的定义是：“滥用委托权力谋取私人利益。”显然，两个组织对何谓腐败有着相似的看法。也就是说，腐败本质上因为谋取私人利益而致使公共权力被异化使用。这是对腐败较为广义的界定。从较为狭义上界定，更符合中国国情：“腐败是国家机关和国有企业的公职人员与他人合谋，违反法律和社会公认的行为规范，滥用公共权力和公共资源，为私人和私人小圈子谋取私利或为某一单位、某一行业谋取特殊利益而损害公共利益及其他公民个人利益的行为。”① 其实，无论从哪些组织、哪个学科对腐败做出不同的界定，其本质特征是差不多的，腐败总是与权力异化（滥用）谋取私利相关。当然，在不同社会、不同制度环境、不同文化环境中，腐败的具体表现形式和腐败治理、权力监督的难度会有所不同。

我们在上文已经分析过，传统中国是个典型的乡土社会，有着典型的“熟人社会”特点。虽然，随着中国现代化的发展，在社会转型上已从“熟人社会”向“陌生人社会”逐渐过渡。但因为尚处于社会形态的转型时期，中国社会事实上是“陌生人社会”和“熟人社会”叠加的状态。广大农村地区或者说基层社会基本上还处于“熟人社会”的发展阶段。而大城市或超大城市则是很典型的“陌生人社会”，如深圳市这种改革开放后兴起的移民城市更像是很典型的“陌生人社会”，人与人之间的关系就很容易适应或建立起现代规范化和制度化的交往方式。但是也不可过分强调城市生活和城市居民人际交往就当然是规范化和法治化的了。若仔细观察，我们会发现，城市居民的人际交往可能还在相当程度上有着“熟人社会”的印记，这种“印记”其实作为“熟人社会”的社会结构被打散了，但“熟人社会”的文化特征也就是其人际交往方式，并没有被现代社会交往方式所打散，而是作为一种文化基因渗透到现代城市人的交往方式中。

近年来的腐败案件，从所谓地方政府的“塌方式腐败”、政商勾结的腐败集团、家族式腐败，这种群体性腐败究其实质都是典型的“熟人社会”的腐败形式。随着党的十八大以来反腐败斗争取得压倒性胜利，反腐倡廉进入纵深，群众身边的不正之风和基层官员腐败问题已经为执政者所重视。县以下的中国社会基本上属于“熟人社会”，基层官员腐败问题往往与熟人社会盘根错节的人情关系纠缠在一起，存在着典型的熟人社会的腐败形式——人情腐败，这已成为学界近年来日益重视的课题。

---

① 于凤政. 论“腐败”的定义 [J]. 新视野，2003 (5)：42.

熟人社会的腐败遵循熟人社会"差序格局"的人际关系逻辑。

首先，家族式腐败是熟人社会腐败的第一环。中国人最核心的熟人圈子是传统上所谓"五伦"中的"夫妇、父子和兄弟"关系，是基于直接血缘和亲缘关系，是中国人最信任的核心圈子——家庭关系。中国人在家庭内部一定程度上是奉行"家族主义"观念的，在家庭内部能够奉行奉献、牺牲精神，也有同甘共苦、荣辱与共的理念和行为自觉。一般而言，中国人最核心的信任圈就是家庭。传统家族有以举家族之力支持家族内的优异分子出人头地的传统，无论是科举时代的读书做官，还是现代家庭中仍有读书考公务员（现代谓"从政"），然后荫庇家族，所谓"一人得道，鸡犬升天"。家族腐败圈子也往往与家庭（族）中掌握权力者的权力大小有着密切关联，并随着掌权者的地位升迁和变动而使得腐败能量发生变化。通常地位越高，权力越大，腐败能量辐射和扩散的空间和时间越大。之所以如此，一是基于报恩心理。掌握权力者在成长过程中往往会受益于父母兄弟姐妹的支持，因此，其一旦掌握权力，拥有支配公共资源的能力，则会自然或不自然地受到亲情牵扯，出于报恩心理而将公权私用，为自己的父母和兄弟姐妹谋取利益。二是基于夫妻和父子（女）的家庭情感和义务。官员在升迁过程中往往或多或少因工作繁忙而对家庭多有亏欠，这种歉疚感在获得权力后则容易滋生弥补心理，利用权力为配偶（姻亲）和子女谋取好处，补偿此前所谓家庭亏欠。三是家庭（族）关系内部的信任最稳固和安全。基于血亲的信任是核心的信任圈子，腐败者很少因为家庭成员举报而东窗事发的。四是中国文化传统中的"亲亲相隐"观念和行为模式为官员腐败起到了文化安全阀的效果①。"亲亲相隐"指家庭成员之间对于错误行为互相包庇，这种行为在儒家伦理观念中是得到认可的，符合中国"家本位"的伦理文化价值理念。费孝通指出了这一点："中国的道德和法律，都因之得看所施的对象和自己的关系而加以程度上的伸缩。我见过不少痛骂贪污的朋友，遇到他的父亲贪污时，不但不骂，而且代他讳隐。更甚的，他还可以向父亲要贪污得来的钱，同时骂别人贪污。等到自己贪污时，还可以'能干'二字自解。"② 费先生虽然谈及的是旧中国时的经历，但此种情形在今天依然存在。

其次，熟人社会腐败的第二层是"熟人关系"的人情腐败。一般而言，人情腐败普遍存在于中国县级以下的基层社会之中。但实际上，人情腐败不限

① 《论语·子路》记载了孔子的一则对话。"叶公语孔子曰：'吾党有直躬者，其父攘羊，而子证之。'孔子曰：'吾党之直者异于是，父为子隐，子为父隐，直在其中矣！'"

② 费孝通. 乡土中国：生育制度［M］. 北京：北京大学出版社，1998：36.

于基层社会之中，而是广泛地存在于一切社会关系中。所谓朋友关系、师生关系、同学关系、邻里关系、同乡关系等各种关系都可以被纳入人情范围，这些关系异化到“人情腐败”是与这些关系圈子中存在掌握权力资源的官员密不可分的，而其“人情圈子”的大小与处于圈内官员的权力大小往往成正比。正如上文分析的，“人情”既有情感型因素，又是工具型的目的。通过情感型关系接近官员，以“人情”型礼物馈赠等方式来维系情感，一来一往，多次反复，情感—利益关系得以在官员与送礼者之间建立。有学者指出，送礼者给官员送礼的人情是会令相关官员产生一种“负债感”的①。费孝通曾点明：“亲密社群的团结性就依赖于各分子间都相互地拖欠着未了的人情。在我们社会里看得最清楚，朋友之间抢着回账，意思是要对方欠自己的一份人情，像是投一笔资。欠了别人的人情就得找一个机会加重一些去回个礼，加重一些就在使对方反欠自己一笔人情。来来往往，维持着人和人之间的互助合作。”②基于“负债感”的腐败过程有学者总结如下③：

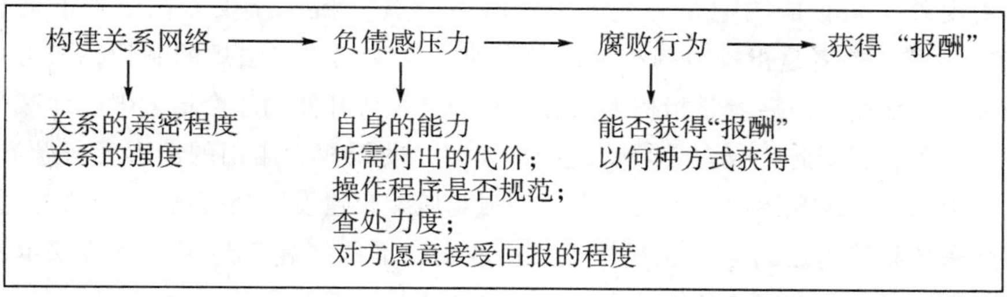

这个总结将“人情腐败”的过程提炼出来，从送礼者构建人情关系网络，馈赠礼物给官员造成“人情债”，提出所请求事务，官员权衡风险，公权私用（权力不当使用），送礼者获益，再给官员予以回报。在这种“人情腐败”中，官员与送礼者的关系是以熟人关系的情感作为切入口，再以人情往来维系，打开了官员权力腐败的“潘多拉盒子”。人情、关系、权力和金钱等因素纠缠在一起，腐败者将公权力作为人情交易的工具，并以此获得私利。腐败官员的朋友圈大抵形成了这种权力、利益和情感相互勾结的腐败共同体，以小圈子的信任对抗法律和公义。

---

① 张咏梅，刘子馨．中国人情网络中的腐败行为：基于负债感的分析［J］．兰州学刊，2012（2）：65.

② 费孝通．乡土中国：生育制度［M］．北京：北京大学出版社，1998：73.

③ 张咏梅，刘子馨．中国人情网络中的腐败行为：基于负债感的分析［J］．兰州学刊，2012（2）：65.

与明目张胆的权力寻租不同，熟人社会的腐败行为往往具有隐蔽性、群体性、共谋性以及持续时间长，关系网络错综复杂、盘根错节的特点。隐蔽性以人情往来为掩护，将腐败行为加以掩盖。群体性是指熟人社会的腐败往往以家族性腐败、地方官员塌方式腐败和政商勾结的集团性腐败形式出现，腐败官员之间关系复杂，各种关系重叠交叉，腐败官员之间利益交换、利益勾结，但又以各种人际关系在维持着彼此的人情往来。熟人社会的腐败者和请托人之间往往有着高度默契，并形成一种私人之间的比较密切的信任关系。这种信任关系是基于长时间的相互了解，并在长期利益—情感互惠中形成一种合作共谋的腐败共同体联盟。

三、破解熟人社会的监督难题之道

一般而言，监督关系包括监督者与被监督对象（官员即公共权力的受托人），监督目标即是公共权力是否被合法合理正当地使用。从根本上解决权力滥用现象，无非是“把权力关进制度的笼子里”和“让权力在阳光下运行（使用）”。前者是指权力制约，权力行使必须受到法律法规的制约，权力必须被合法地使用。后者是指权力监督，权力必须公开使用才会最大限度地减少权力滥用。鉴于此，权力必须受到严格监督，使得权力滥用的情形无所遁形。党的十八大以来我国严厉惩治腐败，加强党风廉政建设，全面从严治党，建立了严密的防治腐败的党规法纪体系，不敢腐、不能腐和不想腐的态势基本形成，走出了一条中国特色的社会主义党风廉政建设道路。

坚持和完善党和国家监督体系是破解熟人社会监督难题的根本保障。党的十九届四中全会作出的决定全面阐述了党和国家监督体系构建，以加强对权力运行的制约和监督，内容包括：完善党内监督体系、深化纪检体制改革、完善派驻监督体制机制。“推进纪律监督、监察监督、派驻监督、巡视监督统筹衔接，健全人大监督、民主监督、行政监督、司法监督、群众监督、舆论监督制度，发挥审计监督、统计监督职能作用。以党内监督为主导，推动各类监督有机贯通、相互协调。”① 我国建成科学、系统、严密，层次分明、分工明确的一体化运行的党和国家的监督体系。党内监督和国家监督紧密配合，有效发挥监督效果。

具体落实到破解熟人社会的监督难题上，还需针对熟人社会的运行特征以

① 中共中央关于坚持和完善中国特色社会主义制度，推进国家治理体系和治理能力现代化若干重大问题的决定［M］. 北京：人民出版社，2019：1.

及熟人社会的腐败发生逻辑进行有的放矢的诊断，以对熟人社会的权力运行进行行之有效的监督。人情、关系与权力、利益纠缠在一起，情感型关系、混合型关系是熟人社会人际关系的主要特征。上文也对熟人社会的腐败形式进行了概括，主要为家族式腐败和人情腐败两种形式，其腐败心理动机与人情“负债感”有密切关联。但客观分析腐败的本质，无论是何种腐败形式，腐败归根结底都是滥用公共权力谋取私利的行为，是一种既不合法又违反社会公义和道德的犯罪和悖德的行为，缺乏天然的道德合理性。因此，无论基于何种人情和“报恩”心理导致公权私用为家人、熟人和自己谋取私利，都是必须予以谴责的。为防止出现这种腐败行为，对熟人社会的党员干部进行监督显然是非常有必要的。

熟人社会监督难题的主要表现：一是“亲亲相隐”式的家族庇护，基于血缘和婚姻的亲属关系，往往使得官员腐败行为受到家庭成员的掩护或掩盖。二是基层社会的熟人社会关系盘根错节而出现“官官相护”、沆瀣一气的塌方式腐败。三是基于“人情关系”的政商勾结的“人情腐败”。这些腐败行为的特点如上文分析的，有隐蔽性强、小圈子小团体内部形成私人信任关系，信息沟通渠道多且发达等特点，因此监督困难。对于熟人社会的监督措施，目前来说，具有震慑力和效果明显的是监察监督和巡视监督。中央纪委对于基层巡察明确要求探索交叉巡察、异地巡察的监督形式。实践证明，这种上级监督机构组成的巡察组采取异地巡察或交叉巡察方式较为有效地解决了基层熟人社会的监督问题，不失为一种破解熟人社会监督难题的有效路径①。但不可否认，在交叉巡察的实施过程中也产生了不少需要解决的问题，譬如，交叉巡察人员的培养悖论、交叉巡察领导体制问题、交叉巡察的成效延伸问题等②。这种自上而下的交叉巡视巡察是发挥上级监督的权威与自下而上的群众监督作用的结合，通过巡视巡察了解基层党政干部的执政行政状况，给群众监督提供有效的渠道。但值得注意的是，作为“陌生人”的上级监督组织进入熟人社会本身就容易引起熟人社会网络的警惕和防范，在熟人社会往往会遇到阻碍，其监督工作效果也会大打折扣。

对于熟人社会的监督，在以交叉巡察监督发挥震慑力作用的同时，最重要的突破口可能还是来自熟人社会内部的群众监督。但群众监督的积极性从何而来，如何调动群众的监督积极性？首先，要破除熟人社会的监督难题，根本的

---

① 赵振宇．破解熟人社会监督难题的有益探索：对河南平顶山等地开展交叉巡察的观察与思考［J］．中国纪检监察，2018（10）：56-57.

② 金磊．交叉巡察的实践探索［J］．党政干部学刊，2019（11）：47.

解决方案是改变熟人社会结构以及熟人社会的人际关系生态。但典型的熟人社会监督悖论——熟人社会很难自身摆脱它的社会特征，必须从外部介入打破这个生态，就是要从制度上彻底将权力运行透明化，“坚持权责透明，推动用权公开，完善党务、政务、司法和各领域办事公开制度，建立权力运行可查询、可追溯的反馈机制”①。权力运行轨迹可查询、可追溯的反馈机制一旦形成，熟人社会的权力运行便不再是隐蔽的，不再能私相授受。以这种制度建设来强行改变熟人社会权力运行的隐蔽性，无限增大了权力滥用和权力腐败的风险，在中央严厉惩治腐败态势下，熟人社会也就会进入不敢腐和不能腐的状态。因此，需要各级党委和监察委员会，会同地方人大、政协和政府组成联合小组，研究地方权力运行机制，会诊熟人社会权力运行可能存在的弊病，建立科学、严密、完整、系统、可操作的权力运行和责任清单，完成权力失责的追究机制。其次，畅通渠道，为群众监督开放言路之门。熟人社会的家族腐败圈和人情腐败圈是情感—利益共同体，内部之间相互庇护。但熟人社会的腐败圈子相对于整个熟人社会而言，其群体规模和人数仍是少数派，绝大多数群众并非这个圈内之人，但群众天然地可以通过这个圈的核心掌权者来判断圈子大小，以及圈子获得的利益表现。尤其是中国熟人社会有“富贵不还乡，如锦衣夜行”的炫耀习俗和传统，因此更能观察到腐败现象。交叉巡视巡察要实现常态化，要从群众对官员的风评和讽议中获得线索，群众提供线索和间接证据即可。

对于党员干部家族式腐败的预防，党的十九大报告提出“加强对党员领导干部的日常管理监督”。“日常管理监督”是对党员干部工作之余的朋友圈和亲属圈加强管理，而且还需对其近亲属如父母、妻子（丈夫）、儿女的活动及其朋友圈进行监督。任职前的财产申报制度或者党员领导干部及其近亲属财产申报和财产公示，以及离职后的财产审计制度都是有效的监督手段。对于家族式腐败的防治，最根本的是在制度上规定党员干部的近亲属不能在其职权范围内工作，采取严格的回避制度。党员干部异地任职或岗位流动时，严禁党员干部的家乡或其任前一职位时的商人朋友前往其新任职位职权范围从事有关资源型商业活动（如房地产、矿山或修路等）。

对于熟人社会的“人情腐败”，防止官员陷入熟人社会的“人情困境”，对于党员干部的“送礼”和“收礼”的“礼物”予以明确规定，借鉴发达国家反腐倡廉的先进经验，明确“礼物”的范围，以及礼物的价值额度，超过

① 中共中央关于坚持和完善中国特色社会主义制度，推进国家治理体系和治理能力现代化若干重大问题的决定［M］. 北京：人民出版社，2019：41.

一定价值额度的礼物则属于行贿品。对同一人“送礼”物品价值额度累加，超过规定额度则属于行贿品，必须上交或者退还。倡导健康的人际交往和健康的生活方式，对于党员干部的私人交往活动场所，明确规定禁止工作活动内容之外的娱乐场所。

在互联网时代，对于熟人社会的监督可以通过舆论监督、网络监督来对党员领导干部的日常生活行为进行监督，要长时间、持续不断地释放监督压力，使得有权力者在运用权力时不得不保持戒慎恐惧的警惕心理。

最后，最关键的监督其实是党员领导干部的自我监督。无论是否处于熟人社会，只要党员干部能不忘初心，守住本心，始终牢记使命，提升党性修养，敬畏权力责任，始终秉持人民权力为人民理念，为民谋福利，从根本上拒斥腐败，如此方为真正的人民公仆，方为真正的人民勤务员。

“熟人社会”视域下的高校校内巡察路径优化

魏　华（西南财经大学教师教学发展中心）

摘要： 构建巡视巡察上下联动监督网，是全面从严治党向基层延伸的重大举措，国内高校校内巡察工作已经深入探索。在巡察实践中，熟人社会监督短板明显存在。如何打破监督困局，在监督中破解难题，需要我们回到对问题本身的理解和探析上，把握熟人社会是高校校内巡察的实践场域，这一客观存在有其正反两方面的影响，需要发挥释放优势、规避削减劣势，在制度机制固化、价值信念巩固、人员择优培训、发展助力增效等方面系统考量，进而全面提升巡察工作质量。

关键词： 熟人社会；大学治理；从严治党；校内巡察

加快推进教育现代化、建设教育强国、办好人民满意的教育，是新时代中国高等教育的目标任务。为加快推进高等教育治理现代化，更好地履行管党治党、办学治校主体责任，国内高校普遍开始探索校内巡察工作，旨在推进全面从严治党向纵深发展，打通党内监督“最后一公里”，提高高等教育建设质量。但在具体实践过程中，受我国熟人社会特点的影响，开展高校内部的自主监督短板明显存在，一定程度上影响了巡察工作质量，甚至动摇了巡察存在的根基。为此，如何理解我国及我国高校熟人社会的内在特点及存在的合理性，并基于其作用于高校校内巡察的影响维度，通过积极有效的扬弃与引导路径的选择，从而推动高校校内巡察工作的高质量发展，保障高校深层次改革的顺利进行，是当前开展高校校内巡察绕不开的问题，也是必须予以解决的客观存在的问题。

一、熟人社会是高校校内巡察工作的实践场域

人不是孤立存在的，而是生活在一定社会关系之中的。同时，社会关系既是历史发展演进过程的传承，也是随着经济与社会的发展而不断创生的，并且

这些存在的社会关系深深地影响着人们的思想、认知和行为。可以说，要解读具体时代的个体行为，必须理解这个个体生活的时代所具有的社会关系特点与文化氛围。正如法国社会学家、哲学家皮埃尔·布迪厄创新提出“场域”这个社会学概念所揭示的，我们的社会是“一种由各种社会地位所构成的多维度的空间；而每一个实际的社会地位又是依据相互调整的多维度系统而界定下来的”。具体而言，场域可细分为教育场域、宗教场域、经济场域、权力场域等，人与人在这些场域中形成了复杂的关联，并在这些关联中产生着社会地位等实际运行规则。

（一）熟人社会是我国社会关系结构的客观存在

费孝通根据对我国传统乡土社会的研究，在其《乡土中国》一书中揭示了我国社会关系的特征——熟人社会，分析了我国历史发展中社会关系的主要特点，充分揭示了我国社会关系场域中的独特性。在这样的熟人社会里，每个人都是一个中心点，以血缘、地缘等为纽带，编制一张张人际交互关系网络，形成社会的基本结构和形态。熟人社会是以自己为中心、以关系为纽带形成的差序格局社会结构，人们之间的关系分为三六九等，以关系的亲疏远近来确定相互之间的权利与义务，所以，熟人社会倾向于根据关系的强度而不是规则来安排权利和义务。随着我国经济与社会的发展变迁，在乡土社会向现代社会转型的过程中，熟人社会的表现形式和依存环境有所变化，并从“熟人社会”逐步转变为“半熟人社会”，但熟人社会的运行特征并没有随着时代的发展而消失退场，反而继续广泛扎根在现代中国社会的各个实践场域中。只不过相对于中国传统乡村社会的以血缘、地缘关系为纽带，现代社会更多地以同事、朋友、同学等组织关系为纽带，生成在以单位、组织、团体等为载体的场域中。可以说，熟人社会是理解中国社会关系的重要视角，并在中国社会中发挥着重要而独特的作用。要深入推进社会改革与实践的落地落实，熟人社会是绕不开的客观存在，必须给予高度重视。

（二）熟人社会是我国高校社会关系结构的客观存在

大学作为一种现代制度设计被引进中国以后，大学制度逐步深度嵌入中国社会关系结构中，在大学制度不断融入中国社会时，熟人社会的影响也潜移默化地扎根在中国大学的改革实践中。同时，基于中国本土内生的熟人社会这个客观场域，经过与现代大学制度之间的不断交织融合，产生着中国大学社会关系所具有的独特性——“中国大学—熟人社会”运行模式。为此，有研究指出，“尽管中国高等教育制度建立发展中借鉴吸收了国外的建设经验，但在具体的实践运行及人际关系中，却深深地内嵌入中国的传统文化、社会结构、政策环境之中，并受到这些因素的深刻影响”。另外，伴随着中国高等教育的不断发展，大学与社会的关系不断紧密，大学在经济与社会发展中的重要作用不断凸显，新近特别强调的社会服务、国际交流与合作等功能与社会有着密切的联系。与此同时，这些密切的社会关系也进一步强化和影响着中国高校的社会关系特点，熟人关系的运行特点不可避免地深度卷进了中国高校的社会关系运行结构中。

（三）熟人社会在中国高校社会关系结构中的独特性

中国高校作为中国社会中一类庞大的社会机构，以其制度化的机制产生了自身独特的社会关系。就中国高校的熟人社会而言，其熟人社会的独特性更决定着其内在特点与本质特征，反映了高校是以学科和专业为建构的学术组织、内部成员结构性关系复杂的分散型组织、社会职能及其目标多样性的综合性组织，体现了高校作为一种复杂的社会组织而具有自身社会关系的独特性。具体而言，我们可以将高校的熟人社会脉络梳理出三个圈层：第一个是基于学术研究的熟人社会关系圈层。大学首先是一个学术机构，探索知识是大学自诞生至今一直从事的活动，大学因知识而生，并因知识增长而不断发生蜕变；为此，基于学术共同体的熟人社会关系在高校中形成了不同的学术团队以及学术团队中人员的梯队关系，产生了具有差异性的人际关系网络。第二个是基于人才培养的熟人社会关系圈层。人才培养作为大学的基本职能之一，其通过师生关系的建立及巩固，借助教育教学的模式化培养与尊师重道的文化体认，产生着最为广泛又最为深远的师生关系网络，并且产生着高校最有影响力与约束力的高校熟人社会关系结构。第三个是基于科层管理的熟人社会关系圈层。随着大学规模的扩大与职能的拓展，作为大学意志的代表，行政管理系统在大学形成并日益壮大，构成了金字塔的科层管理结构，体现为“领导—下属”这类熟人关系运行模式。当然，这三个圈层在个体身上体现为不同程度的交叉重叠，也因为这些社会关系交叉重叠的强度和丰度差异而形成了高校熟人社会的关系差异。

中国熟人社会特征影响着中国高校熟人社会的深层结构及关系维度；同时，中国高校也因其自身特点，形成了结构独特的熟人社会关系。在推进高等教育治理体系建设、加强高校全面从严治党、有效推进高校校内巡察工作、防范高校安全稳定风险、不断增强和完善高校自身建设中，不仅需要关注高等教育管理体制、高校办学模式以及高等教育的评价机制等具体实践举措，还应着力考察与研究这些运行推进具体事项的基本社会关系及运行场域的内在机理，切实减少改革实践的软性阻力，促进各项政策举措能够得到有效的贯彻落实，从而深层次推进各项实践改革取得预期成效。

二、熟人社会对高校校内巡察工作的影响维度

熟人社会是客观存在于我国高校的社会关系，是推动改革发展和落实具体政策举措不可忽视的重要因素，更是开展高校校内巡察不可脱离的场域环境。同时，深入推进高校校内巡察工作，并确保取得实效，是当前中国高等教育必须解决的课题。为此，我们必须要从高校开展校内巡察工作的实际需求及历史使命出发，探究中国高校熟人社会的潜在影响维度，并根据其影响维度做出合理的实践路径选择，以便为校内巡察工作的具体开展提供理论指导。

（一）熟人社会对高校校内巡察工作的正向影响

在现代社会的构建中，因势利导地运用传统习俗及心理作用，可以较好地提高参与者的认同感，并有利于减少制度转换的适应、机制运行的障碍、实践操作的冲突等问题。从熟人社会关系的特点来看，其在高校校内巡察工作中也具有产生正向影响的可能性，这主要体现在以下方面：一是以价值导向的道德熟人影响，即“人们交往的目的是创造一个高度整合的和谐组织，人际关系互惠和利益交换受朴素的正义理念和公序良俗的约束”，这种关系将促成积极道德观与科层管理的高度互补，将发挥科层组织在制度机制、规则标准、组织层级等方面的优势，同时发挥好熟人社会关系密切、信息沟通、温情和谐等方面的好处，对于高校校内巡察来讲，将减弱监督、检查工作的对抗性，提高巡察工作的深入度。二是以权威导向的权力熟人影响，这种权威导向强调重要关键人物的配合与支持，以其具有的影响力推动以权威人物为重要节点链条的社会关系与人员的有效配合与支持。这对于高校校内巡察来讲，便于得到制度化与关系化的有力支持，保障工作在权威人物的影响范围内得到响应。三是以榜样导向的典型熟人影响，这种熟人影响发挥了先进的标杆作用，将具有朦胧性的工作实践具象化为一种具有展示性的清晰视角，克服工作实践中存在的不了解、不清楚等情况而产生的畏惧与担忧，并通过榜样示范与榜样案例带来的说服效应和交流机制，形成高校校内巡察工作的样板与交流平台，促进信息透明、实践规范。此外，在高校巡察工作的具体实践中，巡察组织者要获得更多信息作为巡察工作的基础，必须充分利用好熟人社会的信息反馈优势，发挥好内部人员熟悉工作场域、进入工作状态快、找问题比较准的特点；对历史脉络及现实发展有直观的认识，对问题产生的根源有认识的基础，容易找准问题的前因后果；能够知晓问题发生的客观实际情况，具有巡察开展的沟通基础，并提出具有针对性和实践性的对策和建议。为此，在熟人社会这个场域环境中，

存在着有利于高校校内巡察的正向因素，高校要有效开展和推进校内巡察工作，必须深刻把握和运用好熟人社会的正向因素，并为发挥出正向因素提供积极支持。

（二）熟人社会对高校校内巡察工作的反向影响

高校校内巡察对象是校内单位和党员干部，是一种根据外在要求和自主改进而实施的内部治理。但是，校内师承关系、同窗关系、近姻亲关系等错综复杂，加之高校工作和生活圈相对比较封闭，大家长期在一个校园内工作和生活，彼此之间有着这样或那样的交集，形成了一种紧密又松散的熟人社会。有研究表明，基于熟人圈子的熟人社会关系，容易对工作实践产生一种反向作用，具体表现为“人际关系主要服务于各种形式的利益获取，与根本目标背离；并且，熟人社会与科层制的弊端彼此勾连，互相促进，运行僵化低效，缺乏人性，同时又充满制度漏洞，这些制度漏洞与熟人社会的利益导向相结合，带来各种建立在关系基础之上的以权谋私、权力滥用、利益交换和寻租现象”。在推进高校校内巡察的过程中，这种熟人关系会使校内巡察组担心得罪相关人员及其背后的“熟人圈子”，进而产生出一种对高校校内巡察工作的阻碍作用和畏惧及抵制心理，带来工作目标与工作实践的差异，从而影响高校校内巡察工作开展的初衷。具体来看，中国高校熟人社会对高校巡察工作的主要反向影响可能表现为：一是易受熟人社会各种关系的影响，查问题抹不开面子、点问题不深不透、不敢讲重话真话；二是单位内部人员相互袒护、包庇，讲关系不讲原则，弱化或者掩盖问题；三是参与巡察的工作人员心理压力大，担心在校园内抬头不见低头见，指出问题后容易被指责被孤立，为此不少人偏向于选择“明哲保身”“和事佬”的好人哲学，“不栽刺只栽花”，避免对立化的情况出现；四是相互之间打听消息，对一些敏感问题容易“跑风漏气”，造成工作开展中的被动局面。这种熟人社会的反向作用是高校校内巡察工作人员较为普遍的担心与忧虑，为顺利开展校内巡察工作埋下了很多难以预见的制约因素，并且耗费着巡察工作人员的精力和投入，客观上造成了校内巡察工作开展的难度。

（三）高校校内巡察工作对熟人社会影响的积极回应

当前，高校校内巡察工作也积极应对熟人社会的影响，围绕熟人社会存在的不利因素，现有研究提出的建议方案主要是通过两个途径来加以规避，一是从更高一层维度统筹，采取独立组建巡视组的形式，确保巡视的权威性和独立性；二是采取交叉外派原则，从外部视角防止熟人社会发挥作用。但是，我们也看到，既有方案涉及较为偏重关系隔断的方式进行校内巡察，这一方面导致组织动员难度较大，并与上级巡视功能重叠，使得校内巡察失去存在的价值；另一方面也并未能从根本上克服高校内部存在的熟人关系的影响，而且也将本应发挥积极作用的熟人关系给予抛弃，造成了更大的工作信任危机。为此，根据高校熟人社会对校内巡察工作的正反影响，校内巡察工作更应从“堵”向“疏”的实践思维与路径转向，充分调动起高校熟人社会的积极因素，吸纳更多的高校内部力量，搭建起共同发现问题、共同解决问题、共同改进提升的价值取向，从而打牢高校校内巡察工作的认同基础，优化高校校内巡察工作运行的场域环境。

三、熟人社会对高校校内巡察工作正向助力的路径选择

高校巡察工作置身熟人社会这个场域环境中，在避免陷入熟人社会反向影响陷阱和认知误区的基础上，要最大限度地发挥熟人社会的正向作用和优势，以最优的路径实现全面从严治党的目标，达成校内巡察工作的初心和使命。为此，结合校内巡察工作实践与探索，我们从制度机制固化、价值信念巩固、人员择优培训、发展助力增效等方面，系统提出高校校内巡察工作的优化路径建议。

（一）建构明晰化、规范化的校内巡察制度机制框架

党的十八大以来，党中央不断完善巡视制度，已经形成了一系列成熟的巡视制度体系，而高校巡察制度还处在实践探索期。面对新要求新挑战，高校必须及时建立起完整的高校校内巡察制度机制，为校内巡察工作提供明晰化、规范化的运行架构，确保巡察工作得到制度保障，并将巡察工作实施流程明确有规可循，避免巡察工作自身存在随意性。为此，高校要着重抓好两个方面的制度机制建设。一是建立健全高校校内巡察组织领导体系。实践表明，学校党委重视是校内巡察工作成功的关键，也是学校党委加强全面从严治党、履行管党治党主体责任的具体体现。应设立学校层面的巡察工作领导小组和相对独立的党委巡察办公室，建立巡察工作领导小组定期向党委常委会报告机制和巡察办公室、巡察组定期向巡察工作领导小组报告机制，建立巡察工作联席会议制度，完善巡察准备、巡察过程、巡察反馈等不同阶段的事项协商。二是优化完善高校校内巡察工作运行体系。完备的制度体系是开展校内巡察工作的遵循，为此，要注重顶层设计，制定校内巡察工作规划，明确要求确保高质量完成学校党委一届任期内巡察全覆盖，要注重程序规范，制定校内巡察工作办法，明确校内巡察工作的内容与要求，要配套支撑落实落细，根据工作规划总体部署，制订好工作方案、工作安排等文件，并及时跟进配合巡察工作的短板弱

项，及时总结校内巡察工作经验，编纂好“学习手册”，制作好“工作清单”，确保巡察工作步步推进、稳扎稳打。三是打通参与校内巡察工作人员的上升通道，选拔优秀干部和后备干部参加校内巡察工作，把巡察工作作为培养锻炼干部的重要平台和锻造熔炉，大胆选拔使用经过急难险重任务培养考验的干部，形成各尽其职、各履其责、各展其长的生动局面，形成积极的榜样效应和示范效果。

（二）发挥教育规训、价值坚守的党性教育铸魂作用

党性教育是我们党的优良传统和成功经验，是充满活力、增强战斗力的有力保证，是党在不同时期不断取得胜利的有力保障，有利于从根子上解决一些顽固难题。为此，在推进高校校内巡察工作中，必须结合高校具有的熟人社会特点，进一步发挥好党性教育的积极作用，破解熟人社会中的传统心理及关系思维。一是做好具有校内巡察工作特色的党性专题教育，在“两学一做”学习教育常态化制度化以及“不忘初心、牢记使命”主题教育等党性教育中有机纳入校内巡察工作的系统学习，提高党员干部对校内巡察工作的理解认识，从思想上解决不配合、有抵触的问题。二是抓实党支部层面的校内巡察工作定期学习制度，成立临时党支部，明确围绕巡察工作加强学习、做好思想政治工作、加强监督管理、做好作风纪律日常提醒等，让巡察工作成为大家习以为常的学习工作状态。三是不断强化校内巡察工作的纪律教育。纪律是巡察工作的生命线。一方面，巡察工作人员应严格遵守巡察工作纪律、规定，对党忠诚，坚持原则，敢于担当，依法依规依纪办事，公道正派，清正廉洁，不利用巡察工作的便利谋取私利或者为他人谋取不正当利益；另一方面，被巡察单位及其工作人员应当自觉接受巡察监督，积极配合巡察组开展工作，不提供虚假情况，不指使、强令有关单位或人员干扰、阻挠巡察工作，或者诬告、陷害他人等。

（三）做好巡察队伍、干部考察的合理有序统筹安排

队伍建设是巡察工作有效开展的保障和依托，也是高校校内巡察工作克服熟人社会关系制约的重要抓手。一是选优配强巡察组组长。应推选校内有领导工作经历和人际威望的干部担任，以高规格、权威性、懂内行的队伍构成，保证校内巡察工作能顺利应对熟人社会的不利影响，发挥好组长作为权威型熟人所具有的影响力，破解不必要的抵制，顺利完成高质量的校内巡察工作。二是精选骨干巡察工作组成员，结合校内巡察工作需要，建立巡察工作人员库，强化思想、政治、行动以及关系背景考察，以专业化保障权威。三是实施巡察人员的系统培训。目前巡察专职干部较少，巡察组人员主要采取临时抽调模式，

要从原本岗位快速切换到巡察工作的轨道，面临着巡察工作整体把握不足、技能不够全面、经验不够丰富等问题，需要在组织学习工作规划、办法、方案、计划并熟悉工作手册、学习手册的基础上，建立“常态化培训+专项任务集中培训”相结合的模式，一方面可以巩固和培养好巡察工作人员整体队伍，保持良好的巡察工作意识和状态，形成一批懂巡察、知巡察的校内人员；另一方面可以提高具体专项任务的实务水平，及时进入校内具体巡察工作实践，迅速完成巡察工作任务要求的角色转换。

（四）健全发展性、指导性的信息反馈再利用机制

高校校内巡察工作的生命力取决于其发挥的作用，“发现问题”和“形成震慑”只是实现巡察工作的基础，“推动改革、促进发展”才是关键，更是影响高校熟人关系的重要视角。在实践体验中，高校校内巡察工作往往容易被认为只是“只找问题，看不到成绩”的这种“挑刺”印象，其工作推进中的社会关系会产生非常大的阻力，尤其是对处在熟人社会关系的组织巡察单位与被巡察单位而言。从实践结果来看，高校校内巡察工作如能将巡察效用强调并重心突出为改进帮扶、共同成长，其被认可和接受的程度会随着发展效果而逐步提升，并将组织巡察单位与被巡察单位塑造为共同建设者这个关系体系，从而有利于实现巡察工作的使命，也有利于被巡察单位的改进。所以，高校校内巡察需要将“发现问题”与“推动发展”贯穿来看，并根据全面从严治党向纵深推进的实际情况，将重心强化在发展指导的信息反馈与实践帮扶上，彰显发展促进、工作指导等友善性价值，从而实现发现问题与解决问题的双重功效，实现问题解决与发展优化双赢局面，推动学校改革发展蹄疾步稳。

参考文献：

[1] 高宣扬. 布迪厄的社会学理论 [M]. 上海：同济大学出版社，2004：137.

[2] 费孝通. 乡土中国：生育制度 [M]. 北京：北京大学出版社，1998：9.

[3] 胡娟. 熟人社会、科层制与大学治理 [J]. 高等教育研究，2019 (2)：10-17.

[4] 左崇良. 高等教育治理的社会学分析：基于差序格局的视角 [J]. 国家教育行政学院学报，2016 (12)：32-37.

[5] 张继明. 略论大学权力结构的差序格局：对大学治理语境下“权力制衡论”的反思 [J]. 高校教育管理，2018 (5)：48-53.

[6] 王希，徐进. 高校巡察监督困境及应对策略 [J]. 当代教育实践与教

学研究，2018（22）：147.

[7] 斯阳. 教育治理现代化视域下高校巡察监督体系的构建：以沪上部分高校为例［J］. 华东师范大学学报（教育科学版），2019（5）：144-152.

政治巡察在高校基层党组织建设中的作用机制研究

谢奉君　张正军（西南财经大学计算机与人工智能学院）

摘要：政治巡察作为新时代管党治党、全面从严治党的一把利剑，是巡视向基层延伸、加强党内监督的重要方式。区别于一般的日常检查、纪律检查等，高校内部政治巡察不仅有着自身的时代特点，更有着作用于基层党组织建设的理论逻辑。面对高校基层党组织建设中的规范化科学化水平不够高等问题，我们不仅要不断加强高校内部政治巡察手段、队伍、保障机制等方面的建设，更要立足高校基层党组织建设自身，从支部设置、选优配强支部书记、党员教育管理、基层党建工作机制等多方面出发，全面提高基层党建工作水平，推进“一融双高”。

关键词：政治巡察；基层党组织；作用机制；路径选择

一、问题的提出

政治巡察作为新时代管党治党、全面从严治党的一把利剑，是巡视向基层延伸、增强党内监督的重要方式。党的二十大报告强调，“必须持之以恒推进全面从严治党，深入推进新时代党的建设新的伟大工程，以党的自我革命引领社会革命”；要“发挥政治巡视利剑作用，加强巡视整改和成果运用”。这不仅体现了党中央对巡视巡察的重视，而且为新时代巡察工作的开展指明了方向，提供了遵循①。政治巡察作为上级党组织对下级党组织的政治监督，关键在于解决全面从严治党、加强党的建设等方面的根本问题，其根本任务是深刻领悟“两个确立”的决定性意义，增强“四个意识”、坚定“四个自信”、做到“两个维护”。在基层党建工作实践中，存在着长期以来难以解决的“两张

① 赵连君.“四聚焦四强化四突出”推动党史学习教育走深走实［J］. 人口与健康，2021（10）：19-20.

皮”问题，党建规范化科学化程度不够高，党建工作体制机制不够完善等问题。如何有效发挥政治巡察对基层党建工作的促进作用，提高基层党组织党建工作水平，推进“一融双高”，成为当下政治巡察工作实践中亟须解决的重点问题。为此，本文拟从全面从严治党视角，进一步分析和研究政治巡察对高校基层党组织建设的作用原理和逻辑，找准当下高校基层党组织建设存在的问题，进而提出新时代高校政治巡察和基层党组织建设的路径选择，以高质量党建引领各项事业高质量健康发展。

二、高校内部政治巡察的理论内涵与时代特点

政治巡察作为巡视的补充和延伸，秉承党章赋予的职责使命，是新时代推进全面从严治党、加强基层党组织建设的重要举措。其不仅有利于维护党规党纪的权威，而且有助于加强党内监督，推进“一融双高”，营造风清气正的政治生态。加大对高校基层党组织进行定期检查和监督，可以更好地检验其是否贯彻执行了全面从严治党的各项规定，进而加强政治监督，提升改革效能，推动改革发展，优化育人环境。与党内日常工作检查、调查研究等不同，高校内部政治巡察具有自身的特点，主要表现为如下几方面：

一是鲜明的政治性①。政治巡察作为政治监督的重要手段，主要是看基层党组织在落实党章党规、执行纪律规矩等方面的情况；高校政治巡察作为高校党委对二级党委进行政治监督的手段之一，重在观察二级党委贯彻执行党的路线方针政策的情况，加强党的领导，确保各基层党组织始终坚持正确的办学方向。相应地，巡察来源于学校党委授权，所以高校内部的政治巡察具有较强的权威性，且具有明显的针对性和时效性，主要是针对可能存在的学校党的领导弱化、全面从严治党推进不力等情况，着力发现并纠正党的纪律松弛、观念淡薄等问题。

二是较强的规范性②。针对高校内部巡察，按照习近平总书记关于深化政治巡视的指示，以及党中央和教育部党组制定的五年巡视工作规划，有一系列严格的措施，从准备、调研、报告、反馈、移交到整改，确保了巡察的有效和质量。巡察组成员、被巡察单位的领导班子和成员以及有关部门都有义务履行其职责，并且必须认真履行其政治责任。高校内部巡察的规范性要求巡察组成

① 赵大伟，王彦明. 高校内部巡察的特征、意义及实现路径 [J]. 廉政文化研究，2021，12 (6)：62-67.

② 赵大伟，王彦明. 高校内部巡察的特征、意义及实现路径 [J]. 廉政文化研究，2021，12 (6)：62-67.

员严格执行程序，确保巡察工作的科学性和严肃性，同时也要求被巡察单位和相关部门积极配合，认真整改巡察中发现的问题，保证高校党组织的纪律性和组织性。

三是鲜明的主动性。其一是发起方式上的主动性。巡察作为一种自上而下的政治监督方式，是根据上级党委巡察总体规划，适时启动对下级党委的巡察工作，是一种自上而下主动发起的政治监督，与纪律审查中因反映问题而被动发起的监督相区别。其二是发现问题的主动性。聚焦政治巡察本身的属性，高校政治巡察旨在通过巡察工作开展，主动发现被巡察党组织在政治建设、思想建设、组织建设及推动落实“一融双高”等方面的问题，可谓是主动深入到被巡察单位内部发现问题的“探照灯”。其三是巡察方式的主动性。巡察作为发现问题的主要手段，主要是通过个别重点谈话、集体座谈、民主测评、调查问卷、查阅资料及设置意见信箱等方式，深入观测被巡察单位在政治、思想、作风等方面的情况和问题。

四是巡察手段的有限性。原则上，巡察工作组可以通过个别重点谈话、资料查阅、集体座谈等方式，对被巡察单位开展政治巡察。但就巡察方式本身来说，其具有深入了解问题的可期待性，即通过上述方式的实施，不一定能够真正了解到被巡察单位在政治、思想、作风等方面存在的问题；相应的纪律审查、问题解决也不在巡察工作职责之中，这就导致巡察工作在发现真问题、解决真问题、推动改革发展上存在一定的有限性。尽管高校内部巡察的手段、方式和工作开展受到一定的限制，但巡察组仍应该努力确保巡察的目标明确、内容精准，以便更好地解决高校管党治党和学校治理中存在的问题。在高校内部巡察中，巡察小组成员必须清楚地认识到巡察工作的局限性，并且要重视巡察工作的重点，以避免因为过于宽松或不切实际的目标而浪费巡察资源，以确保巡察工作的有效性和可操作性。

三、政治巡察作用于高校基层党组织建设的内在逻辑

巡察是一种重要的政治监督手段，是党内监督的“前哨”和从严治党的“利剑”，目的在于发现并解决被巡察单位在政治、思想、作风等方面的问题，全面加强党的建设①。其既可以帮助党员干部更好地履行职责，也可以为党的事业发展提供支持，以高质量党建引领高质量发展。高校基层党组织应该充分

① 周义彬. 以校内巡察促进高校基层党组织党建工作提质增效［J］. 办公室业务，2022（18）：19-20.

认识到这一重要机制，并努力提升自身能力。通过加强对基层党组织的管理，增强其组织性、战斗力、凝聚力和影响力，促进高校各项工作取得更大的进步。

一是以问题导向推动整改落实，补齐基层党组织建设短板。政治巡察作为党内监督的重要手段，重点在于加强对基层党组织的政治监督，通过“政治体检”来看基层党的建设情况，推进“一融双高”，提升基层党建工作水平。在巡察工作实践中，我们不难发现，某高校党委对某院级党组织提出的意见中明确提出“落实上级重大决策部署有差距”“贯彻落实全面从严治党战略部署不够到位”“贯彻落实新时代党的组织路线不够到位”等问题，对相关问题的整改落实提出要求，并在一年之后对相关问题进行整改落实情况督查。这种“发现→治理→再发现→再治理”的巡察工作思路，将在很大程度上推进解决高校基层党组织建设的问题，补齐短板，纠正政治偏差，提升基层党建工作水平，以高质量党建引领事业高质量发展。

二是以政治巡察强化政治引领，促进高校基层党组织建设提质换挡，提高基层党建工作质量。巡察重点关注党组织的政治功能和责任，并对其执行情况进行评估，以确保高校基层党组织能够更好地满足师生和干部职工的需求。巡察可以更好地维护党的政治权威，加强对基层党组织的政治纪律和规矩的执行。通过有效的校内巡察来监督基层党组织建设，提升基层党建工作水平，充分发挥党的政治属性和服务功能。

三是拓展监督效应，推进高校“一融双高”建设。在巡察工作实践中，我们可以通过校内巡察创新交叉、提质升级等方式，从形式上提升巡察监督的力度，从实质上提高巡察工作的实效，推动解决好高校基层党组织建设中存在的“两张皮”、全面从严治党责任落实不力等问题。横向上，巡察部门与纪检监察、财会审计等职能部门紧密合作，构建协同联动的工作机制，形成巡察整改合力，推动问题集成解决、一体整改；纵向上，上下互通的双向机制，形成高校校院两级合力抓整改、促发展的良好工作局面。

四是以政治巡察深化成果运用，提升高校基层党组织建设水平。一是巡察汇报机制，定期把巡察中发现的问题汇报给相关的领导和部门，可以更好地进行调查研究；二是有效的协同管理体系，定期汇总和分析巡察中发现的问题，并与学校相关单位进行沟通协调，促进各项工作顺利进行①。针对高校基层党

---

① 韦玉丹，马元凯. 以政治巡察促进高校基层党建工作的路径研究：以某高校为例［J］. 南方论刊，2022（11）：52.

建中面临的各种挑战，通过巡察促进各级党组织主动研究，制定切实有效的措施；针对院级党组织存在“两张皮”等共性问题，巡察要求的定期检查督促，加快整治进程，评估被巡察单位的工作表现，以及其领导能否胜任相关职务等工作机制，可以促进解决共性问题的举措更加落实落地。针对那些未能取得良好的整改进展、多次未能达到预期目标的情况，采取综合性的措施，如公开披露、严格督查、严肃处理等，加大监督检查的力度，确保整改措施的执行，从而使之取得预期的效果。

四、巡察视角下高校基层党组织建设存在的问题

高校基层党组织作为党在高校战斗力的基础，是贯彻落实上级党组织重大决策部署的基本单位。根据高校内部政治巡察实践反映的情况，当前高校基层党组织建设主要存在如下问题：

一是党建主体责任落实重在表面、流于形式。一些领导班子缺乏对党的建设的关注，他们仅仅在言语上谈论这一问题，但在行动方面缺乏积极态度。一些领导班子缺乏明确的发展方向，他们仅仅通过会议、研讨或其他方式来推进这方面工作①。此外，一些领导班子在执行这一问题时缺乏真正的执行力，仅仅停留在表面的执行上。由于过度依赖传统的方式而忽视创新，高校基层党组织建设难以达到新形势下全面从严治党的要求，甚至可能变成“一阵风”，难以发挥高校基层党组织的政治核心作用②。

二是党建工作与业务工作有机结合不够，“两张皮”现象明显。理论上，高校基层党组织作为人才培养与科学研究的基本单元，应当将党的理论方针政策、党的建设融入教学、科研等工作的各个环节和各个方面，以高质量党建引领推动事业的高质量发展。然而，就当前高校基层党组织建设的情况而言，一些基层党组织存在对自身立德树人角色定位不够准确的问题，往往就理论学习而学习理论，并没有将党的建设融合到教学、科研、社会服务等工作之中。这就使得高校基层党组织在推动落实全面从严治党主体责任、全面加强党的建设等工作中受到限制，党建与事业发展的深度融合不够好，党委政治核心作用和政治引领作用也不能充分发挥。同时，“两张皮”问题导致基层党建工作也在一定程度上存在“有形无实”的问题，师生党员对党的路线方针政策往往只

---

① 肖陆军. 新形势下加强我国高校基层党组织建设的思考 [J]. 法制与社会（旬刊），2013（3）：170-173.

② 王华路，吴艳，张雅南. 高校党组织落实全面从严治党主体责任探究 [J]. 学校党建与思想教育（下），2016（10）：35-37.

能理解其表面，对其深层次的内涵、体系等理解不透，相应的立德树人工作也达不到我们所预期的效果。

三是高校基层党建工作制度不够健全。科学完善的制度体系对提升高校基层党建工作水平、推进“一融双高”至关重要。目前，高校基层党建工作制度建设还不够健全，主要表现为一些制度设置不够周全，缺乏整体性规划，未形成有机的整体；缺少健全的责任追究机制，使得一些良好的制度措施无法得到充分的执行；部分制度的执行力不足，影响了相应的执行效果①。

四是高校基层党组织设置方式陈旧，党支部战斗堡垒作用发挥不够充分。传统的基层党组织设置模式有些方面已不适应现在的情况，不适应当前的高等教育改革及党的建设需求。如教学科研团队、重大科研平台、学生公寓等多个领域，其管理模式、人员构成、发展目标已发生了较大变化，需要结合本科生、硕士生及博士生的特点，建立多元化的基层党组织，进而充分发挥党支部的政治引领作用和战斗堡垒作用，以高质量党建引领高质量发展。

五、强化政治巡察在基层党组织建设中作用的思考

完善政治巡察机制，是推进高校基层党组织高质量发展的重要措施。为推进高校基层党组织高质量发展，必须聚焦政治巡察内容，即关注哪些具体问题，就巡察哪些具体内容，不断加强巡察队伍建设，提高巡察监督保障合力②。相应地，以巡察监督倒逼高校基层党组织建设，提高党建工作水平，还应该通过巡察诊断，不断加强自身工作规范化科学化建设，不断优化基层党组织设置，选优配强党支部书记，强化党员教育管理，健全相应的融合工作机制和监督考核机制，重点解决好高校基层党组织建设中存在的“两张皮”问题，以高质量党建引领高质量发展。

（一）新时代高校政治巡察的路径选择

一是重点关注和探索政治巡察的有效手段。要实现高校基层党组织的高水平发展，就需要重点关注和探索政治巡察的有效手段。“1+7”巡察模式是一种有效的手段，可以通过结合传统的巡察手段来有效地突出重点，更加精确地

---

① 肖陆军. 新形势下加强我国高校基层党组织建设的思考［J］. 法制与社会（旬刊），2013（3）：170-173.

② 曲雁. 新形势下高校巡察监督的优化路径研究［J］. 国家教育行政学院学报，2021，288（12）：26-31，47.

查处违纪违规行为，从而产生强大的威慑作用①。

二是把巡察监督与其他监督方式有机地结合起来。为了更好地建立和完善党内监督体系，我们应该把政治巡察监督与审计监督、纪律监督等其他监督方式结合起来，汇聚形成强大的监督合力。在高校巡察工作实践中，将政治巡察监督与审计监督相结合，不仅能够更好地满足实际需求，而且还能够更加有效地实施。经过审计发现的问题，结合巡察发现的问题，我们可以更加清晰地识别出潜在风险，并采取有效的措施加以监督，从而大大提高巡察工作的威慑力。

三是加强政治巡察队伍的建设②。为了促进高校基层党建高质量发展，我们需要重点加强对政治巡察人员的培养。这些人员既要有良好的政治素养，又要有出众的专业本领。应该加强对他们的培训，让他们在掌握巡察基本知识和技能的同时，熟悉中央、教育部及学校的重大方针政策和重大战略决策部署，切实了解被巡察单位的日常业务，让他们在巡察工作中更好地履行职责。总之，我们要坚定不移地贯彻落实党的政治决策和政治方向，构筑一支忠于党、忠于国家、忠于社会、忠于群众的高素质、专业化的巡察工作队伍。

四是完善政治巡察监督保障机制。为推进高校基层党组织高质量发展，必须完善政治巡察监督保障机制。在工作实践中，高校巡察的重要问题之一就是巡察人员不足。在巡察专职人员较少的情况下，要充分发挥兼职巡察工作人员的力量，提高巡察队伍的专业化水平，并在专业培训、职业规划、资金支持等方面给予更多的政策激励和保障，进而推进高校巡察工作的规范运行和健康发展。

五是聚焦巡察结果的有效运用。为推进高校基层党组织高质量发展，必须聚焦巡察结果的有效运用。这需要我们强化巡察结果在考核工作中的有效运用，将巡察工作情况纳入学校绩效考核管理体系，将巡察结果纳入各单位年度工作目标考核和处级干部考核。同时，我们也需要强化责任追究，对于在巡察中发现责任落实不到位，造成严重后果的不作为、慢作为、弄虚作假、搞形式主义等情况，要严肃查处，坚决依规依纪依法追责问责。

（二）新时代高校基层党组织建设的路径选择

一是创新基层党组织设置，优化内部组织结构。高校二级党委设置党支

---

① 刘兴东. 坚定不移深化政治巡察 推动全面从严治党向基层延伸［EB/OL］. https://news.ifeng.com/c/7fZmFywK2KN.

② 王希. 推动高校巡察工作高质量发展［J］. 新长征，2021（5）：44-45.

部，不仅要有利于加强支部自身建设，更要有利于推动以人才培养、学科建设为重点的“双一流”建设战略需要，转变传统支部组织设置方式，充分发挥基层党支部的战斗堡垒作用和政治引领作用。其中，针对学生党支部设置缺位或覆盖面不够的问题，我们可按专业划分纵向设置本科生党支部，或按年级联合设置本硕党支部，或者根据实际情况整体建立本科生党支部，并在支部之下按专业或年级建立党小组，让党支部设置覆盖到每个专业、每个班级。在教师党支部的设置上，我们可根据教学科研团队、学术创新课题研究组、重大科研平台等具体情况，建立党支部、党小组或临时支部，有效地将教学科研队伍纳入党组织管理服务范围内。

二是选优配强支部书记，提升党支部建设工作水平。作为“领头雁”的党支部书记，尤其是教师党支部书记，是新形势、新要求下提高高校基层党建工作水平的关键。针对目前党支部书记履职能力还不强的问题，我们要选优配强党支部书记，开展常态化的培训考核。要充分发挥好党员的先锋模范作用，尤其是在履职尽责、攻坚克难、社会服务等工作中取得显著成绩的教师，要让他们带领支部党员先行先试，形成可复制、可推广、可借鉴的经验。

三是加强党员教育管理，解决好基层党组织理论学习中的“两张皮”问题。在新形势下，高校基层党组织不仅要严格按照《中国共产党党员教育管理工作条例》的规定进行，而且要结合支部党员及师生的特点，将理想信念教育有效而生动地融入支部组织生活中。首先，严格落实“三会一课”，持之以恒以常态化的学习机制提升党员政治理论水平。其次，创新主题党日方式，有效契合学科特点，实施“校内+校外”“理论学习+主题研讨+主题实践”相结合的多维党员教育机制，有效地将习近平经济思想、党的建设思想及关于教育科技的重要论述等引入支部活动，进行深入探讨。最后，坚持将理论学习与实践领悟相结合，积极通过“走出去”、体验教学、现场教学、党性锻炼等多种方式，加深党员对党的理论方针政策的情感认同、理论认同和政治认同。

四是加强组织合力，构建党建工作协同机制。在新形势下，高校基层党支部必须处理好党建工作与思政工作、党建工作与业务工作的关系，构建起相应的协同工作机制，融合推进“双一流”学科建设、人才培养、科学研究、社会服务等工作开展。首先，立足教师党支部建设，以支部专业教师为主体，建立起“党建工作+”的协同融合机制，将学科发展、人才培养、社会服务、课程思政等作为主题内容纳入支部“三会一课”、主题党日等活动中，主动契合国家和学校重大战略、重点工作，提高新时代人才培养水平。其次，以党支部或党小组为依托，以学科发展、人才培养、社会服务、课程思政、专业交流等为内容，建立相关的工作推进会、主题交流会、集体备课会等常态化沟通交流机制，积极邀请非党员教师或学生参与其中，不断提升基层党组织的组织力、凝聚力、服务力。

参考文献：

［1］赵连君．“四聚焦四强化四突出”推动党史学习教育走深走实［J］．人口与健康，2021（10）：19-20.

［2］赵大伟，王彦明．高校内部巡察的特征、意义及实现路径［J］．廉政文化研究，2021，12（6）：62-67.

［3］周义彬．以校内巡察促进高校基层党组织党建工作提质增效［J］．办公室业务，2022（18）：19-20.

［4］韦玉丹，马元凯．以政治巡察促进高校基层党建工作的路径研究：以某高校为例［J］．南方论刊，2022（11）：52.

［5］肖陆军．新形势下加强我国高校基层党组织建设的思考［J］．法制与社会（旬刊），2013（3）：170-173.

［6］王华路，吴艳，张雅南．高校党组织落实全面从严治党主体责任探究［J］．学校党建与思想教育（下），2016（10）：35-37.

［7］曲雁．新形势下高校巡察监督的优化路径研究［J］．国家教育行政学院学报，2021，288（12）：26-31，47.

［8］刘兴东．坚定不移深化政治巡察 推动全面从严治党向基层延伸［EB/OL］．https://news.ifeng.com/c/7fZmFywK2KN.

［9］王希．推动高校巡察工作高质量发展［J］．新长征，2021（5）：44-45.

高校巡察工作道德风险生成机制与规避路径

李　利（西南财经大学财务处）

摘要： 党的十八大以来，中央对加强和改进巡视巡察工作作出了明确的指示和部署。高校校内巡察是促进全面从严治党工作向基层延伸的有力武器。探索开展巡察工作是巡察成为完善党内监督体系手段之一的重要抓手。现阶段高校巡察工作虽然取得了积极成效，但也面临一些难点和问题，其中比较突出的问题就是巡察工作的道德风险问题。高校巡察工作的道德风险表现为巡察组不向学校提供说明事实真相的巡察报告。构成道德风险的因素有经济依赖、偏袒熟人、内生性契约缺位等。道德风险往往发生在巡察环节中的模糊地带。本文立足于高校巡察工作的实践，通过对巡察工作道德风险的生成因素进行梳理，探索如何在制度构建上来克服巡察人员的经济依赖性和熟人社会问题，保证巡察人员的独立性，解决巡察工作中存在的道德风险问题。

关键词： 道德风险；生成机制；规避路径

一、道德风险相关理论

道德风险是指从事活动的人在最大限度地增进自身效用的同时做出不利于他人的行动，或者当签约一方不完全承担风险后果时所采取的使自身效用最大化的自私行为。

（一）内在生成逻辑

第一，固有的管理层面和技术层面的缺陷，带来的不良后果虽然不利，但我们可以通过制度的规范和制定相应的办法去控制，而且也只是一些微观影响。但是道德风险的影响则是宏观的，往往会使管理陷入不可控的环境，影响更具有宏观性，而针对这种风险目前尚未找到有效的治理方案。因此从道德风险的角度分析管理问题可以使评价更具有实际意义。

第二，制度客观上存在一定缺陷。如果制度是完美的，那我们做的每一项工作或面对任何一个人和事，都有一套明确的毫无偏差的准确规范。但其实并不是，再稳定的制度面对的都是不断变化的客观事物，会发生一些难以预料的事情，也就不能精准地囊括所有即将发生的行为。

第三，道德源于人对于自己内心的约束。在无人监督的环境下人也可以实现自我管理，自我管理的成本低，而且时刻起着约束的作用，自我管理的效率非常高。由此可以得出，道德对人行为的约束比制度的约束更有效，所以也就成为风险存在的重要变量因素。如果想要降低预期管理风险，可以首先考虑降低道德风险。不难看出，再完美的方案、制度、程序都会因为个人未遵守道德规范而失效。

（二）主要特征

（1）牵引性特征。人容易在以逐利为目的或者受到诱惑的心理驱使下做出一些偏好风险的行为。

（2）内生性特征。风险行为的形成源于被管理者内心对于利益与成本的权衡。

（3）损人利己特征。风险制造者的行为会对关联方产生利益的损害。

（三）防范对策

1. 完善信息传递机制

通过信息传递机制让个人因道德风险而产生的失信行为受到监督，让这种信息在传递过程中给欺骗者的行为带来更大的压力，而且是有极高成本的。代价不仅仅是此次失信行为，也将影响他在今后失去更多的机会。建立完善的信用管理体系、改进信用评估机制和信息的传播机制是解决道德风险问题的关键。

2. 规范监督和管理环节

赋予管理的权利与监管是相辅相成的，监管越多滋生的问题越多，未来事情的发展也就越来越不确定。人们形成稳定的预期依赖于一个平稳的政策环境。我们不能让管理者承担过多行为者应该承担的责任，应逐步弱化对行为者的影响和干预，政策的执行才会越来越透明，从而为信誉机制的建立奠定更有力的基础。

3. 建立失信惩罚机制

人们遵从道德约束的积极性来源于相对完善的规章制度对于其行为的保护。更多的时候，越严厉的惩罚机制越能促使人们讲信用，形成一种制度信任。例如，绝大部分失信现象的消除都是因为社会信用体系中的失信惩罚机制，它能改善市场秩序，重新建立社会信任。因此建立这种信用制度，特别是对失信者的惩罚机制，能使人们不断提高自律能力。

二、高校巡察工作现状

（一）巡察工作的重要性

巡视巡察是以习近平同志为核心的党中央推进全面从严治党、加强党内监督的一项战略举措。党的十八大对巡视制度进行了革命性改造，确立了巡视工作方针，明确了政治巡视定位。党的十九大后，党中央持续深化巡视制度，其中，中央和国家机关巡视，包括高校巡察，基本上是党的十九大后才开始迈入规范化阶段，特别是高校巡察经历了一个由自我探索到逐步规范的过程。习近平总书记明确强调，要扎实做好对中央单位巡视工作的分类指导，促进巡视质量整体提升。开展好高校巡察工作是直属高校党委的重要政治任务，是对党的十九大提出建立“巡视巡察上下联动监督网”以及党章、党的巡视工作条例等相关规定的贯彻落实；是管党治党、推动学校治理体系和治理能力现代化水平的重要抓手，是办学治校、推动学校各项事业高质量发展的重要保障。

（二）高校巡察工作的难点和问题

目前高校巡察工作取得了阶段性的成果，同时还面临一些难点和问题。

（1）校内“熟人社会”监督难。高校是个“熟人社会”，人际关系比较复杂，工作关联和合作等关系密切，在组建巡察队伍的时候不免考虑了一些这方面的因素，特别是针对组长选拔，其实依然存在“熟人圈”监督难的问题，实际工作中存在互相给面子、不敢发现（揭露）重大问题、怕讲重话和问题的情况。

（2）巡察把脉的针对性还不够。巡察对象包括学院（系）、机关、直属单位、后勤等二级党组织，不仅类型多，也存在较大的业务差异。要根据不同党组织的工作特点，落实巡察工作，有针对性地找出并且找准重点问题显得非常关键。有的存在相似度较高的巡察报告，找到的问题没有什么区别；有的巡察组不能突出重点，与聚焦“关键少数”还有差距；有的不能从业务问题的现象看到政治问题的实质，缺少政治高度。

（3）巡察方式的实效性有待提高。针对校内巡察时间短的问题，需要巡察组灵活运用方式方法进而保证精准发现问题。目前巡察工作还是以开展座谈会和谈话为主，走访部门和暗访比较少，调阅的资料很多，但对相关问题的深入调查了解不够，所以容易发现一些面上的和共性的问题，对于深层次、实质性问题的掌握就很有限。有些被巡察单位整改只重视面上问题整改，就事论事，没有去注重建立制度机制，巡察工作的实效大打折扣。

高校巡察工作建立了一系列的规章制度，从落实巡察主体责任、明确巡察内容，到完善巡察方式和程序，强化整改落实，也明确了整个工作规范。但从目前巡察工作面临的主要问题和巡察工作难点来看，其本质就是道德风险问题。巡察工作的推动仍离不开从事这项事业的人，有委托关系、有人员参与就会产生道德风险。

三、高校巡察工作道德风险的生成机制

信息经济学的基本原理告诉我们，逆向选择和道德风险产生于委托代理关系。巡察组作为受托人也一样会产生道德风险。巡察组也会有机会主义倾向和偷懒行为。可能存在巡察组在不违反相关原则和规定的情况下满足被巡察单位一些要求，对被巡察单位的问题进行选择性披露，或减轻问题的定性或定量的描述，形成一种形式上的“共谋”，其实就是道德风险，而且非常不利于党委的管理和决策。所以高校巡察中的道德风险就是巡察组在没有严格的道德约束的情况下，在各种利益关系的作用下，以不完全工作或与被巡察单位共谋，不汇报巡察结果，向学校党委反馈信息不客观、不及时，巡察工作的质量和效果大打折扣，产生不良影响。

构成道德风险的因素有经济依赖、偏袒熟人、内生性契约缺位等，而产生这些道德风险的因素多数发生在巡察环节中的模糊地带。

（一）在巡察工作中引入道德风险视角的重要性

对巡察人员的责任意识考察和道德风险的衡量直接影响巡察结果。巡察人员出于对自身利益的考虑做出的对学校党委工作不利的行为就是道德风险使然。因此，在巡察工作中引入道德风险视角是十分重要的。一方面，能够对道德风险的欺骗性做出更明确的预估，了解其具有主观故意性、丧失原则性和严重危害性。比如，道德风险能够造成巡察报告失真，对学校党委决策产生误导。另一方面，道德风险的存在实际上已经纵容了失信行为的发生，一些巡察人员会与被巡察单位合谋，对真正的委托方即学校党委产生重大影响。

（二）高校巡察工作中道德风险的成因

1. 道德风险的内生性表现及成因

一是在巡察过程中巡察人员不主动作为。由于激励约束机制不健全，可能存在巡察人员受“熟人社会”环境的影响，不认真履行委托责任或不坚守原则，可能潜在存在违规、违纪行为，或不能客观还原有关事项进行揭露，导致巡察力度不够，巡察质量较差。在实际工作中，虽然专业水平、能力和经验都可能影响巡察工作的质量，但巡察人员个人品质，如工作态度、品质（诚信度）等也会影响巡察工作的质量，甚至这种影响可能是具有决定性意义的。

其实这种道德风险也可以被解释为能力和经验问题而被忽视和掩盖。

二是在巡察过程中与被巡察单位形成利益共同体。巡察组违反巡察规定，在工作中维护被巡察单位和有关人员。如把相关问题故意泄露给对方，过程中互相勾结；为相关人员说情，规避责任和风险；与被巡察单位串通，篡改、销毁、隐匿巡察工作证据，阻碍巡察工作的正常开展；在撰写巡察报告时避重就轻，对不认真落实、执行巡察建议或意见的行为视而不见、听之任之等。

三是侥幸对待过程中的似是而非的问题。巡察人员利用巡察信息、截留和隐瞒巡察结果拉关系、送人情，出于对个人利益的考虑向学校党委进行工作报告时，故意隐瞒一些巡察结果等。在整个信息传递链条中，因巡察工作的层层截留、隐瞒巡察结果和有关信息，学校党委信息获取量大大减少，且存在失真的风险。

四是巡察人员在巡察工作中收受各种形式的贿赂。如巡察组向被巡察单位提出与工作无关的各种要求，耍态度、摆架子，故意刁难、要挟被巡察单位等。又如巡察组接受被巡察单位的贿赂，如收受钱款和礼物，参与被巡察单位组织的公款旅游和参观等。这些问题可能不会直接影响巡察质量和效果，但严重损害了巡察组的政治形象。

2. 道德风险的体制性表现及成因

一是高校巡察体制不完善。目前巡察机构和巡察组人员都受高校党委的分层或垂直管理，其巡察的独立性受到了一定的限制。应保证巡察办公室和巡察组是独立于其他管理部门的；学校党委应完全支持巡察工作，才能使被巡察单位足够重视、全力配合；应选择一个具有绝对权威的人负责巡察工作，才能够重视和合理利用巡察报告和结果；巡察机构和工作组应有明确的职责分工和权力制衡机制，建立科学合理的责权关系。目前，巡察组的独立性存在着明显的瑕疵，巡察机构和巡察组的工作会受到被巡察单位的影响和制约。此外，巡察报告和结果不能在未来的决策和管理上得到有效使用，也是引致道德风险的一个重要的体制因素。巡察工作是由巡察、报告、整改三个重要环节组成的，当巡察结果不能完全、及时上报时，必然影响整改的力度和巡察的深度；当整改落实不力时，必然影响报告的质量，抑制巡察的积极性。

二是激励约束机制不健全。巡察机构或巡察组的内部管理并不是完全精细化的，在工作纪律、工作能力、业务水平、工作效率、工作质量等方面，尚未建立起科学有效的考核、评比、奖惩机制；虽然一些高校单独成立了巡察办公室，但巡察组人员的思想政治、职业道德教育相对滞后；巡察组在行使巡察职权时，缺乏有效的反监督和权力制约机制等，使得道德风险有了滋生的土壤。

三是巡察组独立性弱化。在一个完整的巡察工作关系框架中，有三方面的关系人：学校党委、巡察人员、被巡察单位。在学校党委和被巡察单位之间、在学校党委与巡察人员之间，实际上是各存在一对受托责任关系的。巡察组在组织上、人员上、工作上、经济上的独立性在巡察工作中很难得到充分保障。巡察组人员与被巡察单位都在组织上隶属于学校，虽然不直接存在组织上的隶属关系，却面临“熟人社会”的难题。巡察组人员大多不是专门的巡察人员，而是由其他部门的工作人员或其他管理人员临时抽调兼职，在具体巡察工作过程中容易受到各方利益的牵扯，对于出具客观公正的巡察报告有一定的影响。非专职巡察人员的专业胜任能力也有所欠缺，容易造成巡察工作的质量风险。

四是内生性的契约约束缺位。如果预期巡察组违规的成本低于违规惩罚或者少于可能因违规而获得的利益，巡察组就会做出基于利益考虑的理性决定，在是否违规和道德约束之间进行权衡。这种内生性的契约缺位也是巡察组做出对学校党委工作不利行为的重要原因。即使巡察组对高校党委负有受托责任，实际上党委也难以对巡察组的行为进行有效管控，巡察组仍无法完全有效执行党委的委托。巡察人员在持续的反思和心理斗争中，对委托利益冲突加以研判，对各方利益进行权衡，这一心理就是内生性的契约约束缺位。

四、高校巡察工作道德风险的规避路径

（一）加快改革步伐，建立完全垂直管理的巡察工作机制

完善高校巡察工作独立性必须建立垂直管理机制，防范道德风险最重要的因素就是保持独立性。从理论上讲，巡察工作是在管理权的委托代理关系中。学校党委与学校二级党组织属于多层级的委托代理关系，学校党委需要指派一个相对独立的团队对二级党组织是否在学校党委的领导下保障党组织的战斗堡垒作用进行检查和监督，这就是巡察工作的意义。因此，垂直管理是作为一个相对独立的信息反馈系统和控制工具而存在的先决条件。在保证组织机构独立性的同时，还要切实重视和合理利用巡察报告和巡察结果。应当建立完善的巡察工作整改落实惩处制度，严肃对待巡察中发现的各种问题，认真落实巡察工作提出的整改意见和建议。

（二）加强巡察队伍建设，建立和完善激励约束机制

第一，要加强巡察队伍选配管理。巡察干部队伍是巡察工作的生力军，其政治素养和专业能力对提升巡察效果意义重大。发现问题是巡察工作的生命线。问题是否精准，直接影响巡察的质量和效果。实行选聘上岗、优化组合，健全工作业绩和违纪情况的综合考评和奖惩制度、巡察人员的进退机制等。第

二，要健全巡察工作制度规范，包括巡察工作人员工作纪律要求、质量控制制度等。第三，要加强对巡察人员的思想政治和职业道德教育。

（三）加强制度建设及对巡察现场全过程控制

巡察办公室要根据巡视巡察工作要求，就巡察准备、巡察了解、巡察情况报告、反馈巡察意见、问题线索移交、督促整改、档案移交等各环节的方方面面进行规范，确保巡察工作有章程、有方案、有秩序。要有针对性地制订详尽的巡察工作方案和完备的巡察报告格式，减少巡察人员的随意性和盲动性；强化组长负责制，明确巡察工作风险和责任主体；指派现场巡察督导员，加强对现场巡察的实时监控；及时对现场巡察的质量进行复查和评议；推行被巡察单位对巡察人员执行纪律和遵守职业道德情况的评议和反监督制度，按规定到被巡察单位进行回访。

（四）多种巡察形式交互进行

采取提级巡察、交叉巡察、"巡审联动"等做法，把常规专项、机动巡视巡察和"回头看"联系贯通起来，穿插使用，打好"组合拳"。要充分发挥高校科技资源和科研力量优势，运用大数据手段，拓宽问题线索来源，切实提升高校巡察工作的效果。

多源流理论视角下加强巡视整改和成果运用的政策议程研究

宋世俊（西南财经大学科研处）

摘要：本文从多源流理论对加强巡视整改和成果运用政策议程的设置过程进行分析，揭示《关于加强巡视整改和成果运用的意见》政策过程的内在逻辑机理。本文研究发现，客观数据表征、焦点事件助推以及政策反馈是加强巡视整改和成果运用的问题源流；多方群策群力共议加强巡视整改和成果运用构成政策源流；执政理念、国民情绪是加强巡视整改和成果运用的政治源流；问题、政治、政策三条源流同时具备后，加强巡视整改和成果运用的“政策之窗”开启，政策议程设置得以实现。本文研究表明，加强巡视整改和成果运用政策是多种源流耦合作用的结果，呈现出鲜明的中国决策特征。未来的决策者应重视“问题源流”，畅通“政策源流”的反映渠道，契合“政治源流”的价值取向，发挥“政策溢出”的辐射影响力。

关键词：多源流理论；加强巡视整改和成果运用；政策议程

一、引言

整改和成果运用是巡视的“后半篇文章”，巡视活动中的整改与成果应用阶段，是其流程的决定性后半部分。这一阶段工作的加强，不仅是巡视功能体系化和规范化的关键措施，而且在增强巡视的监督效果、促进持续改善和发展上起着核心作用。加强巡视整改和成果运用的政策制定并非一时兴起，而是出于政策议程的需要。党中央高度重视巡视整改和成果的有效应用。习近平总书记在多个场合发表了重要讲话，强调巡视的目的是解决发现的问题。习近平总书记的重要指示为巡视整改工作的深化和巡视成果的有效利用提供了指导和遵循。2022 年 2 月，经党中央同意，中共中央办公厅正式发布了《关于加强巡视整改和成果运用的意见》（以下简称《意见》），确认了加强巡视整改和成果运用政策的导向。这一政策的出台进一步加强了对巡视整改和成果运用的重视，为巡视整改和成果运用提供了指导和依据。

根据对现有文献的综合分析，我们可以看出，近年来，学术领域对于巡视工作的研究呈现出显著增长的趋势。这些研究覆盖了巡视工作的多个方面，包括巡视的历史沿革，其中涉及秦汉时期、元代、明代、清代等多朝代巡视制度探讨，以及探究我国古代巡视制度发展历程与其史鉴价值。随着研究的逐渐深入，对不同时期中国共产党巡视工作的发展历程的探讨也受到越来越多的关注。学者们不仅重点剖析了土地革命时期、苏区时期、民主革命时期、改革开放以来、新中国成立以来、党的十八大以来以及新时代中国共产党巡视制度演进脉络，还对建党以来中国共产党巡视制度演变脉络进行了深入透彻的分析，并将其划分为萌芽、徘徊、重启、确立与成熟等不同阶段。研究者在通过划分阶段对巡视制度进行高度概括的基础上，分析了党的十八大后党内巡视制度为适应新时代新形势需要所呈现出的一系列新特征，巩固了巡视整改成果。近年来，随着党中央作出全面从严治党的重大战略部署，针对党的十八大以来中国共产党巡视工作的研究已逐渐成为关注的热点。在此背景下，构建巡视巡察上下联动研究也随着全面从严治党的实践而逐渐引起学者重视。

综上所述，巡视工作研究侧重于在我国古代巡视制度发展历程、不同时期中国共产党巡视制度演进脉络、构建巡视巡察上下联动研究等方面开展。然而，在众多的公共问题中，《意见》的制定过程何以如此顺利？加强巡视整改和成果运用是如何被建构的？推动加强巡视整改和成果运用进入政策议程的关键力量有哪些？加强巡视整改和成果运用的政策议程是如何呈现的？这是一个值得学界研究的课题。鉴于此，为弥补以往研究存在的不足，本文从多源流理论的视角对加强巡视整改和成果运用的政策议程进行了分析，通过识别加强巡视整改和成果运用中存在的问题，深入探讨了决策在选择备选方案时的考量因素以及政策议程建立的过程。本文的研究揭示了加强巡视整改和成果运用政策设置背后的内在逻辑机制。

二、加强巡视整改和成果运用的解读视角：多源流理论

在 1984 年发表的著作《议程、备选方案与公共政策》中，约翰·W. 金登提出了多源流理论（multiple streams framework，MSF）。该理论是在参考了科恩等人的垃圾桶模型的基础上，进一步发展和探索得来的。该理论旨在解释为何某些问题会引起政策制定者的关注，而其他问题则会被忽视。金登的多源流理论涵盖了问题源流、政策源流和政治源流三个流动的要素。问题源流涉及加强巡视整改和成果运用过程中存在的各种普遍问题和相关数据指标，以及决策

者需要将注意力集中到某一焦点事件上去。政治源流涉及国民情绪、政府的更替以及执政党执政理念等因素。在政策源流中，政策共同体所提出的思想和建议成为关键要素，这些要素展现了不同政策方案之间的相互作用与融合。这三个源流在运行过程中相对独立地沿着原来的路径流动，但在关键时刻它们会相互“碰撞”和“耦合”，推动加强巡视整改和成果运用问题被提上议事日程，从而开启了“政策之窗”（policy windows），促成了加强巡视整改和成果运用政策制定甚至政策变革的实现。

三、加强巡视整改和成果运用政策议程的多源流分析

（一）问题源流分析

1. 数据表征：客观陈述事实

数据指标作为加强巡视整改和成果运用困境的直接识别，能够通过充分阐释实现社会问题从陈述状况转为公共政策问题。《十九届中央纪律检查委员会向中国共产党第二十次全国代表大会的工作报告》显示，自党的十九大以来，全国的纪检监察机构处理了大量信访举报，总计达到 1 695.6 万件。这其中，涵盖了 734.4 万件的检举控告类举报以及 831.6 万件的问题线索。面对这些问题，纪检监察机构采取“四种形态”的策略进行了批评教育和处理，涉及的人次达到 933.6 万。具体而言，这四种形态包括：第一种，占 67.2%的人次，主要是教育帮助为主的谈话函询和提醒批评；第二种，占 25.5%的人次，涉及轻度处分和组织调整；第三种，占 3.8%的人次，包括重度处分和职务调整；第四种即最后一种，占 3.5%的人次，针对严重违纪违法行为，涉及刑法处理。另外，还对 4.8 万名行贿人员进行了立案审查调查，并移送检察机关 1.3 万人。虽然强力震慑和政策激励取得了一定的成效，但在不同级别和领域的巡视整改及成果应用上，依然存在着不均衡和不足的问题。部分受巡视的党组织仍抱有仅仅满足最低要求的态度，有些仅仅做了表面的整改，出现了形式主义的整改情况。此外，一些纪检监察机构和组织部门在平时的监督工作中缺乏积极性和创新的方法。同时，某些制度和机制尚不完善，责任执行不够有力，持续性整改措施不足，这些问题都在一定程度上限制了巡视工作的成效。

2. 焦点助推：《意见》被列入《2021 年中央文件制定计划》

问题建构并不具备数据表征而自明的能力，需要焦点事件的传播引起决策者及公众对某一问题进行关注，从而形成推动力催化政策改革。党中央对于制定《意见》并将其列入《2021 年中央文件制定计划》中，体现了对加强巡视整改和成果运用工作的高度重视和部署安排。此项措施的核心目标是强调巡视

整改及其成果应用的重要性，并促使被巡视的党组织真正承担起巡视整改的主要职责。此外，它旨在确保巡视整改和成果应用工作的有效执行和具体实施得到加强。通过将加强巡视整改和成果运用工作列入《2021年中央文件制定计划》，党中央明确了这一工作的重要性和优先级，并要求督促各级党委及纪检监察机构认真执行其职责，确保巡视整改工作有效推进和成果得到充分运用。这对于激励被巡视的党组织深入进行整改、积极解决存在的问题，并加强党的廉洁自律和反腐败工作方面发挥了关键作用。党中央的这一部署和安排为加强巡视整改和成果运用工作提供了政策支持和制度保障。各级党委和纪检监察机关应当按照党中央的要求，切实负起责任，增强组织的领导力，优化工作流程，以保障巡视整改及成果运用的有效实施。此外，需要强化对巡视整改进程的监控和评价，以便及时识别并解决任何问题和缺陷，促进整改措施的执行和进一步优化。通过党中央的部署和各级党委、纪检监察机关的共同努力，加强巡视整改和成果运用工作将取得更加显著的成效，为党的事业发展提供坚实的纪律保障和政治保证。此举将促进党的纪律和政治环境良性发展，保持党的先进性和纯洁性，有助于深化全面从严治党的实践。

3. 政策反馈：加强巡视整改和成果运用的催化器

在约翰·W. 金登的观点中，反馈分为两类：正式渠道和非正式渠道。正式渠道的反馈通常来自官员的系统化监测和评估报告，而非正式渠道的反馈则主要源自各种私下抱怨和独立的个人调查。反馈作为公众问题上升为公共政策问题的关键环节，可以为公共政策在执行过程中提供必要的评估信息，进而为政策制定提供依据。加强巡视整改和成果运用问题正式渠道的反馈表现为政府相关职能部门、相关领域专家学者的研究报告。2018年，中共中央办公厅发布的《中央巡视工作规划（2018—2022年）》清晰界定了新一届全面巡视的任务、含义及其实施途径。此外，人民日报出版社于2017年发行了《〈中国共产党巡视工作条例〉党员干部读本：坚定不移深化政治巡视》，该读本精选了《人民日报》《光明日报》《中国纪检监察报》《学习时报》等多种报纸的重要理论文章，对政治巡视的定位、要求、焦点、目标及作用进行了详尽解读。

（二）政策源流分析

1. 政策共同体联盟的政策建议

就加强巡视整改和成果运用问题而言，政策共同体联盟主要由人大代表、政协委员和相关领域的专家学者等构成，他们通过对加强巡视整改和成果运用问题的分析，对加强巡视整改和成果运用献言献策。在“加强巡视整改和成果运用”政策议程设置中，专家学者发挥了不可替代的作用，他们通常以学术论文、调研报告、课题项目、研讨建议等形式提出相应的备选方案，为“加强巡视整改和成果运用”政策议程设置进行铺垫。第一，调研报告。如《中国古代巡视制度研究》《巡视制度探究：中国特色党内监督制度的创新与发展》《中国高等院校巡视整改有关问题研究》，对巡视工作进行了系统梳理。第二，学术论文。党的十八大以来，在中国知网（CNKI）进行期刊“高级检索”，以“巡视”为“篇关摘”进行“精确”检索，来源类别设为“CSSCI”，共检索到395篇中国知网收录的相关文献，一定程度上反映了研究成果数量。在此过程中建立和不断完善的上报与反馈机制，为上述研究成果向政策备选方案转化建立了传递途径。第三，从国家社会科学基金项目获批的情况也可以看出，研究人员对于加强巡视整改和成果运用的学术关切：“新中国成立以来党内巡视制度研究”（2021年）、“中国共产党巡视制度优势与治理效能转化研究”（2020年）、“哈德良皇帝的巡视与罗马帝国的边疆治理研究”（2019年）、“深化党内政治巡视研究”（2018年）、“《中国共产党巡视工作条例》落实研究”（2017年）、“中央苏区时期的党内巡视制度研究”（2016年）、“中国古代巡视制度变迁及其当代价值研究”（2015年）、“巡视制度效用评估与协同反腐机制研究”（2014年）等，这些课题既反映出学者们的学术关注点和学术专长，也从多个方面影响着加强巡视整改和成果运用政策的变化。

（三）政治源流分析

1. 党和政府的执政理念

整改和成果运用是巡视的“后半篇文章”，是巡视工作的关键一环。2017年，习近平总书记在党的十九大报告中提出“深化政治巡视，坚持发现问题、形成震慑不动摇，建立巡视巡察上下联动的监督网”，高度重视新时代巡视工作。2017年8月3日，中央政治局常委、中央纪委书记赵乐际在《求是》撰文《充分发挥巡视标本兼治作用 切实加强干部从严管理监督》，指出中共中央关于修改《中国共产党巡视工作条例》的决定，是推动全面从严治党向纵深发展的重要制度成果。新一代领导集体重视新时代巡视工作，作为政治领袖扮演一种明确且重要的角色，“其政策建议几乎可以自动地提上政府议程”。可见，坚定不移加强全面从严治党的执政理念，将助推加强巡视整改和成果运用政策的出台。

2. 国民情绪的“催化”

在约翰·W. 金登的定义中，国民情绪被理解为一个国家中大量公民在某些问题上持有共同的观点，并且这些观点会明显且频繁地变化。这些变化对政策议程和政策制定将产生显著影响。国民情绪通常反映了社会公众对社会问题的普遍认同的价值观和利益诉求，一般通过网络和主流媒体以公众舆论的形式表达出来。社会公众的诉求通过网络和媒体的不断发酵放大，对政策制定者形成了一定程度上的舆论压力。国民情绪为政治源流的发展提供了民意基础，有助于将公众关注的问题提升为公共政策议题。因此，金登认为，国民情绪为巡视整改及其成果运用在政策议程上的发展和扩散提供了类似于“肥沃土壤”的环境，促进其“扎根和成长”。

加强巡视整改和成果运用的国民情绪，反映在国民对于加强巡视整改和成果运用的关注程度的变化波动和对于巡视工作新闻的传播范围与讨论深度上。本文所选择的网络舆情为百度指数（Baidu Index），以“巡视组”为“关键词”进行检索，监测时间段设为2017年10月18日至2022年12月31日，检索时间为2023年5月1日。为提升研究质量，数据来源选择“PC搜索指数+移动搜索指数”，分析并计算出“巡视组”在百度网页搜索中搜索频次的加权。这种做法旨在衡量和反映公众对于强化巡视整改和成果运用的关注度以及其随时间的演变，目标是通过量化这一具体指标，将国民情绪这一较为抽象的概念具体化，以便对巡视领域内的国民情绪如何影响政策制定者在制定政策议程时的考虑进行论证和分析。具体结果见图1。

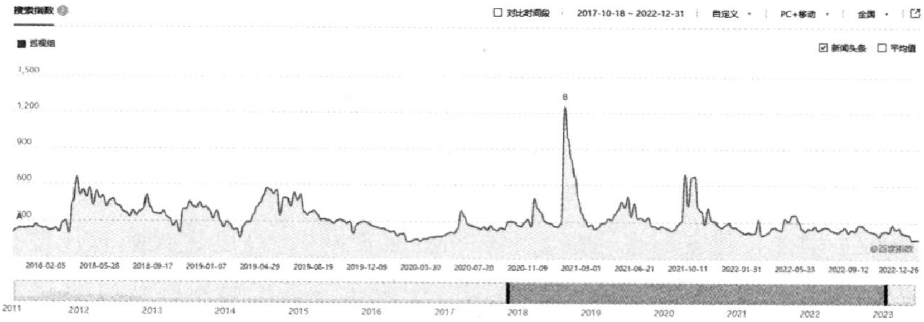

图1　“巡视组”网络舆情

观察国民对巡视活动的关注度的波动，可以发现，对巡视工作的搜索热度达到顶峰的时间分别是2017年11月初、2018年2月末、2020年12月中旬和2021年8月末。这表明在这些特定时期，公众对巡视活动表现出了显著的高度关注。

主流媒体舆论对巡视工作也给予了密切关注，并积极参与，这在一定程度上反映出国民情绪的需求倾向。例如，2017年7月17日，《人民日报》刊发了时任中央政治局常委、中央纪律检查委员会书记王岐山题为《巡视是党内监督战略性制度安排　彰显中国特色社会主义民主监督优势》的文章，该文指出发现问题是前提，整改落实是目的，必须条条要整改、件件有着落。特别值得注意的是，2019 年 3 月 22 日，《人民日报》刊发了题为《推进新时代巡视工作高质量发展》的报道，其中明确指出将“强化整改落实和成果运用，是十九届中央巡视工作深化发展的重要内容”。在中国的政治政策语境下，作为“党的喉舌”的《人民日报》是主流媒体的代表，其文章具有明确的导向意义。这预示着加强巡视整改和成果运用的政策设置基本已成定局，即将公布正式方案。事实正是如此，时隔两年，《意见》由中共中央办公厅印发。

四、三流耦合：合力打开政策之窗

根据多源流理论，问题、政治和政策三个源流的交汇与耦合是开启政策之窗的关键。只有当这三个源流相互作用并形成动态图景时，才能成功地将加强巡视整改和成果运用这一主题纳入决策议程。在这个过程中，政治气候的支持、可行性的备选方案以及紧迫问题的出现都是至关重要的因素。首先，政治源流中的支持和建议在促进巡视整改和成果运用的问题源流与政策源流的有效结合中起着关键作用。政治源流涵盖了诸如国民情绪、不同权力集团的竞争、选举结果、政党或意识形态在立法机关的分布，以及政府更替等多种因素。这些因素能够引发对加强巡视整改和成果运用问题的关注和讨论，并为政策制定者提供重要的政治支持和背景。其次，问题源流的呈现与建议的提出需要与多元协商型的政策论证相嵌。问题源流是社会上存在的各种普遍问题和相关数据。当问题源流与多元协商型的政策论证相结合时，不同利益相关方的意见和建议可以得到充分考虑，从而形成加强巡视整改和成果运用具有可行性和广泛支持的备选方案。最后，政治源流的支持与多元协商型的政策论证需要深度相嵌，才能实现三个源流的完全交汇。这种深度相嵌是政治源流和政策论证在一定时间点上的协调和结合，使得加强巡视整改和成果运用问题被提上议事日程，并最终转化为加强巡视整改和成果运用的决策和政策行动。只有在问题、政治和政策三个源流的交汇与耦合过程中，加强巡视整改和成果运用政策之窗才能真正打开，加强巡视整改和成果运用主题才能被纳入决策议程。

习近平总书记在党的十九大报告中提出“深化政治巡视，坚持发现问题、形成震慑不动摇，建立巡视巡察上下联动的监督网”，从这个角度来讲，这代表了执政党对加强巡视整改和成果运用的态度和认识，从而推动问题源流与政策源流的初次相嵌。2015 年 8 月 3 日，中共中央印发的《中国共产党巡视工作条例》《中共中央关于修改〈中国共产党巡视工作条例〉的决定》《中央巡视工作规划（2018—2022 年）》等文件，为加强巡视整改和成果运用提供了

“政策溢出”的外部支撑力。

值得注意的是，鉴于加强巡视整改和成果运用问题涉及政策场域的交叠性，政策源流对上述政治工具进行优化组合，与政治领袖执政理念实现深度嵌套。同时为保证加强巡视整改和成果运用政策与《中共中央关于修改〈中国共产党巡视工作条例〉的决定》一致，努力践行《中央巡视工作规划（2018—2022年）》的各项内容，对《意见》文本全面考虑、反复打磨、多次修改，以提高其精准研策和精准施策。

2022年2月，中共中央办公厅发布《关于加强巡视整改和成果运用的意见》，这标志着政策窗口的成功开启。于是，问题源流转变为对政策问题的识别和界定，而政策源流则发展出了针对这些问题的终极政策立场和解决方案。政治源流在制度层面上促进了加强巡视整改和成果运用政策的制定和执行，同时也是决定在国家层面上加强巡视整改和成果运用的关键政策要素。最终在三条源流的交汇下，体现出改革制度与改革行动之间的相互建构关系，表征着加强巡视整改和成果运用正向着“科学”与“民主”的方向精准研策和精准施策。

五、研究结论与讨论

本文利用多源流理论，全面揭示了加强巡视整改和成果运用政策议程的内部逻辑。文章展示了问题源流、政治源流、政策源流在决策环境中如何相互作用，共同促成政策之窗的开启，并进一步构建政策议程。本文研究的理论价值在于验证了金登的多源流理论在中国决策场域下对研究加强巡视整改和成果运用政策议程设置具有适用性，同时也进一步构建了多源流理论的中国化分析框架。其一，问题、政策与政治三大源流既非完全独立流淌的，也不是并列前行的，而是存在先后流动、相互嵌套、彼此依赖的关系。在多源流理论中，对社会公共问题的认识和定义的“问题源流”通常会早于“政策源流”出现。社会公共问题浮现，它吸引了政策制定者的注意，随后这些政策制定者通过一系列的“软化”策略激发政策流，从而引导“问题源流”“政策源流”“政治源流”整合，并最终开启“政策之窗”。其二，在中国情境下多源流理论的适用性调整主要是基于模糊逻辑的理论改进，其中政治源流中的政府更迭因素在中国环境中并不适用，而党的执政理念则是政治源流的主要驱动力。

本文研究的现实意义则在于，加强巡视整改和成果运用政策制定的过程与模式诠释了我国决策机制的多元弹性特点，呈现了在加强巡视整改和成果运用中多行动者组成的政策网络。未来的决策者应重视“问题源流”，在纵深“走基层”中倾听加强巡视整改和成果运用需求，要不断关注加强巡视整改和成果运用中问题的动态变化，扩大加强巡视整改和成果运用问题来源。畅通“政策源流”的反映渠道，积极关注网络舆情，更多听取社会公众代表、被巡视党组织、纪检监察机关和组织部门等的建议和意见。契合“政治源流”的价值取向，做到“深化政治巡视，坚持发现问题、形成震慑不动摇，建立巡视巡察上下联动的监督网”，提升政策实施对加强巡视整改和成果运用实际诉求的回应性。要加强巡视整改和成果运用中的相关困局，必须不断完善加强巡视整改和成果运用相关配套制度，为加强巡视整改和成果运用政策的实施奠定坚实基础。

参考文献：

[1] 刘太祥. 试论秦汉行政巡视制度 [J]. 郑州大学学报（哲学社会科学版），2004（5）：15-18.

[2] 贾秀云. 元代廉访制度对我国现行巡视制度的启示 [J]. 中国行政管理，2013（8）：122-124.

[3] 修晓波. 明代巡视监察制度若干问题探讨 [J]. 历史研究，2018（4）：178-187.

[4] 余同怀，柏桦. 明代专差专使巡视考察制度 [J]. 西南大学学报（社会科学版），2019，45（5）：171-179.

[5] 王瑞平. 清代钦差大臣巡视治河工程原因探析 [J]. 中州学刊，2019（2）：132-134.

[6] 范建伟，王斌通. 中国古代巡视监察立法理念、特点及史鉴价值综论 [J]. 广西社会科学，2018（11）：118-122.

[7] 胡云生. 土地革命时期中共安徽党内巡视制度探略 [J]. 史学月刊，2011（8）：132-135.

[8] 张宏卿. 苏区时期的党内巡视制度 [J]. 湖湘论坛，2017，30（6）：83-90.

[9] 段妍. 民主革命时期党内巡视的实践探索及现实启示 [J]. 马克思主义理论学科研究，2020，6（2）：113-120.

[10] 李敏昌，杜哲焱. 改革开放以来中国共产党巡视制度的创新研究 [J]. 甘肃社会科学，2014（1）：120-122，138.

[11] 李伯超，田良富. 新中国成立以来党内巡视制度的历史嬗变与启示 [J]. 湘潭大学学报（哲学社会科学版），2019，43（2）：170-175.

[12] 邢浩. 党的十八大以来巡视制度改革初探 [J]. 党的文献, 2019 (1): 48-53.

[13] 宋伟. 新时代中国共产党巡视工作的理论创新与实践成果 [J]. 党建, 2020 (4): 49-50.

[14] 任祥, 杨春华. 中国共产党巡视制度的理论逻辑、历史演变与框架体系 [J]. 云南社会科学, 2020 (4): 42-47.

[15] 宫玉涛, 王志瑶. 党的十八大以来党内巡视制度的新发展与新特点 [J]. 理论与改革, 2016 (5): 85-88.

[16] 李小中, 王明生. 新时代党内巡视制度的功能及完善路径 [J]. 南京社会科学, 2019 (6): 80-85.

[17] 董世明. 十八大以来党对巡视制度的探索 [J]. 江汉论坛, 2016 (1): 81-84.

[18] 万银锋. 构建巡视巡察上下联动的体制机制 [J]. 中州学刊, 2019 (11): 22-27.

[19] 孙亮. 巡视巡察联动体制: 意涵、逻辑与构建路径 [J]. 中州学刊, 2019 (1): 12-16.

[20] 约翰·W. 金登. 议程、备选方案与公共政策 [M]. 丁煌, 等, 译. 北京: 中国人民大学出版社, 2017.

[21] 保罗·萨巴蒂尔. 政策过程理论 [M]. 彭宗超, 等译. 北京: 生活·读书·新知三联书店, 2004.

[23] 十九届中央纪律检查委员会向中国共产党第二十次全国代表大会的工作报告 [EB/OL]. https://www.gov.cn/xinwen/2022-10/27/content_5722233.htm.

[24] 朴贞子, 金炯烈. 政策形成论 [M]. 济南: 山东人民出版社, 2005: 96.

[27] 王岐山. 巡视是党内监督战略性制度安排 彰显中国特色社会主义民主监督优势 [N]. 人民日报, 2017-07-17 (002).

[28] 姜洁. 推进新时代巡视工作高质量发展 [N]. 人民日报, 2019-03-22 (004).

基于实效督查的巡视巡察整改评估机制研究

钟芸莹（西南财经大学马克思主义学院）

摘要：中共中央办公厅印发的《关于加强巡视整改和成果运用的意见》中明确要求“派出巡视组的党组织要探索建立巡视整改评估机制”，对标建立巡察整改评估机制，是严格巡察质量标准、紧扣巡察工作闭环的必然要求。本文基于学校巡察工作实践，将开展巡察实效督察作为构建和落实巡视巡察整改评估机制的重要载体和主要抓手，从重要意义、问题难点、工作思考三个方面，探讨如何系统推进机制构建，规范完善工作程序，促进整改评估机制更加精准聚焦，从而推动提升巡视巡察整改实效。

关键词：巡察整改；实效督察；评估机制

习近平总书记强调，巡视发现问题的目的是解决问题，发现问题不解决，比不巡视的效果还坏，做好巡视“后半篇文章”关键要在整改上发力。西南财经大学党委自 2018 年启动校内巡察工作以来，始终坚持以习近平新时代中国特色社会主义思想为指导，认真落实党中央、教育部党组、四川省委关于巡视巡察工作的重要部署，认真落实巡视整改任务，深入开展校内政治巡察，在构建监督体系的研究和实践中，始终将整改作为巡视巡察工作的关键环节，严格坚持质量标准，积极开展实效督查，深入推进全面从严治党向纵深发展、向基层延伸。

一、建立和完善巡视巡察整改评估机制的重要意义

根据中央巡视最新精神开展整改评估，建立以实效督查为核心的巡视巡察整改评价机制，对于深入推进全面从严治党，具有重要的理论研究价值和实践运用价值。一是推进政治监督具体化、精准化、常态化的必要举措。巡视巡察要坚持政治监督定位，围绕落实党的二十大战略部署强化政治监督，围绕完整准确全面贯彻新发展理念、加快构建新发展格局、着力推动高质量发展等重大

战略部署，围绕党中央因时因势作出的决策部署加强监督检查，通过建立和完善更加具体化、精准化、常态化整改评估机制，落实推进政治监督具体化、精准化、常态化的重要要求，确保执行不偏向、不变通、不走样。二是推动完善党的自我革命制度规范体系的必要举措。按照推动完善纪检监察专责监督体系、党内监督体系、各类监督贯通协调机制和基层监督体系的要求，要通过巡视巡察整改评估机制，扣紧整改制度流程闭环，让整改的成效和整改责任的履行情况可检查、可督促、可问责，督促责任主体尤其是党员领导干部严于律己、严负其责、严管所辖，压实全面从严治党政治责任，为运用好问责利器提供基础参照。三是有力发挥政治巡视利剑作用的必要举措。巡视巡察工作要全面贯彻中央巡视工作方针，把“两个维护”作为根本任务，把严的要求贯穿巡视全过程各环节，统筹安排常规巡视、专项巡视、机动巡视和巡视“回头看”。实效督查“回头看”，对于有序推进巡视巡察压茬进行，持续巩固巡视巡察整改成效具有重要意义。基于实效督查一体建立和完善整改评估机制，是加强巡视整改和成果运用，完善巡视巡察上下联动工作格局的重要保障。

二、巡视巡察整改评估实践中存在的问题与难点

在积极推进巡视巡察系统整改的实践过程中，通过掌握基层实际，开展调查研究，我们发现在巡视巡察整改评估实践中还存在几个方面的问题与难点：一是评估机制构建上要进一步体现系统思维。要进一步将整改评估机制贯穿整改实效督查、整改日常监督和相关专项检查，要强化相关工作部门对评估体系构建的专业支撑和协同联动，要通过评估机制顶层设计落实常态长效和有机贯通的要求。二是评估标准完善上还须更加科学细化。相较于强化政治监督对整改工作提出的新要求，整改评估的标准体系还须更加具体化、精准化，评估参与各方对于整改评估标准的认识还应更加明晰和统一，要为参与实效督查的工作人员提供更为细化的参照，也要为承担整改任务的单位提供更为准确的指引。三是评估机制运行全流程规范化建设还需加强。整改评估作为整改工作的检验关口，必须体现“严”的工作标准和“实”的工作作风，在不影响基层正常工作、不额外增加基层负担的前提下，在有限的时间内实现规范操作，并对整改工作的成效得出科学客观的评估结论，要让评估意见具有公信度，必须进一步加强评估全流程的规范化建设。

三、完善巡视巡察整改评估机制的工作思考

总体思路：深入学习贯彻习近平总书记关于巡视工作的重要论述和党中央

的决策部署，落实“四个融入”，做到“两个维护”，始终坚持问题导向、目标导向和效果导向相统一，在开展整改实效督查过程中加强整改评估机制建设，把质量标准作为评估机制构建的内核，把实效提升作为评估机制完善的意旨，把监督合力作为评估机制落地的保障，发挥整改评估机制在巡视巡察整改中的“指挥棒”“闭合扣”作用，不断推动政治监督具体化、精准化、常态化。

（一）评估体系构建——统筹推进体现系统思维

一是坚持上下联动。落实中央《关于加强巡视巡察上下联动的意见》，推进巡视巡察一体整改，把一体整改的效果作为评估的内容，把推动一体整改作为评估的目标，在巡察整改评估中要把落实院级党组织巡察整改重点任务的情况作为整改评估机制的重点内容，对巡视巡察的整改效果进行综合检验，推动层层落实整改任务。二是形成监督合力。明确巡视巡察整改与审计、主题教育整改等贯通融合的工作机制，坚持和健全巡察整改工作沟通调度机制和巡察工作联席会议制度，将整改实效督查、整改日常监督和相关专项检查结合起来，协同纪检监察、组织部门、有关职能部门、巡察组等参与评估，构建全面协同、专业支撑的整改评估体系。三是着力常态长效。通过建立和完善整改评估体系推动完善整改实效跟踪机制，在多种监督融合的基础上，拉长整改评估的时间线，拓宽整改评估的覆盖面，实现监督主体、内容、方式和时效的有机贯通，同时加强巡视巡察工作队伍的交流和熔炼，通过整改评估工作以干代训，进一步深化对巡视巡察整改的领悟和把握，以切实履行监督职责的高素质专业化的工作队伍为巡视巡察整改工作提供人力支撑。四是强化成果运用。将巡视巡察整改评估情况与年度考核、任期考核等结合起来，在整改评估信息沟通共享、整改评估结果运用及评估后再整改再落实等方面加强协同，推动巡察、督查、纪检监察、审计、组织人事等部门在整改评估成果运用中的协作，在学校思想政治、师德师风建设、意识形态等重要工作体系中积极发挥监督保障引领作用，提升推动巡视巡察整改执行落地的能力和效果。

（二）评估标准构建——科学具体聚焦精准监督

一是坚持评价改革导向。把握强化政治监督对整改工作提出的新要求，贯彻落实党中央、教育部党组、四川省委和学校党委关于巡视巡察整改工作的部署要求，体现新时代教育评价改革导向，瞄准当前评估标准构建工作中的难点，在科学系统、量化明晰、可操作性等方面加强理论研究和实践验证。二是坚持政治监督定位。要以有力的政治监督保障党的二十大决策部署落实见效，要推动党的二十大精神、上级决策部署同高等教育实际、学校发展实际和院级党组织工作实际紧密结合。要把党的二十大关于全面贯彻新发展理念、着力推动高质量发展、主动构建新发展格局等战略部署落实了没有、落实得好不好作为最重要的整改评估要点；要重点关注党中央提出的重点任务、重点举措、重要政策、重要要求贯彻情况；要重点关注是否通过整改将单位的职责、领导干部的职责担当起来；要重点关注是否通过整改推动完善党中央重大决策部署落实机制，推动各项政策落实落地。三是坚持突出重点焦点。在“四个落实”的基础上，通过巡察整改实效评估进一步突出“三个聚焦”，聚焦贯彻落实党的理论和路线方针政策与党中央决策部署情况，具体对照各级党组织职能责任和重点任务完成情况；聚焦群众身边的腐败问题和不正之风，具体对照回答群众关切问题和解决关系师生切身利益必答问题的情况；聚焦基层党组织领导班子和干部队伍建设，具体对照基层党组织建设标准和党员干部职责履行情况，要按照问题清单、责任清单、整改清单，重点看措施完成率、成果产出率和群众满意率，推动决策部署落地和“两个维护”具体化。四是坚持具体细化标准。要紧盯主体责任落实，科学评估基层党组织及班子思想认识情况、整改工作部署落实情况、领导带头整改情况，对整改责任落实和完成情况进行评价；紧盯整改组织落实，科学评估整改协调推进情况、责任传导情况、支撑保障情况和整改公开落实情况，对整改组织推进力度强度进行评价；紧盯整改任务落实，科学评估整改责任单位任务完成情况、动真碰硬解决问题情况、推动制度建设和长效机制建设情况、单位作风转变情况，对整改项目、整改任务、整改措施的完成度和效能度进行评价。

（三）评估流程构建——严肃规范完善工作闭环

一是有机贯穿闭环全流程。将整改评估作为整改工作形成闭环的“闭合扣”，以整改实效督查作为整改评估工作的主要抓手，进一步聚焦目标、明确职责、完善方法、强化协调、压实责任，形成“整改评估→评估反馈→限时整改→问题办结”的评估促进机制，通过把好评估程序关卡，深化整改跟踪，强化成果运用，严肃追责问责，倒逼质量提升，形成全流程标准化规范化巡视巡察工作程序。二是综合运用好调研方法。将整改评估工作作为对巡视巡察整改工作的深度调研，对照巡察反馈意见、整改方案和整改清单，通过听取整改工作汇报、查阅整改相关资料、谈话座谈、调查走访和提请协助等方式深入了解整改单位整改情况，对标“四个落实”情况开展全面综合评价，包括整改责任和任务落实情况、发展创新情况和满意度测评情况等。要对照观测要点形成评价要点，动态掌控督促，通过派出指导督导组、开展专项检查、落实报备制度、召开有关会议、专题调研、蹲点调研、检查指导等方式，对整改工作进行多维度的定性和定量评价。三是推动整改责任主体自查自检自改。整改评估要以推动整改责任单位担当整改责任、提升整改自觉、主动开展整改为主要目标，要提升责任单位在整改评估流程中的参与度与能动性，要开展整改单位总结自评，主动在专项督查进驻前，对应“三张清单”进行查漏补缺、形成工作汇报、总结创新做法，要及时整改落实整改评估的反馈意见，促进整改责任单位自查自评、边评边改、自我巩固。四是通过整改评估增强巡视巡察工作公信力。要站稳人民立场、坚持群众路线，在整改评估中广泛开展巡察整改师生满意度测评，以整改主体责任落实情况、发现问题整改情况和意见建议为主要内容，设计客观评价和主观评价相结合、评价等次和评价依据相印证的满意度测评问卷，并结合谈话座谈走访，把群众满意作为巡察整改问效的最重要指针，提高师生整改日常监督和整改成效评价的参与度，进一步发挥巡察工作密切联系干部师生群众的纽带作用。五是严防监督内容泛化、问题焦点发散和职能责任虚浮。要通过整改评估工作情况报告明确指出整改存在的问题，总结整改的经验性做法，提出促进整改深化和成果运用的建议，尤其是要把政治监督聚焦到“一把手”和“关键少数”身上，不断提升班子队伍政治判断力、政治领悟力、政治执行力；要及时准确发现有令不行、有禁不止，做选择、搞变通、打折扣，不顾大局、保护主义，照搬照抄、上下一般粗等突出问题，对巡视巡察整改质量不高、存在明显偏差的，及时约谈相关负责人，对巡视巡察工作领导不力、落实巡视巡察整改要求走过场、不到位等造成严重后果的，依规依纪严肃问责，为履行管党治党政治责任加压助力。

构建和完善基于实效督查的巡视巡察整改评估机制，要落实党的二十大关于完善党的自我革命制度规范体系的要求，健全党统一领导、全面覆盖、权威高效的监督体系，推动基层党组织在巡视巡察整改中落实全面从严治党政治责任，进一步发挥好巡视巡察在推动基层治理体系和治理能力现代化中的重要作用。

高校巡察整改实效督查量化体系研究

王 说 郭寿良（西南财经大学党委巡察办公室）

摘要： 发现问题是巡察工作的生命线，整改问题是巡察工作的落脚点。做好巡察“后半篇文章”，要建立健全整改工作机制，形成巡察整改全过程闭环工作机制。本文以量化评估探索巡察整改实效督查体系的建立健全，聚焦整改实效，有效解决“整改责任悬空、整改监督缺位”等问题，进一步压实巡察整改责任，促进监督、整改、治理有机衔接。

关键词： 整改；督查；量化；体系

发现问题是巡察工作的生命线，整改问题是巡察工作的落脚点。做好巡察“后半篇文章”，要建立健全整改工作机制，形成巡察整改全过程闭环工作机制，层层传导压力，倒逼责任落实，力促巡察发现的问题立行立改、应改尽改、真改实改。

建立健全整改工作机制，结合高校实际和工作实践看，要首先从整改督查、整改评估发力，聚焦巡察整改实效的效果导向，以量化评估的应用为基础，着力构建科学的巡察整改实效督查体系，一方面回答督查“督什么”的问题，另一方面回答整改“如何评”的问题，科学规范评议整改成效。更为重要的是，开展督查深入一线，面向广大群众了解整改情况，收集意见和建议，整合多方力量共同形成促进改革发展的引领。

一、巡察整改督查评估的实践意义

（一）整改责任闭环的客观需要

巡察整改落实是“四个意识”的试金石，是践行“两个维护”的具体行动。为做好巡察整改，巡察整改全过程要形成有机闭环。巡察整改全过程形成闭环要在巡察整改过程中，传导压力，压实责任，力促巡察整改落实落细；在巡察整改后，要创新巡察整改督查方式方法，搭建督查制度体系。整改督查是巡察整改的“后半篇文章”，是巡察整改全过程闭环的重要一环。

为切实推动高校巡察工作高质量开展，进一步提升巡察整改实效，对高校基层党组织的巡察整改进行监督、督促、检查是巡察整改工作闭环的重要环节，也是做好巡察整改工作的重要保障。

（二）政治性权威性强化的客观需要

巡察整改是推动党的路线方针政策贯彻落实的重要环节，是落实以人民为中心发展思想的有力举措，巡察整改流于表面会损害巡察监督的严肃性和公信力，损害巡察监督的政治性、权威性。巡察整改落实不力，如仅仅停留在反馈、通报、发文等形式的整改，会让巡察及整改逐步走向形式主义，产生负面示范效应，形成损害巡察权威、阻碍巡察工作发展的恶性循环。

巡察整改督查也是对巡察集中整改的“回头看”，“回头看”是为了更好地“向前走”。聚焦整改实效开展督查，审视和检查巡察整改工作开展的情况，着重巡察整改提升师生群众满意度和获得感，让师生群众看到巡察整改的严肃性和有效性，看到巡察整改是“一竿子插到底”而不是走形式，再次强化巡察权威。

（三）成果运用倍增效应的客观需要

巡察成果运用要即知即改、立行立改，建立长效机制，推动深化改革发挥更大治本作用，也要立足巡察工作大局，有整体观念，为巡察工作的开展积累实践经验，固化实践成果，积极放大巡察效应。督查，督促检查之意，出发点和落脚点在于促进工作开展，保障任务落实。督查既是对工作开展不力之处进行责任追究，推动整改必须到位，也是对工作开展得力的单位和个人进行奖励表彰，以经验积累和成果固化积厚巡察工作开展的动能。

巡察整改督查代表着高校党委对基层党组织整改的评价，对巡察成果的巩固有着极其重要的示范作用。因此，巡察整改督查要基于对巡察整改情况准确合理的评价，这种评价要是可量化的，为此需要建立科学规范的评价体系。对巡察整改评价较差的基层党组织加大督促督导力度，并根据督查情况严肃问责；对巡察整改评价好的基层党组织树立标杆，固化整改先进经验性做法，以适当形式奖励表彰。

二、高校巡察整改督查体系构建的总体设计

（一）体系构建思路

巡察整改实效督查围绕巡察整改任务的开展情况进行，在总览巡察整改情况的基础上，紧扣“两个维护”根本任务，按照政治巡视巡察“六围绕一加强”“五个持续”的总体要求，聚焦“四个落实”监督重点，结合对重大决策

部署的督查落实，发挥“小切口”优势，切实把“督”和“评”的作用发挥出来。

一是体系指标设计。科学设置巡察整改督查体系，整体构建“5+1”评估体系框架，体系结构由评价项目、评价要素和评价要点三个层次组成，有“5+1”项评价项目。5为5项共性指标，分为“主体责任落实、整改组织落实、整改任务落实、综合评价、满意度测评”；1为1个个性指标，重点考量巡察整改中的创新做法，作为加分项纳入评估体系。6项评价项目划分为10项评价要素，10项评价要素的核心内容细化为20项评价要点。

二是主体人员考量。巡察整改实效督查工作组是督查工作的具体执行者，被巡察单位的教职员工是巡察整改的直接参与者和见证者，这两个群体是整改督查工作的主体参与人员。巡察整改的督查工作要抓住以上两大主体参与人员，开展督查工作。整改实效督查工作组原则上由原对应的巡察组成员组成，基于对巡察整体情况的熟悉和较高把握程度，可提高工作效率，避免干扰因素。被巡察单位的教职员工参与巡察整改，是巡察整改前后变化情况的直接见证者，也是巡察整改是否有实效的直接判断者。

三是评价标尺设计。基于两大主体参与人员的具体情况、不同特点和参与程度，要合理设计两把评价标尺，提升评价结果的精准度。以量化评估表的形式，对督查工作组赋予具体内容定性评价加定量评价的评价标尺，以定性评价对应定量区间为基础进行定量打分，以定性评价对应定量打分进行一定的校准，减少标准差异造成的较大定量偏差。以巡察整改满意度调查问卷的形式，对被巡察单位的教职员工赋予宏观总体定性评价加评价依据勾选问题的评价标尺，勾选问题有助于发现巡察整改问题。在巡察整改满意度调查问卷中，以参与评价人员的广泛性平滑总体定性评价的主观偏差，根据被督查单位测评参与人数、教职工参与比例等情况对总体主观评价设定不同权重进行统算。

（二）体系搭建原则

一是简易性原则。巡察整改实效督查体系是巡察整改实效督查工作组开展工作的遵循和工具，工具好不好用决定了工作开展的效果，用起来好不好上手决定了工具能不能被推广发展。简单好用是巡察整改实效督查体系的首要原则，可操作性好的督查体系是督查工作组开展工作的基本保障。

二是精准性原则。巡察整改实效督查体系最终是对被巡察基层党组织的整改情况进行评价，督查体系可量化是为了将获得的信息集成后输出为准确的评价结果，量化是手段，精准是目标，只有评价结果准确才能巩固巡察权威、增强巡察整改实效、强化巡察成果运用。量化体系的评价采取定性与定量相结合的方式，量化体系的设计要考虑根据客观情况差异对量化体系中的赋值权重进行实践调整，确保量化评价结果能准确反映督查各评价主体的真实评价。

三是发展性原则。整改实效督查体系强调过程的改进和内涵的提升，体系主要结构形成支撑，提供评价依据供督查工作组参考。工作开展中可结合实际情况相应调整，建立长效的优化调整机制，促进整改实效督查体系更加准确反映、评价整改的实际成效，更加符合督查工作组和教职工的真实评价。

（三）体系结构总览

巡察整改督查体系整体构建为“5+1”评估体系框架，体系结构由评价项目、评价要素和评价要点三个层次组成。第一个层次为评价项目，共有“5+1”项内容，5 为 5 项共性指标，分为“主体责任落实、整改组织落实、整改任务落实、综合评价、满意度测评”，1 为 1 个个性指标，重点考量巡察整改中的创新做法，作为加分项纳入评估体系。第二个层次为评价要素，把 6 项评价项目划分为 10 项评价要素。第三个层次为评价要点，把 10 项评价要素的核心内容细化为 20 项评价要点。具体见表 1。

表 1　巡察整改督查体系框架

<table>
<tr><th>评价项目</th><th>评价要素</th><th>评价要点</th></tr>
<tr><td rowspan="5">1. 整改主体责任落实</td><td rowspan="2">1.1 党组织的主体责任</td><td>（1）党组织的整改政治核心作用发挥</td></tr>
<tr><td>（2）党组织的整改思想认识</td></tr>
<tr><td rowspan="2">1.2 党组织主要负责人的第一责任人责任</td><td>（1）主要负责人重要整改工作亲自参与和部署情况</td></tr>
<tr><td>（2）主要负责人主动认领责任，带头整改情况</td></tr>
<tr><td>1.3 班子成员、“一岗双责”责任</td><td>分管工作整改对标落实情况</td></tr>
<tr><td rowspan="6">2. 整改组织落实</td><td rowspan="3">2.1 组织力度强度</td><td>（1）整改组织推进情况</td></tr>
<tr><td>（2）整改责任传导情况</td></tr>
<tr><td>（3）整改过程公开情况</td></tr>
<tr><td rowspan="3">2.2 制度精度效度</td><td>（1）整改制度建设情况</td></tr>
<tr><td>（2）整改制度的针对性有效性情况</td></tr>
<tr><td>（3）整改制度保障机制建立的情况</td></tr>
</table>

表1(续)

评价项目	评价要素	评价要点
3. 整改任务落实	3.1 整改完成度	(1) 整改资料完备情况
		(2) 整改整体完成度
		(3) 重点整改事项完成情况
	3.2 整改能效度	(1) 长效机制建立情况
		(2) 动真碰硬整改问责情况
		(3) 整改促进作风转变情况
4. 综合评价	巡察整改整体效果及推进单位事业发展的总体印象(根据个别谈话情况等形成)	
5. 满意度测评	巡察整改满意度调查问卷(根据问卷结果汇总计算测评分数)	
6. 创新做法	巡察整改中创新做法的评价(根据总体创新、制度创新、举措创新、推进方式创新等评价)	

(四) 框架要素释义

本文针对巡察整改督查体系框架中前三项的评价项目、评价要素和评价要点，内涵要求和要素解释如下：

一看主体责任落实情况。一个党组织的“关键少数”对巡察整改成效发挥着极其重要的作用。巡察整改督查要紧抓被巡察基层党组织的“关键少数”，看“关键少数”的整改责任落实情况，紧盯党组织主要负责人的第一责任人整改责任、班子成员“一岗双责”整改责任和领导班子整改主体责任。看党组织是否凝心聚力、齐抓共管，分工负责、团结协作推动巡察整改；看班子成员是否把自己摆进去、把责任摆进去，主动带头整改，是否直接部署、直接协调、直接督办推动整改。

二看组织落实推进情况。巡察整改工作是需要系统集成安排推进的工作，巡察整改工作的推进情况反映出巡察整改的组织力度。从整改组织推进上要专题、定期研究，抓好组织领导，保持整改力度；从整改责任传导上要层层压实细化整改任务，落实整改责任；整改工作的过程是否面向师生开门整改、开门通报；整改推动中是否形成具有精度和效度的整改制度。

三看任务落实整改成效。看巡察整改效果和实效，要看巡察整改任务落实的基本规范性和完成度，也要看重点整改事项的完成情况，最终要立足重点看短期是否即知即改、立行立改，中长期是否持续整改，形成长效机制固化整改成果；看巡察整改是否举一反三，前瞻创新；看巡察整改是否动真碰硬、攻坚克难；看巡察整改是否切实促进作风转变。

三、巡察整改督查体系组织管理应用

巡察整改督查体系应用的组织管理分为工作组织和工作程序。工作组织部分为两个“三”，分别为督查进驻前、督查进驻中和全面开展督查三个工作阶段，被巡察单位自评、被巡察单位教职员工民主测评和督查工作组评价三个评价版块。工作程序部分为四个“一”工作步骤，即一份整改台账自查情况表、一份巡察整改满意度调查问卷、一张督查组评价量化表和一页纸督查工作报告。

（一）工作组织

高校巡察整改实效督查工作组织分为三个工作阶段。一是督查进驻前阶段。由党委巡察办公室进行督查前动员，主要针对巡察整改满意度调查问卷、巡察整改专项督查观测总表等的使用和统计方法进行讲解，对督查工作重点任务做当面沟通；督查组成员认真学习习近平总书记关于巡视工作的重要论述精神，深刻领会中央、教育部党组、高校党委关于巡视巡察整改工作的新部署新要求，准确把握巡察整改督查工作重点。二是督查进驻中阶段。召开组务会讨论形成督查工作方案。根据被督查单位全体人员通讯录，讨论确定参加测评人员的名单，范围包括领导班子全体成员、师生代表等，做好巡察整改满意度测评准备；讨论确定个别谈话方案、谈话提纲等，根据被督查单位情况合理确定参加谈话范围和人数；熟悉被督查单位提供的自查表、巡察反馈意见、巡察整改方案、巡察整改工作报告、巡察整改台账等相关材料，注重检查巡察反馈指出的问题，在整改中有无缺项和漏项。三是全面开展督查阶段。听取巡察整改推进的汇报，对干部和师生代表进行巡察整改满意度测评，做好问卷发放、回收和统计等工作；组建谈话小组，开展个别谈话，做好谈话记录；围绕督查内容，紧扣反馈意见整改台账及问题线索办理台账，对照问题清单、任务清单、责任清单和完成时限等，查阅相关整改材料；研究讨论形成巡察整改专项督查观测总表及巡察整改实效督查评价意见。

高校巡察整改实效督查的量化评价工作分为三个评价版块。一是被巡察单位自评。在巡察整改实效督查开展前，被巡察单位根据巡察整改台账进行巡察整改自查工作，根据自查情况提交自查情况表。二是被巡察单位教职员工满意度测评。督查组把关确定数量合理、具有广泛代表性的单位教职员工代表参与巡察整改满意度测评并提出巡察整改中存在的问题、意见及建议。三是督查工作组根据掌握的总体情况打分评价。督查工作组对照被巡察单位提交自查情况表和被巡察单位教职员工民主测评情况，从多维度，运用多方式，全面掌握实际整改实效情况，做出客观精准、真实有效的打分评价。

（二）工作程序

高校巡察整改实效督查的工作程序根据工作要点可以归纳总结为四个“一”工作程序。第一，形成一份整改台账自查情况表。被巡察单位根据巡察整改台账首先进行自查，根据自查情况提供一份整改台账自查情况表。第二，利用好一份巡察整改满意度调查问卷。在督查工作组进驻被巡察单位后的集中督查工作阶段，组织单位教职员工代表进行巡察整改满意度测评，根据测评情况统算分析形成满意度情况。第三，综合形成一张督查组评价量化评价总表。督查组对照被巡察单位自查情况表，逐一查看整改事项完成情况，结合巡察整改满意度情况，采取查阅资料、听取汇报、个别访谈、实地走访等形式，全面把握整改内容全不全、整改措施实不实、整改实效好不好的情况，将掌握情况如实填入量化评价总表形成总体评价。第四，总结撰写一页纸督查工作报告。督查工作组充分结合巡察整改满意度调查问卷和评价量化表，把定量和定性评价结果背后的现实整改情况充分反映在一页纸督查工作报告中，力求简明扼要地指出主要问题、提出有效建议，在着重发现整改存在的问题、提出整改建议的同时，注重提炼整改经验、树立整改先进。

巡察整改督查与成果运用研究

魏　望（西南财经大学经济与管理研究院）

摘要： 强化巡察整改督查与成果运用，是做好巡察“后半篇文章”的重要保证。通过剖析巡察整改过程中存在的共性问题，研判巡察整改督查成效，有助于充分发挥政治巡察“发现问题、形成震慑，推动改革、促进发展”的作用。本文从加强组织领导、完善责任体系、抓好问题整改、加强监督检查、强化成果运用、保障整改成效等维度出发，立足高校巡察整改工作实际，分析基本情况，为切实做好巡察整改成效督查、强化成果运用提出对策性建议。

关键词： 巡察；整改；监督；成果运用

巡视巡察是推进党的自我革命、全面从严治党的战略性制度安排，对于被巡视巡察党组织及其领导干部来说，是一次全面深入检验管党治党能力、履职尽责能力、推动发展能力的政治体检。党的二十大报告强调要“发挥政治巡视利剑作用，加强巡视整改和成果运用”，从坚定不移全面从严治党、完善党的自我革命制度规范体系的战略高度对巡视工作作出新的部署和要求。2023年3月，全国巡视工作会议对做好巡视“后半篇文章”，破解深层次矛盾问题等作出了具体安排。党中央、教育部党组关于2023—2027年巡视工作的规划对强化日常监督，抓好整改落实，加强巡视整改和成果运用方面等作出了部署。2023年8月，教育部党组印发《关于加强内部巡视整改和成果运用的若干措施》，就加强巡视整改和成果运用的组织领导、责任体系、强化监督、综合运用、成效保障等方面提出系列举措，做出详细规定，推动巡视整改促进深化改革、完善制度，破解深层次矛盾，为各高校切实抓好巡视“后半篇文章”，切实保障巡视整改成效、强化结果运用等提供了支撑和依据。党中央和习近平总书记关于巡视工作的新部署新要求，是做好巡视整改和成果运用的根本遵循。党中央、教育部党组召开的系列重要会议、出台的重要文件和政策、作出的重大决策部署为我们提供了工作的方向和方法。

习近平总书记指出，“巡视发现问题的目的是解决问题，发现问题不解决，比不巡视的效果还坏”。对照党中央、教育部党组、四川省委、学校党委有关工作部署和要求，通过对学校党委开展校内巡察、被巡察单位整改和巡察整改督查成效进行了解和分析，剖析巡察整改过程中存在的共性问题，有助于准确把握整改落实的有效途径，切实做好校内巡察“后半篇文章”，切实做好巡察整改成效督查、强化成果运用，持之以恒推进全面从严治党向纵深发展。

一、切实加强组织领导

一是提高政治站位。坚持以习近平总书记关于巡视工作的重要论述为指导，结合教育部党组巡视、巡视整改、校内巡察、巡察整改等工作实际，聚焦深刻领会把握党的二十大和二十届中央纪委二次全会对加强巡视整改和成果运用作出的重大战略部署，贯彻落实2023年全国巡视工作会议精神，把巡察整改工作放在高等教育发展大势、学校发展大局下来认识把握，切实增强“四个意识”、坚定“四个自信”、做到“两个维护”，不断增强政治判断力、政治领悟力、政治执行力，为做好整改督查和结果运用打牢思想基础。

二是强化顶层设计。充分发挥巡察推动改革、促进建设财经特色鲜明的世界一流大学事业发展的作用。学校党委始终坚持以习近平新时代中国特色社会主义思想为指导，认真落实党中央、教育部党组、四川省委关于巡视巡察工作的部署要求，夯实制度建设的基础，在充分调研的基础上，先后制定并实施《巡察工作办法（试行）》《巡察整改专项督查工作实施方案》《关于进一步加强巡察整改落实和成果运用的办法》等制度文件。2018年以来，已开展了六轮校内巡察，实现校内巡察全覆盖。强化巡察整改实效督查，实现监督、整改、治理有机衔接。通过高质量巡察、巡察整改督查，真正做到“发现问题、形成震慑，推动改革、促进发展”，有力推动了学校改革、发展、稳定等各项事业。

三是做好上下联动。以上率下严督查，以下促上抓整改。坚持问题导向、目标导向和效果导向相统一，压实职能部门和院级党组织、基层党支部责任，建立健全“四责统一”“三改一体”的工作机制。针对巡察整改督查实效和成果运用中存在的短板与薄弱环节，厘清各方职责任务，完善工作流程。科学构建工作闭环，对开展集中整改、整改成效公开、做好深化整改、强化成果运用等各个关键环节进行明确、细化、补充和完善。巡察整改完成后，适时开展巡察整改实效督查，围绕5项共性指标和1项个性指标进行评估。对标对表落实巡察整改任务，推动举一反三与拓展深化，强化协同联动，合力破解事关改革发展稳定各项事业的重点问题，不断增强工作的系统性、整体性和协同性。

二、不断完善巡察整改责任体系

一是明确责任主体。巡察整改工作由学校党委巡察工作领导小组负责实施，有关情况向学校党委报告。党委巡察办公室履行巡察整改的统筹和督促责任，认真落实学校党委、巡察工作领导小组关于巡察整改的要求，统筹协调、扎实推进巡察整改落实工作。学校党委巡察工作领导小组成员单位、各相关职能部门协同相互配合、合力督促，被巡察单位党组织负责具体落实，发动广大党员干部群众广泛参与。

二是被巡察党组织认真履行整改工作的主体责任。巡察整改是一项严肃的政治任务，整改工作质量的高低一定程度上决定着巡察工作的政治效果。被巡察党组织要专题研究和布置巡察整改工作，建立健全整改机制，推动整改任务全面落实。要牢牢牵住责任"牛鼻子"，以巡察整改促进明责、知责、履责、尽责，在整改过程中充分发挥组织作用，形成一级抓一级、层层抓落实的良好局面。

三是被巡察党组织主要负责同志全面履行整改工作第一责任人责任，单位班子其他成员认真履行"一岗双责"。被巡察党组织主要负责同志对整改工作负首责、负总责，牵头抓重点难点问题，做到亲自谋划部署、亲自听取汇报、亲自指导推进。班子其他成员对分管领域的巡察整改全程指导，抓好职责范围内巡视整改任务落实。把巡察工作、巡察整改工作作为落实全面从严治党主体责任的重要抓手，通过将巡察整改情况纳入全面从严治党主体责任检查重要内容、纳入基层党组织书记抓党建述职评议考核重要内容，纳入二级单位领导班子及成员年度考核内容等方式，督促切实做好整改工作。

四是相关职能部门履行整改监督责任，督促巡视整改任务落地见效。通过派出督导组、组织专项检查、召开专题会议、开展专题调研等方式，动态掌握和深度了解巡察整改推进情况。提升监督合力，加强对整改落实情况的监督、检查和指导，党委督查办公室、党委巡察办公室、纪检监察办公室、组织人事部等职能部门协作监督，统筹抓好全面监督、专责监督、职能监督、日常监督和民主监督等，实现监督主体、内容和方式的全面贯通。

三、从严从实抓好问题整改

一是坚持政治巡察聚焦聚力。切实发挥校内巡察在政治监督、政治导向等方面的作用，聚焦学习宣传贯彻党的理论和路线方针政策和党中央、上级党组织决策部署情况，聚焦群众身边腐败问题和不正之风和师生关切的敏感内容、聚焦基层党组织领导班子和干部队伍建设等内容，严防监督内容泛化、问题焦点发散和职能责任虚浮。推动决策部署落地和“两个维护”具体化，充分发挥巡察工作密切联系干部师生群众的纽带作用，聚焦“关键少数”，不断提升基层党组织建设质量和干部队伍建设质量。

二是以点带面，围绕共性问题清单强化系统整改。发现问题是巡察工作的生命线，解决问题是巡察工作的落脚点，通过及时通报校内巡察中发现的共性问题，推动全面检视、未巡先改、举一反三、引以为戒。加强巡察整改和成果运用，推动深化改革、完善制度、破解深层次矛盾问题。突出重点关键，围绕共性问题清单强化系统整改，重点聚焦“事关政治建设的、涉及班子成员的、关乎改革发展的、师生反映强烈的、过去未整改到位的”五类问题，立足职能职责抓好整改。推动举一反三与拓展深化，以重点问题整改带动全面整改，形成逻辑严密，务实高效的整改工作闭环。巡察发现的共性问题中涉及学校层面的，各相关职能部门进行协力研究，通过建章立制、专项治理等方式切实解决，真正做到以巡促改、以巡促建、以巡促治。

三是围绕学校事业发展整治重点问题。在校内巡察中，针对教育部党组巡视反馈意见中指出的问题，及时修订完善校内巡察的主要观测点。严格责任落实，细化具体任务，“清单式”推进整改任务对账销号。把涉及学校改革发展稳定的重点问题进行细化分解，通过列入党委行政年度工作要点、党建思政年度工作要点和全面从严治党工作要点等进行整改。推动各单位按计划加快推进改革攻坚项目，解决师生关切的问题。

四、统筹加强监督检查

一是建立科学完备的整改督查评估体系。完善整改评估质量标准，对标对表党中央、教育部党组、四川省委关于巡视巡察整改工作的部署要求，体现新时代教育评价改革导向，构建科学有效的巡察整改实效评估标准体系。通过组织开展被巡察单位自评、师生满意度测评和全面综合评价，推动被巡察单位自我梳理，充分发挥师生日常监督作用。用好《巡察整改专项督查观测总表》进行打分定级，汇总形成巡察整改专项督查工作报告，切实查找整改过程中存在的问题，及时总结凝练整改过程中的经验性做法，提出有针对性的对策性建议。加强经常性督促检查，对整改不力或纸上整改、敷衍整改、虚假整改等严肃实施问责，确保整改事项条条有着落、事事有回音。

二是建立健全完善的监督网络。制定并实施《关于建立健全巡视整改督促落实及跟踪问效机制的实施办法》等制度文件，完善巡察整改督查汇报、日常监督、阶段销号、实效评估、情况通报、约谈提醒六项紧密连接的工作机制。把巡察、巡察整改和整改督查作为扣紧责任闭环的重要抓手，推动巡察监督、整改、治理有机贯通，以巡促改、以巡促建、以巡促治，以高质量整改成效推动高质量发展。建立健全巡察与其他监督的统筹衔接制度和协调协作机制。相关职能部门加大信息共享力度，积极提供政策咨询、档案材料、人员和技术支持等。加强各类监督信息、资源、力量和成果的共享共用，进一步提升监督合力。

三是打造职能部门广泛参与的监督融合机制。坚持和健全巡察工作联席会议制度，明确巡察整改与巡视、审计、专项整改等贯通融合的工作机制，推动党委督查办公室、纪检监察办公室、组织人事部等部门认真履行日常监督职责。坚持开门搞整改，主动接受群众监督。坚持以监督合力推进基层治理现代化，在加强部门协同联动推进工作落实、完善信息沟通机制、监督成果运用及整改落实等方面不断优化制度机制。推动党委督查办公室、党委巡察办公室、纪检监察办公室、组织人事部、党委宣传部、党委教师工作部、审计处等部门在信息、数据、考核、评价等方面大力协同，在思想政治、师德师风、意识形态等重要工作中积极发挥监督作用，提升巡察整改任务落地落实的效果。

五、强化巡察成果运用

一是不断夯实制度基础。深入学习贯彻习近平总书记关于巡视工作的重要论述，并与学习习近平总书记关于党的建设的重要思想、习近平总书记关于教育的重要论述紧密结合。将学习情况作为对标巡视整改任务、更新巡察观测体系的重要依据。强化对党中央、教育部党组、四川省委和学校党委相关制度文件执行情况的检查督促，推动巡察整改制度成果在基层落地生根。鼓励被巡察党组织结合自身实际制定各类工作细则或操作方案。

二是推进上下联动。把教育部党组巡视中发现的问题和整改落实情况作为开展校内巡察的重点监督内容和观测指标，推动巡视巡察工作在开展监督上密切联动，在整改落实上有机贯通。不断健全巡察成果共享运用机制，把巡察情况报告、巡察反馈意见、巡察整改督查通报等作为全面加强党对学校各项事业的领导、推进学校改革发展稳定各项事业、制定重大战略、拟定相关制度的重要依据。深入分析巡察反映的普遍性、倾向性问题以及典型情况，制定针对性举措，通过上下贯通整改全面解决存在的问题，通过推动建立长效机制从根本上解决问题存在的土壤。依托巡察结果，及时准确把握制约学校改革发展的具体因素和制度机制方面存在的问题，推动学校职能部门、被巡察单位形成强化内部治理的合力，不断提升基层治理能力，助力学校治理体系和治理能力现代化建设。把校内巡察反馈意见、共性问题清单、巡察整改督查情况等作为开展各类监督的重要依据，作为二级单位领导班子和中层干部考核评价、选拔任用的重要依据。

三是完善跟踪问效的工作机制。通过督查督办、日常监督、清理销号、效果评价、情况通报、约谈提醒、追责问责等，联动运用巡察成果和巡察整改成效。抓好巡察整改督查，强化对师生反映的突出问题、共性问题和深化整改各项举措的跟踪掌握，进一步延伸整改监督链条、观测点和时间轴，不断巩固深化整改成果。巡察整改情况作为巡察单位党组织书记抓党建述职评议考核、被巡察单位领导班子及成员述职述廉述党建的重要内容，作为领导班子及成员年度考核的重要依据。对突出问题推动开展集中整治、专项治理。强化数据赋能，把巡察整改落实情况纳入下次巡察重点监督内容，加强对巡察发现典型问题和案例的研究，推进信息技术与巡察工作的有效融合，以信息化赋能提升巡察监督质效。有关职能部门把巡察发现的问题作为开展工作、制定政策、检查评估、调查研究的重要依据，在日常工作开展中推进巡察成果持续运用。

六、保障巡察整改成效

一是及时公开整改情况。经党委巡察办公室、巡察组审定后，巡察反馈情况在被巡察单位和校内相关网页进行公开。被巡察单位党组织以适当方式将整改情况向党内通报、向师生公开，主动接受党员、干部和师生监督，积极回应干部群众关切。

二是扎实开展好巡察整改督查。巡察整改后，适时开展巡察整改实效督查，围绕 5 项共性指标和 1 项个性指标进行评估，督查反馈意见经党委常委会审议后向被巡察单位书面反馈。对巡察整改督查中发现的突出问题，督促被巡察党组织限期整改。

三是不断健全跟踪问责机制。将巡察整改工作跟踪与被巡察单位年度考核、被巡察单位领导班子成员任期考核等结合起来。对组织巡察整改工作不力、整改质量不高、推动事业发展不明显的，对落实整改要求走过场、不到位，敷衍应付、虚假整改的，或未按要求推动巡察整改监督、促进巡察成果共享运用的，及时约谈提醒被巡察党组织及相关责任单位的负责同志；对造成重大影响、严重后果的，依规依纪依法追究责任。

以手册、清单为抓手，推进高校巡察工作“三化”建设研究

廖富宗（西南财经大学党委巡察办公室）

摘要：巡视是《中国共产党章程》的规定，是推进党的自我革命、深化全面从严治党的战略性制度安排，已经成为“国之利器、党之利器”，而高校巡察又是巡视向基层的延伸和拓展，是高校党委落实全面从严治党主体责任的重要抓手。随着全面从严治党向纵深持续推进，如何实现政治监督具体化、精准化、常态化，是一个重要的研究课题。目前高校巡察面临的共性问题，以及日常行政工作特殊之处，使得常人都会犯一些低级性错误。由巡察制度文件工作手册、巡察工作规程手册及巡察办公室工作任务（清单）、巡察组工作操作化手册、清单、被巡察党组织工作事项手册构成的巡察手册、清单，成为高校推进巡察工作“三化”建设的具体路径，对于推进高校巡察工作高质量发展具有重要意义。

关键词：巡察；手册；清单；监督

党的二十大报告指出，推进政治监督具体化、精准化、常态化，增强对“一把手”和领导班子监督实效。习近平总书记在二十届中央纪委二次全会上再次强调，政治监督“要在具体化、精准化、常态化上下更大功夫”。政治监督“三化”，即具体化、精准化、常态化，是新时代新征程强化巡视巡察的基本遵循和科学方法论，为强化政治监督指明了方向。在新时代新征程中，为了更好地履行巡察工作职责使命，必须准确把握、自觉对照党中央和习近平总书记关于巡视工作的新部署新要求，精准发力，标本兼治。落实到高校巡察工作中，既是落实监督“三化”的具体行动，也是用巡察手册、清单推动巡察工作“三化”的具体实践。让巡察手册成为开展工作的“好帮手”，可以帮助巡察干部补短板、解困惑、明方向，进一步提升了巡察干部队伍政治素质和业务水平，尽快让巡察“新手”变“能手”。巡察手册将巡察对象、巡察主要内容、巡察工作流程通过示意图表、模板的形式生动呈现在大家面前，条理清晰、内容

简明，进一步提高了大家对巡察工作的操作性。让巡察手册成为推进工作的“指南针”，让巡察手册成为检验工作的“试金石”，为持续推动高校巡察工作精准发力奠定了坚实的基础，让其真正成为指导巡察工作的“活教材”。

一、政治监督“三化”要求和高校巡察与常规行政工作面临的问题

（一）政治监督“三化”要求

政治监督具体化，就是要求对政治监督的任务、对象、内容、标准明确具体，对监督谁、为谁监督、监督什么做出清晰的界定，使得监督工作在实践中具有可操作性。政治监督任务具体化，即推进政治监督“三化”归其本位，置于党的二十大主题以及党和国家伟大事业发展的重要地位来理解和看待。新时代政治监督的根本任务是保证党中央重大决策部署贯彻落实，牢牢做到“两个维护”。政治监督的内容具体化，即要紧紧聚焦“国之大者”开展监督。政治监督的标准具体化，即习近平总书记强调的，人民群众反对什么、痛恨什么，我们就要坚决防范和纠正什么。精准发现问题、精准分析问题、精准反映问题、精准推动解决问题，政治监督精准化，重在精准，也难在精准。实现政治监督的精准化，要坚持从政治上看问题，要盯住重点人、重点事、重要岗位、关键环节和重要领域，加大监督检查力度，确保执行不偏向、不变通、不走样。监督对象要精准。政治监督必须突出“一把手”和领导班子成员这个重点，以管好“关键少数”带动“绝大多数”。精准追责问责是政治监督精准化的重要要求，就是定责要准，问题和责任必须匹配。要弄清楚是谁的责任、主要承担什么责任，是领导责任还是具体责任，是主要责任还是次要责任，必须把权责一致、错责相当的原则贯穿问责处理始终。政治监督常态化，就是要把政治监督作为一种经常性工作、正常化工作，贯穿党领导经济与社会发展的全过程各方面，实现过程上的全覆盖、责任上的全链条、制度上的全贯通，让党员领导干部进一步养成在受监督和约束的环境中工作与生活的习惯。概括起来就是，时间上的长期性、过程上的全覆盖、责任上的全链条。

（二）目前高校巡察面临的主要问题

在制度体系上，具体指导高校开展巡察工作的制度文件较少。巡察规范化建设不是简单的规范操作，是一个专业性系统工程，是把握规律、优化流程、强化管理、提升质效的过程，目前高校还处于探索阶段。巡察观测指南下的是一张大网，存在纷繁复杂的观测核实内容，存在上下一般粗，未能做到紧扣职能职责，未能做到“一院一策”或“一单位一策”。在巡察组人员配备上，有些高校成立了专门的巡察办公室，也有不少高校巡察机构是与相关部门合署办

公的，没有单独的人员编制和经费保障，有的高校有完备的组长、副组长选配机制和培训锻炼机制，有的高校则是随机抽调，新手占比过高，被抽调人员需要同时兼顾本职和巡察工作，时间与精力投入往往难以得到保证。在实施路径及规范化建设上，不少高校的巡察不同程度存在任务宽泛、巡察泛化不聚焦等情况，容易出现方向定位不准、尺度把握不一等问题。在发现的问题上存在共性问题：对政治巡察定位把握不准，巡察发现问题不够精准，发现的问题浅表化，巡深巡透不够，熟人社会监督难题，同质化倾向，意见及建议的针对性操作性不够。在巡察整改中，整改责任落实不到底，整改打折扣，整改不彻底，整改一阵风，一抓到底的韧劲还有不足，纸面整改、虚假整改的现象偶有发生，未能真正达到推动改革、促进发展的工作目标。

（三）常规行政工作面临的具体问题

行政工作面临诸多方面，具有零散、琐碎的特点，在工作中无论进行多么细致的专业分工和培训，普通人都容易犯错误，不仅会犯一些低级性、基础性错误，乃至某些关键步骤仍无法避免。为避免个人或团队合作时易犯的错误，手册与清单管理体现了一种思维流程图。清单能以有限、可数、可罗列的呈现，实现对工作明确化、具体化、任务化，确定事情轻重缓急的先后顺序。手册工作清单提供了一种防范错误的“防护网”。即使一个人掌握了足够多正确的知识，也可能会因没有正确使用而犯错。手册与清单提供工作步骤流程图，目的是确保重要信息不遗漏。手册与清单不仅能让我们日常口头交流探讨的问题不被淹没在大量的信息中而被忘记，还会提醒我们不要忘记必要的步骤，方便让操作者明白每个阶段我们该干什么、怎么干，以此弥补记忆力、注意力不足带来的认知缺陷。手册与清单化繁为简的设计，避免头脑被繁杂的事务占据，将精力解放出来去处理更加重要或困难的问题，能节约时间成本。同时，手册与清单带来的思维改变强调团队的合作和对工作共同负责的态度，要求团队成员充分交流，就清单项目和解决方案达成共识，固定下来成为工作标准。“清单式的管理的特点是简洁、有效、可操作性，具有全面提示和细节提示的功能。”① 恰好巡察工作就需要手册、清单来帮助，梳理工作流程，建立管理台账，细化、量化流程内容，列出清晰明了的管理内容及控制要点，持续优化巡察工作内容。

二、高校推进巡察工作“三化”具体路径

针对不同任务和工作环节，可形成不同类型、不同用途的清单，如关键要

---

① 黎晓宏. 谈巡视［M］. 北京：中国方正出版社，2019：94.

素清单、流程清单、问题清单、沟通清单等，可根据对目标和不同情境的判断使用合适的清单。高校校内巡察工作，在推进中形成了以下四类手册、清单：

（一）巡察制度文件工作手册

根据党中央、教育部党组、四川省委对巡视巡察工作的新部署新要求，认真对标对表，不断加强巡察制度建设。坚持把制度建设作为规范巡察程序、提高巡察质效的重要抓手，通过完善巡察工作规划、规范工作程序、加强协作配合等制度，发挥制度建设系统集成、集中、集束效应，努力构建上下联动、左右协调、程序严密、配套完善、科学完备、务实管用的制度体系，不断提升巡察工作制度化、规范化、科学化水平。结合巡察工作实践，汇编党中央、教育部党组、四川省委、高校内部重要制度文件，形成《巡察学习手册》五本，全面涵盖党章党规党纪与巡视巡察制度。认真梳理现有制度，全面开展制度文件的“立改废释”，制定巡察工作五年规划和巡察工作实施办法，制定《巡察工作领导小组工作规则》《巡察工作领导小组办公室工作规则》《关于进一步加强整改和成果运用办法》等多个制度规则，形成巡察工作政策“工具箱”，供巡察人员随时随地查阅、学习、使用，不断在巡察实践中学习，在学习中深化，在深化中提升。

（二）巡察工作规程手册及巡察办公室工作任务清单

按照“巩固、深化、规范、提升”的目标要求，坚持把依规依纪依法贯穿巡察工作始终，巡察工作规程围绕巡察工作准备、巡察情况了解、巡察报告、巡察意见反馈、巡察整改督促、材料立卷归档以及其他七个环节，细化为40个具体工作事项，绘制了高校巡察工作流程图和巡察组工作流程图。做到照图操作、依图推进，随时掌握工作任务、工作进度、工作成果。按照《巡察办公室工作任务清单》从巡察准备到进驻、反馈、总结、归档、报备等多个环节，包括领导小组会、党委常委会、动员部署会、巡察进驻会、中期汇报、巡察反馈会等多个重要会议，梳理了巡察办公室在巡察全流程过程重要节点中的重要事项注意清单，点明了工作手记中的关键点与注意事项，使巡察人员在发挥统筹协调服务保障中更快更好地熟悉和掌握巡察全流程中的每一关键环节，真正实现巡察各项流程、细节、问题有据可查、有章可循。同时，加强对巡前、巡中、巡后全过程、全流程把控。巡察办公室时时对巡察工作流程进行跟踪指导，巡察工作领导小组成员定期分阶段、分层次、分类别对巡察工作进行调研指导，及时解决巡察中遇到的困难和问题，不断提高巡察工作的科学性、针对性、操作性、有效性，推动高校巡察工作科学化、规范化和制度化。为巡察人员全面理解把握、规范操作执行、正确开展巡察工作提供了“行动指南”，不断推动巡察工作向深发展、向专发力、向下延伸。

（三）巡察组工作操作手册

形成细化巡察组各环节的任务清单和工作流程。持续完善观测指南清单，按照“四个落实”框架，形成“上级要求→具体事项→规定指标”观测指南清单，做到一目了然，形成详中有精、阶梯状递减的观测大网，做到详略适度、实际、可操作。形成准备巡前职能定位工作清单。针对行政职能机关、院级党组织各自职能职责差异，明确具体被巡察单位的职能定位与承担的中心工作任务，形成“一单位一策”监督重点工作清单。形成明确巡察组组长、副组长、联络员的工作职责清单，严格执行组长负责制，遵守组内工作程序和制度，及时请示报告，分工协作、各司其职，形成坚强的战斗堡垒。形成巡察工作配套文档模板及说明，包括审核汇报材料关键要点，细化巡察组参考工作方案、巡察工作情况统计表，巡察谈话工作指南、参考提纲、记录样表，巡察报告撰写说明等，筛选形成巡察发现问题清单等多项内容。形成精准定位精准发现问题清单，提高政治监督点位上的精度。将“三重一大”监督重点与具体监督点位、问题表现形式、重点事项进一步了解等进行了逐一梳理和严格规定。形成发现重点问题清单。通过巡察发现问题的“12+N”手段，梳理谈话情况汇总、信访问题梳理、资料查阅问题汇总等，把梳理问题清单作为做实巡察监督的重要方法，定期梳理形成重点问题清单，明确主攻方向和突破口。将协调协作机制纳入巡察组工作手册，发挥“工具书”作用，与其他制度机制配套执行，做到全面、务实、可操作，实现一看就懂、一学就会，一册在手、随用随查。

（四）被巡察单位党组织工作事项手册

提供明确被巡察单位党组织联络员工作职责清单。提高巡察工作认识，积极配合巡察组开展工作，按照要求向巡察组提供相关文件资料，不泄露巡察工作秘密等相关要求。提供被巡察单位党组织需要准备的工作清单，形成材料翔实的一张巡察大网，为巡察组提供详实充足的查阅材料。提供被巡察单位党组织巡察工作参考模板清单、汇报材料框架、相关议程模板，经过总结提炼，形成简单易行的操作方法等，推进巡察工作规范化开展、流程化操作，不断提高协调协作工作质量和效果。提供整改工作三张清单。制定巡察整改参考清单，明确问题清单、任务清单、责任清单和整改时限。做到反馈什么问题就整改什么问题，该谁整改就由谁整改，用制度保障整改落实、整改成效。认真对照反馈意见，逐项梳理问题，深入分析原因，制订切实可行的整改方案，细化整改内容和措施，明确整改时限，把整改任务逐项分解下去，明确责任领导、责任部门、责任人员，确保整改落实、落细、落地、见效。

三、编制手册、清单的注意事项

（一）编制的手册、清单要有依据

上位法体现权威性，编制的时候一定要编入党中央、教育部党组基础制度以及最新讲话精神，编制的内容一定要准确无误。核心的关键要素比盲目追求大而全更为重要。在工作中，口头交流探讨的问题常常会淹没在大量的信息中而被忘记，所以一定要形成书面式工作清单，可以将巡察工作日常有关规范的讨论内容固定为书面清单。书面清单可以避免需要关注的重要信息被遗漏。筛选清单要素必须遵循简单、可测、高效原则，做到简洁、实用，表达明确、具体、不存在歧义。冗长、含糊不清的清单不仅不能提高效率，还会分散注意力。美国医学家阿图·葛文德（Atul Gawande）认为，“清单编制有六大要点：一是设定清晰的检查点；二是选择合适的清单类型；三是简明扼要，不宜太长；四是清单用语精练、准确；五是清单版式整洁，切忌杂乱无章；六是必须在现实中接受检验”①。

（二）编制的手册、清单要确保方便使用

在编制清单时，尽量做到具体明了、简明扼要，便于操作，实用性强。无论在编制清单的过程中多么用心、多么仔细，清单也必须在现实中接受检验，因为现实往往比我们想象的更为复杂。通过合理分工可使专项问题得以责任到人，覆盖清单的全部项目，每个任务设定截止日期。清单千万不能太长，清单的用语要做到精炼、准确，语言为使用者所熟悉的专业用语。未经探讨或存在异议的清单很可能会变成一纸空文，因此在实际工作中确实发挥效力的清单必须经过巡察实践检验，获得所涉及群体的共同认可。手册、清单可以通过数字、图表等形式，增强流程性、技术性、操作性，使得巡察情况一目了然，工作成效事半功倍，将庞杂的信息化繁为简，让操作者明白该干什么、怎么干的方法路径，从而提高工作效率。

（三）编制的手册、清单要在实践中修改完善

高校内部巡察工作始终坚持守正创新、前瞻性思考谋划，坚持系统观念、整体性提升，在提品质、挖潜质、强素质和增效能、提效率、强效果等方面下功夫。手册、清单不是固定不变的，工作中发现的新情况需要及时补充到手

① 阿图·葛文德. 清单革命：如何持续、正确、安全地把事情做好［M］. 王佳艺，译. 杭州：浙江人民出版社，2017：44-54.

册、清单中，并在实践检验中持续修改完善。每一轮巡察工作结束，都需要进行工作全面复盘，形成边学习、边实践、边总结的良好习惯，在实践中检验和不断完善。在修订的过程中，坚持“认识→实践→再认识”的工作思路，通过组建多个课题调研组分板块调研、巡察办公室、巡察组、被巡察党组织集体研讨，总结好经验、借鉴好做法，确保了手册、清单的健全完善过程既体现上级巡察工作的最新要求，又充分反映高校领域乃至某一具体高校的巡察工作实际，补充完善到原来的手册、清单中去。此外，在每一轮巡察前，巡察办公室还需要根据形势、任务的新变化、新要求、实践成果，持续性地更新和完善《巡察工作相关制度文件汇编》《巡察相关配套清单模版》《巡察工作手册》以及相关清单，这样编制出来的手册、清单才能成为规范巡察工作实务的行动指南和参考教材，才能变成巡察人员手中的“法宝”和“利器”。

高校内部巡察干部队伍建设研究

张太富（西南财经大学会计学院）

摘要： 巡察干部队伍建设是高校内部巡察工作顺利开展的关键，巡视巡察工作的“十六字”方针，需要巡察干部队伍来执行和实现。本文主要从巡视巡察干部队伍的素质能力模型、巡视巡察干部队伍选拔和人才库建设、巡视巡察干部队伍学习培训制度和巡视巡察干部考核激励机制四个方面来展开讨论和研究。

关键词： 高校；巡察；干部队伍；建设

巡察是巡视工作向基层的延伸，是党内监督的战略性制度安排。高校内部巡察的推行对推动全面从严治党向基层延伸发挥了积极作用。但是，在实践中，仍存在不少影响和制约高校内部巡察质量和成效的问题，而巡察队伍管理问题无疑是其中关键性、突出性的问题，需要创新性地解决高校巡察干部队伍建设与管理方面的问题。

要做好高校的内部巡察工作，巡察干部队伍的建设至关重要。巡视巡察工作的“十六字”方针，需要巡察干部队伍来执行和实现。《中国共产党巡视工作条例》中明确指出，巡视工作人员应当具备五个条件：一是理想信念坚定，对党忠诚，在思想上、政治上、行动上同党中央保持高度一致；二是坚持原则，敢于担当，依法办事，公道正派，清正廉洁；三是遵守党的纪律，严守党的秘密；四是熟悉党务工作和相关政策法规，具有较强的发现问题、沟通协调、文字综合等能力；五是身体健康，能胜任工作要求。但是从高校巡察干部工作队伍建设的角度看，这五个条件只是原则性的要求，需要详细研究这五个原则性条件在队伍建设中该如何去体现和具体化。

一、高校巡察干部队伍素质能力模型

《中国共产党巡视工作条例》（本文以下简称《条例》）明确了“发现问题、形成震慑，推动改革、促进发展”的巡视工作“十六字”方针。“培养什么人、怎样培养人、为谁培养人”是教育的根本问题，而“培养什么人”是教育的首要问题，高校的巡察工作要聚焦政治建设，突出政治效果。

那么高校巡察干部队伍应该具备什么素质和能力呢？综合《条例》中关于巡视工作队伍的条件和要求、关于巡视巡察队伍建设的部分文献、巡视巡察的实践情况，本文尝试建构高校巡察干部队伍的素质能力模型。

在该模型中，高校巡察干部队伍能力素质模型由巡视巡察专业知识与能力、巡视巡察可迁移能力、巡视巡察自我管理能力三个维度的素质能力构成，每个维度又包含若干二级指标。在高校巡察干部队伍素质能力模型的三个维度中，巡视巡察专业知识与能力是最基础、最关键的能力，巡视巡察可迁移能力和巡视巡察自我管理能力都只有在掌握巡视巡察专业知识和能力的基础上才能发挥作用，也需要在不断加强巡视巡察专业知识学习的基础上，实现政治素质和政治能力的不断提升。巡视巡察可迁移能力主要体现在和巡视巡察工作相关的综合能力上，当然这些工作能力也可迁移到其他类型的工作中或日常的生活中，但是在巡视巡察工作中会有其独特的要求和体现。巡视巡察自我管理能力主要是巡察工作人员在巡视巡察工作的品质、特质等的体现和要求。

在该模型中，每个模块的素质能力都是相互关联、相互影响的，每一个素质能力模块的缺失都会直接影响到巡视巡察干部队伍素质能力的提升，直接影响巡视巡察工作的有效开展。

（一）巡视巡察专业知识与能力

专业知识与能力是指需要经过训练、教育、培训才能获得的知识或能力①。如个体通过学习掌握了经济学、金融学、保险学、统计学、外语、编程、物理、摄影、烹饪、化学等知识，就是专业知识能力。在能力表述中，专业知识能力一般用名词来表述或描述。

专业知识与能力不可迁移，必须经过有意识、专门的训练、教育、培养才能获得或掌握，是常常与人们的专业学习或工作内容直接相关的能力。

专业知识能力的获得，多来源于正式的教育或培训，但是通过很多非正式的途径，也能让学生获得和掌握专业知识能力。除了正式教育的学校课程学习外，课外的培训、专业会议如某一领域的学术会议、各种专业学术讲座和研讨会、自己的业余爱好、自学，甚至参加某种资格认证考试如参加国家司法考试、注册会计师（CPA）考试等、参加某项校园文化活动、社团活动等，都可以帮助个人获得和掌握专业知识能力。

---

① 钟谷兰，杨开. 大学生职业生涯发展与规划［M］. 上海：华东师范大学出版社，2008：45.

对于巡视巡察工作而言，巡察人员需要深入掌握党的理论、方针、政策，在此阶段，重点是要深入学习习近平新时代中国特色社会主义思想、习近平总书记关于教育的重要论述，跟进学习习近平总书记各类最新的讲话、指示和批示，深入学习党中央的各类方针和政策。

除了习近平新时代中国特色社会主义思想和中央的各项路线方针政策外，高校的巡视巡察工作人员还需要深入学习教育部党组、地方党委、高校党委的各类决策部署。

当然，掌握专业知识不代表掌握了专业能力。除了学习和掌握习近平新时代中国特色社会主义思想和中央的各项路线方针政策、深入学习教育部党组、地方党委、高校党委的各类决策部署外，高校巡视巡察干部还需要将这些巡视巡察专业知识转化为巡视巡察专业能力，能在高校的巡视巡察工作中使用。

巡视巡察专业知识与能力是最基础、最关键的能力，是高校巡视巡察工作队伍的能力素质模型中必不可少的组成要素。

（二）巡视巡察可迁移能力

可迁移能力就是一个人做事的能力，比如组织、计划、沟通、分析、决策、说服、演示、教学等。可迁移能力可以从课堂、校园文化活动、社团活动、社会实践和工作体验中学习，甚至从生活中获得和提升，却可以迁移应用于不同的工作场景之中，是个人最能持续运用和最能依靠的技能①。可迁移能力可在职场环境中“泛化”，把对一种环境的反应迁移或转移到另一种环境中。

随着信息时代和知识经济时代的到来，新技术和知识的更新换代不断加快，这就需要个体不断地更新自身的知识结构和能力才能“应变”。当今越来越强调学习能力、终身学习，这些学习能力、终身学习其实就是一种可迁移能力。

有很多研究对可迁移能力的具体构成维度做了研究，很多的研究是基于对雇主的调查和访谈展开的，或者是在为雇主选才的过程中构建的。人才衡量解决方案的全球领导者 SHL 公司（Bartram，2006）提出可迁移能力的框架体系，包括领导和决策、支持和合作、影响和演说、分析和解读、调整和适应、事业心和执行力、创造和概念化、组织和执行等②。

巡视巡察可迁移能力是指适用于高校巡视巡察工作中，且能够在不同的工

① 钟谷兰，杨开. 大学生职业生涯发展与规划［M］. 上海：华东师范大学出版社，2008：45.

② BARTRAM D. The SHL Universal Competency Framework[R/OL].http://.www.shl.com/shl/es-int/products/competencyframework.

作环境和情境中迁移和转换的能力，包括政治素质与政治能力，语言表达与沟通能力，团队合作能力，解决问题的能力，学习能力，组织、管理及领导能力，创新精神和创新能力，信息获取与处理能力，破解熟人社会困境的能力9个指标。

（三）巡视巡察自我管理能力

钟谷兰和杨开认为自我管理能力是个体的个性品质，被用来说明或描述个体所具有的某些特质①。自我管理能力涉及个体在学习、交往、生活和工作等环境下如何管理自己。一个人如何使用其他能力，以什么样的态度与人相处、处理学习和生活中出现的问题，以及如何开展工作，起作用的大多是自我管理能力。自我管理能力中的品质和特性能将个体与许多其他具有相同专业知识能力的人区分开来。有人称自我管理能力为“成功所需要的品质、个人最有价值的资产”②。

自我管理能力可能是个人先天具有的，也有可能是在后天生活、工作和与人相处中习得的，或从社会工作体验、实践活动中获得的，但无论怎样获得，都需要不断地学习、练习和修炼。自我管理能力可从职业领域转换和迁移到非工作领域，如在家庭领域和日常人际交往中的使用。

本文将高校巡视巡察能力中的自我管理能力界定为4个维度，分别是承受压力、责任心、积极性与主动性、吃苦耐劳。

高校巡视巡察干部队伍素质能力理论模型的构成要素（详细模型）具体见表1。

表1　高校巡视巡察干部队伍素质能力理论模型的构成要素（详细模型）

构成	指标
巡视巡察专业知识与能力	党的理论、方针、政策
	教育部党组、地方党委、高校党委的政策
	巡视巡察专业能力

① 钟谷兰，杨开. 大学生职业生涯发展与规划［M］. 上海：华东师范大学出版社，2008：45.
② 钟谷兰，杨开. 大学生职业生涯发展与规划［M］. 上海：华东师范大学出版社，2008：45.

表1(续)

构成	指标
巡视巡察可迁移能力	政治素质与政治能力
	语言表达与沟通能力
	团队合作能力
	解决问题的能力
	学习能力
	组织、管理及领导能力
	创新精神和创新能力
	信息获取与处理能力
	破解熟人社会困境的能力
巡视巡察自我管理能力	承压能力
	责任心
	积极性与主动性
	吃苦耐劳

以下是对高校巡视巡察干部队伍素质能力模型构成的16项指标的阐释：

党的理论、方针、政策，主要是指在党的建设领域所有的相对稳定的、系统化的、事实型和经验型的信息和知识。具体而言，是指习近平新时代中国特色社会主义思想、习近平总书记关于教育的重要论述、习近平总书记最新的各类批示和指示，以及党中央的各类方针和政策。

教育部党组、地方党委、高校党委政策，是指教育部党组关于教育尤其是高等教育的各类决策部署、地方党委的各类决策部署尤其是关于教育决策部署、高校党委内部的决策部署等。

专业能力是指在通过学习和训练，运用专业知识完成某项工作的能力，即对某一特定专业领域知识和技术的掌握应用的程度和水平。因而巡视巡察专业能力是指在掌握党的理论、方针、政策，教育部党组、地方党委、高校党委政策的基础上，将这些理论和政策应用到巡视巡察工作中的能力。

政治素质与政治能力是巡视巡察工作中最重要最关键的能力。习近平总书记强调："讲干部素质，最重要的是政治素质；讲领导能力，第一位的是政治能力。"政治素质和政治能力需要巡视巡察干部理想信念坚定，对党忠诚，在思想上、政治上、行动上同党中央保持高度一致；坚持原则，敢于担当，依法办事，公道正派，清正廉洁；遵守党的纪律，严守党的秘密；熟悉党务工作和相关政策法规。

语言表达能力是指在口头语言及书面语言方面的能力。沟通能力指个人与他人有效地进行沟通信息实现沟通目的的能力。在巡视巡察工作中，根据《条例》的要求，巡视组可以采取 13 种方式开展工作，包括听取被巡视党组织的工作汇报和有关部门的专题汇报，与被巡视党组织领导班子成员和其他干部群众进行个别谈话，受理反映被巡视党组织领导班子及其成员和下一级党组织领导班子主要负责人问题的来信、来电、来访等，抽查核实领导干部报告个人有关事项的情况，向有关知情人询问情况，调阅、复制有关文件、档案、会议记录等资料，召开座谈会，列席被巡视（巡察）单位的有关会议，进行民主测评、问卷调查，以适当方式到被巡视（巡察）单位的下属地方、单位或者部门了解情况，开展专项检查，提请有关单位予以协助，以及派出巡视组的党组织批准的其他方式。这 13 种工作方式中的每一种方式，都需要充分和深度使用语言表达与沟通能力，这样才能实现巡视巡察的效果与目标。

团队合作能力是指建立在团队的基础之上，发挥团队精神、互相协调和配合、互补互助以实现团队工作目标和工作任务的能力。巡视巡察工作基本都以团队的方式开展工作，在大团队中建立分项小团队，因此在其中的团队精神、分工协作能力尤为重要。

解决问题的能力可以分成三部分：预见力、决策力和执行力。预见力是根据被巡视巡察单位提供的各类信息进行预判的能力；决策力是根据有效信息高效率做出决策的过程；执行力是在制订巡视巡察工作方案后进行任务分解推进执行的能力。

学习能力一般是指个体自我求知、做事、发展，不断去掌握科学的学习方法，不断去掌握新知识和能力的能力。对于巡视巡察干部而言，需要不断学习和掌握党的各类理论和政策以及教育部党组、地方党委、高校党委的政策，不断提升巡视巡察专业能力、巡视巡察工作迁移能力和自我管理能力。

组织能力是指巡视巡察干部使用各种方法和技巧，调动各种物质和人力资源，协调各种人际关系来实现巡视巡察目标的能力。领导能力是指在组织中把握巡视巡察的工作及动员、带领巡视巡察的成员实现巡视巡察目标的能力。管理能力是指提高巡视巡察工作组运行效率的能力，让巡视巡察干部更好地做事。

创新精神和创新能力是指敢于冲破传统思想和观念，根据工作的需要在巡视巡察工作中发现和解决新问题、提出新的解决方法。

信息获取与处理能力是指获取巡视巡察任务相关的各类信息并对信息进行加工处理的能力。这个过程包括信息的获取、储存、加工、处理、发布和使用等。

破解熟人社会困境是监督和巡视巡察工作中的一大难题。要破解熟人社会困境，既需要体制机制的安排，也需要巡视巡察干部勇于担当，从思想认识、工作能力方面等不断提升破解熟人社会方面的能力。

承受压力的能力是指个体对逆境引起的心理压力和负面情绪的承受与调节能力，主要是对逆境和高压力环境的适应力、容忍力、耐力、战胜力的强弱。在巡视巡察工作中，大多数巡视巡察干部要同时承担高强度的本职工作和巡视巡察工作，非工作时间加班是必须的，同时也要涉及处理巡视巡察工作的各类复杂局面。这需要巡视巡察干部具有较强的承受压力的能力。

责任心是指个人对他人、自己、家庭成员、所在组织、国家和社会所负责任的认识、情感、信念和态度。巡视巡察工作要求巡视巡察干部要有担当精神和责任心，用心用力用情做好本职工作和巡视巡察工作。

积极性是指对所负责的巡视巡察任务产生的一种能动的自觉的心理状态，常表现为对目标明确，在执行和工作过程中能克服种种障碍，积极开拓和解决问题。工作主动性是指个人根据要求在主体意识的积极支配下积极开展工作和执行工作任务。

吃苦耐劳是一种职业精神，是指在巡视巡察工作中能经受煎熬、吃得了苦、经得起劳累的精神状态。

二、高校校内巡察干部队伍的选拔机制和巡察队伍人才库建设

巡察工作的顺利开展，人才是关键，因此必须建立巡察人才库。为了做好高校校内巡察工作，应该通过什么样的机制来选拔巡察干部人才?

一是高规格配置巡察组组长、副组长。西南财经大学巡察组组长由学校党委委员或纪委委员来担任，副组长由正处级干部担任，这是一个值得推广的做法。对于关键学院和关键部门开展的巡察，考虑到工作开展的难度和便利度，巡察组组长甚至可以高配为副校级领导干部或其他党委常委，便于工作协调和巡察开展。

二是选优配强巡察组成员。在巡察组成员选配上，充分考虑巡察干部的专业特长、以往工作表现、以往工作经历等，科学搭配和安排。建议巡察组有组织人事、纪检监察、财务、审计等业务骨干，一定比例的业务素质较高副处级青年领导干部，如被巡察对象为学院，则建议至少有 2 名来自学院的副处级干

部或在学院一直列席党政联席会议或党委委员会议的办公室主任或组织员。鉴于一些职能部门或教辅部门业务的特殊性，校内缺少熟悉情况的专业人员，或者可以从直接获取外部经验的角度，高校可以考虑从校外聘请对这些部门业务较为熟悉的巡察干部作为补充。在巡察组成员的抽调选配上，重点考察巡察组成员的巡视巡察专业知识与能力和巡视巡察可迁移能力中的政治素质与政治能力，然后就是考察巡察组成员的巡视巡察可迁移能力中的其他能力和巡视巡察自我管理能力。有条件的高校还可探索建立专业化巡察队伍，适应巡察常态化、全覆盖的目标要求，在职数编制上适当倾斜。

三是建好巡察队伍人才库。除了临时抽调，为了应对常态化的高校内部巡察工作，需要建立常态化巡察队伍人才库，每次巡察工作直接按照一定的人员结构构成在人才库按照需要的结构和比例抽调。巡察队伍人才库主要建设三个库，分别是巡察组长副组长库、优秀青年干部库、后备干部与专业人才库。在需要使用的时候，就可以及时调拨使用。在人才库的建设中，需要特别注重将后备干部、具有发展潜力的年轻干部充实进入巡察人才库，把参与巡察经历作为锻炼干部的炼金炉，进而使巡察人才库始终充满朝气与活力，人才供应源源不断。建立入库人才聘任机制和动态管理机制，实施聘期管理，定期根据入库人员参与巡察的考核结果做出调整，那些组织调用不动、工作中不积极不主动不担当的人员要及时清理出库，保证巡察人才库人尽其才、才尽其用，坚决避免一些人员把入库当成攫取虚名、捞取资本的机会。

三、巡察干部队伍的学习培训制度

要做好巡察工作，巡察干部队伍的学习和培训是关键。那么高校如何建立巡察干部队伍规范的学习和培训制度?

一是专业培训为先。为提升巡察干部的能力和素质，专业培训非常有必要，最关键的培训内容是政治素质和业务能力。在政治素质的提升方面，重点是学习习近平新时代中国特色社会主义思想和党的创新理论。通过学习培训提升巡察干部队伍政治判断力、政治领悟力和政治执行力。在业务能力提升方面，除了入驻被巡察单位前的集中学习培训外，也要充分利用巡察间隙开展培训。培训的主讲人可以是具有丰富巡察经验的领导和干事，可以是党建、组织、人事、财务、审计、人才培养等专项方面的领导干部和干事，重点是传授实际工作经验和巡察方法，也可以邀请相关的专家学者解读理论、政策法规和业务知识。

二是实践交流为辅。在政治素养和业务能力提升的基础上，巡察实践的工作交流也非常有必要。可由党委巡察办公室或各巡察组临时党支部定期组织召开巡察经验交流会，让巡察干部快速熟悉情况，快速找准切入点。以巡代训是非常重要的实践提升路径。在条件许可的情况下，可参照挂职制度，定期选派巡察骨干人员到上级巡视机构，参与到上级机构组织的相关巡视巡察工作中，在工作实践中拓宽视野、增强素质、提升能力。当然，也可以组织高校之间的巡察工作交流研讨或巡察理论与实务论坛，形成理论和实务探讨的常态化机制，从而不断提高自身学校巡察队伍的业务水平。

三是案例撰写与学习为补充。由党委巡察办公室牵头，积极从巡察实践中总结确定标杆做法，编制巡察优秀实践案例手册，实现学习共享，通过普及标杆做法，推动巡察人才业务能力逐步提升。在案例撰写中，可以是巡察工作的某一专项的工作实践方法，如开展座谈会的方法、开展个别谈话的方法、调阅资料和材料的方法、列席有关会议的方法、撰写巡察报告的方法。除了专项的巡察实践工作方法的案例外，也可以是以某些学院或部门为蓝本抽离处理的综合案例。

四、巡察干部队伍的考核激励机制

对高校巡察干部，需要严把“入口关”，高度重视中间的“培养与使用关”，但是更要畅通“出口关”。学校党委要把巡察岗位作为发现、培养、淬炼干部的重要平台，因此对巡察干部的考核、激励和考核结果的运用就特别重要。那么如何对巡察干部队伍进行考核激励？

加强巡察组团队建设，发挥巡察组组长的日常管理权限，明确巡察组的管理责任，推动巡察组长对成员从严管理、从严要求、从严考核。进入巡察工作人才库的人员不管是否参加巡察，都要定期通过纪检监察部门了解其思想作风情况，对不符合要求人员，及时予以调整。制定一轮巡察一考核制度，每次巡察结束后，由学校巡察工作领导小组指导党委巡察办公室会同巡察组长，根据巡察组成员的具体表现，落实考核责任，确定考核等次，巡察办公室及时将考核结果向所在单位反馈。

加强考核结果的运用，建立全面覆盖的激励体系，既包括物质激励，又包括精神激励，让巡察干部在奉献的同时，也体现出学校对巡察干部的关心和关爱。对参与巡察期间考核等级在“称职”以上的人员，由高校按照优秀等级确定巡察期间本单位员工绩效考核等级并兑现奖惩，可由党委巡察办公室代表学校从学校层面予以解决，或在学校的相关文件中明确要求所在单位在做年终部门或学院绩效考核时应给予巡察人员所在部门或学院适当加分考虑。将参与巡察情况纳入学院述职述廉述党建评议考核的范畴，通过健全完善激励约束网络，实现巡察人员、所在部门（学院）、高校的利益相互统一，共同支持巡察的工作格局。让每一名巡察干部都能感受到归属感、获得感、关怀感，充分调动巡察干部的积极性、主动性、创造性。

高校党委可以根据学校发展大局的需要，从全校层面通盘考虑，把拟提拔的处级干部和后备干部、新提拔的干部选派到巡察队伍中历练，把巡察经历作为干部提拔任用的加分项，纳入组织部门选人用人标准体系中，切实将巡察岗位打造成发现、培养、锻炼干部的重要平台。

参考文献：

[1] 唐洪武. 高校巡察：多维动力、作用机制及优化策略 [J]. 国家教育行政学院学报，2020 (1)：23-29.

[2] 邹轶君. 基于 PDCA 的高校职能部门政治巡察工作路径探析 [J]. 北京邮电大学学报（社会科学版），2019，21 (6)：121-126.

[3] 万银锋. 构建巡视巡察上下联动的体制机制 [J]. 中州学刊，2019 (11)：22-27.

[4] 杨雯，郭枫. 全面从严治党下高校巡察工作路径研究 [J]. 北京教育（德育），2019 (2)：23-26.

[5] BARTRAM D. The SHL Universal Competency Framework[EB/OL].www.shl.com/shl/es-int/products/competencyframework,SHLGroupplc.

[6] 钟谷兰，杨开. 大学生职业生涯发展与规划 [M]. 上海：华东师范大学出版社，2008：45.

廉洁文化在高校课程思政建设中的应用研究

冉茂瑜（西南财经大学教务处）

摘要：廉洁文化对于高等教育内涵式发展及高校的课程思政建设具有重要意义。本文以西南财经大学为研究载体，通过将廉洁文化建设与高校课程思政工作融合作为切入点，以其内涵与联系作为理论研究起点，让廉洁文化科学地融入高校课程思政工作，以廉洁文化为载体，引导培养学生进一步树立正确的人生观价值观，助推高校廉洁文化发展，落实立德树人根本任务。

关键词：廉洁文化；课程思政；高校

廉洁文化以崇尚廉洁为价值取向，融价值理念、行为规范和社会风尚于一体，反映人们对廉洁政治和廉洁社会的总体认识、基本理念和精神追求，是社会主义先进文化的重要组成部分。高校是提升全民思想道德素养和科学文化素质的重要阵地，课程思政是高等教育一种新的教学理念，强调思想政治教育与专业的互融共通，二者的内在逻辑都彰显了历史、底线、创新、系统等思维，因此，将廉洁文化融入高校课程思政建设是时代发展的必然要求，是培养中国特色社会主义现代化建设者和接班人的客观要求，也是构建廉洁社会的必然选择。

一、深刻认识高校廉洁文化建设与课程思政融入的现实意义

随着高等教育大众化和世界经济全球一体化的发展，各种思想文化进入我国，造成部分大学生出现社会责任感、艰苦奋斗精神淡化问题，学生存在利己主义思想，部分学生把提高 GPA（平均学分绩点）作为唯一目标。因此，学校把理想信念教育、社会公德教育、职业伦理道德教育等作为廉洁教育融入课程思政的重点，专门安排学生学习廉洁教育、党风廉洁建设等方面的知识内容，以此增强反腐倡廉自觉性，培养他们成为社会主义的合格建设者和可靠接班人。

二、全面探索高校廉洁文化建设与课程思政融入的路径研究

（一）夯实主体责任，建立课程思政长效机制

课程思政的建设重心在学院，具体在教师。学校将课程思政工作纳入教育教学改革专项，向各学院部署课程思政建设任务，明确要求廉洁文化融入课程思政且要求做到“三进”。全校所有二级学院结合各自情况，均全部开展“课程思政”系列改革。学院出台《专业课程思政育人方案》《课程思政教学指南》，开展研讨会、读书会，建设文献库、问题库、案例库等课程思政资源及廉洁文化资源，同时，学院书记、院长专题讲授思想政治理论课等。

（二）挖掘思政要素，构建课程思政教育体系

1. 统筹谋划课程思政建设

学校人才培养方案明确提出，“全面加强思政课程建设，完善教学设计，加强教学管理，充分挖掘各门专业课程所蕴含的思想政治教育元素、廉洁文化教育原色和所承载的思想政治教育功能，融入课堂教学各环节，实现思想政治教育与通识教育、专业教育、创新创业教育的有机统一”。学院根据学校人才培养总目标，在各自专业的人才培养方案中，明确表述达到本专业核心素养要求的育人路径；并在课程实施方案中，明确要求有机融入本课程所蕴含的思想政治教育元素和所承载的思想政治教育功能，实现课程育人。

2. 系统梳理思政课程和课程思政核心元素内容

围绕习近平新时代中国特色社会主义思想最新理论成果及廉洁文化论述，学校整体规划和分层设计学校课程思政教育教学内容体系。根据不同学科专业课程性质特点，深刻把握课程思政重点内容：①经济管理类：结合专业教育，讲好习近平新时代中国特色社会主义思想、习近平经济思想，挖掘中国经济发展和管理实践中的优秀典型案例，不断增强学生“四个自信”，教育引导学生正确认识世界和中国发展大势，学会拥有远大抱负和脚踏实地干事。②理工类：突出培育科学精神、探索创新精神，明确人类共同发展进步的历史担当，融入国内前沿科技成果的宣讲教育，增强学生民族自豪感。③文学艺术类：培育健康的审美情趣、乐观的生活态度，从爱国、处世、修身三个层次将中华优秀传统文化贯穿渗透到专业课教学中，增强学生的民族文化自信。④法学类：将习近平新时代中国特色社会主义思想、习近平法治思想融入教育教学全过程，加强公平正义教育，端正社会主义法治观、价值观、是非观，融入廉洁自律教育，让学生正确认识当前社会存在的不良风气与腐败现象，强化学生社会责任感和法治精神。⑤公共基础课程、心理健康课程、通识课程应充实和拓展

课程思政教育内容，做到育德育智育心高度统一，培养学生自尊自信、理性平和及正面积极的良好心态。

3. 抓课程思政及廉洁文化融入，落实全过程育人

（1）扎实开展思政课建设。实施思政课课堂“2+1”改革，实施集体备课+教学观摩，推进“双向反哺”教学方式改革。运用各种信息化手段创新教学方式，把原来单一的师生交流模式拓展为多元立体的师生交流模式和生生交流模式。构建线上思政课程群，推出“三分钟形势与政策课”“名师思政说”等30余门网课，7门课程思政示范课程已上线，在国家级慕课平台“爱课程”网上正式运行。

（2）充分发挥专业课程育人功能。大力建设课程思政教学团队，实施课程负责人制度，通过集体备课、团队研课、相互听课等方式改进教学方法，将习近平新时代中国特色社会主义思想等融入课堂教学，使党的理论创新最新成果有步骤、分专题地进入课堂，植根于大学生思想深处。科学编制财经类课程思政教学指南，构建育人元素表，并将育人元素贯穿人才培养目标、课程设置、专业标准等各个方面。以学生成长发展需要为靶心，分类供给课程思政内容，实现育人内容与学生需求精准对接。

（3）注重实践课程打造。学校以“走出去”为基点，以“有成效”为目标，多途径拓展校外社会实践教学基地，深入挖掘运用红色教育资源与当地特色文化资源，把廉洁文化教育的思想性、艺术性、教育性结合起来，推动教育形式立体化，丰富了实践教学内容和形式。完善校内“红色文化走廊”实践教学基地，扩大场地容量，完善基地的实践教学功能。接续西南财经大学90余载经世济民、兴学报国之文脉，将参观校史馆、抗震救灾和货币金融博物馆作为必修课。深入开展“礼敬中华优秀传统文化”和党委书记、校长上“开学第一课、毕业最后一课”等精品活动，打造“国庆、开学、毕业、颁奖”四大（庆）典仪（式）品牌。以暑期“三下乡”、举办“大骨班”、组建“学生宣讲团”等方式，深入农村、社区、工厂、部队调研。

（三）加强师资培养，提升教师思政教育能力

2023年以来，学校通过“学习、对话、实践与反思”等培训模式，对新进教师与在职教师开展形式丰富的针对性教学培训，邀请了来自北京大学、厦门大学、中国人民大学、上海大学等高校的专家学者开展师德师风、课程思政、廉洁教育专题培训110次，参培教师4 000余人次。启动建设“西财红色讲坛”“名家进思政课堂”，邀请国内思政名家进入课堂讲思政课。

（四）促进协同育人，构建课程思政保障机制

学校协同组织人事部、党委宣传部、学生工作部（处）、校团委、教务处、研究生院等职能部门及各学院，探索课程思政一体化管理机制路径，实现思政教师和专业教师职能互补、优势叠加，做到教育教学的有机统一。充分保障课程思政研究、宣传等工作的经费资源投入，各职能部门为课程思政工作的全面开展提供制度、技术、数据支持。各学院充分发挥主体作用，承担起相应的职责。

学校广泛搭建平台，以报刊新媒体等为载体，弘扬中华民族优秀的传统美德，培养崇尚廉洁的道德观念。《光明日报》刊出大篇幅新闻通讯，深度报道西南财经大学课程思政改革创新的典型案例和特色经验。教育部网站、人民网等多家主流媒体转载报道。以“中国家庭金融调查”为故事背景的微电影《经世以济民，孜孜以求之》入选“学习强国”平台。课程思政品牌“巴掌教学法”“农村电商+精准扶贫”等被光明网等主流媒体报道。基于虚拟仿真实验教学项目开发红色教育教学资源，在全国高校推出后获得广泛好评，成果先后被《光明日报》《中国教育报》、新华网、人民网、中国社会科学网、中国教育新闻网等报纸及新媒体报道。经过全校上下各方共同努力，“课程思政”理念已被广大教师普遍接受，“课程思政”已经成为校园传播的高频词，学校已形成课程门门有思政、教师人人讲育人的浓厚课程思政育人氛围。

参考文献：

魏晓文，田志闯. 新时期高校廉政文化建设研究 [J]. 思想理论教育，2012（6）：60-63.

党内巡视制度的传统政治文化基础探源

雷栋良　宋婧琳（西南财经大学马克思主义学院）

摘要：历史展现了一个民族成长的体格和脉络。党内巡视制度作为马克思主义中国化的重要制度成果，传承并创新了我国传统政治文化的精髓与要义，展现出较强的制度适应力。本文从传统政治思想、古代巡视监察制度、传统社会政治心理等维度探源党内巡视制度的传统政治文化基础，为创新和发展新时代党内巡视制度、推进马克思主义中国化、坚定“四个自信”等提供了重要例证和经验参考。

关键词：党内巡视制度；传统政治思想；古代巡视监察制度；传统社会政治心理

政治文化具有层次性，它既包括支配和规范政治行为的政治思想和政治制度，又包括对社会运行起潜在作用的社会政治心理，三者之间相互影响、相互补充。进入新时代以后，党秉持“打铁必须自身硬”的坚定理念，发展和创新党内巡视制度，使其成为全面从严治党的制度利剑，得到人民群众的支持和认可。从层次性出发，探源党内巡视制度的传统政治文化根源，对于深化马克思主义中国化和制度治党的经验和规律认识，具有重要意义。

一、传统政治思想塑造了党内巡视制度的思想内核

我国传统政治思想以“大一统”为核心。进入传统农业文明初期，为抗击自然灾害，不同地域民族共同体走向联合，尝试建立综合生产和抗灾体系，“大一统”思想初步萌芽。在春秋战国时期，先秦公羊高最早以“王正月也”阐释了“大一统”的政治理念。而后，为结束群雄混战，安定民生，诸子百家发展了“大一统”政治思想，形成了“天下定于一”的“天下观”，将“大一统”确立为“天地之常经，古今之通义”。

古代先贤认为，“大一统”的实现有赖于建构非对抗性社会秩序。其中，

以儒、道、法三家的成果最具有代表性。一是儒家学者以“礼”为核心，提出建构伦理型政治权威秩序。他们将传统政治社会看成亲缘共同体，以“家天下”为伦理前提，确定“君臣父子”等不可僭越的身份关系，要求人们在“习礼”的基础上“居位行道”。在儒家的秩序体系内，“下”对“上”需要“顺礼”服从；“上”则应做到“君使臣以礼”，避免“上行下效”的伦理困境。二是道家学者以“道”为核心，提出建构超脱凡事的心灵秩序。他们反对社会等级结构的束缚，更看重个体和自然、个体和社会的内在统一，致力于使个体通过领悟自然道法，与自我达成内在和解，从心灵上摆脱传统礼教压迫，达到“天人合一”的境界。三是法家学者以“法”为核心，提出建构规范化的法治秩序。他们致力于借助国家强制力来保障法的运行，由外而内约束个体的思想和行动。商鞅提出“法之不行，自上犯之”等理念，强调了具有普遍适用性的“法”是维护非对抗性社会秩序的关键，致力于以“法天下”取代“家天下”，将儒家尚“礼”思想置于“法”的轨道，强化了国家的政治规范性。

以“大一统”观念为核心、以建构非对抗性社会秩序为方法依托的传统政治思想，萌芽于人与自然的对立统一，形成于人们对战争的痛恨和对和平的向往。其人本主义和整体主义价值导向，塑造了党内巡视制度的思想内核。

一方面，党内巡视制度始终秉持以人为本的初心使命。人民立场是无产阶级政党的根本政治立场。党的十八大以来，人民群众对美好生活的向往和不平衡不充分的发展之间的矛盾成为社会主要矛盾。要实现人民群众的根本诉求，化解社会主要矛盾，就需要有效、公平、合理地配置社会资源，严厉打击腐败对社会资源的侵蚀。基于此，新时代党内巡视制度承担起了全面从严治党的历史重任，既打“老虎”也打“苍蝇”，从思想和行动上坚持并践行了以人为本的初心使命。

另一方面，党内巡视制度将内外约束相结合，维护了国家的整体性和有序性。大革命失败后，党扛起了新民主主义革命大旗。其间，党内巡视制度负责恢复和重建党组织、协助建立抗日民族统一战线等，维护了国家统一和民族独立。新时代党内巡视制度突出政治巡视，致力于维护党的先进性和凝聚力，为党领导人民实现中华民族伟大复兴奠定了组织基础。不仅如此，党内巡视制度还通过法制化建设，在实现自身有序运行的基础上，保障和维护了党内组织系统的有序运转。

二、古代巡视监察制度为党内巡视制度建构和发展提供了历史经验

我国古代巡视监察制度产生于传统政治社会的矛盾和张力之中，以制度的

形式持续，以系统的形式制衡，以法典的形式规范，为党内巡视制度的建构和发展奠定了深厚的历史基础。

古代巡视监察制度启示了党内巡视制度建构和发展的必要性。我国政治社会的矛盾和张力自古主要表现为中央和地方的对立统一。一方面，中央的集中统一管理有赖分权治理来实现。传统封建社会以封建税法为依托，建构起自上而下的科层体制，形成了以分配为中心的生产关系和以人身依附为特点的等级关系。与此同时，定居文化和祖先崇拜，使个人与土地、族群结成亲缘关系，地方宗法势力壮大。地方常以“中人”① 为媒介展开“契约治理”。当“中人”的协调失灵时，“契约矛盾”才会“从民间社会走向官府”。在此背景下，古代巡视监察制度既适应了中央与地方沟通的需要，又适应了地方自治的时代特点。另一方面，中央与地方相互博弈，中央致力于以“制度化”去“宗法化”。马克斯·韦伯指出，中国传统政治体制是皇权“不下县”的“有限官僚制”。在此背景下，古代巡视监察制度适应了中央将宗法社会改造为“吏民社会”的客观需要，起到了“大小相制、内外相维”的作用。

不仅如此，古代巡视监察制度也是党内巡视制度建构和发展的重要经验来源。

一是自上而下且相对独立的建构方式。一般认为，古代巡视监察制度萌芽于尧舜禹时代的“天子巡狩制”。秦始皇时期，巡视被拓展为天子巡行和御史巡视两种并行方式。而后，西汉创设十三刺史，唐朝发展十道巡按和十五道巡按，均是依托自上而下的行政区划，由专职机构开展独立巡视。新中国成立后，党内巡视制度借鉴并发展了这一建构方式，即坚持“中央统一领导，分级负责”的原则，设立独立的巡视单位，党的十八大后拓展了“巡视巡察全覆盖”系统布局。其中，中央层面设置中央巡视工作领导小组，派遣中央巡视组到省、自治区、直辖市一级单位开展常规和专项巡视；地方层面设置省、自治区、直辖市一级党委的地方巡视和市县一级党委的地方巡察。不仅如此，各企事业单位也成立了党委巡察小组，负责内部自查。

二是丰富灵活的功能定位。传统巡视监察官员既要负责沟通中央与地方，保障政令畅通，还要负责监督考核。如秦朝御史需“典正法度、举核非法、纠弹违失、考课百官”，西汉刺史需“察举天下非法”，元代廉访使除反贪治吏外需“体察一切公事”等。党内巡视制度一方面传承了“千里眼”和“直通车”的制度功能，通过巡视“发现问题、形成震慑”，监督整改地方党委的

---

① “中人”主要由宗法家长或地方乡绅担任，负责缔结、协调和保障“契约”。

具体工作，保障党的方针、政策、精神得以有效贯彻；另一方面依据时代形势和党的主要任务变化，灵活调整功能定位。如党内巡视制度在土地革命时期主要负责恢复和发展地方党组织，而在全面从严治党中则主要发挥政治体检、政治监督、政治生态净化三大功能。

三是系统规范的权力制衡。古代巡视监察制度历经多次权力异化。以东汉时期为例，刺史因“风言闻事”而权力过大，最终异化为抗衡中央的地方势力。为制衡巡视监察官员，历代统治者探索了分权制约的方法。其中，明太祖朱元璋在中央设都察院负责巡视，又设六科给事中复核都察院案件，再设北镇抚司监督前两者工作；在地方设置提刑按察司负责巡视，再设布政使司和都指挥使司，形成“三司”制衡。然而，分权制衡在保障中央权威的同时牺牲了行政效率，一定程度落入“钱穆制度陷阱”。此外，巡视权力也受到法典监督。如明朝制定《出巡事宜》和《御史回道考察》；清朝颁布了我国第一部巡视监察法典《钦定合规》，规定同等罪行下巡视官员“罪加二等”。党内巡视制度一方面重视制度协作而非增设制衡机构，如纪委监委合署办公，解决过去“一套人马，两套班子”以及“同级监督不力”等问题，充分发挥制度合力；另一方面将党法和国法相结合，在巡视条例之上颁布国家监察法，提升了自身的法治化水平。

需要说明的是，党内巡视制度虽然一定程度上借鉴了传统巡视制度的监督制衡经验，但从主体、目标和本质上与传统巡视制度相区别。回顾历史，早在中国共产党成立之初，基于组织建设、党员教育和党内监督的需要，党内巡视工作开始萌芽。大革命失败后，中共各级党组织面临“全部被破坏的危险”。以此为背景，党内巡视制度应运而生，在特殊时期承担起恢复和发展党组织、指导工农革命事业的艰巨任务，后又伴随着中国共产党的成长，在打击腐败、维护风清气正的党内政治生态、密切党群联系等方面发挥重要作用。可见，党内巡视制度与传统巡视制度不同，它不是统治阶级维稳的产物，不以维护统治阶级的利益为目标，而是由无产阶级革命政党在其政党体系内部建立的，旨在通过提升无产阶级革命政党的先进性、凝聚力，更好地实现并维护人民群众的根本利益。

三、传统社会政治心理孕育了党内巡视制度的社会基础

传统社会政治心理是历史沉淀下来的社会意识，是具有民族特色的价值

观、认知方式和心理诉求的总和。它孕育了我国传统社会的“集体无意识”①，形成了具有民族特色的价值观、认知方式和心理诉求。

在朴素的整体主义价值导向下，传统社会形成了以“家天下”为核心的“家国天下”观，将国家的长治久安作为个体生存和发展的前提。基于此，传统社会民众的认知方式表现出“依附”“崇和”等特点。其中，传统封建礼法制度从观念上将上层的奖惩和分配特权合法化，使个体对社会权威产生依赖、期待、信任等心理倾向。由此，传统社会中的个体往往敬畏并信任政治系统，认可非对抗的政治社会秩序，愿意让渡判定是非善恶的权利，认同“明君、贤相、清官、顺民”的政治理想，展现出对维护国家、民族、社会等整体利益的强烈责任感和相应的行为习惯。

党内巡视制度本质上也是一种不以对抗和冲突为手段的政党组织内部的自我纠察和反思方式。它直面政党内部的现实问题和人民群众的期待诉求，着力于理顺并净化执政党内部的生态环境和组织秩序，提升党的先进性和纯洁性，并以此保障人民群众的根本利益和国家的整体利益共同实现。在此意义上，党内巡视制度在一定程度上契合了传统社会发展至今沉淀下来的价值、思维、心理倾向。

但是这种契合并非静态的、全盘的、绝对的，而是动态的、辩证的、相对的。在我国，人民群众是历史的创造者，同时也是国家的主人。中国共产党和人民群众的关系绝非传统封建社会的管理和依附关系。党内巡视制度作为无产阶级革命政党内部建立的、以维护人民群众根本利益为根本立场和旨归的监督保障机制，具有鲜明的革命性和人民性。而这种革命性和人民性，要求其在实践中改变传统社会心理的压抑特点，重塑中国社会政治心理，即在革命、建设和改革的实践进程中，充分肯定和发扬人民群众的主体性地位和作用，将过去传统政治社会的被动适应、依赖甚至依附心理，转变为主动参与、监督、协作的主人翁心理。

四、结语

党内巡视制度传承了传统政治思想的精髓和要义，汲取了古代巡视监察制度的经验和教训，契合了传统社会政治心理。它并非舶来品，而是党在继承和

① “集体无意识”，最早源于西格蒙德·弗洛伊德（Sigmund Freud）的无意识理论，后经卡尔·古斯塔夫·荣格（Carl Gustav Jung）阐释并发展。荣格认为，“集体无意识”是一种较为“稳固”的“整体性人格”，表现为同一地域、民族或文化背景下带有普遍性和延续性的价值观、心理预期和共同底线。

发展马克思主义政党建设和监督理论的基础上，将之与我国具体国情相结合形成的制度成果，是中国特色社会主义制度自信和文化自信的重要例证。正如朱日耀先生所说："每一历史时代的人们既是传统文化的承受者，又是传统文化的创造者。"新时代党在探索制度本土化创新和发展时，有必要从层次性视角审视传统政治文化对制度本土化建构和发展的重要意义。

一方面，重视传统政治思想、传统政治制度带来的思想和经验启示。既要深入挖掘整体主义、人本主义等价值导向对于制度本土化的重要意义，提升党内巡视制度的适应力，创新、疏通和拓展人民群众反馈诉求和需要的渠道和方式，增强党和人民群众的血肉联系。同时，也要将保障巡视独立性和监督巡视权力运行相结合，提升党内巡视制度的法治化和规范化水平。

另一方面，重视传统政治心理的潜在重要影响。党内巡视制度遵循"为了人民，依靠人民"的人本逻辑，以服务好、维护好人民群众的期待和诉求为工作重心。基于此，党内巡视工作应自觉贴合不同时代、不同地域人民群众的心理特点和现实诉求，以人民群众喜闻乐见的方式，最大限度地调动人民群众的积极性和政治参与意愿，提升人民群众对党和国家的信任、认同和归属，画好党和人民群众的同心圆。

以史为鉴，可以明得失、知进退。探源党内巡视制度的传统政治文化基础，既揭示了制度本土化在马克思主义中国化历史进程中的重要意义，也为发展新时代党内巡视制度、推进马克思主义中国化、完善制度治党提供了有益的经验参考。

参考文献：

[1] 朱日耀. 中国传统政治文化的结构及其特点 [J]. 政治学研究，1987 (6)：43-48，74.

[2] 班固. 汉书 [M]. 北京：中华书局，2007.

[3] 郑文靖. 我国巡视制度的伦理政治基础 [J]. 中共中央党校学报，2013 (6)：50-52.

[4] 王松磊. 传统农业中国的社会结构新论：基于唯物史观视角 [D]. 太原：山西大学，2019.

[5] 刘愿. 田赋、地租与中国传统社会乡村结构变迁 [J]. 学术月刊，2016 (6)：53-67，52.

[6] 马克斯·韦伯. 儒教与道教 [M]. 王荣芬，译. 北京：商务印书馆，

1995.

［7］安东尼·吉登斯. 民族—国家与暴力［M］. 胡宗泽，赵力涛，译. 北京：生活·读书·新知三联书店，1998.

新时代高校廉政文化建设背景下学生廉政教育路径探究

余　庆（西南财经大学外国语学院）

摘要：高校是培养担当民族复兴大任的社会主义建设者和接班人的重要阵地。大学生廉政教育是大学生思想政治教育的重要环节之一。本文从分析大学生廉政教育现状入手，强调大学生廉政教育的必要性，并进一步探索了符合青年学生思维与行为特点的教育路径。

关键词：大学生；廉政教育；路径

一、高校廉政文化建设背景下学生廉政教育的现状

（一）未确认廉政文化建设中大学生的主体资格

党的十八大以来，高校全面推进从严治党，高校廉政文化建设得到了重视，但是许多高校对廉政教育的认识仍然存在误区，认为廉政教育的重点是高校教职工，甚至只是针对学校的各级党政领导干部开展。大学生在校园内只是学习专业知识，不涉及权力和金钱，因此将大学生排除廉政教育的范围，对廉政文化建设背景下大学生的主体资格未予以确认，忽略了对大学生进行廉政教育的重要性。

（二）大学生廉政教育缺乏系统性

1. 大学生廉政教育的开展缺乏顶层设计

顶层设计指在系统论的逻辑框架内，着眼全局走向，分析、统筹、协调诸要素之间的影响、作用、制约关系，凸显核心要素在整体范围内的作用①。

笔者在网络上搜索了众多高校进行大学生廉政教育的情况，发现很少有高校出台大学生廉政教育制度，从教育目标、组织机构、行动计划上予以系统化

① 孙宇伟. 习近平顶层设计思想的演进过程、鲜明特征和哲学依据［J］. 学习与探索，2017（7）：65.

规定。即使能搜索到的大学生廉政教育活动方案，也主要是类似“廉政教育月”等各项具体活动，廉政教育的开展存在碎片化的现象，缺乏对大学生廉政教育全方位的、高层次的思考。

2. 大学生廉政教育活动形式未与时俱进

传统的大学生廉政教育活动形式包括讲座、报告、教育片等，新媒体出现后，廉政教育微电影、微信平台等新的方式也随之出现。但是无论是哪种方式，究其本质无疑都是宣传，只是宣传的手段和载体不同而已，这种方式侧重于传授式、灌输式，缺乏代入感和感染力。

在此讨论这个问题，我们可以借助市场营销中的消费者行为模式理论。在传统时代，商品的宣传是通过广告，引起受众关注，让他们产生兴趣再转化为购买欲望。我们目前的大学生廉政教育的宣传与此类似。我们通过廉政教育的内容宣传，希望引起大学生的注意，然后由此内化为廉政的品质。

但是在当前信息大爆炸的时代，注意力是非常稀缺的资源，从某种程度上可以说，吸引了注意力就在取得成功的路上迈进了一大步。但是廉政教育宣传本身的性质决定了它不可能像娱乐八卦、网红视频之类的“奶头乐”那么容易被人关注。当受众很少或者无视你的宣传时，就是收效甚微甚至是无效的，因此在开展大学生廉政教育活动时，需要结合当代大学生群体的思维和行为特点。

二、大学生廉政教育的必要性

（一）大学生廉政教育是为党育人、为国育才的必然要求

习近平总书记在党的十九大报告中指出：“强化不敢腐的震慑，扎牢不能腐的笼子，增强不想腐的自觉，通过不懈努力换来海晏河清、朗朗乾坤。”①“不想腐”是“防腐”的最有效方法。实现“不想腐”的主要路径之一就是要把廉政教育内化于心。

高校是思想政治工作的前沿阵地。我们党“为中国人民谋幸福、为中华民族谋复兴”的初心使命，在教育领域具体表现为“为党育人、为国育才”。只有德才兼备、全面发展的大学生才能成为中国特色社会主义的合格接班人和建设者。无论是“成人”还是“成才”，高洁的品格是首要条件，因此在新时代高校廉政文化建设背景下，做好大学生的廉政教育，从源头上养成大学生

① 习近平. 决胜全面建成小康社会 夺取新时代中国特色社会主义伟大胜利：在中国共产党第十九次全国代表大会上的报告［N］. 人民日报，2017-10-28（05）.

“不想腐”的自觉，是“育人”“育才”的必然要求。

（二）大学生廉政教育是学生自我成长的必然要求

习近平总书记指出：“青年是整个社会力量中最积极、最有生气的力量，国家的希望在青年，民族的未来在青年。”① 高校大学生是青年群体中的中坚力量，是国家最宝贵的人才资源，他们肩负着实现中华民族伟大复兴的历史使命。他们的廉洁素质关系着未来党政干部防腐拒变能力和廉洁从政水平。因此，加强对在校大学生的廉政教育，增强他们抵制形式主义、官僚主义、享乐主义和奢靡之风等腐朽思想侵蚀的能力，帮助他们“扣好人生第一颗扣子”，促进大学生健康人格的形成，让他们在步入社会后，面对各种诱惑时能保持廉洁，不忘初心，坚定共产主义信念，在为人民服务、为祖国奉献的路上走得更好、更远。

（三）大学生廉政教育是营造高校廉政文化氛围的必然要求

高校廉政文化氛围是以浸入式的方式，让高校全体成员自然地、潜移默化地受到廉政精神感染，从而产生思想升华和自觉意愿。因此，高校廉政文化氛围对于师生廉政品质的形成具有十分重要的作用。

大学生和教师都是高校的主体。大学生不仅仅是学习的主体也是高校各项活动的主角，肩负着营造高校风清气正的廉政文化氛围的使命。如果学生廉政教育缺失，学生失信、学术不端、学生干部行为不当等现象屡屡出现，则整个高校的廉政文化氛围难以形成。大学生廉政教育是高校廉政文化建设下不可或缺的重要组成部分。只有将大学生和教师都作为廉政文化建设的主体，才能全面落实“三全育人”的教育理念。

三、构建大学生廉政教育路径指导思想

（一）大学生廉政教育应符合大学生思维和行为特点

作为思想政治工作者实施思想教育，总希望自己的教育内容能被教育对象接受，进而达到教育的目的。这是为人师者的共同心理和良好愿望。但经验表明，思想教育要取得好的效果，绝非什么方法都能奏效，必须注意选择教育方法。被教育对象的特点和需要是选择最优教育方法的依据。在思想教育中，应该选择什么样的教育方法、什么教育方法最好，决定于被教育对象②。因此要做好大学生廉政教育，我们首先要了解当代大学生的特点。

---

① 习近平. 在纪念五四运动100周年大会上的讲话 [M]. 北京：人民出版社，2019：18.

② 刘学谦. 教育对象的特点和需要决定教育方法 [J]. 学习与实践，1987（10）：64.

大学生是新生代。新生代又称新生代知识阶层，是指城镇中的90后及00后年轻群体，该群体受过高等教育，普遍受教育程度较高，有一定的知识水平及文化水平，是未来社会经济建设的主力军①。

在移动互联网时代成长的他们，崇尚个性化、体验感，那么我们在开展大学生廉政教育时，可以通过系统设计，开展符合大学生行为特点的活动，而使我们的受众（大学生）能产生共鸣从而接受，一方面将廉洁自律自觉自愿地内化为自身的基本道德准则和行为习惯，另一方面形成一种廉政文化氛围去感染其他人。

（二）大学生廉政教育应坚持“显性教育”和“隐性教育”相统一

2019年3月18日，习近平总书记在学校思想政治理论课教师座谈会上发表重要讲话时指出，要坚持显性教育和隐性教育相统一。在大学生廉政教育中，我们既应重视显性教育，也应重视隐性教育。

在“互联网+”的时代背景下，大学生思想与行为特点和接受知识、信息的途径及方式与传统方式千差万别，简单直接的显性教育有一定的局限性，往往达不到人们所期待的效果。因此，新时代大学生廉政教育，一方面需要不断改进和创新显性教育方法，另一方面要积极探索隐性教育的途径，努力做到显性教育与隐性教育相互补充、有机统一，不断增强大学生廉政教育的有效性和针对性。

四、建立全方位的大学生廉政教育体系

高校要加大对大学生廉政教育的重视力度，做好大学生廉政教育路径顶层设计，制定详细的、具有可操作性的大学生廉政教育制度，从廉政教育组织建设、廉政教育实施途径、经费支持等各方面予以系统化的规划。

（一）加强组织机构建设

在廉政教育组织建设方面，可以由学校纪检部门牵头，宣传部、教务处、学工部、校团委、马克思主义学院等部门协同，形成点、线、面相结合的教育机制，共同推进大学生廉政教育往纵深发展。

学校纪检部门主要做好对中央相关文件精神的解读，设定学校学生廉政教育的总目标。其他部门结合本部门特色，将大学生廉政教育与学生第一课堂、第二课堂有机结合，从教学、学生活动、学生自我管理等各个环节入手，做到全过程以廉化人。

① 吴雪丰. 新生代群体消费行为趋势及营销路径转型升级［J］. 商业经济研究，2020（19）：73.

（二）廉政教育实施途径

在廉政教育中，应充分考虑新生代大学生思维和行为模式，将显性教育与隐性教育相结合。

1. 发挥廉政教育第一课堂主渠道作用

要牢牢把握课堂主阵地，在第一课堂中将价值引领与知识传授相统一。依托形势与政策课、大学生职业规划、大学生心理教育、思想道德基础与法律修养课等课程，在这些课程中进一步挖掘或者增加廉政教育内容，同时进一步挖掘其他课程中开展廉政教育的新形式。

加强廉政教育的教师队伍建设，提高教师的教学技能和授课感染力，也可聘请公检法、校外纪检部门专家等担任校外专家，定期开展廉政教育短期课程。

加强教师师德师风建设，发挥党员教师的先锋模范作用，引导教师一方面廉洁自律，另一方面言传身教，以自己的言行去影响学生。

2. 丰富廉政教育第二课堂模式

在第二课堂方面，我们要创造丰富的、为学生所易于接受和喜闻乐见的廉政教育路径，让学生对廉政文化有感动、有触动、有行动。

依靠班团组织开展廉政教育。例如可开展廉政主题班会，让学生自己收集如考试作弊、骗取国家助学金、部分学生干部行为不当等不廉洁行为案例，让他们明白廉政就在自己身边，通过讨论激发学生进行积极的思考，从而促使学生关心廉政问题。

抓好实践中的廉政教育。例如结合大学生“三下乡”项目，设置廉政调研专题，引导学生开展相关社会实践活动和深入社会调查，帮助他们了解社会，增强社会责任感。

利用短视频等手段开展廉政教育。“抖音”等短视频在大学生中风靡，它的模式满足了新生代追求平等和个性的特质。高校不应该单方面将其视为耽误学生学习的洪水猛兽，更应该积极思考如何将其作为我们做好思想政治教育的平台之一。例如我们可以开设官方的“抖音”账号，发布学生表演的廉政情境剧、优秀师生榜样视频等，使大学生在观看“抖音”视频的过程中感受、获得和分享正能量。

发挥朋辈力量，加强廉政教育。作为财经院校，我校校友大多分布在重要的经济领域，在如何防腐拒变方面有着丰富的经验。因此可举办“校友廉政论坛”，分享校友们在实际工作中所面临的挑战以及他们的做法，让大学生感受到他们以后在职业生涯中可能面对的廉政风险，让榜样的力量推动廉政教育入脑入心。

3. 加强大学生自我廉政教育与管理

如前所述，大学生既是廉政教育的对象，同时也是高校廉政文化建设的主体。发挥大学生自我廉政教育与管理的作用，对大学生自我能力的提升有着非常重要的意义。学校学生会、研究生会等可成立相应的廉政教育与管理部门，针对学生中奖学金评定、助学金申请、学生干部竞选等可能存在廉政风险的区域，开展学生自治教育和管理，让学生成为廉政文化建设的一分子，既能调动学生的积极性，也有利于营造整个学校的廉政文化氛围，使廉政成为全体学生追求的精神格调。

参考文献：

[1] 习近平. 决胜全面建成小康社会 夺取新时代中国特色社会主义伟大胜利：在中国共产党第十九次全国代表大会上的报告 [N]. 人民日报，2017-10-28（05）.

[2] 习近平. 在纪念五四运动100周年大会上的讲话 [M]. 北京：人民出版社，2019.

[3] 孙宇伟. 习近平顶层设计思想的演进过程、鲜明特征和哲学依据 [J]. 学习与探索，2017（7）：65-70.

[4] 刘学谦. 教育对象的特点和需要决定教育方法 [J]. 学习与实践，1987（10）：64.

[5] 段满江，刘峰. 习近平廉政论述在大学生思想政治教育中的应用 [J]. 思想政治教育研究，2019（3）：93-97.

[6] 李斌雄，杨竹芸. 廉洁教育和廉洁文化建设：实现不想腐的基本路径："改革开放以来高校廉洁文化建设与大学生廉洁教育"学术论坛综述 [J]. 社会科学动态，2019（3）：117-120.

[7] 时昌桂. 新时代大学生廉洁观培育路径探析 [J]. 高教论坛，2020（7）：1-3.

[8] 吴雪丰. 新生代群体消费行为趋势及营销路径转型升级 [J]. 商业经济研究，2020（19）：72-75.

新时代党内政治文化建设的四个着力点

骆　岭　马丹丹（西南财经大学金融学院、中国金融研究院）

摘要：党内政治文化建设是新时代推进党的建设与全面从严治党向纵深发展的重要命题，彰显出现实性、时代性与重要性。从文化内涵上，可以从传统文化、革命文化、红色文化、社会主义先进文化四个着力点上加强党内政治文化建设，把党锻造得更加坚强有力。在实践路径上，可以从坚定理想信念、提高道德情操、筑牢家国情怀三个方面构建推进，确保党内政治文化建设有成效、有实效。

关键词：政治文化；传统文化；革命文化；红色文化；社会主义先进文化

党的十九大报告指出，要“发展积极健康的党内政治文化，全面净化党内政治生态”，由此可见，加强党内政治文化建设是净化党内政治生态最深层的基础，是推进全面从严治党的根本举措，是保持党的先进性和生命力的重要源泉。立足新的历史方位，面临如何深入推进党内政治文化建设、提升党的建设成效与实效等现实问题。基于此，为了使建设层次更加清晰，本文从党内政治文化建设的现实背景入手，通过探索新时代党内政治文化建设的着力点和推进路径，提升新时代党内政治文化建设的成效。

一、党内政治文化建设的深刻背景与现实考量

马克思在《德意志意识形态》中明确指出：“统治阶级的思想在每一个时代都是占统治地位的思想。这就是说，一个阶级是社会上占统治地位的物质力量，同时也是社会上占统治地位的精神力量。”党内政治文化是自生的，具有历史继承性，也有时代的变迁性。

（一）净化党内政治生态的必然之路

2013年1月，习近平总书记在十八届中央纪委二次全会上的讲话中严肃地强调，改进工作作风，就是要净化政治生态，营造廉洁从政的良好环境。由

此可见，政治生态是党风和政风的综合体现，折射出一定时期内党和国家政治生活的整体面貌。现实中，党内政治生活、政治生态、政治文化三者相辅相成，只有发展积极健康的党内政治文化，才能营造风清气正的政治生态。党内政治文化作为一种文化氛围，在党内如影随形，时刻影响着党内政治生活，具有“塑造”精气神的重要作用。

（二）党的建设和全面从严治党引向纵深的必经之路

习近平总书记在中共中央政治局第三十三次集体学习中强调严肃党内政治生活、净化党内政治生态的四势：“起势”“定势”“优势”和“胜势”，说明党的十八大以来，党的建设成效明显。但是在新时代，我们党的执政依旧面临“四大危机”和“四大考验”，党的建设和全面从严治党势必引向深入，而党内政治文化建设是严肃党内政治生活、加强党的建设的组成部分，对全体党员具有教育、引领和示范、督促作用，能促进党的凝聚力、向心力、战斗力，同时党内政治文化对国家的社会风气、文化素养、精神状态有很大的促进作用。

（三）涵养共产党人价值观的必由之路

党内政治文化具有价值引导功能，引领党员价值取向并规范党员行为，成为党员融入血液、深入灵魂的精神动力。2016 年出台的《关于新形势下党内政治生活的若干准则》强调了关于党员的突出问题，包括理想信念不坚定、脱离群众、形式主义、官僚主义、享乐主义和奢靡之风等。我们不能只是看到问题，还要善于研判分析，思想灵魂深处的“病灶”是党内政治文化出了问题。对于这些严重的苗头性倾向性问题要早打“预防针”，建设积极健康的党内政治文化构筑精神高地，拧紧共产党人价值观的“总开关”，使共产党人价值观形成风清气正、光明坦荡的持久格局。

二、新时代党内政治文化建设的四个着力点

我们党一直高度重视党内政治文化建设，以确保党的先进性、纯洁性和革命性。党的十八大以来，以习近平同志为核心的党中央带领全党全国人民攻坚克难，改善党的形象、提升党的能力、夯实党的基础，党内政治生态明显好转。正如习近平总书记所说的那样，我们的党内政治文化，是以马克思主义为指导、以中华优秀文化为基础、以革命文化为源头、以社会主义先进文化为主体、充分体现中国共产党党性的文化。

（一）继承中华优秀传统文化，保持党的纯洁性

我们党立足中华大地，着眼中华民族未来，悠悠中华五千年积淀而成的优秀传统文化成果，是我们党安身立命之本，更是新时代政治文化建设不可或缺

的源泉。

继承传统文化，发扬君子文化。新时代提倡和弘扬君子文化是为了保持党的纯洁性。党的十八大以来，习近平总书记在不同场合引用“君子名言”如“君子检身，常若有过”“君子务本，本立而道生”“君子义以为质”以弘扬中华优秀传统文化，也引导和树立全社会的“君子品格”。可见，君子文化是中国传统文化的精神制高点，是对传统文化的继承和发展，更是夯实党的文化根基的需要。君子品格是世人的共识，如“出淤泥而不染，濯清涟而不妖”“众人皆浊我独清，众人皆醉我独醒”等。君子品格受到历代世人的追求和赞美，也是引领各个历史阶段前进的动力和号角。

继承传统文化，升华民本思想。“民惟邦本，本固邦宁。”这是民本思想原始的、朴素的形态。我们党进行了批判性继承，将民本思想升华为无产阶级政党是人民利益的代表，宗旨是为人民服务。党的十九大报告强调，我国社会主要矛盾随着历史方位变化已发生变化，充分彰显出新时代的民本思想。正因为党内政治文化遵循植根人民、为人民服务，赢得了人民的支持与拥戴，努力奋斗实现中华民族伟大复兴，这恰恰是我们党对中国传统民本政治智慧的升华与践行。

继承传统文化，弘扬传统美德。2018 年，在全国组织工作会议上，习近平总书记指出：考核干部要经常化、制度化、全覆盖，既把功夫下在平时，全方位、多渠道了解干部，又注重了解干部在完成急难险重任务、处理复杂问题、应对重大考验中的表现，既在小事上察德辨才，更在大事上看德识才。这说明了对传统美德的继承是夯实党内文化根基的需要。例如党员能够做好对睦邻友好，才能在社会上树立品学兼优、清正廉明的文化形象，政治上才可能恪守规矩，忠诚担当，达到提升整个社会文化水平的目的。我们党以传统美德作为时代追求，以传统美德约束和塑造全体党员，有利于提升国民精神、道德、思想的高度，进而塑造与综合国力显著提升相辅相成的国民精神。

（二）传承革命文化，提升政治能力

习近平总书记曾强调，勇于自我革命，是我们党最鲜明的品格，也是我们党最大的优势。可见，自我革命是党的精神品质，是在党的精神状态中彰显出自我进步的标识，更是人民群众对党的期望和要求。革命与自我革命是党的精神状态和行动自觉。

传承革命文化就是保持党的先进性和战斗性。革命文化是我们党带领勇敢的中国人民革命、建设和改革过程中形成的精神积淀、精神品质以及精神力量。为了走好新时代的长征路，我们必须弘扬革命文化以充分调动和凝聚广大

党员干部的积极性、主动性与奉献精神，全面唤醒党员干部的革命基因。习近平总书记曾强调：讲政治，是我们党补钙壮骨、强身健体的根本保证，是我们党培养自我革命勇气、增强自我净化能力、提高排毒杀菌政治免疫力的根本途径。

传承革命文化就是保持党的革命本色。自觉抵制各种风险考验，增强拒腐防变能力。中国革命的胜利来之不易，中国改革发展的成果得之不易，巩固改革开放成果，推进和深化改革开放需要更大的勇气和魄力、智慧和能力。只有发扬革命精神和坚持革命本色才能进一步推进改革开放伟大事业，才能自觉抵制各种风险考验。任何以逸待劳、沾沾自喜的自足自得心理都会停步不前。必须发扬永不止步，永续奋斗的精神，才能向人民交出满意的答卷。

传承革命文化就是坚守党的政治品格。我们提倡和弘扬的革命文化是以马克思主义为指导的进步文化，是以人民利益为依归的人民文化。我们党立足于人民、来源于人民，为民请命、为民奋斗，与人民共生死、同患难。进入新时代以来，我们党带领全国人民为了实现中华民族伟大复兴梦想，开启了新的伟大事业。中华民族伟大复兴要有坚韧不拔的意志和迎难而上的精神，需要坚定的理想信念、需要艰苦卓绝的拼搏奋斗精神。发扬革命文化，尤其是自我革命的文化，使我们党在新时代补钙壮骨、强身健体，保持鲜活的生命力和斗志，不断自我净化、自我革新、自我奋发，成为新时代的中流砥柱，确保党的先进性、纯洁性、革命性才能始终走在时代的前列，成为人民的领路人、筑梦人。

（三）弘扬红色文化，奠定党内政治文化鲜明底色

红色文化蕴含着丰富的历史文化基因，它是中国共产党与中国人民在革命战争年代共同创造与积累的极具中国特色的先进文化。红色文化是党内政治文化的重要组成部分，是党内政治文化的源头活水，对于涵养党内政治文化具有重要价值。

弘扬红色文化是为了树立尊重历史、缅怀先烈的感恩精神。中华民族的历史长河汇聚了无数仁人志士的血汗、融入了他们的骨肉和灵魂，中华民族伟大复兴是中国共产党人努力与奋斗的目标。今天的中国正奋进在伟大复兴的征途上，弘扬红色文化，一方面是为了忆苦思甜、缅怀先烈的付出和奉献；另一方面是为了激励当代的建设者再接再厉、再创辉煌。前事不忘，后事之师，从历史中学习经验和教训，可以更好地推动新时代的伟大工程和伟大事业。

弘扬红色文化是为了培养家国情怀、民族情怀。共产党人都是把国和家融为一体的，舍小家为大家，在英雄的世界里，没有个人的一己之私，没有个人的恩怨情仇。国家和民族的利益高于一切，“国家兴亡、匹夫有责”“苟利国

家生死以，岂因祸福避趋之”“精忠报国”等历史上的英雄人物精神彪炳千秋，就是因为他们为国“鞠躬尽瘁死而后已”。我们党的初心和使命就是“为人民谋幸福、为民族谋复兴”，需要广大党员干部弘扬红色文化，忘我奋斗、舍己为人，为国争光。正如习近平总书记所说的那样，“我将无我，不负人民”。我们要在全社会树立崇尚英雄、缅怀先烈的良好风尚。

弘扬红色文化是为了培养全党英雄气概，树立民族担当精神。正如马克思所说：“每一个社会时代都需要有自己的伟大人物，如果没有这样的人物，它就要创造出这样的人物来。”中国的社会主义建设进入了新时代，同样需要一大批具有英雄气概的党员和人民群众，面对惊涛骇浪、狂风暴雨能够挺身而出、迎难而上，面对前进道路上的一切艰难险阻能够坚持乐观、进取、拼搏的精神，敢于担当时代大任，实现民族复兴伟大梦想。

（四）发展社会主义先进文化，树新时代精神力量

我国社会主义先进文化是中国共产党领导全国各族人民，在大力进行社会主义改造、建设，确立社会主义基本制度的进程中逐渐凝结而成的。

中国共产党始终代表先进文化的前进方向，引领时代发展。中国共产党所代表的先进文化是巩固党的事业根基，充分展示党的成熟和自信。党的建设不仅是组织建设，还包括思想建设、理论建设、制度建设等。以先进文化为载体是从文化视角发展建设党的一个创举。党在经历无数次的磨难和挑战之后，逐渐强大和成熟，在中国特色社会主义制度、道路、理论、文化方面都焕发出勃勃生机和希望，正昂首阔步前进。正如王岐山同志所说，党的十八大以来，“从根本上扭转了党的领导弱化、党的建设缺失、全面从严治党不力的状况，真正体现出中国特色社会主义最本质的特征，校正了党和国家前进的航向”。

党取得革命事业胜利的根本原因就是以人民为主体，汇聚各方力量，统一指挥，步调一致。社会主义先进文化，能够增强集体主义信念和荣誉，更能凝聚党的观念和党的意识，增强对党组织的热情和感情，有共同的事业心。形成在党言党、在党爱党、在党拥党、在党固党的良好风气，锻造一个团结有力、严肃活泼的党组织。

习近平总书记也说过，党是我们各项事业的领导核心，古人讲的“六合同风，九州共贯”，在当代中国，没有党的领导，这个是做不到的。社会主义先进文化是中华民族凝心聚气的灵魂，成为全党、全国人民进行新时代国家建设的精神支柱。大海航行靠舵手，中国特色社会主义事业靠全国人民，人民靠全党，全党看中央，中央看核心。因此，确保党内政治文化积极向上，必须在党内营造和谐合作、团结统一的政治生态。

三、新时代党内政治文化建设的推进路径

马克思曾经强调:"一切划时代的体系的真正的内容都是由于产生这些体系的那个时期的需要而形成起来的。"新时代需要新气象，新气象需要新文化，文化是一个国家、一个民族、一个组织最深层的精神力量和智慧根源。文化的孕育，必然需要引导和制约，从内在自为到外在训诫，循循善诱逐步深入内心，形成精神自觉和文化自觉，最后养成力量源泉和价值遵循。

(一) 以理想信念塑造党内政治文化灵魂

党内政治文化建设的实践经验表明，理想信念对共产党人发挥着重大驱动作用。在新时代，马克思主义政党要遵循马列主义，以此为立党立国的根本思想，始终牢固坚守共产主义信仰。一个政党政治文化精神内核的塑造来源于其信仰。党内文化鲜明的信仰特征便是党内理想信念的整合凝聚态势充分呈现出一以贯之的稳定性。新时代共产党人有坚定的理想信念，要与党共生存共发展，以党的事业为自己人生发展的崇高目标。无规矩不成方圆，以严明的纪律和规矩意识，加上纪律过硬，革命才能取得最终的胜利。要有崇高的价值追求和道德标准。党是先进阶级的代表，就要体现出先进性所在，要高于一般人的价值追求和道德要求，不能与普通大众一样随随便便。要有学习的习惯，学习党的理论、方针、政策，学习业务知识，保持不断前进的动力。要认真对待工作，党的事业就是人民的事业，党的工作就是为人民工作，需要端正工作态度。

(二) 以道德情操纯洁党内政治文化肌体

"忠诚老实、公道正派、实事求是、清正廉洁"体现了新时代共产党人在党性修养、工作方式、执政理念和反腐倡廉等方面的道德情操，标示了党对自身的评价标准。不断改进工作作风，求真务实，艰苦朴素，自觉抵制形式主义、官僚主义，克服工作中等靠要、庸懒散等作风。抵制各种歪风邪气，把意识形态领域工作贯穿到各项工作和日常生活中去，要敢于亮剑，自觉同各种反动行为或负面声音作斗争，维护党和国家形象，自觉把初心和使命落到实处，在自我革命中提升素养和能力。

在新时代，领导干部要撸起袖子加油干，切忌空谈，崇尚实干。敢于直面问题，敢啃硬骨头，敢涉险滩，不回避矛盾，不绕着问题走，关键时刻能挺身而出，迎难而上，真正成为改革排头兵、急先锋。勇于创新，锐意进取，不墨守成规，不畏首畏尾；善于发现问题和机遇，善于创造条件和赢得胜利。敢于担责，不成功便成仁，有"功成不必在我、功成必定有我"的精神；面对失

败和挫折不逃避、不推卸，勇于担责。勇做时代弄潮儿，争做新时代英雄，把英雄文化融入为实现中华民族伟大复兴的中国梦而奋斗之中。

（三）以家国情怀强健党内政治文化骨骼

爱国主义是推进党内政治文化建设的重点所在，更是中国共产党党内政治文化最深厚的基石。在新时代，共产党人厚植家国情怀，把爱国爱党爱家与爱人民统一起来。天下之本在国，国之本在家。作为党的干部、人民的公仆，为党分忧、为国尽责、为民解难，是领导干部的责任所在、本分所在。要常怀为民之心、常思兴国之道、常念爱党之志；大公无私、先公后私，把个人目标融入党和人民的事业之中。修好家风家教，管好妻子儿女，在修身齐家中弘扬爱国传统，在履行家庭义务中兼顾爱国大义。脚踏实地，辛勤奉献，把对家庭的爱护和责任与对国家的热爱和义务融为一体，忠于人民、甘于奉献，守土有责、守土负责，光明磊落、一身正气，在实现中华民族伟大复兴的中国梦奋斗征程中展现君子之风。

在新时代，以四个着力点推动党内政治文化建设，引领新风尚、树立新形象、建设新生态、推进新事业，为新时代全党“开启伟大斗争、建设伟大工程、推进伟大事业、实现伟大梦想”助力加油。

参考文献：

[1] 习近平. 决胜全面建成小康社会 夺取新时代中国特色社会主义伟大胜利：在中国共产党第十九次全国代表大会上的报告［N］. 人民日报，2017-10-28（1）.

[2] 马克思，恩格斯. 马克思恩格斯文集：第 1 卷［M］. 北京：人民出版社，2009.

[3] 中共中央国家机关工作委员会. 学习习近平同志关于机关党建重要论述［G］. 修订本. 北京：党建读物出版社，2016.

[4] 习近平在中共中央政治局第三十三次集体学习时强调 严肃党内政治生活 净化党内政治生态 为全面从严治党打下重要政治基础［N］. 人民日报，2016-6-30（1）.

[5] 丁俊萍. 党内政治文化的鲜明指向［N］. 光明日报，2017-09-15（2）.

[6] 苏梁波，刘鹏. 勇于自我革命是我们党最鲜明的品格［N］. 人民日报，2019-05-08（9）.

[7] 王岐山. 旗帜鲜明坚持党的领导，兑现对人民的庄严承诺 [N]. 人民日报，2017-10-20 (1).

[8] 中央文献研究室. 十八大以来党的重要文献选编 (上) [M]. 北京：中央文献出版社，2014.

[9] 马克思，恩格斯. 马克思恩格斯全集：第 3 卷 [M]. 北京：人民出版社，1960.

陈豹隐廉政思想的理论内涵与政治实践

张红霞（西南财经大学档案馆）

摘要：陈豹隐是著名的马克思主义经济学家，是著作等身的杰出学者，同时也是一位社会活动家。陈豹隐生活在近代中国从封建帝制走向共和的历史时期，终生都在以学术救治中国，对如何改造中国积贫积弱腐败落后的现状，从经济、政治、法治等多个层面进行了理论探索。他以经世济民之情怀，关心政治，致力于追求革命和进步，并引导青年关心政治，负起责任，改造中国。探索陈豹隐有关廉政的思想理论及其政治实践，对于丰富廉政思想宝库有着重要意义。

关键词：陈豹隐；廉政思想；腐败治理；知行合一

陈豹隐（1886—1960），著名的马克思主义经济学家，《资本论》第一卷第一分册中文版的首译者，中国人自撰《财政学》教材的第一人①。陈豹隐一生著作等身。在西南财经大学马克思主义经济学研究院和经济学院编的《陈豹隐全集》中，很少出现"廉政""廉洁"等词语，甚至很少有相关的直接论述，更多的是陈豹隐以学者、思想者、经济学家、社会学家、文学家等身份去审视当时的政治、经济、法律等社会制度，去探索如何改变当时的腐败现状，让中国"国富民强"，使民众可以享受"权力政治"。为此，陈豹隐提出了一系列的思想范畴，创造了丰富的理论成果。同时，陈豹隐也是一位社会活动家，他知行合一，积极参与社会改造，其廉政思想和廉洁行动，统一在他一生对于革命和进步的孜孜求索中。探索陈豹隐有关廉政的思想理论及其政治实践，对于丰富西南财经大学的廉政思想宝库有着重要意义。故不揣浅陋，浅析一二，以抛砖引玉。

---

① 王国清. 中国首部《财政学》理论框架解析：兼论陈豹隐先生的财政贡献［J］. 财经科学，2018（2）：128.

一、陈豹隐的求学历程与赴日途中对于清末社会腐败的感受

一种思想的产生离不开所处时代的影响，同时与其自身的经历和情怀密切相关。19 世纪末，西方列强掀起了瓜分中国的狂潮。1900 年 8 月，八国联军侵占北京，清廷被迫接受八国联军提出的《辛丑条约》，中国面临的民族危机空前加剧。为维护统治，1901 年清廷发布“罪己诏”和“改革”谕旨，开始推行“新政”，其中教育改革主要包括“停科举”“设学堂”“奖游学”三项内容。1901 年，清廷谕令，从 1902 年起各省科举要考试“策论”，废除八股文章；将各省、府、州、县的书院改设为大、中、小学堂；选派学生出国留学，毕业后分别“赏给”“进士、举人出身”。在这样的历史背景下，陈豹隐的求学之路也经历了从“中学”到“西学”的转变。

陈豹隐，原名陈启修，1886 年出生于四川省中江县，幼年在老家私塾接受教育，熟读中国的传统文献典籍。1897 年随母奔赴父亲广西知县任上，父亲陈品全决心不再让儿子走科举之路，而要学习西方先进科学，以图振兴国家。1900 年，陈豹隐被送到法国人办的丕崇书院读书，这是一所五年制初中，只收少数中国学生。第二年清廷推行新政进行教育改革。1905 年 8 月，清政府下诏“立停科举以广学校”，同时提倡并鼓励留学。“当时崇拜法、日两国”①，陈豹隐原拟赴法读书，因故未能成行，转而东渡日本自费留学。在赴日的舟车劳顿中，走出书斋的陈豹隐近距离观察到民生疾苦，并亲眼看到了清朝吏治腐败的现实，写下了《舟泊平乐愤官吏之意慢》② 的长篇诗歌，全诗如下：

暮宿平乐关，有客泪汍澜。问客何所苦，苛税不可堪。在苦戚同时，厘金始肇端。财力方富庶，民情已萧然。生计日以感蹙，赋敛日以繁。矧今穷迫日，更增统税捐。统捐复何如，百货纳税钱。货量无多寡，税钱倍往年。短尺更相易，不堪二作三。吁嗟商与民，云何弗饥寒？客语犹未已，舟子上前言：作商苦不易，舟人亦复难。暮至平乐关，师爷不得闲。清晨往扣关，师爷尚酣眠。待到日晌午，师爷方下船。舟人款粮尽，游子怨流连。我闻前后语，抚枕犹长叹。煌煌天子诏，杂税尽恩蠲。如何奉事者，此言如弗观。民膏刮将尽，犹自乐盘桓。方将立宪日，民气未可干。西北多伏莽，东南有隐患。举国将灰烬，一己宁独安？策谋安天下，是在有司贤。

---

① 西南财经大学马克思主义经济学研究院，西南财经大学经济学院. 陈豹隐全集：第 1 卷（第四册）[M]. 成都：西南财经大学出版社，2018：219.

② 刘会军. 陈豹隐传 [M]. 长春：吉林大学出版社，2009：3.

全诗几乎用白描写出了清末吏治的腐败。在苛捐杂税下民生凋敝，无论是经商还是做工都是艰难度日。官员懒散腐败，船夫去关口纳税，傍晚到达“师爷不得闲”，第二天一直从清晨等到晌午，等来的也是“杂税尽恩蠲”。当时，清政府为偿还甲午之战、庚子之变的赔款，大举外债，丧权辱国的《辛丑条款》，其本息合计 982 238 150 两白银，一直到 1917 年才部分停止支付①。“光宣之际，中央财政严重入不敷出，地方财政也全面亏空”②，“沉重的战争赔款和外债，使地方向中央的解款制由拨改为摊，同时也赋予地方以开征新捐税的权”③，中央不得不承认各省自行摊派的地丁、盐课、厘金、杂税、关税等款项和自开捐费，这些名目繁多的苛捐杂税最后都转嫁到民间，“一鸡一鸭，一鱼一虾，凡肩挑背负和寻常饮食之物，莫不有捐”，“各种苛捐杂税，省省不同，府府不同，县县不同，名目不下数十种之多”④，加于民众身上的苛捐杂税使得民不聊生。历来贪腐就是造成民怨载道、社会动荡、政权更迭的重要原因。晚清政府的腐败，促使知识分子更加深刻地思考中国的出路，也激发了陈豹隐“举国将灰烬，一己宁独安”的思索，他胸怀“策谋安天下，是在有司贤”报国情怀去往日本。

拯救中国，使中华富强崛起，一直是近代以来知识分子为之奋斗的理想。刚到日本的陈豹隐，先是考取了在当时日本声望最高的“一高”——东京第一高等学校预科，他渴望考上日本高等专门学校，以便取得清朝官费留学资格，学习技术报国。据陈豹隐《我三次受到孙中山先生伟大人格的影响》的回忆文章，在倾听了孙中山演讲后，立宪、推翻帝制、建立共和国等革命思想对他触动很大，他的兴趣也转向对更宏观的社会政治经济深层问题的探索。1911 年辛亥革命发生后约 20 天，陈豹隐离日回国参加革命，在王芝祥第三军任二等参谋兼军需司长，本来“指定赴德国学陆军，后因黄克强先生失势，仍旧到日本继续未完成的学业”。1913 年，陈豹隐考入东京帝国大学法科系政治科，受到日本马克思主义先驱、著名经济学家河上肇的影响，开始深入研究马克思主义政治经济学理论。此后，陈豹隐笔耕不辍，在出版的三卷十四本《陈豹隐全集》中，广泛涉猎经济学、法学、政治学、文学等，陈豹隐对中国

---

① 陆兴龙. 清末新政对民生问题的恶性操作与社会矛盾的激化［J］. 社会科学，2007（10）：115-116.

② 马金华. 晚清中央与地方的财政关系：以外债为研究中心［J］. 清史研究，2004（1）：99.

③ 马金华. 晚清中央与地方的财政关系：以外债为研究中心［J］. 清史研究，2004（1）：94-101.

④ 梁启超. 饮冰室文集：第 24 卷［M］//梁启超. 中国国债史［M］. 上海：上海文化书局，1936：21.

的政治、经济、法律等社会问题有着持续的深入关注和积极探索，其中不乏廉政建设的真知灼见。

二、陈豹隐的廉政思想内涵

“廉洁政治能否实现以及实现的程度，最终是由社会制度和国家政权的性质决定的”①。辛亥革命推翻了几千年的封建帝制，建立起中华民国这样具有现代意义的国家，但中华民国的政治制度变革，并没有带来国家的富强和安定。北洋政府后期，国家很快又陷入军阀割据混战的状态，国内政治腐败，“执政群体快速变更、制度化程度较低，助推了某些官吏及时借助所掌控的公权力谋取私利的可能性。这些情况的存在导致这一时期的腐败政治生态比清末更为严重”②。从日本留学归来的陈豹隐，在北京大学经济系和法律系任课，阐述马克思主义经济学思想，并积极参与文化论争。陈豹隐认为当时的政府腐败问题，根源在于经济，改造中国政治生态需要加强经济和法制建设，提倡以法治权。陈豹隐的廉政思想中至今仍然有许多可以从中吸取和借鉴的有益的成分。

（一）提倡“民治”，改造中国政治生态需要加强经济、法制建设

1917 年，陈豹隐经吴玉章介绍到北京大学任教，担任北京大学法科教授兼政治门研究所主任。他积极参与 19 世纪 20 年代中国知识界出现的“文化救国”和“政制救国”的论争。他和潘大道、李剑农等人以《东方杂志》为平台，讨论制宪、代议制改造、联邦制、集权分权等问题，大力提倡政治改制，力争建设一个新的中国。

1921 年初，陈豹隐先后在《四川旬刊》第 6、7、8 号上发表文章《省组织法理新论并表解：附拟四川省自治组织法案》，提倡省为自治团体，主张民治及分散的自治。1921 年 9 月，陈豹隐又在《晨报》连载发表《中国改造的研究》，大力提倡中国改制，提出要改造一个理想的新中国，“新中国是我们理想中的、新式的中国，不是专指中华民国……新中国是指将不好的中国改造为好的以后的中国”。他回顾了鸦片战争以来中国的改造，并指出“中国政治上种种大问题如裁兵废督、改良币制、清理税制、整顿财政等，都需要很大的实力和财力，而且要实行有效，要以政治入于法规为前提”。但当时“政治上私党勾结，官官相护情弊”，要想使中央和地方在法轨上进行基本不可能。克

① 宫杰. 论马克思主义国家学说和廉洁政治 [J]. 南京社会科学，1990（6）：39.

② 王少泉. 20 世纪以来中国政治生态的演变及优化途径：基于廉政状况的分析 [J]. 中共济南市委党校学报，2018（2）：49-50.

复武汉后，陈豹隐在《国民党与省政府制度的改变》一文中指出："应该完全打破从前半官僚式的政治而建设一个真正的平民的、全省一体实事求是的政治，以为不这样就不能改变数千年的官僚恶习、不这样就不能有效地建设各种现在必需的重要事业如交通事业、经济事业、教育事业等。"①

1929年，陈豹隐出版《新政治学》，书中提出"政治生活就是人类关于政治权力的活动的进程"②，"权力的目的就在于经济利益的有秩序的取得"③。陈豹隐依经济形态把政治形态区分为奴隶政治、封建政治和资本政治或民治政治，他提倡民治政治。民治政治的实质在于：一是采用间接选举代议员，后者则为公民直接投票的方式参政；二是保障被统治阶级的自由权及生活权；三是依据宪法治国。陈豹隐认为其实质就是"资本政治"，政治与经济密不可分。他用经济现象解释政治现象的起源，解释了"民治政治"下的立法机关、行政机关、司法机关、作战机关、政党等概念。他认为权力最终会随着经济变动而向社会化的方向走。并最终随着权力的变动向权力消灭的方向走，陈豹隐认为最理想的政治就是权力废止，就是在权力社会化形态下的政治。他认为"一切政治斗争的目的都是为了经济利益"，从经济上发展才能根绝腐败的恶弊。

（二）经济是廉政建设的根本，经济强国，才能根绝腐败恶弊

在1920年发表的《国民经济之意义》一文中，陈豹隐指出民国政府存在的一些腐败现象：其一如政府中将"借款以挥霍，甘作经济的奴隶"的危事当作追求的目标；其二如本是国民事业的"经济调查局及粮食调查会"，被委任于"诸官僚及政治流氓"之手。所谓流氓者，乃是不敬法规，以恶劣下流之手段，破坏社会秩序或组织帮派的不法分子。这些人成为官僚，必然导致政治的腐败。其三是作为调剂国民经济最重要机关的"中央银行及实业银行"，成为牟利及投机之所在，将国家的金融命脉所在视作个人敛财投机场所。陈豹隐指出当时出现的借款挥霍、流氓占位的官僚政治，以及银行业牟利投机等腐败现象，一则是在位官僚只懂得以政治手段非法获得经济利益，二则是政府也没有意识到"经济调查局、粮食调查会、银行"等重要经济部门对于一个国家

① 陈豹隐原文为广州《民国日报》1926年9月20日第881号第2版"社论"，参见：西南财经大学马克思主义经济学研究院，西南财经大学经济学院．陈豹隐全集：第3卷（第二册）[M]．成都：西南财经大学出版社，2018：194.

② 西南财经大学马克思主义经济学研究院，西南财经大学经济学院．陈豹隐全集：第1卷（第四册）[M]．成都：西南财经大学出版社，2018：6，11.

③ 西南财经大学马克思主义经济学研究院，西南财经大学经济学院．陈豹隐全集：第1卷（第四册）[M]．成都：西南财经大学出版社，2018：6.

的重要性，其根源在于“皆不识国民经济为何物之所致也”①。

《在中国改造和他底经济的背景》一文中，陈豹隐再次提出中国腐败现实的改造根本在于经济。他运用马克思主义“经济基础决定上层建筑”思想，提出“社会上一切制度，大多数是以规定的经济的关系为目的”，物质生活是基础，是人类生活的主要方面，历史上许多改造运动失败，有经济基础改造成功，没有经济基础则改造失败。他抨击了当时社会的五种怪现象：一是道德观念颓坏；二是令愤世家痛叹不已的各都会“某种阶级的妇女贞操之丧失”；三是青年志趣不坚，因为面临着多方势力的诱惑与谋生求学艰难的局面；四是“贪污官吏，此种事近年特别增加”；五是议员之腐败，多数国会及省会议员之要钱不要脸的倾向。陈豹隐所指出的这五种怪现象，涵盖了社会道德风尚颓坏、军阀派系腐蚀青年、贪官污吏成风、议员腐败等种种情况。他指出这些现象的出现与经济密不可分，因为处于经济变动时代，物价上涨，国外资本压迫，民族经济破产，家庭无以为继，因此出现道德下滑，诈伪无耻到“敢于实行人格的破产”。而经济生活发生变动越大、经济革命越早的地方，风气越坏。当时北洋军阀内部有直系、奉系、皖系之分，而各个派系内部也有难以数计的派别，各派系都想培植自己的亲信势力。陈豹隐认为青年人“谋生不易，求学艰难”，为了生计和前程可能会经不过权势和金钱的诱惑，从而走入腐败道路。他认为青年尚且有救，呼吁各方要减轻青年求学的负担，避免更多的人走上贪污之途。他认为贪官污吏、议员之腐败，“断非舆论之制裁所能制止，要想根绝这种恶弊，非从经济上着想补不可”②。从陈豹隐的分析中可以看出，他认为中国的种种腐败之怪现象，其根源在于经济，对于腐败，必须首先从“经济上研究其发生的原因”，立足于经济去思考对策，才能够真正收到成效。

（三）加强制度建设，以法治腐，推崇宪政，提倡法治

腐败是公权力的滥用，在人治社会必然会滋生腐败。从半殖民地半封建社会的清朝过渡到中华民国，是从几千年“专制人治”向“民主法治”的现代

---

① 陈豹隐. 国民经济之意义［J］. 北京大学月刊，1920，1（6）：35-40. 参见：西南财经大学马克思主义经济学研究院，西南财经大学经济学院. 陈豹隐全集：第3卷（第一册）［M］. 成都：西南财经大学出版社，2018：160.

② 西南财经大学马克思主义经济学研究院，西南财经大学经济学院. 陈豹隐全集：第3卷（第一册）［M］. 成都：西南财经大学出版社，2018：332-333.

社会转型。辛亥革命推翻了帝制，国体虽变，政治却并没有变得清明①。辛亥革命后，执政群体频频更迭，战乱不断，国会屡屡中辍，宪法流产，民主宪政已面目全非。这在一定程度上助推了一些执政者借助公权力谋取私利的可能性，以法治权、维护民主共和是这个时期社会思想领域的主要潮流。曾在日本深造法科的陈豹隐，1917—1923 年，针对时局，深入探讨宪法、立法等问题，撰写《何谓法?》《法律与民意及政治》《我理想中之中国国宪及省宪》等多篇文章，不断提倡加强法治②。

陈豹隐指出当时的中国腐败现象："弄法灭纪，视同寻常，法律之威信，不能确立，是发展民治之一大障害。"陈豹隐批评从 1911 年辛亥革命到 1917 年这一时期，制定法律之人"不明白法的真义"，寄希望于"伟人贤人主义"。"法制是抄袭的、对付一时的、互相矛盾的"，没有建构起良好的法制组织，也不会运用立宪政治。这一时期政风败坏，"一世的人，都成了机会主义者、体面主义者，只晓得崇拜势力，崇拜金钱，民党盛则附民党，衰倒又附段，一味地仰人鼻息，廉耻气节扫地无余"③。1917 年后北洋政府执政者承认《中华民国临时约法》但又不遵守，握有实力之人，没有诚意，没有见识。这个时期，各大军阀派系之间只是争权夺利，"廉耻道丧，人格堕落"。

然而，没有人格堕落的好人或者好人组成的政府是不是就可以保持廉政呢？陈豹隐认为，法治是合理政治的基础，不能寄希望于"好人"或者"好人政府"。1922 年，蔡元培、胡适等人发表《我们的政治主张》，呼吁"好人"不要自命清高地远离政治运动，并提出要组建精英分子的"好人政府"。同年 9 月，以王宠惠为总理的新内阁组成，但仅存 70 余天即告失败。陈豹隐分析其原因在于：一则充当国家机关，是公的资格，单靠私的资格上所谓好是不够用的；二则此种机关之行动，根本上便不是个人可以随意左右的行动。毛

---

① 北伐后张慰慈说：自民国元年（1902 年）至民国十六年（1917 年），政治上腐败的情形，国内扰乱的状况，人民所受到的种种痛苦，总算达到极点。在前清时代，国内只有一个专制皇帝；在民国建立后的 16 年时间里，各省的大军阀小军阀、腐化恶化的官僚政客们，都变为专制"皇帝"了。他们虽没有皇帝的名位，没有皇帝的形式，但他们的权力却是无限制的，是与从前的皇帝相等的，处处可以压迫人民，处处可以剥夺人民的权利。

② 根据《陈豹隐全集》，这段时期，陈豹隐撰写了多篇法学文章，如《国宪论衡》《孔道与国宪》《护法及弄法之法理学的意义》《何谓法?》《法律与民意及政治》《省自治组织法理新论并附表解：拟四川省自治组织法案》《我理想中之中国国宪及省宪》《论国权之种类及其法律的性质》《国民权之种类及其存在理由及其等次》等。

③ 《中国改造的研究》写于 1921 年，参见：西南财经大学马克思主义经济学研究院，西南财经大学经济学院. 陈豹隐全集：第 3 卷（第一册）［M］. 成都：西南财经大学出版社，2018：236-257.

益民在《权力法治与廉政治理》一文中指出，在现实中，机关内部形成的腐败同盟，具有强烈的吸纳性和排斥性，道德对腐败虽然具有一定的制约，但完全依靠个人道德自觉很难规避腐败。三则机关必定与权力和金钱相伴，纵然是好人，亦难免人类的通性。权力导致腐败，这和孟德斯鸠的观念是一致的。孟德斯鸠在《论法的精神》中说："一切有权力的人都容易滥用权力，这是万古不易的一条经验。有权力的人使用权力一直到遇有界限的地方方才休止。"① 廉政治理的根本在于"控权"，权力法治的本质是对国家权力的限制②。陈豹隐大力提倡法治，他认为法律是"社会生活之规则，以实现社会生活之利益为目的，而依社会生活主体之意志力强行之者也"③。陈豹隐提出"事实上，不免有专恣放肆、弱肉强食之举，以害及以共同之生活，故不得不由法律以范围之"④，进而提出"造法之后，政治之运用，必依据于法律，而后始能上轨道"。

在法制建设上，基于当时的军阀统治现状，陈豹隐从国体、政体、公权分类等方面进行了深入探索。一是对于国宪，"中国应为联合的共和国"⑤，即联省自治，国宪采合权主义。二是对于省宪，一方面"省宪应采分权主义"，因为"联合国家权限甚狭，其权限内事务又多带非统治性质，在理论上，较少鱼肉人民之弊"⑥，对于分权方法，主张采用公民投票制，"包括公民发议、公民否决、公民咨询、公民探询"⑦，将权利赋予公民。对于公民行使公权之方法，陈豹隐建议采用直接制与代议制兼用方法。对于特别重大的行为，由公

---

① 孟德斯鸠. 论法的精神（上）［M］. 张雁深，译. 北京：商务印书馆，1961：154.

② 陈国权，陈永杰. 基于权力法治的廉政治理体系研究［J］. 经济社会体制比较，2015(5)：104-112.

③ 此文首刊于《四川旬刊》1921年第6、7、8号，参见：西南财经大学马克思主义经济学研究院，西南财经大学经济学院. 陈豹隐全集：第3卷（第一册）［M］. 成都：西南财经大学出版社，2018：172.

④ 陈豹隐. 法律与民意及政治［J］. 评论之评论，1920，1（1）：76-79. 参见：西南财经大学马克思主义经济学研究院，西南财经大学经济学院. 陈豹隐全集：第3卷（第一册）［M］. 成都：西南财经大学出版社，2018：171.

⑤ 见于陈豹隐在1922年发表的《我理想中之中国国宪及省宪》，参见：西南财经大学马克思主义经济学研究院，西南财经大学经济学院. 陈豹隐全集：第3卷（第一册）［M］. 成都：西南财经大学出版社，2018：308.

⑥ 见于陈豹隐在1922年发表的《我理想中之中国国宪及省宪》，参见：西南财经大学马克思主义经济学研究院，西南财经大学经济学院. 陈豹隐全集：第3卷（第一册）［M］. 成都：西南财经大学出版社，2018：319-320.

⑦ 见于陈豹隐在1922年发表的《我理想中之中国国宪及省宪》，参见：西南财经大学马克思主义经济学研究院，西南财经大学经济学院. 陈豹隐全集：第3卷（第一册）［M］. 成都：西南财经大学出版社，2018：319.

民直接投票；对于通常政权行使，采用代议机关决定。实则就是“借助公民社会的监督力量，“形成国家与社会在权力领域的‘监督性互赖’”①。陈豹隐分析，对于立法机关，合代议权及立法权于一手，权力过重，往往易为金钱势力所觊觎、所左右、所诱惑，前者固有难以实行之弊，而后者亦不无使少数官僚政党及资产富裕阶级惑乱政权以便私图之弊，以故遂有二法并用之折中制发生②。三是“国宪以及省宪中应采一院制并规定议员召回制”③，召回制度可以减少议员专制及轻率之弊端，从而节制议员腐败。权力的违法乱用是形成腐败的根源，陈豹隐分析了当时公权混合的积弊，提出了公权分类：一是行政权含有外交权，是卖国行为或利用外交权在国内行政权获益根源；二是行政权含有业务权，是官僚政党假公济私阻碍学术进步的主要原因，从中央到地方各省，经济行政与经济业务全集于同一机关，则必然导致公款私流；制法权与代议权合一，会阻碍法律的改良和进步，因此要改善积弊，将公权分类，合理分散于不同机关④。

三、陈豹隐参与廉政社会改造的政治实践

学者牛利坡认为，近现代中国的知识分子，对政治的关怀，大抵有以下三种路径：“一是单纯地诉诸舆论或文学武器，为自己推崇的道路或政治选择张目，做思想上的启蒙和理论上的准备；二是直接参政为官或投身革命，以期政治思想的实践和政治追求的实现；三是基于某一政治诉求而成立社会团体，借以表达政见或向政府施压。”⑤ 这三条路径，陈豹隐则是兼而行之，以自己的实践躬行着廉政理想。

---

① 陈国权，陈永杰. 基于权力法治的廉政治理体系研究［J］. 经济社会体制比较，2015（5）：104-112.

② 陈豹隐 1921 年发表《省自治组织法理新论并附表解：拟四川省自治组织法案》，1922 年发表《我理想中之中国国宪及省宪》，参见：西南财经大学马克思主义经济学研究院，西南财经大学经济学院. 陈豹隐全集：第 3 卷（第一册）［M］. 成都：西南财经大学出版社，2018：188.

③ 见于陈豹隐在 1922 年发表的《我理想中之中国国宪及省宪》，参见：西南财经大学马克思主义经济学研究院，西南财经大学经济学院. 陈豹隐全集：第 3 卷（第一册）［M］. 成都：西南财经大学出版社，2018：319.

④ 见于陈豹隐在 1922 年发表的《我理想中之中国国宪及省宪》，参见：西南财经大学马克思主义经济学研究院，西南财经大学经济学院. 陈豹隐全集：第 3 卷（第一册）［M］. 成都：西南财经大学出版社，2018：319-321.

⑤ 牛利坡. 论 20 世纪上半期中国知识分子群体的政治关怀［J］. 郑州大学学报（哲学社会科科），2019，52（6）：99-105.

（一）积极著述，《资本论》中译本第一人，马克思主义早期的重要传播者

从 1917 年到 1923 年 9 月，陈豹隐在北京大学讲授宪法、财政学、统计学、现代政治等。他在执教北大期间，是评议会、教职员会、马克思学说研究会的重要成员。他经常参加时政讲演，并面向学生开设现代政治讲座。他积极传播马克思主义，并担任《资本论》研究组导师，撰写了大量的理论研究和时事评论文章，仅《北京大学月刊》1919 年创刊的第 1 卷第 1 号，到 1920 年的第 1 卷第 6 号，陈豹隐就发了《何谓法?》《庶民主义》《国家改制与世界改制》等 8 篇文章，从法律、国家、民治主义等方面探讨国家政治治理。

在担任国民党中央机关报《中央日报 》总编辑时，他撰写了大量政论文章，支持北伐。大革命失败后，陈豹隐被通缉，他流亡日本，并将“陈启修”改名为“陈豹隐”，将精力转向革命学术研究和著述。他埋首研究马克思经济学说，先后翻译出版河上肇的《经济学大纲》和马克思的《资本论》第一卷第一分册。经济学家刘诗白评价“陈译《资本论》的出版启动了（20 世纪）30 年代一系列的《资本论》续译和出版，对马克思主义学说在中国的传播起了重大的作用”。同时他意志坚定、精力充沛地从事各种文学活动，翻译介绍了《日本新写实派代表杰作集》《高尔基的回忆琐记》等苏联、欧洲和日本的无产阶级文学、无产阶级文学家，创作了小说集《酱色的心》等大量文学作品和文论①。1929 年，陈豹隐翻译了高尔基的《论无产者》，传播高尔基的思想——“应该用自己的观照和力量，创造一种集团的老实的文学—— 一种新文学，他是以彻底的排斥一部分人用权力压迫另一部分人，彻底的排斥他们滥用权力为目的，同时又以创造新生活样式为目的的”。据常裕如教授统计，1914—1937 年，陈豹隐出版书籍达 19 本之多，为马克思主义的传播作出了不可磨灭的贡献。

20 世纪 30 年代，日本侵华行径日益嚣张，中国知识分子普遍存在着民族生存危亡感，他们认为“今日中国之国难，其性质绝非单纯军事问题，而为政治的经济的社会的各问题之总汇”②。陈豹隐是知名的进步教授，各大学的进步学生纷纷邀请他去讲述马克思主义经济学。据文先俊（中国农业大学 1926 级学生）回忆，“我们经济系党员多，我们要邀请比较‘左’倾的老师讲课，要请陈豹隐，就是陈启修。他写过经济学大纲，老早是北大的教授，他是

① 芦田肇. 陈启修在东京的文学活动：关于他的诗论、文学评论和文学作品的翻译、“新写实主义”论等［J］. 中国现代文学研究丛刊，2007（1）：3-37.

② 王少英. 30 年代知识界对中国现代化之探讨［N］. 光明日报，2002-09-17.

日本河上肇的学生，是著名的研究马克思主义经济学的学者。北京进步学生都要请他讲课，我们也要请。"①

（二）爱国是其底色，他积极投身革命活动，一直战斗在革命第一线，走在时代的最前列

陈豹隐认为，国家有识者存有爱国一念，这是外患深重内政多秕的时局背景下，国家存亡的灵魂和命脉。因此要使国人"皆明国家与个人相属之真理，个人努力对于国力之关系"，在国家积贫积弱之时，要以爱国主义相号召，"强兵为经""富国为纬"，以此抵御列强。陈豹隐在北京大学任教期间，积极支持学生五四爱国活动。1923 年去苏联和欧洲考察期间，陈豹隐结识朱德，并加入中国共产党。1925 年，中国爆发五卅活动，陈豹隐在莫斯科参加声援活动。1926 年，陈豹隐与李大钊等组织反对八国通牒国民示威大会，陈豹隐任总主席，大会提出"无条件地回收关税自主权"等，遭到段祺瑞政府镇压。

1926 年 4 月，陈豹隐被聘为黄埔军校第四期政治讲师，与恽代英等人为军官讲授"最近世界经济状况"。5 月被毛泽东邀请担任农民运动讲习所第六期教员，毛泽东任所长，毛泽东、周恩来、甘乃光、萧楚女、陈启修、恽代英等人为任课教师，其中"陈启修授课 40 小时，授《中国财政经济状况》4 小时，《经济学常识》18 小时，《苏俄状况》18 小时"②。北伐开始后，陈豹隐到国民党中央宣传部参加第五次宣传会议，并参与创办《中央日报》，担任总编辑，此外还担任国民革命军总政治部农民问题讨论会常务委员，与李达、恽代英、毛泽东等人同为常委。陈豹隐共参加了四次农民讨论会，并在第 2 次和第 4 次会议上担任主席。

大革命失败后，陈豹隐受到国民党通缉。1927 年底，陈豹隐到日本避难。1932 年，陈豹隐负责组织北京大学全校抗日救亡运动，积极参加抗日演讲。1935 年，中国共产党发表《为抗日救国告全体同胞书》，陈豹隐积极组织抗日活动，负责北平大学生的组织发动工作，最后在地下党组织领导下，开展了"一二九"抗日救国运动。抗战期间，陈豹隐作为重要的文化团体或经济团体成员，连任四届国民参政会参政员，其中第一届在共产党方面有毛泽东、林伯渠、吴玉章等 7 人参加。陈豹隐共参与了四届 13 次会议，围绕坚持抗日反对投降、安定后方、教育、青年成长尤其是抗战经济发展等各个方面，撰写了大

---

① 《中国农业大学百年校庆丛书》编委会. 百年沧桑育英才 [M]. 北京：中国农业大学出版社，2005：18.

② 刘会军. 陈豹隐传 [M]. 长春：吉林大学出版社，2009：130.

量文章。

1946 年，陈豹隐拒绝随国民党政府迁回南京，并与国民党断绝关系，积极支持学生进步运动，与马哲民创办西南学院。1947 年受聘重庆大学任商学院院长。1949 年国民党政权摇摇欲坠，对知名人士采用软硬兼施的手段予以胁迫。陈豹隐一方面躲避特务迫害，一方面参加组织护校斗争。1951 年，他担任正阳法商学院、中国公学、相辉文法学院合并组成的重庆财经学院院长，随后参与四川财经学院筹建工作，担任临时院务工作委员会委员兼教务组组长和学术委员会委员，为学院的组建做了大量工作。

（三）积极筹建社会团体，提出实践方法论，引导青年积极投身政治活动，为国家担当应尽的责任

1913—1917 年，在东京帝国大学法科攻读期间，陈豹隐积极学习马克思主义，与李大钊结下深厚友谊。同年 12 月，陈豹隐在东京与王兆荣、吴永权、杨栋林、周昌寿等 47 人发起成立丙辰学社（后更名为“中华学艺社”），被推举为首届执行理事。1917 年，丙辰学社创办《学艺》杂志，他积极发表文章，提出中国应该采取庶民政治、民主政治和联邦主义。

1930 年 5 月，国民党左派领导人邓演达派专人到日本，邀请他回来参加革命行动委员会（第三党）建立工作。陈豹隐出席了在上海的创建中国国民党临时行动委员会成立大会，并成为 25 人中央干事会成员。陈豹隐回到北平后大力开展民众运动，在中学、大学等 12 所学校建立“读书会”“读报组”“时事座谈会”，还建立“中国青年文化协会”等群众组织，进行爱国活动①。

陈豹隐认为政治理论与民众日常生活息息相关，无人能脱离政治而生活，他希望青年要关心政治，以“负责任”的态度去了解中国政治、研究政治学，去尽应尽的责任。陈豹隐在启程赴苏联和欧洲进修之前，应约在政治系欢送会上做了一次演说。在演说中，他提出几点想法，对于青年成长仍然具有意义：

第一要研究政治学，不为吃饭，要保持不求安逸的态度，努力向前。

第二要建立一个研究型的组织团体，以“负责任”的态度去了解中国政治，要从“量的历史着手”，研究中国的历史，然后研究吸纳外国政治。

第三要理论联系实际，在实践中去不断地研究和考察。他认为“单靠书本上的东西，是无多大用处的”，要在研究之外，加强调查，了解国际活动，

---

① 刘南燕. 农工党一千会议人物小传：陈启修——第一位翻译《资本论》的中国学者（下）[J]. 前进论坛，2003（10）：32-36.

因此他“至于调查俄、德诸国的经济政治等状况，是我出国经历的主要目的”①。

陈豹隐在《新政治学》一书中提出七段行为合成的“实践方法论”，教导青年信仰坚定，做改造世界理想主义者，服务国家。陈豹隐告诫青年要“努力认识政治的本质，不要为政治的表面现象所蒙蔽，努力认清政治的发生、发达、衰退、消灭等的趋势（不要只看它的一时的静止的形态），……积极地去参加政治（不要消极地自欺欺人，当什么清高的旁观者）”②。这些朴素的话语，对于增强学生关心社会的责任感、提高自身政治素质以及政治参与能力，无疑都有着极强的指导意义。

（四）勤俭谦虚，廉洁自持，堪为后人风范

据陈豹隐的秘书常裕如以及其女儿陈若豹的回忆文章，陈豹隐在工作中始终保持着谦逊、低调、律己的状态。记者来访、学生上门求教，他以谦和相待，从不居高临下。陈豹隐对自己严格要求始终如一，在担任全国政协常委兼四川省政协常委时，因省政协机关离家较近，每次参加会议他都坚持步行前往。以他的职位外出时可乘坐小车，可他绝不携带家属，陈若豹女士难得地请求了一次也被拒绝了。

据陈豹隐的专职干事苏良锐回忆：豹老（陈豹隐）生活简朴，终年只有两件衣服换洗，一身蓝色，一身灰色，灰色为主，均为中山装式的粗布衣服。他从不穿皮鞋，只穿无松紧的黑色布鞋。冬天他穿一套蓝色很宽大的棉衣，直到过完冬天才换下来。豹老喜欢吸一种烟斗，这种烟斗装上烟丝，划一根火柴便可以吸了。

大师是大学精神之魂，大师的故事影响着校园内外的年轻人。纵观陈豹隐的一生，他幼时入私塾苦读儒家经典，感怀于国贫民弱，将儒家“修身、齐家、治国、平天下”的理想抱负深植于心底，东渡日本以求强国安民，表现出忧国忧民的宽广心胸和“策安天下”的爱国情怀，也为一生坚守清正廉洁打下了深厚的思想基础。他集学者、社会活动家于一身，涉猎经济、政治、法学、哲学、文学等领域，用一生的学术和实践，倾注着对于国家民族的责任担当。特殊的时代和国情，使得陈豹隐的思想和行动中有着时代的鲜明烙印，当

① 刘会军. 陈豹隐传［M］. 长春：吉林大学出版社，2009：81-82.

② 西南财经大学马克思主义经济学研究院，西南财经大学经济学院. 陈豹隐全集：第3卷（第一册）［M］. 成都：西南财经大学出版社，2018：158.

然也存在着一些需要超越和扬弃的地方，但他一生高度的历史使命感和责任担当，正是西南财经大学“经世济民，孜孜以求”大学精神的一个生动注脚。高校以立德树人为根本，必须不断加强学生正确的人生观和价值观教育，以人格塑造、社会利益及国家正义为根本，深入挖掘、弘扬陈豹隐论著中的廉政思想，以经济学强国理念，不断强化学生的政治理想教育，重视实践方法，知行合一，是财经院校加强廉政文化建设的基础工程，也是厚植西南财经大学精神之基、培养德才兼备的高水平财经人才的应有之义。